# 七七事变探秘

主编 李惠兰 王勇 明道广

中共中央党校出版社
The Central Party School Publishing House

**图书在版编目（CIP）数据**

七七事变探秘/李惠兰，王勇，明道广主编．—北京：中共中央党校出版社，2013.3

ISBN 978-7-5035-5023-2

Ⅰ.七… Ⅱ.①李… ②王… ③明… Ⅲ.七・七事变-史料 Ⅳ.K265.406

中国版本图书馆CIP数据核字（2013）第029135号

**七七事变探秘**

---

**责任编辑** 冯 研
**版式设计** 李 灵
**责任校对** 马 晶
**责任印制** 宋二顺

**出版发行** 中共中央党校出版社
（北京市海淀区大有庄100号）
**邮　　编** 100091
**网　　址** www.dxcbs.net
**电　　话** （010）62805800（办公室） （010）62805824（发行部）
**经　　销** 新华书店
**印　　刷** 北京四季青印刷厂
**字　　数** 430千字
**版　　次** 2013年3月第1版　　2013年3月第1次印刷
**开　　本** 700毫米×1000毫米　1/16
**印　　张** 27.5
**定　　价** 56.00元

---

**版权所有・侵权必究**
如有印装质量问题，请与本社发行部联系

# 序

七七事变虽已过去75年之久，但民族之痛却无法也不应当遗忘。二十九军是在历年来的不平等条约签订后，华北已形成政治真空，日本和汉奸恣意横行的情况下进驻冀察平津的，在卢沟桥事变爆发前的两年艰苦地同日本侵略者争夺华北的控制权。七七事变爆发后，为了保卫祖国，二十九军将士不畏强敌，甘愿牺牲小我，以崇高的民族气节，给予敌人有力地反击，打响了中国军民全面抗战的第一枪。

抗日战争的历史是可歌可泣的！七七事变是八年抗战的首役，75年来，对七七事变史的著述和材料已经发表了不少，但多注重于中日双方开战的过程和谁先开的第一枪等问题。本书则侧重七七事变前后日本对华军事、政治、经济侵略阴谋和罪行予以揭露；对为国家独立、民族生存而英勇抗战的二十九军先烈予以颂扬；对汉奸亲日派屈膝卖国的丑恶行径予以批判。本书还对历史遗留问题进行了深究，如赵登禹、佟麟阁二将军为何在战争伊始即英勇殉国；是何人出卖了二十九军绝密的调兵方案；是谁挑起了二十九军高级将领之间的矛盾和分歧；张自忠留平之谜；日本侵略军进入北平城的准确日期等。

在过去发表的有关论述中，对二十九军高级将领功过是非的评价还存在争议；个别作者为了塑造高大全的英雄历史人物，移花接木式地将他人的功劳集于一身，而将一切过错推诿他人，这极大地歪曲了七七事变史。他们以权代史，删改事变亲历者留下的公开回忆录，又不容他人发表对此段历史的研究成果，禁锢了京津地区七七事变史的研究。

七七事变史既不是国民党的历史，也不是共产党的历史，更不是任何一位历史人物的家史。七七事变史是国史，是中华民族的历史，每个中华子孙都有权力去思考、去分析、去研究。近年来随着国内外档案资料的解密公开，信息传播日益迅速，使得七七事变内情揭秘的研究成为可能。我们查阅了台湾地区、日本以及国内各大档案馆的档案资料，又从美国国会图书馆及我国国家图书馆复印了上千份中、英、日文报纸及其他资料，查对了关键日期上下午甚至每小时的史实，再加上当事人及亲历者的回忆，筛选出真实的历史资料才去伪存真，编纂成集以飨读者。完成了这本以史料说话的成果，全书约 43 万字，对每段资料来源均作了标注。

我们的目的就是要为后代留下一段真实的七七事变史，对历史人物给予客观公正的评析。以此来缅怀先烈，让中华儿女铭记这段血腥的历史。希冀此书的问世能起到抛砖引玉之效，使更多的史学工作者和爱好者投身到抗日历史的研究之中。

由于编纂者学识有限，所参不免挂一漏万，敬请广大读者批评指正。

李惠兰

2012 年冬于天津翠薇园

# 目　录

CONTENTS

## 第一篇　苦难的中国



## 第二篇　七七事变前后

## 第三篇 中华四名将之死

## 附　录

# 第一篇
# 苦难的中国

# 第一章　由多国共侵到日本独占

自19世纪中叶开始，中国便饱受英、法等西方列强的侵略，在洋人的武力胁迫下，懦弱的清政府只能一次次屈辱地在一系列不平等条约上签字，继而割地赔款。到了1895年，当在中日甲午战争中战败的清政府签订中日《马关条约》时，对日赔款额竟高达2亿两白银，超过了半个多世纪以来对西方列强的赔款总额。不仅如此，日本通过《马关条约》又割占了中国辽东半岛、台湾、澎湖列岛及附属岛屿。

《马关条约》造成的巨大财政赤字使清政府不得不以关税、盐税为担保，向西方列强举借外债，就这样，列强们进一步控制了中国的经济命脉，而日本则得到了完成工业革命急需的资金，成为亚洲的军事强国。

日本自1868年9月改元为“明治”后，就开始了一场自上而下的维新运动。明治维新涉及日本政治、军事、经济的方方面面，其核心就是“近代天皇制度”和“国家军事化”。通过明治维新，日本完成了由封建社会向资本主义社会的转变，走上了强国之路，也走上了一条对外扩张的军国之路。

由于自身条件所限，在加快经济发展的同时，不甘于岛国经济困境的日本为了争夺生存的空间，便将扩张其边境线的“大陆政策”确立为基本国策，立足于用战争手段逐步侵略和吞并周边的朝鲜及中国等大陆国家，该政策共分为六期战略目标：第一期：征服中国台湾；第二期：征服朝鲜；第三期：征服中国满蒙地区；第四期：征服中国内地和西伯利亚；第五期：征服整个亚洲；第六期：征服全世界。

在这个妄图征服全世界的线路图之后，日本参谋本部又于1888年制定了一个侵略时间表——《清国征讨方略》，提出要在五年内做好战争准备，择机侵略中国。

当西方列强组团侵略中国，镇压义和团运动时，已一跃成为亚洲军事帝国的日本不甘人后，积极实施侵略，成为获得权益最多的国家。

八国联军迫使清政府与西方十一国签订《辛丑条约》，赔偿白银4.5亿两，以关税、盐税和常关税作担保，分39年还清，本息共计9.8亿两，这笔巨额的战争赔款就是史上著名的“庚子赔款”。

由于西方列强在19世纪瓜分中国的狂潮中，已划分了各自的势力范围，所以《辛丑条约》没有割地款项，但却为加强对中国的军事控制作了如下规定：

1. 在北京东交民巷设立使馆区，由各国驻军把守，中国人一概不准在内居住。

2. 拆除大沽炮台和北京至海通道的各炮台；在天津周围20里内不得驻扎中国军队，列强可以在北京驻扎防守使馆的卫队，并在京榆铁路沿线包括山海关在内的12个要地驻扎军队；至少两年内禁止中国进口军火和制造军火的材料。

驻军和使馆区的设立使列强可以畅通无阻地陈兵中国。自此，中国的经济命脉和国防安全尽被西方列强控制，完全沦为半殖民地半封建社会。

《辛丑条约》的签订为日本提供了染指中国东北的机会。条约一签订，日本便迫不及待地成立“清国驻屯军”，在天津海光寺设立驻屯军司令部，在海光寺和北京东交民巷设立兵营，将兵力部署于北京、天津、塘沽、秦皇岛、山海关等地，为侵略中国东北作军事准备。

## 从日本逐步染指中国到东北沦陷

中国东北最初是沙俄的势力范围，当日本强迫清政府在《马关条约》中割让辽东半岛时，沙俄就曾不惜以武力迫使其放弃辽东半岛。为了对日本施加压力，沙俄又伙同德、法两国上演了一场“三国干涉还辽”的闹剧，最终以清政府向日本缴纳赎金3000万两白银“赎回”辽东半岛收场。

《辛丑条约》签订后，因占据中国东北的沙俄违反约定，拒不撤军，这使试图在中国东北分一杯羹的美国乘机暗中支持日本对俄国发难。1904年，在中国的土地上爆发了日俄战争，一年后获胜的日本逼迫清政府签订了《中日会议东北事宜正约》，该条约共3款，另有附约12款，主要内容是：

1. 清政府承认日俄《朴茨茅斯条约》中给予日本的各项权利。

2. 开放辽阳、铁岭、哈尔滨、珲春、齐齐哈尔、海拉尔、瑷珲、满洲里共16处为商埠。

3. 设立“中日木植公司”，允许日本在鸭绿江右岸地区采伐林木，继续经营战时擅自铺设的安东（今丹东）至奉天（沈阳）的军用铁路至1923年，届期估价卖给中国。

4. 允许日本在营口、安东和奉天划定租界。

1907年，日本在不与中国政府打招呼的情况下，与俄国签订了《日俄密约》，将中国东北地区划分为南满和北满两部分，南满属于日本，北满属于俄国。从日俄战争起，日本大量军队和各种人员便开始占据中国各地，尤其是东北地区。攫取了南满铁路经营权后，日本又以护路的名义组建了关东军，在旅顺设立关东军司令部，派驻军队。随着关东军的进驻，中国东北成了日本全面侵华的前沿。

1914 年，日本借第一次世界大战之际向德国宣战，强行出兵占领了青岛和胶济铁路，还以支持袁世凯复辟帝制为条件，提出了一个要独霸中国的“二十一条”（据后人考证，袁世凯经过四个半月的反复谈判交涉后，只签了十一条）。通过此次谈判，日本一举攫取了德国在中国胶州湾的利益，将山东纳入其势力范围。

1916 年，皇帝梦破的袁世凯在众叛亲离中一命归天，执掌北洋政府的北洋军阀分裂为直系、皖系、奉系三派。围绕着政权之争，三派军阀战火不断，中国陷入了旷日持久的内乱之中。

**1927 年 6 月 27 日的“东方会议”。右三为田中义一**
**（引自日本每日新闻社：《写真昭和 30 年史》）**

随着奉系的崛起，日本通过不断向张作霖索要“条件”，加快了侵略的步伐。1927 年 7 月 7 日，日本首相兼外相田中义一向天皇提出了《田中奏折》，宣称“惟欲征服支那，必先征服满蒙；惟欲征服世界，必先征服支那”。

1928 年 4 月，北伐军开始第二期北伐，张作霖把持的北京政府摇摇欲坠，日本深恐北伐军打到关外，损害其在东北的权益；另外，他们发现张作霖越来越不听话，对日本提出的要求和条件越来越敷衍了事，而北伐军方面则向日本表示：如果能把张作霖拉回东北，北伐军将不对关外用兵。

1928 年 6 月，北伐军至京津地区前，张作霖不得不匆匆登上返回关外的专列。日本为了阻止北伐军向北方发展，在东北制造混乱，迫使东北实行“独立”。

6月4日清晨，当张作霖的专列抵达沈阳附近的皇姑屯站时，日本起爆预先埋设的炸弹，炸死不甘心做傀儡的张作霖。但子承父业接管东北政局的张学良不顾日本的武力威胁，于1928年底通电易帜，宣告东北遵守三民主义、服从南京国民政府。

张作霖乘坐的车厢（引自郑震孙主编：《日本侵华图片史料集》）

东北政局的突变令日本深感如不对“满蒙问题作根本性的解决”，就有失去东北的可能。除了来自东北的危机感，日本国内此时也正深陷世界资本主义经济危机之中，骤增的市场压力和日益激化的国内矛盾使其急欲对外扩张，转移矛盾。

中国连年内战造成的巨大国力损耗以及东北边防的空虚，令急于解决“满蒙危机”的日本有了可乘之机。

1931年日本关东军相继在中国东北挑起了“万宝山事件”和“中村事件”，蓄意制造中日关系的紧张气氛。

关东军一边寻衅滋事，一边开始在沈阳附近进行实战演习，关东军高级参谋板垣征四郎大佐、土肥原贤二大佐以及石原莞尔中佐等军国主义分子在军部的默许和支持下，策划着更大的阴谋。

1931年9月18日夜，在沈阳北大营以南约800米的柳条湖附近，关东军炸毁了南满铁路的一段路轨，继而诬称“中国军队破坏铁路，袭击守路日军”，并借此突然向沈阳东北军驻地北大营发起攻击。当北大营遭到500余日军攻击的时候，1万余东北守军却奉命未做任何有效抵抗，不战而退。次日，几乎未遭到任何抵抗的日军又轻而易举地占领了沈阳。

由于中国当局采取不抵抗政策，寄希望于“国联”出面干涉日本关东军的军事行动，致使东北守军不战而退入关内，在不到半年内，110余万平方千米的东北悉数沦陷，3000万东北同胞惨遭侵略者的蹂躏。

1932年3月1日，已占领东北全境的日本扶持清末代皇帝溥仪成立了傀儡政权——“满洲国”，开始对中国东北实行殖民统治。

## 弱国无外交

日本试图在中国成立傀儡政权的阴谋一开始就遭到了国际社会的谴责，为显示关东军并不是占领中国东北而是满族请他们来帮助建立新国家，日本决定在上海这一国际性的大都市制造事端，此举不但可以转移国际视线，还可以在必要时做些让步，以利于“满洲国”成立。

1932 年 1 月 28 日夜，经日本关东军与日本驻沪海军的一番密谋策划，驻沪日本海军陆战队突然向上海闸北的中国守军发动攻击，制造了“一·二八”事变。

面对日军的武力进攻，驻守上海的第十九路军奋起抵抗，展开了一场轰轰烈烈的淞沪抗战。3 个月的浴血奋战，付出了伤亡 4 万余人的惨重代价，然而，最终国民政府以签订屈辱的中日《淞沪停战协定》结束了淞沪抗战。据《淞沪停战协定》及其附件，日军可以返回战前防区（上海公共租界北区、东区及其越界筑路地带），留驻上海，而中国军队却不能在上海及其周围地区驻守、设防。

国民政府寄希望于“国联”的干涉调解，但“国联”并未给中国带来公断。

国民政府在外交上失败，军事更是节节败退，刚刚进入 1933 年，继东北沦陷和上海成为不设防城市后，紧接着山海关、热河省又相继沦陷了。

**1932 年 5 月 5 日，中日双方签订《淞沪停战协定》**
**（引自李云汉主编：《中华民国抗日战争图录》）**

山海关是连接东北和华北的门户，是历朝历代的兵家必争之地，根据《辛丑条约》的规定，共有 11 个列强国家可以驻兵山海关，后来陆续撤回，而唯有日本一直派兵驻守于此。

1933 年元旦，日军向驻守山海关的东北军发起了攻击，经 3 日激战后完全占领了山海关。2月，日本纠集10万日伪军大举进犯热河省，只十余日，热河全境沦陷，东北军退向了长城各口。如果逼近长城各口的日军突破此道防线，一马平川的华北大平原便无险可守，平、津将直接暴露在日军的炮火之下。

于是，30万中国军队摆在了长城防线，在这道东起冷口、西至独石口，1000余千米的防线上，中国军队打响了轰轰烈烈的长城抗战。

从3月9日奉命接防喜峰口的第二十九军与日军打响喜峰口战斗起，中国守军在喜峰口、潘家口、古北口等要隘多次重创日军，先后取得了喜峰口大捷、罗文峪大捷，浴血苦战了两个月。

前方将士以血肉之躯抵抗着日军的现代化武器，后方却暗中进行着和谈。5月初，南京政府任命黄郛为行政院驻平政务整理委员会委员长，负责与日本交涉停战问题。由于得不到有力支援，装备和补给严重不足的中国守军终于力战不支。至5月中旬，战事开始转为不利，随着冷口的被突破，长城守军腹背受敌，被迫后撤，河北丰润、遵化、玉田、平谷、蓟县、三河等地随即被日军占领。

5月31日，中国代表同意了日方提出的停战协定草案，一字不改地签署了《塘沽协定》。协约如下：

1. 中国军队一律迅速撤退至延庆、昌平、高丽营、顺义、通县、香河、宝坻、林亭口、宁河、芦台所连之线以西、以南地区。尔后，不得越过该线，又不作一切挑战扰乱之行为。

2. 日本军为证实第一项的实行情形，随时用飞机及其他方法进行监察，中国方面对此应加保护，并给予各种便利。

3. 日本军如证实中国军业已遵守第一项规定时，不再越过上述中国军的撤退线继续进行追击，并自动回到大致长城一线。

4. 长城线以南，及第一项所示之线以北、以东地区内的治安维持，由中国方面警察机关担任之，上述警察机关，不可利用刺激日军感情的武力团体。

5. 本协定盖章后，即发生效力。

《塘沽协定》实际上承认了长城是中国与“满洲国”的国界，根据此协定，长城以南的迁安、丰润、宁河、通县、宝坻、蓟县、香河、昌平、顺义、密云、怀柔、遵化等冀东22县划为“非武装区”，中国军队需撤至延庆、通县、芦台所连之线以西、以南地区。

日本利用《塘沽协定》界限模糊的漏洞，在长城战事结束便转锋图察哈尔。6月初，日伪军一路由多伦进犯宝昌、康保而后南趋东北，一路由沽源南侵独石口，占宝昌、康保。仅仅数日，日军占领察省东北部的康保、宝昌、沽源、多伦四县，并拟从张北直趋省会张家口。

**1933 年 5 月 31 日，军事委员会北平分会代表熊斌与日军关东军代表冈村宁次签订《塘沽停战协定》**

1933 年 5 月，冯玉祥再度出山，组织察哈尔抗日同盟军，但短短数月，就被迫解散，后冯玉祥隐居泰山。二十九军被推到抗日的最前沿。

《塘沽协定》签订之后，日本因战线过长、兵力及战争准备不足等因素，暂时将对中国“武力鲸吞”的露骨侵略方式转变为有序推进的“渐进蚕食”，采取以军事力量为后盾，在经济上加紧掠夺华北资源，在政治上制造分裂，策动华北五省（河北、山西、山东、察哈尔、绥远）“防共自治运动”，通过华北政权特殊化的方式，达到占有华北的目的，从而逐步吞噬中国。

1934 年 10 月，在日本特务土肥原的主使下，潜入察哈尔测绘地图的 8 名天津驻屯军特务行至张北县城南门时，不仅不按规定接受二十九军一三二师守城士兵的检查，反诬称遭到侮辱，借此蓄意制造了“第一次张北事件”，迫使国民政府许诺：日本人可以在察哈尔省旅行之自由，不检查携带物品，中国军队撤退至长城线以西。

1935 年 1 月，日军又以二十九军驻守热察边界的部队有碍行政为由，向二十九军发动攻击，相继制造两次“察东事件”，引发热察边界的军事冲突。当二十九军奋起还击打退了日伪军的进攻后，日本仍不甘心失败，于 6 月 5 日又一次挑起“第二次张北事件”，再次和赵登禹的一三二师发生冲突，并借此向华北当局提出抗议，要求严惩“肇事者”，将矛头直指二十九军军长宋哲元。

在土肥原贤二和天津驻屯军的威逼下，南京政府再次委曲求全。6 月 19

日，行政院正式宣布免去宋哲元所兼察哈尔省主席一职，令察省民政厅长秦德纯为代理省主席，负责处理善后。27日，秦德纯与土肥原贤二签订《秦土协定》。

根据《秦土协定》的规定，二十九军撤出长城以北地区，由察省另组地方保安部队维持该地区内张北六县的境内治安。《秦土协定》的签订使中国丧失了察哈尔省的大部分主权，也丧失了70％～80％的察省疆土。抗日劲旅二十九军也就此撤出了长城以北。

（作者：龙城）

# 第二章　中国军队的武装反抗——长城抗战

“满洲国”成立后，日本又窥测华北，准备大举南侵。紧接着关东军集重兵南侵，并于1933年1月3日攻陷山海关，2月中旬开始准备进犯热河。此时华北形势危急，军事委员会决定将华北地区三十余万军队组织起来编成八个军团进行抵抗，由蒋介石、张学良、何应钦领导。各军团从山海关西绵喜峰口、冷口、罗文峪，延至古北口长城沿线设防。在民族存亡之际，将士多誓言杀敌、英勇献身。例如，在古北口关麟征领导第八军团二十五师抗战，关麟征和旅长梁恺先后负伤、团长王润波阵亡，伤亡4000余人。又如，三十二军军长商震和五十七军军长何柱国共同在冷口顽强抵御，伤亡颇重。就连曾是“东陵大盗”的孙殿英也率第四十一军在围场及赤峰一带抗击日军。八个军团中表现尤为突出的则是宋哲元领导的二十九军。

**第二军团总指挥、三十二军军长商震**

**持方天画戟、大刀的孙殿英部士兵（引自1933年邹韬奋主编的《生活画报》）**

## 第一节　二十九军的由来与序列

二十九军是由西北军缩编而来。西北军的创始人是冯玉祥，宋哲元是西北军的五虎上将之一。1930 年中原大战（蒋冯阎大战）之后，西北军失败，后避居山西一隅，由八兄弟（宋哲元、萧振瀛、冯治安、张自忠、赵登禹、何基沣、李文田、张维藩）重组新军，投靠张学良，收编为东北边防军第三军，宋哲元为军长，冯治安为第一师师长，张自忠为第二师师长。后按全国统一编号，称陆军第二十九军，宋哲元为军长，冯治安为三十七师师长，张自忠为三十八师师长，后刘汝明带兵投入，成为暂编第二师师长。长城抗战之后，因在喜峰口、罗文峪战役中立功，赵登禹由一〇九旅旅长晋升为一三二师师长，刘汝明的暂编第二师正式纳入国家编制，刘汝明晋升为一四三师师长。

至 1937 年 7 月，二十九军已经发展为拥有四个陆军师、一个骑兵师及一些地方保安部队的雄踞华北的地方军事势力。宋哲元任军长（兼冀察政务委员会的委员长、绥靖主任），秦德纯任副军长（兼北平市长），佟麟阁任副军长（实为军训团长），张樾亭任参谋长，张克侠任副参谋长，形成如下的指挥系统[①]：

冯治安任三十七师师长（兼河北省主席），许长林、陈春荣任副师长，下辖 4 个旅：陈春荣（一〇九旅）、何基沣（一一〇旅）、刘自珍（一一一旅）、张凌云（独立二十五旅）；

张自忠任三十八师师长（兼天津市长），李文田任副师长（兼天津市警察局长），王锡町为副师长（负责在北平南苑训练新兵），下辖 5 个旅：黄维纲旅（一一二旅）、刘振三旅（一一三旅）、董升堂旅（一一四旅）、李致远旅（独立二十六旅）、阮玄武旅（独立三十九旅）；

赵登禹任一三二师师长（兼河北省保安司令），下辖 4 个旅：刘景山旅（一旅）、王长海旅（二旅）、石振纲旅（独立二十七旅）、柴建瑞旅（独立二十八旅）；

刘汝明任一四三师长（兼察哈尔省主席），下辖 4 个旅：李金田旅（一旅）、李曾志旅（二旅）、刘汝明旅（独立四十旅）、田温其旅（独立二十九旅）；

郑大章任骑兵第九师师长，下辖 3 个旅：张德顺（骑兵第一旅）、李殿林（骑兵第二旅）、姚景川（骑兵第十三旅）；

石友三任冀北保安司令，下辖 2 个旅：陈光然（第一旅）、吴振声（第二旅）。

---

① 参见吴锡祺、王式九：《宋哲元及其所部在抗战初期的活动》一文，转述秦德纯对蒋介石的汇报谈到“有的师扩充为 4 个旅，有的扩充为 5 个旅，每旅 3 个团，连同保安部队，不下 80 个团”的话。

# 第二节　喜峰口、罗文峪抗战

## 一、相关史料

### 抗日军战斗序列

<table>
<tr><td rowspan="5">抗日军战斗序列</td><td rowspan="5">委员长　蒋中正<br>参谋长　黄绍竑<br>代行委员长职权　何应钦<br>副参谋长　王纶</td><td colspan="2">第三军团</td></tr>
<tr><td colspan="2">总指挥　宋哲元<br>副总指挥　秦德纯　庞炳勋<br>参谋长　张维藩</td></tr>
<tr><td>第二十九军</td><td>第四十军</td></tr>
<tr><td>军长　宋哲元</td><td>军长　庞炳勋<br>参谋长　王瘦吾</td></tr>
<tr><td>陆军第三十七师　师长　冯治安<br>陆军第三十八师　师长　张自忠<br>陆军暂编第二师　师长　刘汝明</td><td>陆军第一百一十五旅　旅长　刘世荣<br>陆军第一百一十六旅　旅长　陈春荣<br>骑兵第五师　师长　李福和</td></tr>
</table>

（引自《宋故上将哲元将军遗集》（上册），台湾传记文学出版社 1985 年版，第 262 页）

### 第三军团总指挥部成员

第三军团总指挥、二十九军军长宋哲元

第三军团副总指挥、二十九军副军长秦德纯

第三军团副总指挥、四十军军长庞炳勋

第三军团参谋长张维藩

## 宋哲元下令布防

宋即以第三军团总指挥名义下达命令：令第三十七师以三屯营为中心，占领子城子岭口至潘家口之线阵地，并派有力之一部接替喜峰口附近第四军团防务。令第三十八师以遵化为中心，占领龙井关至马兰峪之下阵地，并以一团驻防遵化附近。令暂编第二师即由玉田向平安城及东新庄附近集结。[1]

## 宋哲元任命赵登禹为喜峰口前敌总指挥

第三十七师一〇九旅
赵登禹旅长

第三十七师一一〇旅
王治邦旅长

第三十八师一一三旅
佟泽光旅长

三月十日电　第三十七师冯师长命令要旨如下：

本军团兹为作战便利指挥容易起见，所有最前线作战各部队暂统归该师赵旅长登禹指挥。王旅长治邦、佟旅长泽光两部共同协助之。

下午六时第三十七师第三十八师两师长会衔给赵王佟三旅长命令：

奉军团电令开：兹为作战便利指挥容易起见，所有最前线作战各部队暂统归该师赵旅长登禹指挥，王旅长治邦、佟旅长泽光两部共同协助之等因奉此；着派赵旅长登禹为喜峰口方面作战军前敌总指挥。王旅长治邦为副指挥。佟旅长泽光协助之。仰各饬属遵照。

（选自《宋故上将哲元将军遗集》（上册），台湾传记文学出版社 1985 年版，第 234 页）

---

① 《滦东及长城作战》，台湾“国防部”史政编译局：《抗日战史》。

# 陆军二十九军长城战役纪略

## 喜峰口之战

戍守长城要隘的部分二十九军将士（引自李云汉：《中华民国抗日战争图录》）

喜峰口者，在遵化东北150里，南距热河之平泉，190里，系明代朵颜等三卫入贡通衢。宣德三年，曾设关置戍于此。今已辟为汽车路，可通口外。口之东有董家口，西有潘家口，两侧群峰矗立，险要天成，长城依势蜿蜒，华北赖以屏蔽，为兵家所必争。其附近高地之倾斜，北缓而南急，敌自北来犯，可捷足而据；我自南御敌，势非绕行，难于迎击。且口之东北高地，为势特峻，果为敌据，则西北一带高地，必受瞰制，一旦失利，喜峰口城寨莫能保，故我必出全力以争者也。第三十七师之赵旅长登禹奉命接防也，即以王长海团往接喜峰口防。是时尚不知守军已败，中途猝遇敌之装甲车10余辆，步骑炮连合（联合，下同）之敌500余，驱逐守军，占领喜峰口东北长城最高山顶，守军溃退，王团几为所阻不能前，炮火猛击，而山顶之炮亦瞰射，王团长自率队猛攻，肉搏冲锋，亘数小时，杀敌百余，始得

宋哲元陪同前国家总理熊希龄
在喜峰口慰劳抗日将士

其地。然以敌人居高临下，我则攀登，伤亡士卒百余，已而敌又以大部兵力反攻，炮火集中猛射，以致得而复失。比昏黑，乃休战，时 3 月 9 日也。军团既得讯，即以电饬赵旅，设计驱敌，傥（倘，下同）山领难攀，则另以部队绕其后，一举歼之。同时令张师长自忠，派佟泽光旅，星夜驰赴撒河桥[①]为支援。自 3 月 9 日之夜交绥，遂判明当前之敌，为服部旅团，其步兵占领喜峰口东北长城，及其以北高地。而其炮兵，则在白台子南侧之高地也。赵登禹既接电命，即派队，分两路潜袭，一路命二一八团第一营王营长昆山，率所部于早 1 时，出铁门关以西，李家峪北之石梯子缺口，经白枣树，向白台子疾进。一路命二一八团孙团副儒鑫，率第二营，于早 1 时 30 分，出潘家口，经蓝旗地，渡河，向蔡家峪疾进。既而王昆山于早 2 时 30 分，抵白台子，猝攻敌，敌大惊溃，遂占领阵地。又断敌归路，焚其接济车 10 余辆，敌约千余，仓皇退。昆山乘胜进击，为夺路争，肉搏亘数小时，冲锋 10 余次，杀敌数百名。孙儒鑫率所领第二营亦倏至，袭击蔡家峪，占领之。两军合力，驰向喜峰口以北高地之敌猛攻。时敌之后方，狼洞子、黑山嘴、南北丈子等处，方酣眠，乘其不备，以大刀砍杀殆尽，直迫敌阵背，一时两路炮火弥天，杀声四起。敌之援军，闻警亦四集，混战至拂晓，敌以步炮战车连合猛冲，始逸去。我军亦循原路撤回。斯役毙敌在 500 名以上，夺其机关枪 10 余架，我亦阵亡连长赵炳榜，排长宋发俊、宋长永、孙鸿 6 员，受伤者 13 员，伤亡士兵百余。时王长海团奉命固守喜峰口阵地也。早 6 时，敌以炮火，掩护步队 3000 余，攻王团东侧，王即应战，敌炮火激烈异常，其步兵攻至阵前，进退五六次，正相争间，敌又以炮火集中，掩护其大部兵力，攻王团西侧，及小喜峰口，于是我东西两阵，均受炮火压迫，伤亡极重。且我东侧老婆山一带，势尤急。赵旅长登禹急率王宝良特务营，加前线，反攻老婆山之正面，肉搏而进，砍杀敌 700 余，敌锐为之挫，始溃退。我营长王宝良、连长王廷立、排长郭银涛、穆宗贤、张心忠、张汉祥 8 员阵亡，受伤者 15 员，士兵伤亡 400 余。是战，因赵旅长受伤不退，故士气益振。迨早 9 时，敌约千余，进犯我防守铁门关之第二二二团张子钧营，激战数小时，众寡悬殊，我势渐弱，已而援军来，同反攻，敌不支，亦败退，遂获全胜，此第一次夜袭奏奇效也。自 10 日激战后，复判明敌方，除服部旅团外，尚有日军铃木旅团全部，及伪蒙混合军共二三万人，虽经挫败，而敌势犹盛。其步兵阵地，仍据喜峰口东北长城，以至其北高地之线。其炮兵阵地，则仍在白台子南侧高地也。总指挥宋，鉴于雨日战情，以手谕传示各师，以励将士，并传令前方官兵，在阵前生擒日本人 1 名者，赏银 100 元，砍死日本人 1 名有据者，赏银

---

① 应为潵河桥。潵，洒音。

50元，一时将士，尤为振奋。11日早7时，敌向我全线阵地炮击，至10时，又集中炮火，攻刘景山团之第三营，猛射其西侧高地，并集合一团以上兵力，在炮火掩护下，猛攻刘团。刘部拼命反击，激战数小时，毙敌百余。而敌机枪火特盛，我伤亡过重，不得已向后退。时下午3时30分也。赵、王两旅长，于下午4时，复令刘景山率所部，夺其地，奋勇冲击而进。俄登山顶，敌仍以机枪扫射，我则进扑，肉搏混战。又2小时，毙敌二三百名，敌遂不支而退，卒将其地夺回，则方下午6时耳。计杀敌500余名，我连长李凤仙、排长李万珍等5员阵亡，受伤者13员，兵士伤亡300余。

是夜总指挥宋，接冯师长治安真亥电，遂指示作战方针，令冯转饬赵、王、佟三旅长电示要旨如下：

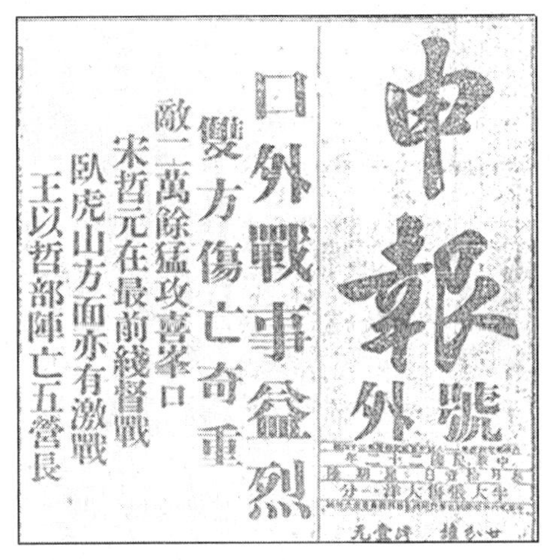
申報
號外
口外戰事益烈
雙方傷亡奇重
敵二萬餘猛攻喜峯口
宋哲元在最前綫督戰
臥虎山方面亦有激戰
王以哲部陣亡五營長

**1933年3月11日《申报》**

查喜峰口东北长城高地，为敌占据已久，本日刘团西侧高地，又被敌人占据。今虽将西侧高地夺回，然东北长城高地，实为心腹之患，若不设法歼灭该处敌人，则我全阵线将终受其害。今乘敌疲惫之余，拟以喜峰口西侧高地为重点，坚守全线。着赵旅长等，抽选劲旅，分由两侧，绕攻敌之后背。殆绕击成功，则令我坚守阵地之众，全力出击，必奏肤功。望该师转饬赵、王、佟三旅长，善为妥议施行，实所至慰。

冯师长接电令也，即以刘副师长自珍，驰赴前方，与三旅长议绕攻敌阵之策。则以赵旅长攻其右侧背，以佟旅长攻其左侧背，以王旅长坚守本阵地，相机出击，以为牵制。赵旅长于11日夜11时，将绕攻队集合于潘家口东岸，即发命令。一则以王长海团副手枪三连，及王昆山营，沿滦河西岸，至蓝旗地东折，袭击敌于蔡家峪白台子。奏功后，与董团连络，进攻喜峰口东北高地，为第一绕攻队。一则以董团，由潘家口，沿长城根，袭击敌于北山上及南北丈子一带。奏功后，与王团连络，进击喜峰口外东北之敌，占据险要山头，为第二绕攻队，赵旅长亲率特务营，继董团而进。各队既受命，于是王团所部，于夜4时，抵蔡家峪，肉搏而进，先后占蔡家峪、白台子附近各山头，并占领敌之炮兵阵地，而歼灭其掩护炮兵之部队。苏营长东元以所夺敌炮，转以击敌，至20余发。俄已拂晓，敌之在淀峪以北，及老婆山附近之军，闻警来援，以机枪猛烈相击，是时我所得战利品甚夥，然以山路崎岖，旁又有敌来攻，而不得运回也。则一面应敌，一面破坏其野炮铁甲车，焚烧其接济车弹药纵列，一时火光冲天，烟雾四起。敌之野炮18门、铁甲车全部，顷刻毁烬，炮镜炮栓，亦均卸回。并获敌作战详细地图，及满洲国地域图数份，摄影机1部，机枪20余架，砍杀敌官兵五六百名。我营长苏东元、代理营长王凤芝、团副胡重鲁、排长李怀福等十余员，皆殉焉，受伤者30余员，兵士伤亡600余。当王团长破敌炮时，董团已前后占领北山堡子、南北丈子、三家子各地区，又毙敌步骑兵三百余。我亦伤亡连排长数员，士兵百余名，此赵旅长所部成功之战况也。佟旅长于11日夜11时，以李九思团为基干，附以仝瑾莹团之一部，奋勇挺进，至白台子以北，先堵塞通双城之凹道，断敌归路。斯时敌阵地西北各方，火光四射，激战甚烈，李九思团奋勇西进，抵白台子附近，遇敌即战，冲突历4小时。闻王团已占领蔡家峪，则军心益奋，直冲敌阵，于敌枪火瞰制下，历久不退，毙敌三四百名，我亦伤亡官兵200余名，此佟旅长所部成功之战况也。早8时，我派攻喜峰口东北高地之步兵两连，因敌两翼山头猛攻，伤亡殆尽，于此益见东北高地之险峻而难攻也。时我正面固守阵地之王治邦，亦督卒刘景山团，及戴守义团之一部出击，敌以猛烈炮火机枪下射，弹如雨注，士气不因此而少衰。迨午后3时，赵旅长遂命各队撤回，盖自夜11时出队，至此已历16小时，此第二次绕攻已告成功也。其尚有遗憾者，佟旅为地势阻，受敌瞰射，进行迟，不克与王、董两团取连络。王旅亦以地势阻，受敌瞰射，不克与绕攻部队收夹击之效耳。否则必聚敌人而歼之。然是役也，敌受创狼狈万状，仅以少数之队死守待援，余皆溃退。敌之炮兵司令官及射手，均被砍死，而其伤亡总数，在3000名以上云。

3月12日第三军团总指挥宋电令各师并转前方各官兵，其电文曰：

查此次我军自喜峰口一带与敌激战以来，捷讯初传，震动全国。各方民众，以至欣至佩之精神，组织各界慰劳团体，即日出发前方，携带大批慰劳物品，如被服鞋袜、食品、药剂、钢盔、大刀等类，前来阵地，慰劳我军。所有各军受伤官兵，送往后方，在平津各大医院，均以争先恐后之情态，收容疗治。即各大学之女生，亦均踊跃参加，担任看护，藉慰扶持，其情备至。

在我殉难之官兵，不惟中央，亦定有相当抚慰办法；即地方民众，亦有充分抚恤之准备。我军此次，受全国民众之称扬援助，为国军抗日以来，所未有者也。望我前方将士，务本汉贼不两立之牺牲精神，沈着（沉着）杀敌，坚持到底，殉国救亡，此正其时。幸勿辜负全国亲爱同胞之赞美，与期望之热诚，是为至盼。仰各饬前方官兵知照为要。

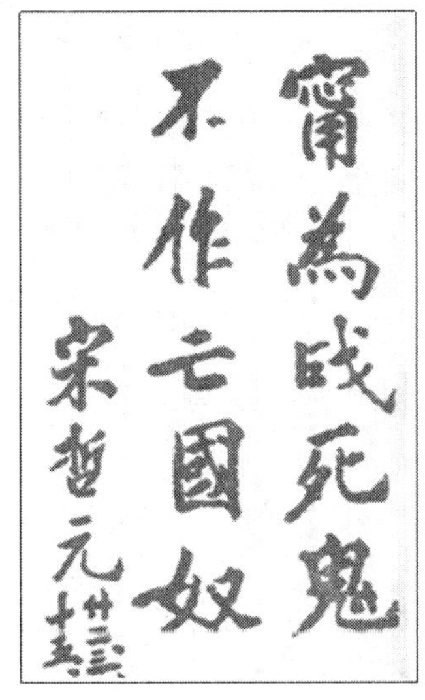


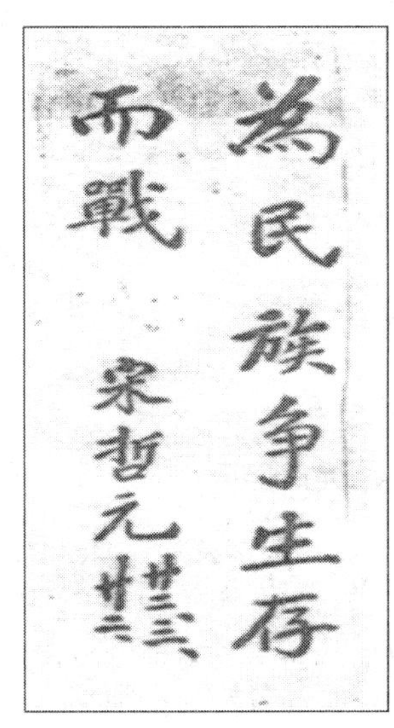


一时舆论，以为二十九军是役，有过于上海十九军之战。盖彼得地势，以港湾纷歧，敌之大炮、唐克（即坦克，下同）车，势不得施，又有大宗物质，立时接济，此取胜易也。而二十九军仓猝接防，敌已冲至，于守军纷纷溃退间，冲锋而进，但以手榴弹、大刀，肉搏相争。而陆战平原，敌之大炮、唐克车，便于运用，又有天险可凭，我则专事仰攻，后方接济又缺，此其成功难也。然叠进而叠获奇捷，旬日间，两次奇袭，绕攻敌后，一夜之顷，毙敌数千。宋总指挥之料敌如神，诸将士之拼死用命，实所罕见，故能建此伟绩，盖非虚誉。其文电来贺，日不暇接，全国皆为倾动。军队所在，往往有村妇六七十岁者，以筐篮盛鸡卵数十枚，亲送阵前，以致贺曰：穷乡无他可进，此我家鸡所产，聊以致敬也。若夫村民，尽知二十九军之艰苦也。及战胜无可致贺，则人集铜币一二枚，亦倾筐而来，爱国之切，感激之诚，一时势如鼎沸焉。

## 罗文峪之战

喜峰口之战，自3月9日至11日，接战者3日，而每战益烈，卒克强敌。罗文峪之战，则3月16日至18日，亦接战者3日，而每战益烈，卒克强敌。前

刘汝明

后若出一辙，而随机变化，竟若无穷者，何哉？谋虑定，志气坚，进有必死之心，退无馁怯之念，上下一致，以捐躯报国为荣耳。敌自喜峰口受大创后，其号称中坚精锐部队之十三、十四两旅团，损失甚巨。其关东军司令武藤信义，亲至承德，重为调度，变更战略，转其作战方针于罗文峪。遂以攻罗文峪者为中路，攻马兰关者为西路，攻冷口等地者为东路，除调集所部主力松田茂、木平贺各部，取道平泉，向喜峰口增援外，并由朝阳、平泉、滦平一带，抽调早川第三十一联队、濑谷义一第八联队两部，附以骑兵装甲车多辆，野炮 10 数门，机枪 40 余挺，飞机 20 余架，联合蒙伪军两旅，共万余人，经莺手营大道，向罗文峪关口挺进。盖其事前曾侦得我罗文峪无重兵扼守，有隙可乘也。罗文峪者，南距遵化县城 18 里，在喜峰口迤西偏南 100 里，深向长城内部凹入，其口为两山麓连接，宽仅丈许，南北纵深约四里，长城蜿蜒其上，各碉楼尚完好，明将戚继光督蓟镇时，所补修者也。其西 5 里，即山查峪，为长城一小口，傥敌占此处各要隘，则喜峰口我军阵地左侧，即受包抄；若更进而占遵化城，我平东大路，亦为截断。故罗文峪实为全阵线命脉之所寄。其形势重要如此，敌拟以全力突破之，冀有以制我。而宋总指挥，亦料敌必有此举也。先事即命骁勇善战之第二师刘汝明部，扼其防，严整以待。防守罗文峪、山查峪一带之部队，原为三十七师轩继瀛营，及三十八师祁光远团手枪二连。迨闻敌之骑兵，于 15 日夜抵半壁山，祁光远团即奉总指挥令，星夜驰赴三岔口，一面增援轩营，一面以一部绕出三岔口，截击敌之侧背。本日上午 3 时，遇敌骑三岔口附近战焉。时祁团之绕击队已至，由侧面包围，激战 5 小时，敌势不支。俄而敌之步炮连合大部来援，祁团绕攻队，以众寡悬殊，撤归本阵地，而罗文峪正面之激战由此起。常是时，我军本据长城为阵，敌则以炮火集中轰炸，致完整之城垣，摧毁无遗，砖石炮弹，横飞遍野，我军虽受强烈炮击，而不肯遽舍险要，敌亦猛烈进扑，非夺此不可。此得彼失，绝不相下，两方伤亡之惨，较喜峰口战殆有过之。已而刘师长汝明，率队来援，军心益振，毙敌千数，敌不支，遂败退，我亦伤亡 700 余人。迨晚 9 时，始休战，此 15 日夜以及 16 日战况也。17 日早 8 时，敌以步炮连合五六千人，由半壁山分向罗文峪、山查峪而来，其一部与罗文峪之祁光远团接战，同时复以优势兵力，猛扑山查峪之刘福祥营，遂至肉搏。此次敌之战略，皆先用炮火集中于一地猛射，而以步兵冲锋，继以 20 余架之爆炸机，低飞投弹，意在攻克山查峪口，截断我军。顾刘福祥以一营抗敌，短刀死拒，亘数小时，敌不得逞，乃以烟幕弹盖射，藉以掩护其大部，夺我阵地左方高地。刘福祥窥知敌意，急令连长张勋贤之预备队，亦乘烟幕，突出攻敌。同时全营，转为攻势，敌转以大败而退。方战时，刘师长汝明，率李曾志团及特务营适至，而伏于山口。敌见我阵沉静，以为兵力已衰，而机可乘也。则以密集队冲击猛进，山口伏兵，挥刃而起，突出敌右，敌错愕溃退，我乘胜追击，遂占对面山头之敌阵。迨下午5时，敌益不支，其第二阵线，亦现动摇，然因暮色已暗，不能前进，暂停止。迨夜子时，刘师长以祁团王合春，自我左翼，潜出敌背，袭水泉峪，而我本阵地之守兵，亦转为攻势。至拂晓，敌兵伤亡山积，遂至溃退。盖激战亘一昼夜，血刃相搏，20余次，生擒敌指挥官3人，其吉田少佐，亦死于阵，兵士伤亡，不可胜计。我张勋贤连长，以乘敌烟幕弹进攻而殒，王合春营长，亦陷阵死焉，士卒伤亡者四五百人。自17日夜，侵我罗文峪、山查峪之敌，受痛击后，于18日午前2时，复调集步骑炮连合大部之敌3000余，以猛烈之炮火作掩护，复来攻。刘师长亲往督战，我军据长城要隘，以手榴弹、机关枪迎战，待敌近，挥刀出砍，杀敌无算。斯时山查峪当面之白刃战尤烈，刘营长福祥，督军坚抗，敌终不得逞。至天明，复以集中炮火，击守兵，迄午刻，仍不得逞。则以30余架飞机低空来击，轰炸之声震山野，而敌之步兵，乘势冲锋，迫我阵地。李旅长金田、李曾志全部，及手枪机关枪各队，奋力反攻，往复数次，激烈异常。李团长腿已受伤，犹负创指挥。此时罗文峪祁团长光远，亦率部出击，士气倍增，血战亘5小时，敌猛攻10余次，均击退，伤亡奇重。至晚10时，敌复以全力向阵猛攻，刘师长汝明，亲沿各阵线，督部力抗，乃命李旅长金田，率部一团，潜出沙宝峪口，攻敌侧背，越山头七，摸至敌机关枪阵战焉。先是连日激战，敌常畏我夜袭，而于其阵线两翼，恒满列机枪以为防。此次我军至快活林附近，敌始觉，遂猛射，讵知我军奋不顾身，挥刀冲入，逢人辄砍，死者狼藉。是时祁团长光远，亦率所部，由右翼潜出，骤袭敌后，敌大惊。刘师长汝明，见敌阵动摇，急命反攻，前后夹击，遂将三岔口、快活林、古山子、水泉峪、马道沟一带之敌，完全击溃。敌之伤亡者千余，并获敌机枪11架，毁5而携回6。营长刘福祥、殷锡乾受伤，我官兵伤亡亦重。血战经夜，始奏全功。隔日扫清战场，知敌伤亡大尉以上军官8员，内有吉田早川大佐，得钢盔百余，在死者岛村尸上，搜得满洲地图，及日记本，并早川支队由承德向罗文峪出发之命令一纸。方知其出发也，共6000余人，分3支队。经我痛击后，每队只1000余人矣。以此知其伤亡在3000左右也。迨24日得报，残敌已由佛爷崖，沿横河，向鞍子岭退走矣。

（选自《宋哲元先生文集》，台湾中央文物供应社1985年版，第220—229页）

刘汝明暂编第二师坚守罗文峪

## 二、当事人的回忆

### 喜峰口抗战

萧振瀛[①]

萧振瀛

次年（1933年）二月，日寇进攻我热河。中央主战，张学良派参谋长鲍文樾赴京，余代表二十九军参与会议，蒋委员长主持会议，力主迎战，嘱令颁发款械弹药，布置军事。鲍与余同返北平晤张学良，张询鲍如何决定，鲍率而应曰："中央未有具体决定。"余乃奋然曰："颁发款械弹药，命令坚决作战，何遽得谓为无决定耶？"余陈于张曰："我们家仇国恨，今当其冲，胜则成功，死则成仁，此报国效死之时。二十九军请为前锋。"张激动而起，下令万福麟军援热河迎敌。

时中央派杨杰赴平襄赞军事。二十九军调赴喜峰口待命。又得军令移冷口抗敌。宋哲元召集张自忠、冯治安、刘

---

① 萧振瀛（1890—1947），字仙阁，吉林扶余人，爱国将领。拥立宋哲元筹建第二十九军，历任二十九军总参议，察哈尔省主席、冀察政务委员会经济委员会主任委员、天津市长。抗战爆发后，任第一战区上将总参议。

汝明、赵登禹、张维藩、秦德纯及余会议。宋指出：调赴冷口，如敌自开平古道攻热，后路有失，将何以战！时事至此，张学良犹恐我军乘其后。余曰："冷口孤绝，仅有小道可通，径远天寒，援给皆困，我军应就喜峰口可战之地，一决死战，不得已时，可只遣骑兵一支以赴冷口。"众谓：此意固佳，而似有抗命之嫌，奈何。余曰："此可电中央请示及报备，我军则据此决定布置，与敌一决死战。"宋曰："张将更为不满矣。"余断然曰："此当由余出名电中央。"众同意。喜峰口抗敌之议乃定。已而日寇攻热河，果自开平大道而来。热河汤玉麟昏聩无备，不等援军抵达即放弃承德南逃。

蒋委员长复电同意二十九军在喜峰口迎敌，并召余赴京报告华北及二十九军情形。临行，语诸将领以此战关系国家存亡，喜峰口抗敌决议切要坚持贯彻；盖宋语余，张自忠部尚未行动也。……

（选自《萧振瀛先生纪念文集》，台湾世界书局1990年版，第164—165页）

## 二十九军浴血抗战

施乐渠[①]

1933年3月4日，日军侵入热河承德，进逼长城各口。蒋介石迫于人民抗日救国的要求，不得已假作抗战姿态，调集华北杂牌部队，开赴长城一线，名为抗日，实则借刀杀人，消灭异己，中央直属部队只派关麟徵、黄杰两师加入战役，聊示敷衍。二十九军本是杂牌，亦在被调之列，遂从山西阳泉开至北平，进驻遵化，接防喜峰口、罗文峪一带防地。是时二十九军实力只有张自忠三十八师、冯治安三十七师、刘汝明暂编第三师，共三个师，二万余人，担任防线长约二百里，面当强敌，人多自危。军长宋哲元沉痛誓师，期以必死，官兵颇为感奋，唯有张自忠装病不起。萧振瀛跑到张家质问张自忠："大家都上前线，你为什么装死耍赖?"张说："我并不怕死，但是我们这点人，是我们的本钱，拿到前方，一定送光，以后还有什么可玩的呢?"萧说："我们杂牌军队，本来被人排挤，阎锡山不愿我们驻在山西，蒋介石叫我们打日本，也是别人的儿子死了不心痛，我们的处境，进退两难。不过现在全国人心都要抗日，只有抗日，才能得到国人同情。将来谁肯抗日，谁才站得住。如果守着这点本钱，不敢下注，早晚必将淘汰。"张自忠一跃而起，说："好！我听你的。"随即带队出发。

（引自《萧振瀛与二十九军活动内幕》，选自《文史资料存稿选编·军政人物》（下），中国文史出版社2002年版，第534页）

---

① 施乐渠系萧振瀛秘书。

## 三、新闻报道

申報
號外

口外戰事益烈
雙方傷亡奇重
敵二萬餘猛攻喜峰口
宋哲元在最前綫督戰
臥虎山方面亦有激戰
王以哲部陣亡五營長

敌二万余猛攻喜峰口、宋哲元在最前线督战（1933 年 3 月 11 日《申报》号外）

### 宋部用大刀杀敌甚多

1933 年 3 月 12 日《申报》号外（一）

北平宋哲元到喜峰口前线督战后，士气大振。宋严令不许放枪，迨敌人逼近，我军用大刀出击，杀死敌人二千余，我军因受炮火，损失亦巨。（十二日专电）

1933 年 3 月宋哲元在喜峰口召开中外记者会现场

### 马兰峪敌人被击退

1933 年 3 月 17 日《申报》（三）

北平 遵化电话，昨晚十时余，蓟县东北之马兰峪发现敌人三百余名，图扰我喜峰口后方阵地，被该地刘团迎头击退。此股敌人似系由榆关内窜入。现在遵化县境内铁厂、玉田等处发现敌人间谍，我左翼驻军，已分别严防中。（十六日专电）

**1933年喜峰口大捷后，3月19日在保定火车站蒋介石、孔祥熙接见第三军团正副总指挥。（从左至右）庞炳勋、宋哲元、蒋介石、孔祥熙、秦德纯**

## 宋哲元昨谒蒋返平　即晚赴前线指挥<br>蒋对宋备极嘉奖

1933年3月20日天津《益世报》第二版

【本市消息】察哈尔省政府主席宋哲元氏，此次率部在喜峰口克敌，极为蒋军委长所嘉许。宋为报告前方情况，于昨晨（十九）二时自防地来平乘车赴保定，谒蒋军委长，商谈一切。蒋军委长充分接济该军，宋以前方军事紧急，与蒋军委长谈话毕，乘原车返平于四时到达。同来者尚有中委孔祥熙、及四十四军军长庞炳勋、二十九军副总指挥秦德纯、军分会委员萧振瀛云。

## 宋哲元谈话

1933年3月20日《大公报》第三版

【北平通信】第二十九军驻平办公处下午十二时，接前方电话，云：喜峰口正面无大冲突，战事重心，移至罗文峪方面。十八日晚，我刘汝明师李金田旅，施行夜袭田沙宝峪，绕至敌军后方，连越七个山头，进至敌之机关枪阵地正面，我军同时出击，与敌血战，结果毙敌五六百名，夺获机关枪十一架，抬回六架，破坏五架，敌军溃退，现罗文峪外十里，已无敌踪。我二十九军激战旬日，伤之已达三四千名，伤兵均在遵化、通县各地收容疗养，一部已运至北平。据讯，罗文峪、山渣口之战，经我军两昼夜之猛击，敌众八九千人，悉被我击溃，今晨向半壁山退却。十八日夜晚激战最烈，日军炮向我阵地密集射击，我军因敌炮火之猛烈，一时陷于苦境。刘汝明师长派三十八师特务营王营长，率全营士卒绕敌后方。拒敌因恐我军袭其后，防以机关枪队排列成对，我军误陷入敌机关枪阵地前方，敌枪突起，我军向机关枪队滚入，卒将敌抹杀五六百名，阵地突破，敌前方动摇而溃退。惟此役我伤亡约两连，损失亦甚重。夺获敌机关枪十一架，王营长亦于此役殉国。

【国闻通讯】正方昨接石匣镇电话，古北口敌我仍在对峙中。我方在南天门构筑阵地，异常坚固；敌则沿长城亦筑有阵地。连日无接触，古北口敌只有1600人，内中除蒙匪、伪军外，只有四分之一为日人，现并运到大批给养及大车等物，强住民房，居民不堪其苦。敌近因喜峰口等处进犯，未得胜利，故有所顾忌，无南攻模样。

【保定特讯】宋哲元偕庞炳勋、秦德纯，十九日由遵化经北平抵保，即谒蒋委员长，蒋对宋慰勉有加，并允竭力补充军实。记者访蒋宋氏于车上，并致慰劳之意。据宋氏谈，国家养兵，平日吃饭花钱，协靠百姓，现在为国御侮，乃系天职，况日人对我欺侮，蔑视我国家我民族，即拼命牺牲，以十拼一，亦觉值得。喜峰口方面，我军死伤三千余，现敌在喜峰口北三十里之某地，筑坚固阵线，以备守御。至罗文峪方面，日人已攻击三日，并未得逞，我伤团长一，死营长一，下级官数人，敌军在彼处者约三千左右。我于作战第一日，死伤七百余名。截至昨日来保时，日军炮声隆隆，罗文峪距遵化二十里，炮声极清晰，昨日一日又死伤三四百人。所幸蒋委员长对于各项补充，均竭力供给，今日当即返防，与敌誓死相拼也。我军两年来训练，均以对外为目标，大刀队之设备，已准备时间甚久。日军似对我罗文峪方面侧重，故现正竭力在该方面布防云。谈毕专车北上。

**1933年3月，（左起）张自忠、宋哲元、秦德纯、冯治安合影于遵化民宅**

河北民報

敵機昨飛遵化轟炸

宋哲元談殲敵經過

喜峯口外雙方陣地仍無變化敵機飛口內擲彈

古北口敵向司馬臺攻擊我軍沉着應戰不得逞

羅文峪敵潰退半壁山以北

1933 年 3 月 21 日《河北民报》

1933 年 3 月 22 日孔祥熙、总监俞飞鹏赴喜峰口慰问，

（从左至右）刘汝明、俞飞鹏、孔祥熙、宋哲元、庞炳勋

（引自 1933 年邹韬奋主编《生活画报》）

# 第三章　华北危局　日本策划华北自治

## 三名日本“中国通”与“华北分治”

日本发动九一八事变侵占中国东北后，进而向华北侵略，其侵略华北的策略包括军事、外交、经济三方面，而“华北分治”政策就是军事与外交相互作用的典型。在推动“华北分治”的阴谋中，日军中的三名“中国通”板垣征四郎、多田骏、土肥原贤二担当了急先锋。

### 板垣征四郎首先策动

任关东军高级参谋的板垣征四郎与石原莞尔等共同策划九一八事变后升为陆军少将，任伪满洲国执政顾问。1933 年 2 月 13 日，板垣奉派到天津设立特务机关，任特务机关长，“目的是发动北京政变”。[1]

板垣征四郎

板垣到津策划分治华北阴谋时，正是关东军向热河与长城以南地区侵犯之时。板垣乘关东军关内作战之机积极策动“华北分治”，他把华北的中国军政要员分为四派：蒋派、反蒋派、现状维持派、首鼠两端派。当时天津特务机关的谋略是：鼓动宋哲元、张作相、张敬尧，以张敬尧在北平举行武装政变为导火线，用旧军阀军队占领北平，建立亲日政权，推举段祺瑞、吴佩孚、孙传芳上台。根据日本驻南京总领事须磨吉郎的调查，截至 1933 年 5 月，板垣已耗资 300 万元的活动经费，此等费用均系由日本陆军省机密费项下开支。[2]

然而，天津特务机关的谋略并未收到预期的效果。段祺瑞为避免板垣的纠缠，于 1933 年 2 月 1 日自天津迁居上海。[3] 同样，吴佩孚、孙传芳也不理

---

① 〔日〕吉野直也：《天津军司令部》，图书刊行会 1989 年版，第 197 页。

② 《现代史资料》第 7 卷，第 553 页。

③ 吴廷燮：《合肥段公年谱稿》下卷，中国社会科学院近代史研究所收藏，第 30 页。

会板垣的要求，张敬尧拿了板垣 30 万银元，潜往北平从事非法活动，5 月 7 日在北平东交民巷六国饭店被中国爱国人士所刺杀。[①] 这件事使得板垣物色的其他人物闻风丧胆，更使得天津机关的阴谋迟迟不得进展。5 月 21 日，天津特务机关在给关东军参谋长的电报中也不得不承认，对华北谋略困难很多，进展不大，到了 5 月 31 日《塘沽协定》签字，板垣遂不得不暂时停止“华北分治”的策动。

## 多田骏公开鼓吹“华北分治”

多田骏在伪满洲国成立后任伪满洲国军队第一任最高顾问，1935 年 7 月 22 日接替梅津美治郎任日本华北驻屯军第 23 任司令官。[②] 8 月 19 日，多田到津后立即分析情况，认为当时在华北掌握兵权的，有北平的宋哲元、山西的阎锡山、济南的韩复榘和保定的商震。通过某些方法，把这四个人掌握起来，使之互相合作，便可以建立一个强大的政权。[③] 多田在分别对宋哲元、阎锡山、韩复榘、商震等进行了试探后提出了方案：“由你等四人同意，与满洲紧紧握手，可以成立一个新的政权。如果成立了新政府，华北就会很快繁荣起来。万一和蒋介石有了摩擦，日本将充分支持新政权，请不必为此担心。你们是否有意建立一个不仰承南京中央政府鼻息的新中立政权?”

多田骏

但宋哲元等四人的回答却如出一辙：对于建立一个中立政权都大为赞成，并且都表白自己并不排日，对于日本竭力扶植的满洲还可以给予帮忙；对于新政权只要其他三人赞成的话，自己一定充分合作。多田根据这些答复，认为新政权很快就能成立，然而，事实上却没有取得进展。

多田用秘密拉拢未见成效，就转而采取公开的鼓动。9 月 20 日，多田在其天津官邸，召集平津的日本新闻记者聚餐，发给题为《对华之基本观念》的小册子。[④] 小册子公然鼓吹反对国民政府，妄称要把华北建成“中日两国人民共存共荣的乐园”。

随后，多田又于 9 月 24 日在日本新闻记者聚餐会上鼓吹：“逐渐使华北

---

① 〔日〕吉野直也：《天津军司令部》，图书刊行会 1989 年版，第 199 页。

② 〔日〕吉野直也：《天津军司令部》，图书刊行会 1989 年版，第 204 页。

③ 〔日〕土肥原贤二刊行会：《秘录土肥原贤二》，芙蓉书房 1972 年版，第 284—285 页。

④ 《时事月报》第 13 卷第 4 期，“国内时事”，第 157 页。

形成日‘满’华并存的基础”；“为了把国民党和蒋政权从华北排除出去而行使武力，也是不得已的事情”，“我军对华北态度有以下三点：（一）把反满抗日分子彻底地驱逐出华北；（二）华北经济圈独立（要救济华北的民众，只有使华北财政脱离南京政府的管辖）；（三）通过华北五省的军事合作，防止赤化。为此，必须改变和建立华北政治机构；总之，必须对组织华北五省联合自治团体的工作予以指导。”①

多田以《对华之基本观念》的小册子及谈话的方式，宣布了日本分治华北的方针，要成立华北五省联合自治体，并不惜用武力使华北变为第二个“满洲国”。当9月25日日文报纸《京津日日新闻》刊出这个声明及小册子的大部分内容后，引起了极大反响。中国各界爱国人士无比愤慨，国民政府也通过外交途径向日方提出交涉。日本政府在中外舆论的压力下及国民政府的质问下，不得不进行掩饰，说什么“该小册子不足代表日本之意见，仅系多田个人所交付参考之小印刷物”。日本外务省也向中国驻日大使蒋作宾表示：该小册子并非代表其本国政府及军部之意思。②

事实上，日本军部及内阁正决定加速“华北分治”的策动，在多田小册子发表的同一天即9月25日，日本陆军省发言人表示：“日本陆军以武力驱逐国民党及蒋介石政权于华北之外是不可避免的。”同时还宣布了陆军对华政策的三点意见：“（一）驱逐华北的反日反满分子；（二）华北在经济上脱离南京，自行独立；（三）经由华北五省军事的合作，以阻止共产主义的蔓延。”③

多田的分离华北言论不仅反映军部侵华激进派的思想，而且也得到了陆军大臣和日本内阁的支持。9月4日新上任的陆相川岛义一一直积极支持关东军与华北驻屯军侵略华北的阴谋活动，他综合陆军各方面的意见，拟定了《鼓励华北自主案》。9月28日，川岛将此案带到内阁会议上。是日川岛违反常例，亲携参谋本部第二厅厅长冈村宁次、关东军参谋长西尾寿造、副参谋长板垣征四郎等出席，气势汹汹，致使与会者无人敢撄其锋。此案遂获原则通过。10月4日的内阁会议上，川岛提案与外相广田弘毅之“对华三原则案”同时正式通过。此后，日本外交人员开始向南京国民政府展开“广田三原则”的交涉，而关东军与华北驻屯军则在华北积极煽动“华北自治”运动。“水鸟外交”与“老虎政策”④ 交互运用，相互策应，造成了1935年华北危机。

---

① 〔日〕秦郁彦：《日中战争史》，河北书房新社1961年版，第56—57页。

② 《时事月报》第13卷第4期，第157页。

③ 李云汉：《宋哲元与七七抗战》，台湾传记文学出版社1987年版，第98页。

④ 分别指以缓进的外交方式和直接的武力方式侵华。

## 土肥原贤二的导演与推动

土肥原贤二在九一八事变前任奉天特务机关长，事变后任沈阳市长，参与策划了建立伪满洲国的阴谋活动。其后的1933年之塘沽协定，1935年之察东事件、强占丰台车站事件、秦土协定、香河事件，以及冀东反共自治委员会等，均由他参与策划与炮制。

土肥原贤二

1933年，土肥原再度任奉天特务机关长，“隶属于关东军司令官，他的任务不只在奉天，而且握有对热河省、山海关、通县、唐山等地特务机关的全部指挥权”。[①]

1934年4月18日，土肥原假借“华北人民爱国协会”的名义，向东京参谋本部提出一份“挽救华北”的机密建议案。他认为，“当前急迫的问题是华北新政权的建立”。依照土肥原的设计，这个“华北新政权”在由李际春、石友三、白坚武等人联合推翻中央政府及国民党在华北的势力之后建立；领域包括长江以北及山西、陕西、甘肃、青海、绥远与宁夏各省；“新政权”的军队称为“定国军”，其总司令预备推吴佩孚。[②] 土肥原这个建议案与关东军分治华北的步骤是一致的。

关东军在九一八事变后，对分治华北制定了三个步骤：第一步是要求国民党与中央军队退出，使华北政权成为真空；第二步是选择傀儡对象，使自治实权落入日军之手；第三步是全面压迫南京政府，使其不得不承认日本在华北五省有指导之地位。土肥原在华北的活动也正是依据这三个步骤进行的。1935年5月日本华北驻屯军制造河北事件时，关东军认为此时正是实施第一个步骤之好机会，借口热河西南“国境”地带中国方面的反“满”事件愈益严重，于6月11日以电报指示土肥原，令其在最短时间内使宋哲元撤退至黄河以南地区。[③] 土肥原即强迫察哈尔省政府代理主席秦德纯于6月23日签订了《土肥原—秦德纯协定》。察哈尔当局被迫承诺：二十九军部队撤出察北五县，国民党党部撤退，禁止反日团体活动，以及允诺不再向察哈尔北部移民。[④]

---

① 〔日〕土肥原贤二刊行会：《秘录土肥原贤二》，芙蓉书房1972年版，第283页。

② 《东京国际军事法庭战犯审判记录，附带文件》，原编号为沈阳机密第122号，审判记录文件编号为1763—A。

③ 〔日〕土肥原贤二刊行会：《秘录土肥原贤二》，芙蓉书房1972年版，第266页。

④ 〔日〕岛田俊彦等：《现代史资料》第8卷，山铃书房1964年版，第491页。

从河北、察哈尔两省驱逐国民政府势力，大致完成了关东军“华北分治”的第一个步骤。日本华北驻屯军司令官多田骏认为，下一个步骤由华北驻屯军来实行就可以了，没有必要再派土肥原前来。但关东军司令官南次郎却称：“由天津军（即华北驻屯军）司令官负责建立新政权是妥当的，但其中应包括关东军的要求，同时为进一步密切两军的联系，特将土肥原借给天津驻屯军。”这样，土肥原就以协助多田司令官的名义来到了天津。①

1935年10月，土肥原奉南次郎之命来天津，他赴津有两项使命，一为实现华北自治，二为诱使内蒙独立。② 土肥原此次的计划是：“第一步先说服并切实掌握殷汝耕；第二步在宋、阎、韩、商四人中选择突破口，首先切实掌握其中之一人，使之与冀东结合起来成立一个新政权；第三步再将其他三人包括进来。”土肥原认为殷汝耕是真正的亲日派，说服他不成问题，而在宋哲元、阎锡山、韩复榘、商震这四个人中，土肥原首先看中了宋哲元，他认为宋哲元的势力范围，“包括了天津、北平这两个华北政治、经济重地，而且最邻近满洲国。如与冀东的殷汝耕携起手来最为理想。”土肥原将此计划上报关东军，批复为：“最迟11月中旬，对宋哲元的工作必须搞出头绪。”③ 于是，土肥原就按此计划再次策动宋哲元。在此之前，土肥原9月来北平时，已要求宋哲元组织自治政府，由日本予以军援经援，为宋哲元所拒绝。此次来津时，又向宋哲元要求两项：政治方面，通电设立华北自治政府，将南京所任命之华北官员，一概罢免，并控制平、津及华北自治之言论；经济方面，建筑津石铁路，修改津海关进口税则，便利日货输入，打击英美贸易。宋亦予以拒绝。④

土肥原正在积极策划组织华北“自治政府”之时，国民政府突然于11月3日宣布币制改革，这无疑给日本对华侵略造成一定障碍。于是，日本军部便更积极地策动“华北自治”运动；土肥原乃商妥关东军出兵威胁，并向宋哲元提出“华北高度自治方案”。其内容为：（1）新政权之名称为“华北共同防赤委员会”；（2）领域为五省二市；（3）首领为宋哲元，总顾问为土肥原；（4）军事由最高委员会主持；（5）财政：截留中央在各该省市之关税盐税与统税；（6）经济：开发华北矿业棉业，使与日“满”结为一单位；（7）金融：脱离法币制度，另定五省通用货币，与日金发生联系；（8）信仰：扑灭三民主义与共产主义，代以东洋主义；（9）政治：保留南京之宗主权；（10）外交

---

① 〔日〕土肥原贤二刊行会：《秘录土肥原贤二》，芙蓉书房1972年版，第283页。
② 〔日〕土肥原贤二刊行会：《秘录土肥原贤二》，芙蓉书房1972年版，第452页。
③ 〔日〕土肥原贤二刊行会：《秘录土肥原贤二》，芙蓉书房1972年版，第290页。
④ 《东京国际军事法庭战犯裁判诉讼记录》，第2314—2316、2702页。

政策：亲日反共。[①] 土肥原限宋哲元于 11 月 20 日前宣布“自治”，这无异于发出最后通牒，至 11 月 18 日，土肥原再次扬言：宋哲元必须在 11 月 20 日前宣布自治，否则他将“派 5 个日本师团到华北，6 个师团到山东”。[②] 他还对宋哲元的代表萧振瀛说：如果宋哲元不在 20 日前宣布自治，日本方面将自行宣布。[③]

在此期间，土肥原于 11 月 19 日又策动汉奸组织所谓“河北各县代表联席会议”、“中华民主同盟会”、“国民自救总会”、“山东人民自治协会”、“绥远军政自治协会”、“河南全省人民自救会”、“察绥商民联合会”、“天津工商业联合会”等团体，联名致电北平宋哲元、保定商震、山东韩复榘、太原徐永昌、绥远傅作义、察哈尔张自忠、北平秦德纯、天津程克、青岛沈鸿烈等，要求南京政府开放政权，允许自治。[④] 这些所谓“民众团体”还致电南京政府和国民党五全大会，要求“自治”。[⑤] 同时，汉奸殷汝耕所控制的地区各机关、华北新闻公会、各学校也出现了与之呼应的舆论。[⑥] 一时间，“华北自治”的叫喊甚嚣尘上。

为了配合土肥原的活动，11 月 12 日多田骏飞往济南会晤韩复榘，13 日日军将校团十余人亦至济南访韩，促其响应。韩复榘于 11 月 13 日乃发表了要求开放政权之通电。关东军更是倾全力与之配合，决定集中兵力于山海关，于 12 日向独立混成第一旅团长发出命令：“命你指挥独立步兵第一联队、战车第三大队的轻战车一中队、野战重炮第九联队的一大队、独立步兵第一中队，于 11 月 15 日前在山海关附近集中，准备进入华北，但进入山海关以南则必须根据军部命令。”[⑦] 同时，南次郎还命令旅顺口、青岛的巡洋舰、驱逐舰驶往天津大沽口。[⑧] 日本飞机则连续侵入北平上空，关东军从海陆空三面向宋哲元示威。

关东军已经不惜用武力来策动“华北自治”运动，宋哲元接到土肥原限期 11 月 20 日前宣布“自治”的通牒后，一面于 11 月 11 日向国民党中央请示应付方针，一面向将于 12 日召开的国民党第五次全国代表大会致电，要求结

① 梁敬錞：《华北自治运动》，台湾《传记文学》第 12 卷第 5 期。

② 上海《文史资料选辑》第 17 辑，第 105 页。

③ 台湾“外交”问题研究会：《中日外交史料丛编》（五），第 469 页。

④ 《中华民国史资料丛编・大事记》第 21 辑，第 175—176、169 页。

⑤ 《新天津晚报》，1935 年 11 月 20 日。

⑥ 《现代史资料》第 8 卷，第 130 页。

⑦ 〔日〕土肥原贤二刊行会：《秘录土肥原贤二》，芙蓉书房 1972 年版，第 298 页。

⑧ 《中华民国史资料丛编・大事记》第 21 辑，第 175—176、169 页。

束训政，开放政权。[①] 11月18日，宋哲元又向南京政府发出电报说："由于日本方面的压迫，处于在11月20日至22日之间不得不宣布自治的苦境。"[②]

11月19日，蒋介石在国民党五全大会上作的对外关系报告中表示："和平未到完全绝望时期，决不放弃和平；牺牲未到最后关头，亦不轻言牺牲。"[③]随后蒋介石作了军事与外交上的部署：在军事上在南京附近进行特别大演习，集中了几个师，并且把其中的一部分沿陇海线北上佯动，又准备了许多军用列车[④]，摆出将要北上的态势；在外交上，蒋介石指令中国驻日使馆与日本政府交涉，要求制止土肥原分离华北的行动。当蒋介石于11月19日晚从驻日使馆得悉"日本内阁与元老等恐惹起国际纠纷，不准行使武力"[⑤] 的情报后，立即电示宋哲元，告以土肥原并无代表日本政府的资格，令立即停止与土肥原间的谈判。[⑥]

与此同时，北平各大学的校长、教务长等50余人，当面向宋哲元表示，他们一致反对"自治"运动，要求宋力撑危局，勿使国家领土主权招致分裂。[⑦] 在这种情势下，宋哲元于11月20日让萧振瀛向北平报界宣布"华北事件停止谈判"，并通知土肥原，"不能于20日宣布自治"。[⑧] 土肥原逼宋哲元于20日宣布"自治"的计划遂告破产。其后几日内，土肥原对宋哲元继续加以逼迫，并怂恿冀东"非武装区"专员殷汝耕于11月24日宣布"自治"，成立"冀东反共自治委员会"。

为应付日方，中国政府提议设置"冀察政务委员会"，以宋哲元为委员长，使日本军方期盼的"自治政府"，完全失去了设立的根据，土肥原扰攘数月之分离华北阴谋只得暂时搁置。

（作者：齐福霖）

（原载《抗日战争研究》1992年第3期，第190—204页）

## 伪冀东防共自治政府成立经过

1935年11月25日在通县成立的"冀东防共自治委员会"（是年12月25

---

① 1935年11月12日《华北日报》。

② 《现代史资料》第8卷，第131页。

③ 张其昀：《先总统蒋公全集》第1册，台湾中国文化大学编印1981年版，第1018页。

④ 《国闻周报》第12卷第46期。

⑤ 秦孝仪编：《中华民国重要史料初编》绪编（一），中国国民党中央党史委员会1981年版，第711、713页。

⑥ 《中日外交史资料丛编》（五），第469页。

⑦ 《抗战前华北政局史料》，第652页。

⑧ 李云汉：《宋哲元与七七抗战》，台湾传记文学出版社1987年版，第105页。

日改称“冀东防共自治政府”)，是日本帝国主义唆使汉奸殷汝耕拼凑的一个傀儡政权。它的出世，是日本帝国主义策动“华北五省自治运动”的重要步骤。弄清该伪政权的情况，对于研究中国现代史和日寇侵华史都是必要的。

基于华北在政治、经济、军事诸方面的重要地位，日本帝国主义早就梦想将其变成第二个“满洲国”。九一八事变日寇强占东北后，就凭借武力积极染指华北，通过《塘沽协定》、《何梅协定》和《秦土协定》，攫取了冀察两省及平、津两市的大部主权。此后，就更加紧了“分离华北”的活动。

1935 年 6 月 28 日，日关东军特务头子土肥原贤二指使原吴佩孚旧部的白坚武，以“正义自治军总司令”名义，率土匪数十人，劫持国民党丰台驻军的铁甲车两辆，驶至永定门，炮轰北平，企图与城内汉奸土匪里应外合，占据北平，组织伪华北政权。当时因国民党北平当局速调军队镇压，其阴谋未能得逞。接着，土肥原又游说于原北洋军阀头子吴佩孚、孙传芳之间，鼓励他们出来倡导“华北自治”。但在举国一致要求抵抗日寇侵略的浪潮下，这些人慑于人民的巨大威力不敢出来公开活动，致使土肥原的阴谋又一次失败。

在此情况下，日酋土肥原转而借口所谓“民众倡导自治”，再次进行分裂中国的阴谋活动。1935 年 10 月发生的香河暴动，就是日本特务机关导演的一幕丑剧。但因暴动的祸首武宜亭等手段拙劣，受到人民的反对而流产。此后，土肥原便集中精力向宋哲元等华北地方实力派施展各种手段，逼迫宋哲元就范。

当时担任国民党第二十九军军长兼平、津卫戍司令的宋哲元，在冀、察两省及平、津两市有较大势力。宋不是蒋介石的嫡系，并曾参加过冯玉祥的倒蒋活动。因此，日寇认为他是实现“华北自治”最理想的傀儡人物，于是，对他极尽拉拢威胁之能事。当时任北平市市长的秦德纯战后在国际法庭上作证时曾说：“1935 年在宋哲元担任卫戍司令（7 月 27 日——笔者注）后，土肥原曾多次到华北来，煽动组织华北自治政府，使华北脱离中央。他对天津市长萧振瀛提出：（一）宋哲元应通电全国，宣布华北自治政府成立；（二）当时留在华北的中央政府宣传人员必须从华北撤退；（三）平、津地区的舆论应予控制，任何反对自治运动的言论必须制止；（四）日本支持宋哲元为华北自治政府的首脑；（五）日本将扩大对华北的军事和经济援助。后来，土肥原和北平的日本特务机关长以及日本大使馆武官高桥，又把这些要求向宋哲元和我本人当面正式提出。”[①] 同年10月4日，日本内阁通过了外相广田弘毅8月5日提出的“对华三原则”（史称“广田三原则”）之后，就更加紧了这方面的阴谋活动。

11月12日，土肥原亲自到北平向宋哲元摊了牌，要他成立“华北五省自治政府”，限11月20日以前宣布，否则日军便夺取河北、山东[②]。为配合土肥原在北平的行动，日关东军司令南次郎于同日发布命令，限其部队在15日前作好从长城外向华北进军的准备。16日又命令空军作好在20日进驻平、津地区的准备。[③] 与此同时，关东军大批向山海关、古北口等处增兵，又从旅顺、青岛调来巡洋舰、驱逐舰在大沽口海面游弋，并不断派飞机到平、津地区上空盘旋示威，向南京国民政府和宋哲元施加压力。

此时的宋哲元处于极端矛盾状态中，以往因不是蒋介石的嫡系受尽了窝囊气。6月，因“张北事件”又被国民党免去了察省主席的职务。新仇旧恨，使他不满于蒋政权，很想以日本作靠山，扩充自己的势力，把华北抓在自己手中。然而他又不敢冒天之大不韪公开投敌。因此，他对土肥原连日来的威胁利诱，采取敷衍搪塞的态度。至11月19日，宋哲元来了个金蝉脱壳，离开北平，避往天津。致使土肥原必须在20日前成立“华北五省自治政府”的计划又落空。

日寇在重点策动宋哲元的同时，对山西省主席阎锡山、河北省主席商震、山东省主席韩复榘等也积极开展活动，要他们来平共商“华北自治”的大计，但因这些人态度暧昧，因而收获甚微。商震为避开日方纠缠，索性称病，在保定住进了医院。

面对日寇在华北的活动，蒋介石极为恐慌，深怕华北的实力人物铤而走险，脱离中央。于是，他于11月20日致电住在医院中的商震说：“如果平、津自由行动，降敌求全，则中央决无迁就之可能，望兄毅然拒绝，切勿赴平，与中央共同存亡为盼!”[④] 同时，蒋介石调动中央军，摆出一旦宋哲元等宣布“华北自治”，就以武力讨伐的架势。

针对蒋介石的这种态度，日寇一方面于11月19日把大约一个旅团的兵力集中在伪满和华北的边界上，扬言将“不失时机地为达到保护在华北的我

---

① 复旦大学历史系中国近代史组编：《中国近代对外关系史资料选辑（1840—1949）》下卷，第1分册，上海人民出版社1977年版，第284—285页。

② 〔日〕产纪新闻古屋奎二编著：《蒋总统秘录》第10册，台湾中央社1977年版，第73页。

③ 复旦大学历史系日本史组编译：《日本帝国主义对外侵略史料选辑（1931—1945）》，上海人民出版社1977年版，第284页。

④ 〔日〕产纪新闻古屋奎二编著：《蒋总统秘录》第10册，台湾中央社1977年版，第75页。

国侨民的目的而采取行动"①；另一方面，则于 11 月 20 日派驻华大使有吉明去南京会晤蒋介石，向蒋进一步施加压力。有吉对蒋介石说："此时，中国中央政府如果不迅速采取适应华北形势的态度，事态有日益恶化的危险。"② 针对蒋介石"华北本无问题"的回答，有吉态度强硬地说："华北自治运动，乃是事实，若中央不顺应现势，则华北地方治安不能维持。"③ 日寇华北驻屯军参谋中井增太郎竟追至商震的病榻旁哄骗说："宋哲元、韩复榘已经同意，你如果迟去北平，便会有破坏自治的嫌疑。"④ 但宋哲元、商震等始终采取模棱两可的敷衍态度。

蒋介石与宋哲元等的态度，使土肥原"分离华北"计划陷入窘境。在此情况下，土肥原才转而策动滦榆兼蓟密区行政督察专员殷汝耕。土肥原选择殷汝耕，不仅因其担任着战区（非武装区）要职，更主要的是殷与日本帝国主义早有密切关系。早在殷汝耕留学日本早稻田大学时，就通过他的日籍妻子与日军政界要员取得了联系，并得到他们的赏识。1932 年上海一·二八事变时，殷正在上海担任国民党市政府参事，他代表市长吴铁城与日方谈判，签订了丧权辱国的《淞沪协定》。1933 年《塘沽协定》签订后，蒋介石在日寇极力赞同下派殷汝耕担任战区的蓟密区行政公署专员，后又将滦榆、蓟密两区的领导职务聚于他一身。在此期间，殷汝耕向其日本主子卑躬屈膝，竭力讨取主子的欢心，以便以日寇为靠山，实现其飞黄腾达的政治野心。因此，当土肥原提出由他首先倡导"华北自治"时，殷汝耕受宠若惊，欣然从命。11 月 23 日，土肥原与殷汝耕在天津日租界某旅馆密谋策划，决定首先在冀东建立脱离国民政府的傀儡政权。

11 月 24 日晚，殷汝耕匆忙赶回通县老巢，当即以"冀东防共自治委员会"委员长名义，发表宣言。声称："自本日起（即 11 月 25 日），脱离中央，宣布冀东自治，树联省之先声，谋东亚之和平。"⑤ 同时向宋哲元、韩复榘、商震、萧振瀛、徐永昌、傅作义、秦德纯、程克等发出了类似的通电。

25 日上午 8 时，殷汝耕在通县蓟密区专员公署召开了"冀东防共自治委员会"成立大会。到会者有：该会外交处长霍实、民政处长张仁蠡（兼秘书处长）、财政处长赵从义、保安处长董凤翔、教育及建设处长王厦才、委员张

---

① 复旦大学历史系日本史组编译：《日本帝国主义对外侵略史料选辑（1931—1945）》，上海人民出版社 1977 年版，第 186 页。

② 〔日〕产纪新闻古屋奎二编著：《蒋总统秘录》第 10 册，台湾中央社 1977 年版，第 76 页。

③ 〔日〕产纪新闻古屋奎二编著：《蒋总统秘录》第 10 册，台湾中央社 1977 年版，第 77 页。

④ 1935 年 11 月 25 日《益世报》第 2 版。

⑤ 冀东二十二县包括：通县、三河、蓟县、密云、怀柔、遵化、玉田、平谷、顺义、兴隆、临榆、迁安、滦县、昌黎、抚宁、卢龙、丰润、宁河、宝坻、香河、昌平、乐亭。

庆余、张砚田、李海天、赵雷、李允声、池宗墨、殷体新等。首先由殷汝耕报告组织该会经过，宣布由即日起开始办公，所有蓟密、滦榆两区行政专员公署同时停止办公，限月底移交完毕。并将蓟密专员公署牌额换成“冀东防共自治委员会”。大会还作了如下决议：（一）设立监理处，监理冀东二十二县[①]交接事宜。（二）设立冀东二十二县税款接收委员会，接收各县税收。（三）在唐山设立“冀东防共自治委员会办事处”。（四）派霍实赴北平日大使馆及武官室，殷体新赴天津日驻民军部及领事馆，向其说明：（1）本会成立经过；（2）脱离中央宣布自治；（3）尽力维持地方治安；（4）负责保护侨民等。至上午10时许散会。霍实、殷体新当日即赴平、津，向日方汇报。

成立大会后，殷汝耕对中外记者宣布他的施政纲领，主要内容是：（一）该会所属区域未考虑易帜。（二）所属二十二县税收，县方每年二百八十余万元，省方三百余万元，国方五百万元，该会特组接收委员会，从事接收。唯关盐两税，因外交关系，不予过问。（三）所属境内之币制，暂时不动，将来当有办法。（四）设立铁路监理处，监督区域内铁道事宜，北宁路榆关塘沽间，即由该处派员监督。（五）所属人口，据最近统计，共四百六十七万余人。（六）保境实力，现有保安队一万四千人；民团（常备团一万二千，散在各地的十万人）共十余万人。（七）该会为办公便利起见，在唐山设立办事处，派委员殷体新为处长。（八）该会成立后对所属各县县长并不变动。（九）滦蓟两专员公署，前日（二十三日）已停止办公，定于本月底结束。（十）塘沽停战协定废除与否，尚不作决定[②]。接着，殷又宣布了该会组织大纲，主要内容计有：“（一）本委员会根据《塘沽协定》特定之区域为范围，脱离中央政权，完成人民自治，以防止赤化，敦睦邻邦，尽力于确保东亚和平而增进人民福利为目的。兹依据四百万民众之希望，在通县组织成立委员会，为军政最高负责机关。（二）本委员会为会议制，由委员中选举委员长一人为议长，并负军政一切责任。（三）委员会组织为委员长一人，委员八人，秘书长一人，下设秘书、保安、外务、民政、财政、建设教育、税务管理、铁道管理各处，并在唐山设办事处。”[③]

殷汝耕拼凑起冀东傀儡政权后，便按照其施政纲领积极实施。11月25日晚8时，该会驻唐山办事处处长殷体新到唐山就职。26日，委任原北宁路局秘书陆述为北宁路新榆段监理处处长，并开始执行监理职务。殷体新还亲到市内各税局要求接收，因各地局长坚决拒绝，遂改派员监视，并截留税款。

---

① 1935年11月26日天津《益世报》第2版。

② 1935年11月25日天津《大公报》第3版。

③ 《日本评论》，第7卷第5期，第125页。

28 日，又委托薛镇铃为市税务征收局长，并将原税局大部职员更换。殷体新还派出战区特警第四总队赵雷部严密监视全市电报、电话、邮局及车站，唐山空气骤然紧张起来。

为配合殷汝耕的行动，扩大“自治运动”的声势，11 月 2 日，日驻津特务机关唆使汉奸、流氓在津游行示威，高呼“实行自治”等口号，占据市立图书馆、东马路第一通俗讲演所等处，并分批向国民党天津市政府和津沽保安司令部请愿。一批汉奸、流氓还以所谓“天津自治界代表”、“天津市商会代表”等名义，向外界发出“自治”通电，虚张声势。日本间谍川岛芳子（又名金璧辉）也由沈阳赶到天津，打出所谓“华北自治委员会”的旗号，并收罗汉奸、地痞、流氓组织“华北民众自卫军”，准备接收天津。更有甚者，在 11 月 27 日，日军武装出动，竟强占了丰台车站和天津总站、西站，阻止平汉、津浦两路客、货列车南开。同时，日军又从关外向平、津增兵，以此威胁国民政府，并为汉奸卖国贼撑腰打气。

日本帝国主义在华北制造“自治运动”的罪恶行径和殷汝耕的卖国行为，激怒了全国人民，纷纷发表宣言、通电，表示声讨。还在殷汝耕拼凑的傀儡政权尚未出世的 11 月 24 日，北平教育界名流学者二十余人就共同发表宣言说：“近来外界有伪造名义破坏国家统一的非法活动，我们北平教育界同人，郑重的宣言，我们坚决反对一切脱离中央和组织特殊政治机构的阴谋举动。我们要求政府全力维持国家的领土及行政的完整。”① 冀东伪政权问世后，群情更加激愤，北平、天津、上海、河北等地教职员和学生，声讨的宣言、通电像雪片一样飞来，充分表达了中国人民维护国家统一的钢铁意志。

面对日寇和汉奸日益猖狂的活动以及全国人民的同声谴责，南京国民政府不得不相应地做点表面文章。11 月 26 日，南京政府行政院在代理院长孔祥熙主持下召开会议，决定撤销北平军分会，派何应钦为行政院驻平办事处长官，派宋哲元为冀察绥靖主任。并决定缉拿汉奸殷汝耕，撤销滦榆、蓟密两区专员公署。同日，将上述决定以政府命令形式公布。

但是，日本帝国主义早就认准了国民政府软弱可欺。在国民党上述命令发布的第二天，日驻南京总领事须磨弥吉郎就访晤孔祥熙，公然威胁说：“华北自治运动，乃系中国之内政问题，非日本政府所能干预。然而若国民政府采取无视舆论之手段，例如逮捕殷汝耕之行动，则日本政府将不得已出于何项之处置，事态将陷于恶化……”② 同日，日华北驻屯军司令部也发布公告，说什么：“华北顷近之运动，乃因民众要求自治问题，故中国当局如以武力镇

---

① 1935 年 11 月 29 日天津《大公报》第 3 版。

② 1935 年 11 月 27 日天津《益世报》第 2 版。

压，实属徒劳。为中国官方计，莫如采取适当之步骤，以应付自治之要求也。”①

国民政府所谓“缉拿”殷汝耕等命令，本来就是做做样子的一纸空文。经日寇这样一威胁，只好默认冀东伪政权的存在，这就更进一步助长了日寇和汉奸的嚣张气焰。

1935年12月25日，殷汝耕又按照其日本主子的旨意，将“冀东防共自治委员会”改称“冀东防共自治政府”。冀东伪政权的出现，使面积约16000平方千米的冀东二十二县变成了日本帝国主义的殖民地。这个地区的资源、工业、关税完全落于日寇之手，他们并且利用这个地区为贩毒、走私的根据地，以及土匪和汉奸的庇护所。此后，日本帝国主义策动“华北五省自治运动”，更加肆无忌惮，汉奸的卖国活动更加猖狂，终于迫使国民政府答应日本帝国主义“华北政权特殊化”的要求，于1935年12月18日成立了冀察政务委员会。

（作者：邵云瑞、李文荣）

（选自《河北文史资料选辑》第9辑，河北人民出版社1983年版，第197—204页）

## 在华北各地设立特务机关

九一八事变后，日本帝国主义侵占我国东北，接着又将侵略矛头指向华北，力图将华北变为“华北国”。为了配合军事侵略行动，日军在华北各地建立了特务机关，除天津外，还有北平、通县、保定、张家口、石家庄、绥远、包头、太原、大同、郑州、邯郸、沧州、德州、济南、青岛、山海关等地，派少佐、中佐乃至大佐级的军人担任特务机关长，一时间日本特工人员遍及华北城乡。他们指使一批政坛失意的军政要人及其他三教九流组成“第五纵队”，公开支持日本侵华，为日军方摇旗呐喊。

日本特务机关还收买汉奸为其侵略服务。原北洋政府高官高凌霨就是其中一人。日军方许其高官、给予优厚待遇，在日租界内安排住宅，门口甚至安排专警守卫，让其死心塌地为日本侵略华北服务。

早在日军侵占山海关时，日特人员就策动在野的北洋军阀皖系头子段祺瑞出来组建“华北国”，以便将华北分离出去，脱离南京国民政府，只因蒋介石以师生之礼将段诓到南京软禁，阴谋才未得逞。

继之，日特人员又策动号称直系吴佩孚小内阁的白坚武（前吴帅府的财

---

① 复旦大学历史系中国近代史组编：《中国近代对外关系史资料选辑（1840—1949）》下卷，第1分册，上海人民出版社1977年版，第285页。

务厅长）和代表皖系的前湖北督军兼省长张敬尧等人在津会晤，谋划直皖两系联合反蒋，宣布建立“华北国”。只因张、白二人各为其主，互不相让，最后只好分道扬镳，致使日军方的阴谋落空。

随之，日特人员再次唆使白坚武与何庭鎏、张志谭等人，利用他们与河北省主席于学忠个人的特殊关系，三番五次地劝诱于宣布河北省“独立”，以实现建立“华北国”的阴谋。计划落空后，便策动于部之师长杨紫震、旅长马廷福发动了叛乱。杨、马二人在日军方捏合下弃仇和好，纠结匪徒 2000 余人，于 1933 年 3 月在天津西站发动叛乱，然而遭到痛击而惨败，马等逃至葛沽策动驻葛沽团长张冠英部哗变，惨败后张只得弃职逃匿日租界。

接着，是年 5 月日特人员又鼓动奉系军阀张作相与张敬尧合作，策动旧军阀的军队在北平发动兵变，制造日军干涉口实，以便在日军配合下内外夹攻，一举攻下平、津，建立以吴佩孚为首的“华北国”。由于吴不为其所动，张敬尧又遇刺身死，阴谋付之东流。

一连串的阴谋叛乱失败，引起了关东军、驻屯军的关注。土肥原贤二与三野友吉再次奉命负责策动另一次大规模的叛乱，这就是 1935 年 6 月 27 日的丰台事件。这一事件的前台人物是石友三、白坚武。他们以“正义社”成员为骨干，计划在丰台发动兵变后攻占北平，宣布“华北国”建立。为此，白、石等人在津组织了“华北正义自卫军”，白自任总司令；勾结北平军分会所属铁甲车大队第五第六铁甲两个中队；安排潘毓桂在北平城内策应；派遣两三千便衣队潜入东交民巷，令其在铁甲车冲进前门、炮击西长安街军分会时冲杀出来，攻占军分会和其他重要机关；约定驻东交民巷的日军此刻立即出动示威，日机亦进行示威飞行；潜在华北各地的反动武装届时一齐出击，攻占各地中国党、政、军机关。经过一系列周密布置后，6 月 26 日夜间，60 多名汉奸（内有日本人）由天津乘快车到丰台指挥督察这场叛乱。不料 27 日的叛乱一发动就遭到了有准备的中国军队迎头痛击而夭折。铁甲车六中队队长段春泽等三人被捕枪决，一场大规模的叛乱事件又以失败告终。①

丰台叛乱失败后，日本中国驻屯军司令官多田骏亲自过问并导演“第五纵队”的阴谋暴乱活动。多田骏的干女儿、日本女间谍川岛芳子调来天津，负责具体策动“第五纵队”的暴动。

川岛芳子在津广交各界人士，招兵买马，被她先后收买的有沧县的刘佩臣、天津的赵德谦、曹华扬、刘秀山，武清的柳小五和自称吴佩孚干儿子的

---

① 《天津文史资料选辑》第 2 辑，天津人民出版社 1979 年版，第 47—48 页；第 23 辑，第 194 页。

刘琨等为头子的土匪队伍。这帮匪徒后来成了日本侵华的“皇协军”[①]。

在多田骏的主持下，川岛芳子纠合郭希鹏（北平军分会前骑兵师长）、张权本（北平军分会铁甲车材料厂厂长、前丰台叛乱主谋人之一）、洪维国、马金城（前东北军失意军官）等汉奸于1935年11月上旬成立了“华北民众自治委员会”。12月又建立了进行暴动的“华北民众自卫军”，川岛芳子自任总司令，前热河财政委员会副委员长关庆麟任副司令。其编制为：第一、第二两军，北平、天津两支特别行动队以及第一、第二两路军，辖七个支队。他们计划在1936年元旦前接管有日军配合的市、县政权。天津有日军配合，保安队中又有被收买的要人，故拟定先接管天津，由此形成“华北五省的民众，无不毅然兴起，为自治先导，作本军（自卫军）前驱”[②] 的局面，在占领河北、平、津后宣布“华北国”建立。然而这帮跳梁小丑在12月间佩带“敢死队”袖章冲上天津街头狂叫“自治”时，被民众打得抱头鼠窜，使日本帝国主义妄图依其暴动而建立“华北国”的阴谋化为泡影，最后不得不草草收场。

日特人员策动的华北“独立”、“自治”丑剧热闹非凡，并把这种丑剧说成是“一种理所当然的‘民意’演变的”。“香河事件”就被说成是“民意”“自治”的举动。

“香河事件”自始至终是在日军支持下，由日本特工人员唆使汉奸武宜亭所为。1935年10月18日武在香河安抚寨召开所谓“国民自救会”上密谋策划好后，20日纠结千余人以反对苛捐杂税为名，包围了香河县城，随即在日本宪兵掩护下冲入城内，占领县府，宣布“自治”。日本中国驻屯军司令官多田骏立即宣称：此乃“善意”之“自治”运动，与暴乱不同，不可进行干涉。在日军方的支持和导演下，这种强奸民意的“独立”、“自治”丑剧先后在河北安次、庆云、曲阳、沧县、邢台等县发生。[③] 北平也出现了所谓“华北群众代表”要求实现“华北五省自治”的“请愿”事件。

此间，天津亦出现了两次所谓“自治”运动。“香河事件”后，天津汉奸报纸于11月11日刊发了所谓“华北民众自治会”成立消息，天津市长程克立即通电响应，宣称：“窃观大势所趋，恐难俯顺舆情，无以挽狂澜于既倒”[④]。日本中国驻屯军司令部发表公告称：“华北倾近之运动，乃因民众要求自治问题，故中国当局加以武力镇压，实属徒劳。为中国官方计，莫如采取

---

① 《天津文史资料选辑》第18辑，天津人民出版社1982年版，第128—129页。

② 姚斌：《密报日本间谍川岛芳子在天津勾结汉奸成立华北伪组织呈蒋介石文》（1935年2月19日），见中国科学院历史研究所第三所南京史料整理处编：《中国现代政治史资料汇编》第2辑第29册。

③ 1983年3月23日《人民日报》第5版。

④ 《天津文史资料选辑》第12辑，天津人民出版社1980年版，第2页。

适当之步骤，以应付自治之要求也。”[①] 司令官多田骏随即声言：“华北一旦发生自治运动，日本愿意援助。”[②] 11 月 25 日，天津一帮汉奸、卖国贼、流氓在自称“华北民众自治团”代表王明及“农民自救团”代表张国栋等人的率领下，聚众百余人，从日租界冲上街头，手摇小旗，狂叫乱舞，高喊天津“自治”，途中又聚集三百余人，冲向天津警备司令部“请愿”，并分五批前往天津市政府高喊“自治”。12 月初天津又再次上演了“自治”丑剧，一帮自称“自治”请愿的“第五纵队”队员，佩带“敢死队”袖章，坐着汽车，横扫街市，狂叫“自治”，并袭击天津市政府。然而这帮狂徒却遭到了天津民众的迎头痛击而窜回日租界。[③] 这就不难看出，所谓“民意”的“自治”运动，只不过是日本帝国主义强奸中国民意的铁证而已。

此外日军方还离间中央与地方关系。首先是挑拨蒋介石和宋哲元间的关系。《何梅协定》出笼后，日军方决意驱逐国民党在冀、察、平、津的一切势力，凡是被视为“有害中、日两国‘帮交’之秘密机关”——蓝衣社、复兴社等组织及其人员，均要求国民政府予以取缔或撤走。被日本人视为蓝衣社中坚分子的蒋介石派在二十九军任政训处处长的宣介溪，日本人指令其随该处远调西安，然而蒋征得宋的同意让宣介溪暂留北平，为日本人侦知，出动宪兵将其从住所逮捕押至天津逼讯，以达到离间蒋、宋关系，促其反日以利其夺取华北。然而宋等识破其阴谋，决以武力抗之，下令作好攻打日本中国驻屯军司令部、捉拿多田骏的准备，迫使日本人放人道歉，离间阴谋破灭。[④]

随之对负有保卫华北疆土责任之二十九军将士，以拉拢、收买、腐蚀、胁迫等手段，逼他们叛国投敌，企图轻而易举地获取华北。为削弱二十九军战斗力，日本人千方百计地制造该军领导人相互间之隔阂与不信任，从而加速了平、津失守，华北沦陷。

日军企图通过在华北各地的特务机关来配合其军事侵略，以达到武力所不能起到的作用。在其阴谋被挫败后，而转向直接的战争手段发动七七事变来达到其全面侵华的目的。

（作者：姚洪卓）

## 北平特务机关的阴谋策划

东北沦陷后，日本企图将华北五省（冀、察、鲁、晋、绥远）、三市（北

---

① 1935 年 11 月 27 日天津《益世报》。

② 《天津文史资料选辑》第 12 辑，天津人民出版社 1980 年版，第 2 页。

③ 1982 年 8 月 29 日《天津日报》。

④ 宣介溪：《日本宪兵北平“捕”我记》，台湾《传记文学》第 38 卷第 5 期。

平、天津、青岛）“自治”，扶植起第二个“满洲国”，以脱离统一的南京国民政府，日军为了实现这一阴谋，企图以二十九军和冀察政务委员会为控制华北的工具。于是，日军于1935年在北平东交民巷台基厂头条胡同7号设立北平特务机关。

第一任机关长是松室孝良少将。他曾在冯玉祥的西北军中担任军事顾问，是一个“中国通”。因此他和二十九军的宋哲元、冯治安、张自忠等也很熟悉。特务机关成立后下设顾问部，分为军事、外交、经济、建设和交通等部门。各部门都有负责人，军事部门由樱井德太郎少佐担任，外务方面是矢野征记，通信方面是长佐谷台。松室一上任，就表示了设立此机关的目的，“我们是代表国家军队驻扎在北京，担任冀察政权的指导。尽力做到对他们亲密提携，深入对方的内部吸引他们靠近日方的想法，环境恶劣时保持绝对中立。如果把冀察当作对立面，机关存在的意义就没有了，我们工作的价值也就为零了”①。

北平特务机关主要有两大任务：一是刺探二十九军的军事情报，如驻军、编制和军事部署，及军队领导人的家庭生活信息；二是利用庚子赔款培养亲日派。1936年12月松室孝良转任北满骑兵第四旅团长，松井太久郎接任机关长，加紧对冀察政务委员会的控制。

北平特务机关对我华北的军事部署进行了一系列的刺探活动，他们详细地调查了冀察政权和二十九军、师、旅、团、营、连驻军及负责人姓名和各保安队分布情况，对二十九军的布防情况了如指掌。此外，日本特务机关还特别重视搜集二十九军军事将领的行动情报，利用他们的喜好或者通过策反他们身边的人，时刻了解他们的一言一行，收买二十九军军事将领。1937年7月19日，宋哲元乘专列从天津到北平，当火车开过杨村时，“宋哲元用热毛巾擦过脸。喝了几杯茶后，突然对身边的陈觉生说到‘每年山东都有蝗虫，今年这边还没有看到蝗虫群哪’”，看似不起眼的几个动作、一句闲话，都已被人密告到日本特务机关。②

北平特务机关在搜集了二十九军内部的相关情报后，便开始对二十九军内部进行分化、瓦解，消除其“自治”障碍，“拉住冀察一部实力派头脑简单分子，根本排除其抗日反日思想，而无形中做到破坏我收拾计划”。③ 松室孝良曾指使特务：“我们应尽全力谋求与冀察亲睦提携，打入其心中，诱导其成

---

① 〔日〕寺平忠辅：《卢沟桥事件》，读卖新闻社1970年版，第33页。

② 〔日〕寺平忠辅：《卢沟桥事件》，读卖新闻社1970年版，第410页。

③ 1937年4月19日《中央周报》第463期。

为日本的伙伴。”[①] 在这样的背景下，二十九军内部出现亲日派和抗日派之分化，从而有了张自忠率团访日之行，来实行“中日间的亲善提携”。

此外，特务机关还不断挑拨二十九军和中央军及二十九军内部的关系，扬言“日军此次行动，系拥护冀察利益，拒止中央军来占冀察地盘，又对张自忠部下，则谓仅打冯治安部，不打张部”。[②]

但是北平特务机关这样的分化，只对少数将领起到了作用，绝大多数将领是身怀爱国情怀的，对特务的分化岿然不动。于是他们对二十九军的主要将领实行了一系列暗杀活动。现将事实一一揭露：

萧振瀛是筹建二十九军的骨干之一，在冀察政务委员会成立后任经济委员会主任委员，不久被国民政府任命为天津市长。萧善言谈，胆智双全，奉命负责对日交涉。他坚持“不说硬话，不做软事”的原则，对日表面友善，实际上敷衍推脱，从未签署任何书面协议。他以地方政府说了不算为理由，与日军方周旋。日军方对他极为不满。在 1936 年 5 月 28 日天津发生学生运动时，萧以市长身份和学生进行和谈。这种做法使日军方不能容忍，由于他无“诚意”卖国，日军方不能容忍他继续留在华北，而对宋哲元施加压力，逼其去职。萧去职后暂住北京香山寓所，当日本特务刺探到“萧氏下野后，还在左右着宋哲元的行动，还在决定着二十九军的军务”[③] 时，日军方便指使石友三去搬弄是非，未果，决定采取暗杀行动。当冯治安从何应钦那儿得知日方暗杀萧的计划时，便火急命何基沣组成“香山卫队营”保护萧振瀛，萧得以幸免。[④]

张克侠早年参加西北军，后任三十八师参谋长，1937 年任二十九军副参谋长，是二十九军的主要领导人之一。由于其向来对日持强硬态度，于是日本情报机关便收买吸食鸦片、中毒日深、难以自拔的张克侠专车司机——张林阁，乘张克侠出席军事会议之际，制造了“南池子汽车惹祸事件”，造成一名值勤警察重伤，张克侠幸而无恙。张林阁被拘留不久获释。在七七事变前又引导日本浪人 3 名，夜袭张克侠在北平东四七条八号私宅，为张克侠传令兵路明挫败。在北平沦陷后，继续奉日命监视和追踪张克侠，幸而张克侠后来脱险，使日谍报机关杀害张的阴谋未能得逞。[⑤]

冯治安是二十九军的骨干筹建者之一，任二十九军三十七师师长，曾在 1933

---

① 〔日〕寺平忠辅：《卢沟桥事件》，读卖新闻社 1970 年版，第 33 页。

② 《卢沟桥事件第四次会报》，《民国档案》1987 年第 2 期。

③ 王昭全、张蕴：《萧振瀛传》，中国国际文化出版社 2007 年版，第 358 页。

④ 参考《萧振瀛回忆录》，《萧振瀛先生纪念文集》，台湾世界书局 1990 年版，第 183—184 页。

⑤ 参考张克侠：《佩剑将军张克侠日记》，解放军出版社 2007 年版，第 5 页。

年喜峰口战役中积极抗战。七七事变时担任北平城防司令。在冀察政务委员会成立后任河北省主席。在七七事变前一天，冯治安在保定接到报告称日军在长辛店和卢沟桥附近举行军事演习，出动人员极多，并携有重武器。作为二十九军的代理军长（此时宋哲元在山东乐陵），他感到情势危急，当即乘专列赶回北平。当时日军准备在长辛店附近炸毁冯治安的专列，因错过时间阴谋未得逞[①]。

宋哲元是二十九军的军长、冀察政务委员会委员长，因宋在中原大战中反对蒋介石，发表过反蒋檄文，而被日军方看中，认为宋能在其策划的“华北自治”中起到举足轻重的作用。日本希望能同宋签订《华北防共协定》，以脱离南京国民政府，被宋拒绝。后日本邀宋访日，宋又拒绝。

为躲避日军方纠缠，1937 年 5 月，宋哲元回故乡山东乐陵，任命冯治安代理二十九军军长，指定秦德纯负责对日谈判。7 月 11 日，宋哲元从山东回到天津，处理对日关系。宋一到天津，就被张允荣、陈觉生、齐燮元等“四大金刚”包围，立感天津气氛不对，这时又接到李世军转达的蒋介石密电（电话暗语），得悉日本与汉奸及张自忠等有阴谋对自己下毒手的消息[②]，遂提高警惕，不在外吃饭。7 月 18 日，宋哲元会见香月清司，日方要求宋签订和约，宋对香月态度极为和缓，说要回北平与冯治安等商量，于 19 日上午七点半乘火车逃离天津。此时日军方已认定宋哲元不可能再被利用，其存在对他们吞并华北将是一个阻碍，决定对他采取行动，在杨村附近放置炸弹，企图炸死宋哲元。[③] 所幸宋哲元经过时，炸弹未爆炸，日军方的暗杀阴谋未得逞，宋于上午 10 点到达北平。

刘汝明，老西北军将领。二十九军组建后，投靠宋哲元，先任副军长，后任暂编第二师师长。因在罗文峪战役中立功，国民政府将暂编第二师正式编为一四三师，驻防察哈尔省，刘任师长兼察省主席。1937 年 7 月 25 日，宋哲元给在北平的刘汝明打电话：“子亮，你赶快回去，照计划做，八月一号行动”[④]。此时，他们的通话已被日本特务机关侦知。刘汝明匆忙只带着母亲从平绥铁路往张家口赶，当“车过沙河站后约十分钟，日军即赶抵沙河，强行拆除路轨五百公尺”，[⑤] 企图阻止刘汝明回察省抗战。但因日军晚来一步，刘安全到达张家口。

特务机关不仅对二十九军和冀察政权进行分化、挑拨离间，对二十九军

① 冯炳瀛：《回忆我的父亲——冯治安将军》，选自《朝阳文史》第 3 辑，1991 年版，第 229 页。

② 参见李世军：《宋哲元和蒋介石关系的始末》，选自《江苏文史资料选辑》第 4 辑，江苏人民出版社 1980 年版。

③ 据王冷斋：《卢沟桥抗战纪事》，时事出版社 1987 年版，第 40—41 页。当时宛平县长王冷斋到现场勘查，认定炸弹是日本人放置。

④ 刘汝明：《刘汝明回忆录》，台湾传记文学出版社 1979 年版，第 186 页。

⑤ 刘汝明：《刘汝明回忆录》，台湾传记文学出版社 1979 年版，第 114 页。

主要将领进行暗杀外，还直接以宋哲元的名义、用假的图章、签名伪造二十九军的作战命令。[①]

日军企图通过北平特务机关来削弱驻华北地区守卫疆土的二十九军，来配合其军事上的直接侵略，以达到武力所不能起到的作用。当其阴谋被挫败后，而转向直接的战争手段来达到其全面侵华的目的。

（作者：李惠兰、薛凤、陈政祥）

## 【相关史料】

### 何　梅　协　定

（1935 年 6—7 月）

（一）梅津致何应钦备忘录

（1935 年 6 月 9 日）

一、中国方面对于日本军曾经承认实行之事项如下：

（一）于学忠及张延谔一派之罢免；

（二）蒋孝先、丁昌、曾扩情、何一飞之罢免；

（三）宪兵第三团之撤去；

（四）军分会政治训练处及北平军事杂志社之解散；

（五）日本方面所谓蓝衣社、复兴社等有害于中、日两国国交之秘密机关之取缔，并不容许其存在；

（六）河北省内一切党部之撤退，励志社北平支部之撤废；

（七）第五十一军撤退河北省外；

（八）第二十五师撤退河北省外，第二十五师学生训练班之解散；

（九）中国内一般排外排日之禁止。

二、关于以上诸项之实行，并承认下记附带事项：

（一）与日本方面约定之事项，完全须在约定之期限内实行，更有使中、日关系不良之人员及机关，勿使重新进入。

（二）任命省、市等职员时，希望容纳日本方面之希望选用，不使中、日关系或为不良之人物。

（三）关于约定事项之实施，日本方面采取监视及纠察之手段。

以上为备忘起见，特此笔记送达。此致何应钦阁下

华北驻屯军司令官　梅津美治郎

昭和十年六月九日

---

① 详见《对 1937 年 7 月 28 日以宋哲元名义签发的“作战命令”再考析》，《近代史资料》总第 119 号，中国社会科学出版社 2009 年版，第 270—277 页。

（二）何应钦复函

（1935 年 7 月 6 日）

敬启者，六月九日酒井参谋长所提各事项均承诺之。并自主的期其遂行，特此通知。

此致梅津司令官阁下

何应钦

中华民国二十四年七月六日

（选自复旦大学历史系中国近代史教研组：《中国近代对外关系史资料选辑（1840—1949）》下卷，第 1 分册，上海人民出版社 1977 年版）

## 土肥原·秦德纯协定（察哈尔协定）

（1935 年 6 月 27 日）

一、从日中亲善的角度，为了将来日本方面在察哈尔省内的合法行动不受阻挠，向察哈尔当局提出以下要求：

要求事项：

（一）撤退地区：

将驻于昌平和延庆一线的延长线之东，并经独石口之北、龙门西北和张家口之北，至张北之南这一线以北的宋（哲元）部队，调至其西南地区。

（二）解散排日机构。

（三）[对日] 表示遗憾，并处罚负责人。

（四）从六月二十三日起，在两星期内完成以上各点。

（五）制止山东移民通过察哈尔省。

二、此外，作为要求事项的解释：

（一）必须承认日满的对蒙工作，援助特务机关的活动，并且停止移民，停止对蒙古人的压迫。

（二）对日满经济发展和交通开发工作予以协助，例如对张家口—多伦之间，以及其他满洲国—华北之间的汽车和铁路交通，加以援助。

（三）必须对日本人的旅行予以方便，并协助进行各种调查。

（四）[从日本] 招聘军事及政治顾问。

（五）必须援助日本建立各种军事设备（如机场设备和无线电台的设置等）。

（六）中国军队撤退地区的治安，应根据停战区所使用的方法予以维持。

（选自《华北事变资料选编》，河南人民出版社 1983 年版，第 193—194 页）

# 1935年张允荣与日本签订秘密协定

察哈尔工作至八月五日，在张家口由松井源之助（张家口特务机关长）与张允荣签订协定：口北六县[1]由蒙人担任维持治安工作。

（引自《近代中国外谍与内奸史料汇编》，台湾国史馆编印1986年版，第420—421页）

# 秦德纯在远东国际法庭上的证词

——揭破日本侵华阴谋为土肥原一手包办

秦德纯提出两项陈述书

1946年7月24日《华北日报》第三版

【本报上海航讯】据东京二十二日电：远东国际法庭前为酷热所阻，兹因冷气设备竣工。二十二日起继续开庭审讯。中国国防部次长秦德纯出庭作证，揭破日本侵华阴谋为土肥原一手包办。秦氏称："中国政府为求和平，不惜一再妥协，但日本军阀之侵略，从无止境，土肥原实际控制全局。"日人制造一连串意外事件，藉此向中国提出新要求。日本兵闯入中国滋事，倘提出质问，则以受辱而提出抗议。被告松井于1937年派往北平，企图游说中国军事领袖，共同自亚洲驱逐美国势力。秦氏之证词口述及书面并用。二十二日开庭时，辩护人方面因证词由中文译日文再译英文之手续问题，提出抗议，辩论达一小时之久。

兹录秦氏陈述书要旨如下：

## 第一陈述书

第一陈述书略谓：

（一）张北事件

民国二十四年六月五日，日本军将校两人、下士二人，由多伦赴张家口，行经张北县时，不受该地北城门驻军检查，亦未携带护照，遂起争执。按照规定，日人入察省时，事前应经由张家口日本领事向察省府领取护照，当时张北县北城门驻军将该四名日人带往张北城内百三十二师赵登禹师长司令部。赵师长即向二十九军军长宋哲元将军请示后，允该日本军人经张北赴张家口，但言明今后必须携带护照。该日人等乃经由张家口赴北平。及该日本人通过后，驻张家口日本领事桥本忽提出抗议，谓："日军将校等

---

[1] 口北六县指张北县、宝昌县、多伦县、沽源县、康保县和商都县。

于张北县北城门遭驻军检查，被带往师司令部扣留，此事属侮辱日本军人之行为，特要求加以惩罚、陈谢，及保证将来不再发生同样事件”等语。讵料桥本忽又谓：“领事无交涉权，此事已移交天津日本驻屯军办理，请与驻屯代表土肥原贤二少将交涉”。余即赴北平，土肥原亦来北平交涉。交涉结果大约如下：张北县驻军所历团长予以惩戒免职，扣留日本将校之百三十二师司令部军法处长予以惩戒免职，中国以后不得在察北移民屯田，停止国民党在察北活动，取缔察省排日机关及侮日行为，以上交涉经过及结果立即请示宋哲元将军及中央核夺办理。中国政府为冀求和平，一再让步，然日本军阀之侵略，无有止境。日本驻华大使馆武官高桥坦虽曾参加上述交涉，然实际处理者系土肥原贤二。

（二）冀察政务委员会成立前后之收买工作及胁迫

民国二十四年九月，宋哲元将军任平津警备司令时，土肥原在平策动树立华北政府，使华北脱离中央。其诱惑方法为：①以宋哲元为华北自治政府主席；②关于华北之军事经济，日方尽力援助（以上两点，由土肥原向天津市长萧振瀛提出，但遭我方拒绝）。其后日本驻北平特务机关长松井忠良及大使馆武官高桥坦继续要求此事，未获成功。后中央任命宋哲元将军为冀察政务委员会委员长，掌管冀察平津军政事务，然宋氏之军政措置，均秉承中央意旨办理。关于国民大会之选举及大学生之集体军事训练，当时日方表示不满。日本知诱惑工作失败后，即转为胁迫，略述如下：甲、政治关系。①要求宋哲元将军通电宣布华北自治政府成立；②撤退北平中央情报人员；③统制平津之言论，不得反对自治。以上三项系由土肥原和高桥坦直接向萧振瀛提出者。乙、经济关系。①建设津石铁路；②改订天津关税，增加对欧美货物之税率，而减低对日货之税率（以上两项由土肥原及驻平特务机关长通过，北宁路局长陈觉生向宋将军及余提出，为我方所拒绝）。丙、军事关系。民国二十五年九月之丰台事件。该事件原因，系日军一中队在丰台演习时，欲通过我军防线，我守军企图阻止，遂发生冲突，事件虽暂获解决，然日军藉口增加驻屯军兵力为十大队（大队长为一木清直少佐）。其次事件为退役大将松井石根于民国二十四年秋在北平提倡大东亚主义，企图在华北设立大东亚协会支部，晤见宋将军及余。宋将军及余对此表示不赞成。松井主张亚洲应为亚洲人之亚洲，欧美势力应予排斥。余笑谓：亚洲人之亚洲恐成为日本人之亚洲，如真求平等互惠，应先谈其他问题。

## 第二陈述书

秦德纯氏之第二陈述书详述七七事变经过称：事变前担负华北察省政治责任之机关为冀察政务委员会，委员长为宋哲元将军。日敌于九一八侵略我东北三省后，继即进窥热河，收华北各地于掌中，平津间之铁路遂成为第一线，我军以二十九军为主，在华北察哈尔、平、津各地交战。七七事变之发生地点为卢沟桥，在北平西南二十华里处，系北平西方之要冲。此乃日本侵略中国之第二阶段。其时在民国二十四年夏至二十六年春间，敌人见政治攻势及经济独占均不得逞，乃决定使用武力胁迫。二十六年七月七日夜十二时十分，余接冀察外交委员会之报告，转告日本特务机关长松井之电话，谓日军一中队刻在卢沟桥附近从事夜间演习时，遭驻内城二十九军三十七师所属部队射击，演习部队一时陷于混乱，点名结果：兵士一名失踪，故日军今夜将入城检查，此事应如何应付，以电话请示等语。余答谓：日军任意在我国领土内演习，此事违反国际法，事前既无任何通知，我亦未作任何许可，故即令兵士一名失踪，我方并无责任，如兵士确实失踪，即刻令卢沟桥驻军会同地方警察搜索，余如此经由外交委员会传达意见后日军仍强硬要求入城，并决定不获许可，即使用兵力围城。其后余讯问昨夜日军有无演习，答谓：并未演习。此时日军认为不交一战，不能入宛平城，遂由三方面将城包围。六时许敌人用机枪射击城内，逐步迫近，中日战争于焉开始。八、九两日战斗甚为激烈，敌军死伤甚众。敌见战况不利，九日遂派松井等来求交涉，谓失踪兵士业已寻获，可以和平解决。于是又即开始商谈，结果决定如下三项：①双方立即停止战斗；②双方军队撤至原来防地；③卢沟桥及宛平城守军改由其他部队代替对日敌意稍浓厚之三十七师部队。并加附属协定，敌今后不得发生同样事件。然日军以该条项为缓兵之计，乘机抽调关东军部队来平、津作战。十四日双方复开始战斗，战况愈益激烈。此即卢沟桥事变之经过及交战情形。发动事变之敌军主要军官系天津驻屯军司令官香月清司、旅团长川边（河边正三）、联队长牟田口廉也、驻屯军参谋长酒井隆、又事变当时之参谋长系桥本。然最初领导占领华北者，乃发动九一八事变之土肥原贤二。

## 辩护人反讯问

陈述书宣读后，即由辩护人向秦氏作反讯问。

问：土肥原、秦德纯协定是否因天津市长程克及北宁路局长陈觉生两人之斡旋而成立者?

答：当时并无所谓土肥原秦德纯协定，此事仅为解决察北事件暂时决定者，当时由两氏担任翻译。关于张北事件，因日军四人不带护照，遂生争执，因日军强欲入城，守兵有执行职务，举枪对准，但未开枪。将日人带往百三十二师司令部后，即与食物，虽经三四小时，并未扣留。

问：该事件非已于一九三五年六月二十七日圆满解决乎?

答：因中国为维持和平而相当让步，故得协定。

问：日方亦非为求和平解决而相当让步乎？

答：该问题当时仅获暂时解决。至谓日方希望和平，此点不能承认。

问：陈述书谓一九三五年土肥原忽在天津，忽留北平，但渠当时事实上是否常留北平，而偶往平津？

答：当时渠似在东三省，而时时来平津。一九三五年十月，余曾与土肥原为冀察外交委员会事折冲。同年九月六日至翌年二月间。渠似常来平津。

# 第四章　日本对华北经济掠夺

## 日本加紧掠夺华北资源

日本侵占东北、建立伪满洲国后，将侵略的矛头指向华北，企图以控制华北经济为基础实现“华北自治”。为了达到掠夺资源的目的，在华北设立了两个专门的机构——兴中公司和惠通航空公司，并且利用冀东防共自治政府大量走私。

### 一、兴中公司

兴中公司是日本满铁公司的子公司。1935 年 3 月，为控制和掠夺华北的经济资源，满铁公司决定成立兴中公司。8 月 2 日，日本政府批准了这一方案，此外关东军和驻华武官也表示支持。1935 年 12 月 20 日，由满铁直接控制的兴中公司在大连正式成立。在东京、天津、上海、济南、广州、大阪等地设子公司。天津子公司设在法租界新华大楼三楼。兴中公司从成立起，全面推行日本的侵略国策，其章程第四条规定：“本会社为使中‘满’间经济关系密接起见，以经营下列业务为目的：1. 对华输出贸易并其代理及居间；2. 在中国经济诸事的直营，斡旋及居间，并对于该事业的投资；3. 附带及关联于前二款的业务。”[①] 兴中公司资本共 1000 万元，分 20 万股，满铁总裁松冈洋右一人就认领了 199200 股，社长十河信二是满铁的理事，因此整个兴中公司是日本控制的。

兴中公司天津子公司掠夺的重点是华北地区的煤、铁、长芦盐和棉花。早在九一八事变后，日本侵略者就制定了一系列掠夺华北战略资源的政策。1933 年 11 月，满铁制定了《华北经济调查计划》，在各地成立调查分会，摸清华北经济资源（包括煤、铁、棉花、麻、羊毛、面粉、烟草、木材、药等）的分布及供需关系。1934 年 6 月和 9 月，满铁理事十河信二两次到中国考察，提出了向华北经济扩张的方案。10 月，日本中国驻屯军司令部制定了《华北重要资源经济调查之方针及要项》，提出向华北扩张的设想。1936 年 2 月和 8 月，日军部及政府先后制定了《华北产业开发指导纲领》、《华北经济开发之

① 陈真、姚洛、逄先知编：《中国近代工业史资料》第 2 辑，三联书店 1958 年版，第 534 页。

投资机构纲要》及《第二次华北处理纲要》，明确了对华北工农业、商业、矿业、交通运输、纺织、通信及金融等方面的掠夺方针。

兴中公司在日军方的支持下，同日本轻工业资本机构对中国民族工业中较有基础的纺织工业进行收并。1926 年用变相投资的手段兼并了裕大纱厂，1936 年用举债、售卖股票手段兼并裕元纱厂和华新纱厂，还吃掉了破产的天津宝成纱厂，天津的 7 个民族纺织厂已被日本纺织资本收买了 4 个。到 1936 年底，日本在天津纺纱业中资本占 63.4%、纱锭数占 71.7%、线锭数占 53.4%、布机占 76.3%，已处于绝对统治地位。此外日本各纺织会社积极在津建立新纱厂，如裕丰纱厂，生产能力达 10 万锭。1937 年初日本在天津的独资纱厂达 10 个，而中国民族纱厂仅存 5 个。日本帝国主义已完全垄断了天津纺织工业，天津的民族工业受到重创。[①]

另外，1936 年兴中公司在日军方的支持下，以 145 万元的廉价收买德国资本在河北井陉煤矿的 1/4 的股票。并千方百计地策划收买英国在开滦煤矿的股份。[②] 还设立了冀东采金公司，强行开采遵化一带的金矿。

为了补充日本国内工业原料的不足，方便从华北运送原材料，又成立了运输公司。盐是日本发展工业生产的重要原料，每年日本从华北地区掠夺大量的长芦盐运往国内。仅 1937 年就有 10 万吨长芦盐运到日本，且盐价压得很低，几近抢掠。此外，兴中公司还掠夺华北的棉花。兴中公司在海河沿岸设仓库，向内地购买棉花，除供给华北各日商纱厂外其余都运往日本销售。在华北的日本纱厂生产的纺纱也直接运送到日本。1937 年 6 月，兴中公司在天津联络大阪棉业团体组建华北协会，集资 500 万元，其中兴中公司出资 250 万元，大阪棉业团体出资 150 万元，以华北协会名义出资 100 万元。从此日本垄断了华北棉业。

在对华北经济掠夺中，虽然日本垄断了越来越多的行业，但各种工业都依赖各租借地的电力供应。由于社会发展，各国租界地已出现供电不足现象，自日本侵吞东北之后，华北形势岌岌可危，欧美各国放缓对华投资，持观望态度，唯独日本急需中国资源，尤其是日资几大纺纱厂的开办更使其电力呈供不应求之势，急需垄断华北电业。于是兴中公司除了成立运输公司专司将华北各地的煤、铁、长芦盐、棉花运至日本外，还染指华北电气事业，建立了天津电业股份有限公司。这是日本企图独控华北经济命脉的一个重要步骤，

---

① 姚洪卓：《抗日战争前夕日本帝国主义对天津纺织工业的兼并》，《日本侵略华北问题探讨》，天津人民出版社 2012 年版，第 12—20 页。

② 熊达云：《七七事变前日本帝国主义对华北的经济扩张》，《近代史研究》1985 年第 6 期，第 65—66 页。

需要冀察政权的支持。前任天津市长萧振瀛在任时就接到日本提出的合办电力的要求，萧考虑到影响电力主权问题而拒绝，引起日方的不满而被迫辞职。张自忠任天津市市长后，同意了日本的要求。1936 年 8 月 20 日，中日合办天津电业股份有限公司成立。日本为了进一步拉拢政府人员的支持，除副董事长由日本人石井成一担任外，其他职务均由亲日派或汉奸担任。他们任命张自忠为董事长，市政府秘书长马彦翀为常务董事、市府参事边守靖为董事。该公司名义上是中日合办，实际上是满铁电气会社独家投资 800 万元，中方仅以电力权合股入伙。电业公司在白河（即海河）建设了一家 3 万千瓦的大型发电厂，垄断了天津地区的电力供应。[①] 随后兴中公司合并了山海关、秦皇岛、昌黎、滦县、唐口、芦台、通县等七家电灯公司，创设了冀东电业股份有限公司。此外，还收买了北京电车公司、北京华商电灯公司的股票。至七七事变前（1936 年统计）日本对华全部电业投资（借款除外）1452.8 万元之中，华北占到一半以上，达 752.8 万元。[②] 日本垄断了冀东地区的电力。

## 二、惠通航空公司

**七七事变以前，日本人以中日经济合作名义组织惠通公司，在华北各大城市设立机场，借以侦察我方军事情况，上图为惠通的飞机停于北平南苑机场，左上角为惠通正副董事长张允荣（左）与儿玉秀雄（选自曹聚仁、舒宗侨编著：《中国抗战画史》）**

为控制华北地区的航空业，1936 年 10 月 17 日，日方逼迫中方签订《中日通航协定》。1936 年 11 月 7 日，由张允荣出面筹办，以“搞华北的航空事

---

① 转引自熊达云：《七七事变前日本帝国主义对华北的经济扩张》，《近代史研究》1985 年第 6 期，第 68 页。

② 熊达云：《七七事变前日本帝国主义对华北的经济扩张》，《近代史研究》1985 年第 6 期，第 68 页。

业”为名义中日合办的惠通航空公司成立。张允荣任董事长。开始讲的是办民航，开张三天日方就开着军用飞机在华北上空任意飞行。名义上是中日合办，但中方只出土地使用权，日方出飞机、飞行员及其他一切技术人员，资本讲的是中日各半，实际上是日本独资。1937 年 1 月 18 日张自忠接任惠通航空公司董事长，张允荣改任副董事长。由于当时日本的技术力量有限，飞机不能从日本本土直接飞到天津、北平，所以日军方想在平、津地区建立飞机场，方便日后的侵华行动。宋哲元得知日本大量购买土地事实后，曾正式下令禁止农民出售土地给外国人，但惠通航空公司有天津市市长张自忠的批件，结果在冀察政权范围内共开辟了天津东局子、北仓、塘沽、北平南苑、廊坊和通县六个机场。这几个机场为七七事变时期空中轰炸作好了准备。惠通航空公司的成立标志着日本侵略者开始全面取得了对中国华北地区的制空权。

在七七事变前，惠通航空公司就在日本的控制下，作了一些损害我国主权的事情。惠通航空公司成立后立即开辟了五条航线：天津—大连线、天津—北平—承德线、天津—北平—张家口线、北平—天津—锦州线及北平—沈阳线。1937 年 3 月 27 日，实现了天津与大连的对航，28 日，又实现了天津与哈尔滨的对航。这几条航线直通伪满洲国，实际上表示承认伪满洲国的存在。同时，一旦华北出事，日军可立即采取行动。华北的上空完全暴露在日军武力之下。1937 年 6 月 1 日，该公司未经国民政府核准，就开辟了东京—天津间航线，国民政府得知后，立即去电制止。这实际上是日本妄图使华北脱离国民政府的一个实际行动。此外，惠通公司天津—东京线私运航空邮件，破坏我邮权，国民政府外交部向日驻华大使馆提出书面抗议，日方无答复。① 这些行为都是惠通航空公司在未经国民政府同意的情况下，就在日方的要求下发生的，严重损害了我国的主权，为日本分裂中国、侵占华北提供了便利。

七七事变爆发后，惠通航空公司开辟的六个机场为日军轰炸平、津提供了基地。惠通航空公司成为日本侵华的别动队。

## 三、利用冀东防共自治政府大量走私

1927 年 7 月 19 日，南京国民政府宣布关税自主，增加了税率。然而日本不同意中国关税自主，中日双方为此进行了长期协商，在中国作出了重大让步后，1930 年 5 月，双方签订了《中日关税协定》，日本商品进入中国的税率依然很低。1933 年 5 月，国民政府乘中日互惠关税协定期满，对关税作了根本的修正，税率从 5%至 80%共分 13 级，并大大提高了进口税率。这不仅使日本的经济利益严重受损，而且也阻碍了其侵华阴谋的实现。于是日方将目光投向冀东行政

① 《惠通公司破坏我邮权案　外交部静待日方复文》，1937 年 6 月 17 日《武汉日报》。

专员殷汝耕为代表的“冀东地方政府”。在日军方的威逼利诱下，“冀东政府”为日本商品进入华北大开绿灯。1936年1月，“冀东防共自治政府”宣布：凡存放冀东境内或通过其他区的一切日本走私货物，只要缴纳约合中国海关1/4的进口关税（即查验费），即可合法地运销华北各地，中国海关当局如不承认，冀东伪政权亦不承认中国海关为合法。[①] 当时的秦皇岛成为日货新的集散地，形成所谓的“冀东贸易”。[②] 它对日本运来的砂糖、石油、杂货与鸦片只征收象征性的进口税，使日货源源不断地由冀东流入内地。这对天津海关的收入与中华民国的贸易造成了极大的冲击，很快摧毁了华北的关税壁垒。

1935年11月3日，国民政府颁布“币制改革”的法令，发行法币，白银收归国有。中国的币制统一，有利于国家的团结和经济的发展。但这影响了日本分裂中国阴谋的实现，于是日本就利用兴中公司走私白银，扰乱中国金融秩序，阻碍中国的统一。

日本军方支持和庇护日鲜浪人在华北的走私贸易。1935年5月20日，天津海关缉私人员在军粮城车站查获了一起朝鲜人走私8250元白银案时，遭到日本驻津总领事川樾茂的“严重抗议”，迫令中国地方当局将人、银从速交还领事馆，并出示具结“此后不得再有此类事件发生”的保证等。后来，日本关东军还声明：中国海关不得在山海关长城一带巡缉，否则即采取断然手段，中国在石河以东的缉私人员因之遭到驱逐。继之，陆上的中国海关缉私机构被迫解散或后撤，有的甚至被缴械。海上的缉私船只也不得在3海里外巡查，尔后连3海里内亦不准缉私，船只多被日军借口击沉。之后一有日鲜浪人违禁犯法即有日本官方或军方出面撑腰，[③] 华北的走私贸易更加猖獗。

据统计，（1936年4月）因受冀东走私影响，国民政府是月关税收入损失达800万元。自1935年8月1日至是月30日止，因华北走私海关税收损失共计达2550.6946万元。[④]（5月5日）据《字林西报》天津讯：冀东一带几成自由贸易区域。本月3、4两日间，从北戴河、昌黎一带运到天津的私货即在3000吨以上。浪人殴打关员事件，层出不穷。天津本是入超口岸，但据津海关统计，4月对外贸易竟由入超变成出超。[⑤] 冀东走私使中国损失了大量的关税利益，是日本对华北地区的变相掠夺。

---

① 转引自姚洪卓：《日本侵略华北问题探讨》，天津人民出版社2012年版，第37页。

② 《土肥原秘录》，天津市政协编译组译，第42页。

③ 转引自姚洪卓：《日本侵略华北问题探讨》，天津人民出版社2012年版，第36—37页。

④ 李新总编，韩信夫、姜克夫主编：《中华民国大事记》第3册第20—26卷（1930—1936），中国文史出版社1997年版，第926页。

⑤ 李新总编，韩信夫、姜克夫主编：《中华民国大事记》第3册第20—26卷（1930—1936），中国文史出版社1997年版，第927页。

日本通过兴中公司和惠通航空公司掠夺华北资源，掌握华北制空权，对华北的经济造成了极大地破坏。中国逐渐丧失了对华北经济和领土主权的掌控，资源丰富的华北地区成为日本全面侵华的后方基地，同时这两个公司也成为别动队，协助了日军方的行动。同时利用“冀东防共自治政府”大量走私，破坏了中国的关税主权，扰乱了华北的经济秩序，配合了日军对华北的军事和政治侵略。

（作者：李惠兰、薛凤）

## 宋哲元被迫签订《经济协定》

李世军[1]

“经济协定”与“准备作战”

冀察政委会成立不久，日本首先对宋哲元施加政治压力，指使汉奸张璧、潘毓桂、陈觉生仿照汉奸殷汝耕“冀东反共自治政府”的办法，写了一份所谓“冀察自治方案”和“自治政府组织法”以及旗号等等，送宋哲元决定。宋阅后，当面烧毁了。政治压力没有得逞，便进一步从经济控制上继续施加压力。以“经济提携”为名，要求宋哲元答应日本修筑津石铁路（天津到石家庄），开采龙烟铁矿，修改中日进出口海关税率，开辟中、日、满航线，低价垄断收购芦盐，收购华北棉花等等。此事在宋未向国民政府请示报告之前，蒋介石早知道日本的决心，曾嘱咐我告知宋哲元注意少到天津去，避免和日本军方应酬来往。1937 年 3 月 17 日，日本华北驻屯军司令田代皖一（田代皖一郎），果然在天津日军司令部以请客方式，突然拿出“经济提携”缮本，逼宋哲元签字。宋事后心情极为懊丧沉重，决定藉口进行调查研究等等延宕办法往下拖。蒋介石对此极为震怒，在给宋哲元的复电中，严厉地要求宋拒绝执行，特别是绝对不能容许日方修筑津石铁路。……

卢沟桥事件前后

…………

卢沟桥事变前夕，在执行“经济协定”问题上，宋哲元被日寇逼迫，拖不下去了，曾派秘书长戈定远到南京请示同意后，先答应芦盐出口，收购棉花（为了抵制日本低价收购棉花，冀察政委会曾采取银行预向农民放棉贷办法。）并派张允荣筹备成立通惠航空公司以资缓和，但日方仍死盯着要立刻筑

---

① 时任第二十九军驻南京办事处处长。

路开矿。宋哲元感到无法应付，一面指定冀察政务委员会委员齐燮元（汉奸分子，是宋哲元委任的未经南京政府同意）与日方鬼混。一方面于5月中旬，跑回山东乐陵原籍“养病”。一时京沪又盛传宋被迫投降，及廿九军内部发生分化，这时华北局势的确陷于最混乱严重的阶段。……

（《宋哲元和蒋介石关系的始末》，选自《江苏文史资料选辑》第4辑，江苏人民出版社1980年版，第132—133、135—136页）

## 兴 中 公 司

早自1935年12月，关东军已企图用满铁的余资从事华北重要资源的榨取，因而成立兴中公司。当时的资本预定1000万元，收足1/4，公司成立后，便利用日军在关内外的力量威胁冀察政务委员会，要求给予若干便利，它首由日本华北驻屯军当局于1936年10月提出，但没有什么结果，这迫使兴中公司活动范围缩小。那时兴中公司所要达到的目的是，第一，为补救日本工业盐的不足，预定大量运出长芦盐；第二，设立天津电业公司，资本800万元，收足半数，目的为供给日本租界电力及对天津、北京、塘沽三地日本工厂用电；第三，设立冀东采金公司，资本200万元，收足1/4，开采遵化一带的金矿；第四，创办塘沽运输公司，资本300万元，收足一半，专运输盐、煤及棉花。

当时兴中公司的活动力是十分微小的，但由于日本军事力量的支持，日本的轻工业家已开始对华北的投资，主要有：

1. 纺织：1935年末起，日本纺织资本用种种手段收买在天津中国人所经营的7个工厂中的4个，翌年，“东洋纺”的裕丰纺，和“大日本纺”等，陆续在天津设厂，到1937年初，天津的日本人纱厂10所，有锭数17.7万枚，织机千架，而中国人纱厂仅有5个，锭数不过7.1万枚，织机310架，这表示日本人在纺织业已占绝对优势。

2. 制粉：当时日本大制粉公司如“日本”、“日清”、“日东”，已开始在天津、青岛及济南三地活动，后来三井物产与日本制粉、高桥3家公司又合办“三吉面粉”，中国人的制粉厂或被收买或陷于不振。

3. 玻璃：“旭玻璃”的公司“大连昌光玻璃”，在秦皇岛收买比利时人开办的耀华玻璃厂。

4. 羊毛：日本最大纺织公司“钟纺”在张家口设粗毛工厂。

上述兴中公司与轻工业的资本，到日军深入华北后，更加活跃，兴中受军部的委托经营各种掠夺到手的中国民族企业计有下列各项：

1. 煤矿：1937年12月6日，开始掠夺井陉煤矿的资源。

2. 同年11月30日，受托管理石家庄电灯公司，以后陆续经营保定、彰德、新乡、太原、榆次、太谷、初梁、平遥、临汾、新绛、济南等地的电厂。

3. 铁矿与制铁业：同年12月20日接收龙烟铁矿，至翌年3月输铁20万吨赴日，还有若干制铁所亦全部由兴中负责经营。

4. 盐业：同年12月接管永利化学工厂及六大制盐工厂并扩大其设备。

可是兴中的活动力有限，以华北地区之大，资源之富，决不是些许资本所能够支配的，于是日本资本家和军部酝酿成立更大的垄断公司——华北开发公司。

（引自李崇年：《沦陷区经济概述之一》，中国农民银行出版社1945年版，第76—77页）

兴中公司，对华北电气事业，久思染指，半年前，满铁经营下之大连满洲电气会社，尝派员前来华北调查，认平津尚多可为，尤其四郊电车，通游览区商业区均未敷设，交通殊为不便，天津特一区发电厂，市府虽屡次计划，终以乏款未办，萧振瀛长津市时，满洲电气会社，即曾接洽，欲代为创设，而以准许投资为交换条件，萧因彼时公用局犹存在，正苦心筹划，故拒绝其请，萧去职后，公用局裁并，特一区电厂，建设成为空谈，日方旧事重提，由兴中津支社长清野代为洽商，虽不直用满铁电气会社名义，实际仍属该社投资，经冀察当局许可，兴中社长十河在连会议时，即作成方案，到津后，即开成立会，以便开始筹备，20日开会时，除十河亲到外，日本有桥本参谋长，岸伟一领事，平山敬山（三）、长泽薰（兴中公司取缔役）、清野长太郎、孙维栋（宋哲元代表）、马彦翀、边守靖、张玉衡等20余人，由发起人平山致开会词，嗣审查章程，选举董事，董事及监察人报告调查事项，通过经费，宋哲元、川越、田代各有贺词，由代表宣读，最后绎经推定张自忠为董事长，石井成一为副董事长，马彦翀、平山敬三为常务董事，张玉衡、森田市松为监察人，至12时许散会，将来筹备处，即借北宁官舍办公，其章程如下：1. 公司名称，定名为中日合办天津电业股份有限公司。2. 公司之国籍，中日合办，中华民国法人。3. 事业之目的，（1）电灯电力之供给，（2）电气铁道之经营，（3）电气机械器具之贩卖，及赁贷，（4）对于同种事业投资与经营，（5）前项附带之事业。4. 营业区域，天津特别市政府管辖区域内。5. 事业资本金法币800万元，每股50元，16万股，第一次缴纳股款法币400万元，每股纳25元。6. 事业计划，本公司在津市特别区域，设立两万基罗瓦特之火力发电所，继承现在市有之特区电气供给设施，除此经营外，并向未许其他公司经营电气事业之地区，及其附近之电气供给事业，与日本租界暨附近各工厂，与其他方面之售电。（1936年8月22日《申报》）

（选自陈真、姚洛、逄先知合编：《中国近代工业史资料》第2辑，三联书店1958年版，第533—536页）

**【新闻报道】**

## 日对华北经济工作执行机关的兴中公司

1936年8月20日《大公报》

兴中公司，在天津法租界新华大楼的三层楼上设有办事处；本社设在大连，是去年12月20日成立的。在东京设有支社。除天津外，像大阪、上海、济南、广州都有办事处。天津办事处实际的开始工作，是在本年6月上旬。

兴中公司以推行日本的国策为主旨，它的定款（章程）第4条规定：

本会社为使中“满”间经济关系密接起见，以经营下列业务为目的：1. 对华输出贸易并其代理及居间；2. 在中国经济诸事的直营，斡旋及居间，并对于该事业的投资；3. 附带及关联于前二款的业务。日本的大陆政策，在经济方面，原系以满铁为中心；而满铁势力向华北地方延长，于是兴中公司，便应运而产生了。

日本对华北的经济工作，表面说是以满铁为调查机关，以兴中公司为实行机关；但在实行机关上，满铁和兴中公司的关系，是等于父亲和儿子的。兴中公司的资本1000万元（实收1/4），计为20万股，全部由满铁包办；因为公司的目的在推行国策，不在赚钱——过去半年间赔了十几万，实际上又谁肯向他投资呢?

据说，他们等到能够赚钱的时候，便把股票向一般公开——不待说是向日本国民；又说他们已经有了在国策上在营利上兼筹并顾的锦囊妙计，只是现在不能发表。

他们6月的股东大会所决定的重要职员：

社长：十河信二（前满铁理事）

经理：内河治一（满铁本社东亚课长）、内田敬三（山下汽船会社经理）、奥尔慎次（满铁本社业务课长）、小谷清亮（满铁经济调查会嘱托）、长泽薫（兴中公司济南办事处处长）

监察人：富田租

顾问：川田顺（住友合资会社理事）、村田省藏（大阪商船社长）、公森太郎（日本兴业银行理事）、三宅川百太郎（三菱商事会社顾问）、岛田胜之助（三井合名会社常务理事）

把顾问的位置奉给三菱、三井、住友、商船等，是预备将来增资和借款时，可向这班财神爷乞灵。

## 惠通公司今晨在津正式成立
## 今后日机均停止飞行并由该公司接收管理

1936 年 11 月 17 日《北平晨报》第四版

【本市消息】办理冀察中日通航之惠通公司，已定今（17 日）上午 10 时在天津东局子飞机场举行正式开幕典礼。董事长张允荣、副董事长儿玉秀雄均亲出席主持。该公司中国监理人刘治洲，昨（16）晚九时离平前往参加。该公司成立后，在冀察境内之日军用机、游览机均停止飞行，并由该公司接收管理云。

惠通公司今晨在津

正式成立

今後日機均停止飛行
並由該公司接收管理

【天津电话】惠通公司决明（17 日）晨在津东局子机场行开幕礼。典礼终了，由该公司飞机七架航空表演。12 时至下午 2 时招待各界乘坐，以抽签方法依次试乘。晚 7 时在日租界公会堂欢宴各界来宾。今（16）晚已由大连飞来日机 6 架，明（17）晨续飞来 3 架，将来以飞机 8 架，分配四航线，除一架为准备机。所备飞机，身为蔚蓝色，翼为黄色，两旁绘太极图，均为小型机，可坐四人至六人，驾驶员将来须经考试，且须有三千小时之驾驶经验。据张允荣对记者谈：本公司所备飞机 8 架，现为日方所备，将来由盈利款项购入。开航日期，现因故展至 20 日，本公司原设小组飞行机关，俟开航后即取消云。

## 张自忠就惠通董事长联络航线实行通邮

1937 年 1 月 19 日《北平晨报》第四版

【天津电话】惠通航空公司董事长，政会委由津市长张自忠兼代，张氏遵令于昨（18）日下午 2 时，偕秘书长马彦翀到公司视事，日军部方面派参谋池田前往致谢。张于就职后，当召集全体董事及公司内职员训话，除勖勉大家努力职务，一切均照旧外，并对业务发展之计划有所商榷，其主要者有二：(一）筹设驶机技术员训练班，名额暂定 40 名，参加受训人员，不分中日国籍，详细章则，由全体董事计议，促于短期实现。（二）联络航线，实行通邮。拟先举办者为天津—哈尔滨直达通航，及天津到大连与东京间联航，并已在国外定制大型机数架，一俟运津，当即实行，届时除载乘客外，重要文书亦予承揽云。又该公司副董事长儿玉常雄，于前日赴平有所公干云。

## 惠通公司亏本逾十万元

1937 年 4 月 17 日《武汉日报》第一张第四版

【中央社天津 16 日电】惠通航空公司开幕数月亏本逾 10 万元，该公司定 22 日开董事会，商推进革务办法，并因北平东京间联航即将实现，尚拟定购新机两架应用。

## 惠通公司后日开股东会

1937 年 4 月 20 日《武汉日报》第一张第三版

【中央社天津 19 日电】惠通航空公司廿二日开股东会，董事长张自忠、副董事长儿玉均将返津主持一切。该公司开幕迄今已达 5 月，每月开支约 7 万元，闻收入在最旺月亦不过 2 万元。

## 天津—东京间航空未经中央核准当局业已去电制止

1937 年 6 月 2 日《武汉日报》第一张第三版

【本报南京一日电】连日报载惠通公司开办东京—天津间联航于六月一日起实行。据向关系方面探悉，该公司组织并未经中央核准，中央得报后已去电制止。

【本报天津一日电】惠通主办之天津—东京线一日晨飞航，惠通公司特购金鱼廿条，带往东京赠日本航空会社，作为纪念。

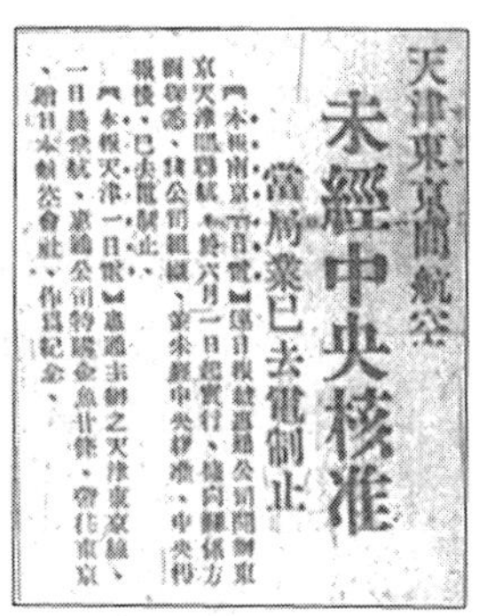

天津東京間航空
未經中央核准
當局業已去電制止

【本報南京一日電】連日報載惠通公司開辦東京天津間聯航、於六月一日起實行、據向關係方面探悉、該公司組織、並未經中央核准、中央得報後、已去電制止、

【本報天津一日電】惠通主辦之天津東京線、一日晨飛航、惠通公司特購金魚廿條、帶往東京、贈日本航空會社、作為紀念、

## 惠通公司私运航邮我向日提出抗议
## 惠通仍秘密办理私运邮件并筹备飞机十架递送包裹

1937 年 6 月 16 日《武汉日报》第一张第三版

【本报南京十五日电】惠通公司天津东京线私运航空邮件，破坏我邮权，中央决以外交途径交涉制止，外部现已向日方提出书面抗议。

【本报天津十五日电】惠通公司十五日下午三时在日领事署开会，下午七时始散。到马彦翀、副董事长儿玉、日航空本部长古庄中将、日领岸伟等。

【本报天津十五日电】惠通航空公司寄递邮件事仍在秘密办理，该公司并印有寄费章程，现利用该项航邮者，尽为天津、大连、东京等地日人。该公司对于飞行递送包裹亦在筹备中。又该公司目前所有飞机已达十架，泰半系为东北军旧机改造，机件每生障碍，顷正设计在津设立修机场，以便随时修理。

【本报北平十五日电】外传惠通公司因营业不佳将停办之说不确。

## 输日芦盐第三批即将装轮

1937 年 4 月 23 日《武汉日报》第一张第四版

【中央社天津廿二日电】本年输日芦盐第二批四千吨，二十二日已由“广和丸”运日。第三批将装五千八百吨，运轮“海丰丸”已抵大沽，即开始装载，二十五日出口。第四批三千三百吨，运轮“大连丸”，二十八日可抵大沽，预计本月内可运出芦盐一万七千吨。

## 芦盐输日十万吨日内可全部运竣
## 续订合同事明春办理

1937 年 5 月 14 日《武汉日报》第一张第三版

【中央社天津十三日电】芦盐输日，本年度十万吨已运出十分之七，余数亦日内可全部运竣。日方要求续订合同事，须明春始能办理。兴中公司海运轮将于十四日晨载盐三九零零吨输日。

## 第二批输日芦盐合同原文与前大致相符 俟奉令照准后即可签字

1937 年 6 月 28 日《武汉日报》第一张第三版

【本报天津廿七日电】本年度输日芦盐第二批十万吨，亦经芦盐商店与兴中公司接洽妥定，拟妥合同草案，呈财政部审核，俟奉令照准，即可签字。闻此次合同原文与第一批大致相符，斤量按市担计算，盐价每吨增加一角，为六元四角六分二厘。

## 日调查津石筑路方案

1937 年 4 月 9 日《武汉日报》第一张第三版

【本报天津八日电】（一）满铁理事阪谷七日由连请示飞返津，定八日偕津满铁事务所长太田赴平访陈觉生、陆宗舆再商津石路龙烟矿事，日铁道省事务官加藤镰三郎偕部员加茂野清喜，七日由青转抵津，访满铁兴中及军部各方，调查津石铁路建筑方案，定九日赴平。访问各方，听取对此事意见。（二）日商工、大藏两省与“东拓”会社协议，决向我交涉。进行收买塘沽久大、烟台通益、唐山通达、青岛永裕四精盐公司。

日調查津石築路方案

駐津日領館新企圖
擬拓展租界區域
我當局已予以批駁
日仍擬將租界當局進行

## 沧石路修筑问题加藤谈将向铁部商洽 李思浩晤池田否未定

1937年5月5日《武汉日报》第一张第三版

【本报北平四日电】加藤谈，余定五日赴津，谒崛内后即赴东北，约两周可返平。植田大将现在承德检阅日驻军，并无其他事务，□次大将亦在承德。十五日左右可来平。加藤又谈，沧石路修筑问题将由日方直接向南京铁道部商办云。

【中央社天津四日电】日东洋拓殖会社总裁安川雄之助三日晚已抵津，四日晨分访田代、崛内等，定六日赴平考察然后再转青、济等地。

## 池田等在大连商筑津石路

1937年6月28日《武汉日报》第一张第三版

【本报北平廿七日电】……（二）满铁兴中公司与天津日军代表池田廿七日在大连□联席会议团，商修建津石路问题。……

【中央社蚌埠廿七日电】据确报，某国人近雇大批白俄任间谍工作，多在津浦线秘密活动。各大站迭有发现。已引起路方当局之注意，顷正严格防范。

## 日图垄断华北棉业与航业

1937年6月7日《武汉日报》第一张第三版

【本报天津六日电】日兴中公司拟以五百万元之资金在津筹设仓库，取买棉花，计划已拟妥。将在海河沿岸设仓库，向内地购买棉花，除供给此间各日商纱厂外并将运往日本销售。

【本报天津六日电】日商积极经营华北航业，日本邮船会社近复添造五邮船，准备开拓由津至欧洲航线，转载运用津出口之皮毛、棉花、花生、米等货物，其中第一艘“赤城丸”已建筑完成，定七月廿一日由大沽载货出口。……

## 日商在津筹筑大规模棉花仓库
## 兴中公司联络棉业团体组设华北协会集合巨资

1937 年 6 月 29 日《武汉日报》第一张第三版

【本报天津廿八日电】兴中公司联络大阪日棉业团体设华北协会，集资五百万元，“兴中”出二百五十万，大阪棉业团体出百五十万元，华北协会名义募百万元。在津特一区购地万坪。以三十六万筑棉花仓库，十七万八千元设棉花出口打包公司，计划悉定即进行。日新藏相贺屋遵循前任政策，限制国内现金外溢，致日纱厂内外棉仓敷纱等六会社皆不能投资。

## 安川将来华投资经济开发

1937 年 4 月 13 日《武汉日报》第一张第三版

【本报天津十二日电】（一）日驻屯军经济课长池田前返国游说财阀华北投资，兹以任务终了，拟十六日返津复命。据悉池田此行，已得东洋拓殖会社总裁安川竑（雄）之助同意，将以二三千万元投资开发华北经济，安川并将于本月底或下月初前来视察。（二）兴中公司在天津日租界组织棉纱面粉交易所。

## 加藤昨宴宋哲元等

1937 年 4 月 13 日《中央日报》

▲中央社北平十二日电：加藤十二日晚七时在日使馆欢宴宋哲元、秦德纯、贾德耀、齐燮元等，邀今井、河边作陪。席间对华北情形谈述颇详。

## 津日军与满铁当局在大连开恳谈会
## 讨论所谓华北经济开发问题

1937 年 5 月 14 日《武汉日报》第一张第三版

【本报北平十三日电】日东洋拓殖会社总裁安川雄之助十三日午由津抵

津日軍與滿鐵當局
在大連開懇談會
討論所謂華北經濟開發問題
加藤將在漢召在華武官會議

平，考察经济状况，并访中日各关系方面，有所商谈。稍留即转往青、济等地一行。大阪日本旅行协会组织华北视察团一行四百五十人，定月底到平考察。

【本报北平十三日电】津驻军与满铁当局十三日在大连满洲馆举行华北经济开发恳谈会。津方派池田、安达两参谋与伊藤顾问出席，满铁良村世良两产业部次长以下要员均参加。报告华北交通、工业、商业、矿业情形。闻此项恳谈会内容系根据彼等最近之调查，对交通、工商业、矿业各部门交换意见，以便决定将来方针，定十四日继续讨论后闭幕。

## 日积极投资华北　两机关成立协定
## 安川十河计划极周密　拓殖与兴中利益均沾

1937年6月14日《武汉日报》第一张第三版

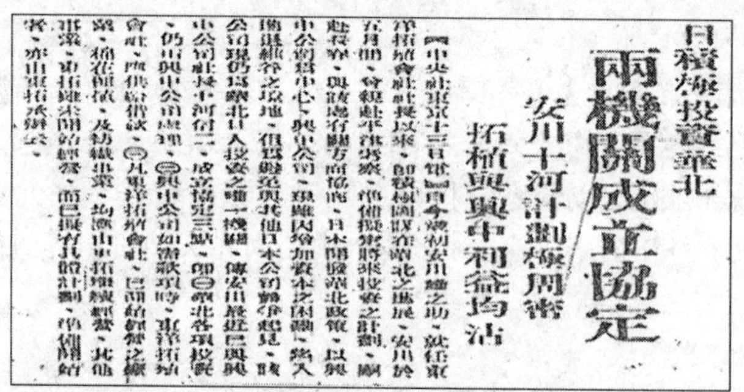

日積極投資華北
兩機關成立協定
安川十河計劃極周密
拓殖與興中利益均沾

【中央社东京十三日电】自今岁初安川雄之助就任东洋拓殖会社社长以来，即积极图谋在华北之进展。安川于五月间曾亲赴平津考察，准备拟定将来投资之计划。嗣赴长春与该处有关方面协商。日本开发华北政策以兴中公司为中心。兴中公司现虽因增加资本之困难，陷入进退维谷之境地，但为避免与其他日本公司竞争起见，该公司现仍为华北日人投资之唯一机关。传安川最近已与兴中公司社长十河信二成立协定三点。即（一）华北各项投资仍由兴中公司处理；（二）兴中公司如需款项时东洋拓殖会社应供给借款；（三）凡东洋拓殖会社已开始经营之矿业、棉花种植及纺织事业均应由“东拓”继续经营，其他事业，“东拓”虽未开始经营而已拟有具体计划准备开始者亦由“东拓”承办云。

## 十河访陆宗舆再商龙烟问题
## 日对华原则仍贯彻经济政策

1937年6月17日《武汉日报》第一张第三版

【本报南京十六日电】日驻华大使馆武官中原三见十六日晨十时许至外部谒高宗武有所晤谈，数十分钟始辞出。

【本报北平十六日电】外息，川越大使定六月下旬返华。广田拟召开外、陆、海三省会议，再次检讨佐藤决定之对华方针后，正式决定现阁之对华根本政策。日对华已确定三原则，将由川越携带来华，相机交涉，内容贯彻经济侵略。

【本报天津十六日电】（一）十河十五日夜由太原抵平后即径往访陆宗舆，商提前开发“龙烟”问题，闻因宋哲元未在平仍无结果。（二）日商双喜纺绩会社在津郑庄子建筑厂址业已竣工。将于八月一日开工。现正安装纱锭及招募工人中。（三）津日军部十五日夜会议，古庄、儿玉亦参加。惠通公司根据该部决定，十六日午召开临时会议。古庄在津会晤田代等事毕，十六日晨由津乘机飞大连，转道回国。惠通公司副董事长儿玉亦定十七日离津。

## 宪兵巡查平绥路日方提无理要求
## 目的在要挟我驻军撤退
## 相安无事局面又呈裂痕

1937年3月26日《武汉日报》第一张第三版

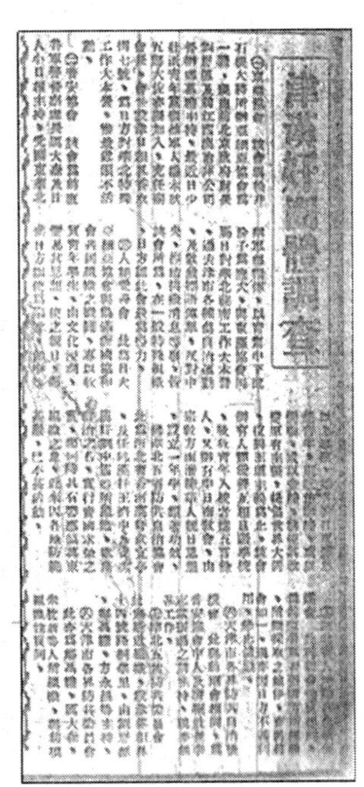

【北平通讯】日方与我冀察驻军近复发生裂痕，使数月来相安无事之局面又呈裂痕。日方对沧州事件尚在研究期间，乃日使馆一等秘书于昨日午后向北平市长秦德纯氏又提出三项要求。声称平绥路南口站，我方对日本妇女旅客及军事外交官员等有侮辱等各种情事。据日方称，第二十九军宪兵曾入睡车检查日妇，此外对天津、张家口日领事之行李亦不问情由加以搜查，复称平时日本旅客，亦恒受宪兵等粗暴之待遇。检查张家口领事中井之行李时，竟手持手枪强迫开启，惟枪口并未指向而已。所提三项要求，系惩办负责人员，正式道歉，及保证以

后不再发生同样事件。据日方非官场方面之观察，经此抗议后，驻守通县之二十九军部队或须撤退，良以该地现在冀东伪自治政府区域之内云云。

## 津汉奸团体调查

1937 年 4 月 8 日《武汉日报》第一张第三版

（一）东亚协会：该会与松井石根大将所办亚细亚协会为一体。现由前北京政府财长刘思源及前江西汉冶萍公司督办郑万瞻主持。最近日少壮派青年党领袖军人桥本欣五郎大佐亦拟加入，充任副会长。会址设津日租界香取街七号为日方对华北特殊工作大本营，惟最近颇不活动。

（二）普安协会：该会为前直鲁军警督察处长厉大森及日人小日相主持，受关东、华北两军部指挥。以青帮中下流份（分）子为鹰犬，与东亚协会同属日对华北秘密工作大本营。过去津市各种伪自治运动及散发标语、传单，反对中央，捏造挑拨消息等事皆该会所为。在一般特殊组织，日方认此会最为得力。

（三）人类爱善会：此为日大亚细亚协会与伪满洲国协和会共同组织之机关。专以收买青年学生，由文化浸润，变易其思想，使之亲日。而供日方驱使为宗旨，如中等以上学校，如有排日反满思想青年，则设法联络，或以恫吓，或以金钱，务使其改变原有主张，提倡世界大同，复兴王道主义为止。该会办有人类爱善互相日语学校。吸收青年入校者达五百余人。又办有中日密教会，由宗教方面灌输华人亲日思想，设立一年半，颇著功效。

（四）华北五省防共自治协会：此为河北省香河汉奸武宜亭及任丘汉奸王济中，安次汉奸刘中儒等所组织，欲藉自治之名，实行卖国求荣之实。闻同时具有响应伪冀东组织之意，近来因各地防范甚严，已不甚活动。

（五）河北省人民防共自治促进会：此与前会性质相同，为前直鲁军长张膺芳所组织，所拟采取之途径亦与前会如一。现亦因日方不甚利用，终止活动。

（六）天津市各界防共自治后援会：此与前两会相同，为普安协会中人及庸报社长李志堂、张逊之所主持，现亦无甚工作。

（七）华北五族防共委员会：此为新近组织。设津英租界十四号路桐华里。由刘思源、郑万瞻、方永昌等主持。

（八）天津市各界防共委员会：此亦为郑万瞻、厉大森、朱枕新等人所组织。与前项组织性质同。

## 北宁路沿线汉奸割断电话线
## 日军部将藉作要挟口实松井日内访宋口头表示

1937 年 4 月 14 日《武汉日报》第一张第三版

【本报上海十三日电】外息，日军部深虑日在华北特殊化地带之势力崩溃，最近将以平津及北宁路沿线长途电话线被割一事藉题发挥。松井定日内访宋哲元，先为口头表示；和知下周亦将赴平访宋作进一步表示。据可靠调查，此事纯系方永昌、程国瑞辈汉奸所为，受某方指示行动，以为将来要挟口头（实）。

## 某国对华北之阴谋在津设谍报机关
## 汉奸被收买甘心供驱使与伪组织勾结刺探消息

1937 年 4 月 14 日《武汉日报》第一张第三版

【天津通讯】天津为华北汉奸活动中心，亦为某国对华北间谍活动之枢纽。兹据可靠方面消息，彼等在津方谍报活动除公开特务机关外，尚有下列各组织，爰一一列举如次：

（一）某报社附设调查部，由张某主持，经费由关内外两军部支给，每月七千。谍报员平津各百名，各机关职员多有被收买者。保定则为五十名，所有重要公事原卷可携往该部抄录或摄影存据。对共产党、智识（按：知识）阶级、反满抗日等事调查最详，有时亦受伪满、冀东伪组织委托，调查事件工作最为紧张。

（二）东亚协会附设伪冀东及伪满情报机关，冀东方面由伪外交处长王伯镐主持，装有无线电台，每日收听我国内各方电报，并出重资收买各机关往来密电本，同时伪冀东尚聘有前天津公安局侦缉总队长王锦彪为情报主任，在津专负刺探冀察及二十九军情形有关于冀东者。

（三）东亚协会附设之伪满情报机关，由伪外交部嘱托鲍逆观澄负责，经费三千元，专刺探我军事外交消息，沪京两地均有人代负责任。

（四）日外务省在津设有情报部，直隶于该省情报部，不受津领馆辖。由事务官山田负责，内分经济、军事、政治、外交四组。去年冬成立，该部复雇有白俄十余名，在英租界十四号路三号及特一区吉林路九号各设联络机关，刺探苏联在华北共产主义工作。

## 津日驻屯军组织特务机关
## 分别在四铁路沿线活动收买汉奸刺探军政消息

1937 年 6 月 5 日《武汉日报》第一张第三版

【本报天津四日电】（一）日驻屯军一日起以和知组织特务机关，加紧工作。在平汉、北宁、津浦、平绥四线重镇设分机关，收买华人侦刺军政、经济等消息。（二）兴中公司社长十河信二、顷已由大连到津，定五日下午四时由津赴平访李思浩等，有所商谈。

【本报北平四日电】（一）今井武夫谈，田代司令最近拟来平检阅日驻军，惟行期尚未定。（二）中日实业公司经理高木日前来平，曾访李思浩等，对冀察实业问题有所接洽。事毕于四日晨九时赴津谒田代司令，并访关系方面商谈一切，稍留即飞大连。

## 平又破获烟赌窟　津日租界毒窟达五百处
## 搜捕结果牵涉日军警要员

1937 年 6 月 20 日《武汉日报》第一张第三版

【中央社北平十九日电】日因毒化中国政策受国际舆论谴责，颇受刺激。津日租界内连日已纷纷抄获毒窟，逮捕毒犯，平市迩来对禁政施行亦渐觉顺利。本月十三日外二区署曾将石城商会烟赌窟抄获，并逮捕赌毒犯六十二名。近该区复侦悉界内大李纱帽胡同华北饭店亦有设赌开烟之事。爰于十九日午后派警往抄，当场捕获烟赌犯张四波、张长宏等廿九名。连日证物烟土、烟具解区究办。

【本报天津十九日电】本届国联大会对日人在华制造毒品曾一致向日本抗议，兹悉津日租界当局连日虽被搜查毒窟，但制毒犯仍未见减少。据调查所得津日本租界仍有白面馆二百四十八家，烟馆土娼一百卅七家云。

【本报天津十九日电】（一）十八晚九时日租界探警包围蓬莱街、三津里，搜索该里白面馆三家，捕去毒犯男女卅余名。（二）日租界肃毒案，日警探由大毒犯陈坤元家搜出账簿，内中详记某月支给某人贿款若干，牵涉日军警宪方面极广，将有重要日官吏多人被株连。日方处办此案采不引渡，以免丑声外播。只刑逼被革押之华探长刘寿岩、李文祥、捕头徐树圃等人。

## 抗战前日本对天津电力工业的渗入

旧时，天津日租界最初依靠法商电灯房供电，日商工业组合与租界当局签订了办电特许合同，并于1907年建立了一座配电所。由于该组织垄断经营，电价高昂。1921年1月，日商工业组合特许合同期满，改由日租界居留民团直接经营，继续向法商电灯房购电。随着日租界人口膨胀，工厂增多，每年电力增加的数字是前五年的30%到100%，1923年“对电力惊人的需要，迫使租界局一年以来进行特别计划以应付需要”，于是租界当局开始筹建电厂。1926年7月向三菱公司购买了950千瓦发电机两台，1927年10月建成电厂，地址在今南京路鞍山道口。

随着日本帝国主义侵略中国的野心膨胀，九一八事变后，日本南满洲铁道株式会社（以下简称满铁）开始染指天津电力工业。1936年初，由满铁旗下的大连满洲电气会社派情报人员前来调查，发现天津四郊通往市中心的电车尚未开通，而且工业用电需求也很大。当时，天津市政府计划在特一区修建发电厂，由于资金匮乏，未能实现。为此，满铁派代表面见天津特别市市长萧振瀛，提出联合投资建厂。萧振瀛不想与日本合作，托词筹建电厂的计划正在执行，而加以拒绝。不久，萧振瀛去职，满铁担心再次回绝，便以兴中社的名义与市政府洽谈。

兴中社也是满铁经营的一家公司，成立于1935年12月。1936年6月在天津法租界新华大楼设立办事处，主要进行纺织、玻璃、面粉等行业的投资。经过几次斡旋，并施加压力，天津特别市政府同意了日本人的方案。1936年8月，日本兴中社社长十河信二与市长张自忠签订契约，成立天津电业股份有限公司，投入资金800万元，由双方均摊①。公司董事长张自忠，副董事长石井成一，常务董事马彦翀（市府秘书长）、平山敬三，主任技术员落合兼行。公司经营项目：电灯、电力供应、电车及电力设备的经营。电力供应范围：除法商、英商、比商电厂营业区以外的区域，即天津城四郊和日租界，剩余部分还供应裕丰、钟渊纱厂。公司成立后，天津市政府电业监理处随之取消，并着手天津河东电厂（今天津热电厂）的建设。河东电厂于1937年3月开工，1938年6月建成，投入两台1.5万千瓦发电机，铺设四条2.2万伏送电线和5000伏配电线。电厂投入使用后，日租界发电厂随即关闭，同时停止向法商电灯房购电。

随后兴中社又收购了宁河芦台济光电气公司，并与通县、唐山、秦皇岛

① 实为日方独资。

电业合并成立冀东电业股份有限公司。后来兴中社代管华北各地电业不断增加，为了达到垄断华北的目的，1938 年 9 月，日本成立华北开发公司，并将英商黄家花园电厂、比商金家窑电厂收购兼并，在天津形成了垄断局面。

（作者：曲振明）

（引自 2008 年 8 月 9 日天津《今晚报》第九版副刊）

# 第二篇

# 七七事变前后

# 第一章　二十九军入驻冀察平津与冀察政务委员会的成立

## 二十九军入驻冀察平津

### 实行华北特殊化

——二十九军入驻平津及冀察政务委员会的诞生

《塘沽协定》后，日寇为了进一步侵略华北，特地调大特务土肥原贤二进行阴谋策划。1935 年 5 月 29 日，日方借口天津两报社的汉奸社长被暗杀，以及热河的东北抗日义勇军进入滦东“非武装区”，破坏了《塘沽协定》，6 月 9 日，天津驻屯军司令官梅津美治郎提出备忘录（日文为“觉书”），向何应钦下最后通牒，何应钦不敢在文本上签字，在作出承诺后随即离开北平南下。

《何梅协定》事实上是放弃了华北主权的协定，这份协定的主要内容是：取消国民党在河北及平津的党部；撤退驻河北省的东北军、中央军和宪兵第三团（由蒋介石直接领导）；撤换国民党河北省主席及平津两市市长；取缔河北省的反日团体和反日活动，等等。

何应钦已经作出承诺，一时间驻平津一带的中央军、东北军、宪兵团、国民党党部均南撤。趁着北平守备空虚，汉奸白坚武及军阀石友三在土肥原的主使下，打着“华北正义自治军”的旗号在北平发动叛乱，上演了一幕成立“华北国”自治的闹剧。也就是在当天，秦德纯在叛军攻城的枪炮声和土肥原的威胁下，被迫在北平签订《秦土协定》。

白坚武、石友三的叛乱虽被击退，但北平的政治、军事真空令南京政府感到了事态的严重性，由于《何梅协定》规定中央军不能进驻北平，南京政府迫于形势，只得命距北平最近的非嫡系部队二十九军进驻北平。在《秦土协定》签订数小时后，二十九军三十七师奉命开进了北平西郊。

利用二十九军主力移防的机会，关东军再次图谋张北地区。8 月 5 日，驻张家口特务机关长松井源之助与张北警备司令张允荣签订秘密协定，确定张北六县由蒙人保安队担任治安维持工作。

《何梅协定》、《秦土协定》以及松井与张允荣秘密协定的签订奠定了日本实施华北阴谋的基础，随着多田骏接替梅津美治郎出任天津驻屯军司令官，“华北自治”运动渐入高潮，作为华北的政治、经济中心，平津两地形势更加错综复杂。

为了应对平津局势，国民政府于8月28日正式任命宋哲元为平津卫戍司令兼北平市长。

日本之所以屡次在华北制造矛盾纠纷，急欲搞“华北自治”运动，最根本的原因是其扶持的“满洲国”得不到承认。

此外，日本认为南京政府在“攘外必先安内”和“一面抵抗，一面交涉”的方针之外，还坚持着“依存英美经济”的潜在方针，使用“以夷制夷”的手段对付日本。

于是日本急于在政治、经济上控制华北五省，将与“满洲国”接壤的华北建成第二个傀儡政权，以解除后顾之忧。针对中国的对日外交方针，日本也制定了新的中日外交原则，这就是日本外相广田弘毅提出的“广田三原则”：

1. 中国应先彻底取缔排日，并应抛弃倚赖欧美政策，采取亲日政策；
2. 中国终应正式承认“满洲国”；
3. 中国应与日本合作，“防俄”、“防共”。

“广田三原则”推出后，中国仍始终贯彻执行“绝不承认‘满洲国’”这一外交路线，并于1935年11月进行币制改革，在英国的支持下将全国的银元兑换成纸钞法币，以法币代替银元在市面流通，并随英镑的行情涨落，而白银则运交上海国家银库，限制在市场流通。

一旦中国币制改革成功，日本经营华北的目的将成为泡影。为了阻止南京政府在经济上向华北渗透，日本不得不采取措施，加速“华北自治”进程。

平津两市是华北的政治、军事、经济中心，在平、津地区拥有兵权的宋哲元无疑是“华北自治”的最关键人物，但是土肥原虽然对宋哲元展开攻势，频繁施压，却每次都无功而返，而其他几位华北的地方实力派，如阎锡山、韩复榘、商震以及北洋元老吴佩孚等人也对日本的利诱敷衍了事。看到“华北自治”迟迟没有进展，土肥原贤二只好先扶持滦榆行政督察专员殷汝耕宣布脱离国民政府，于11月25日成立了“冀东防共自治政府”。

随后，积极策应华北自治的关东军便增兵于山海关、古北口一带，驻旅顺、青岛的日本军舰也驶向大沽口海面，摆出一副武力进攻华北的架势，向宋哲元发出了最后通牒：限最迟于11月30日宣布“华北自治”，否则日本将以武力进攻河北和山东。

华北局势骤然紧张起来，在日本的逼迫下，国民政府下令改变华北行政体制，于11月26日取消了军事委员会北平分会和行政院北平政务整理委员会，被迫接受了一个折中方案：实行华北特殊化，在冀、察两省及平、津两市建立一个轻度自治政府——冀察政务委员会。

冀察政务委员会表面上完全隶属于南京国民政府，实际上是一个半独立的政权。虽然日本方面有土肥原贤二在其中担任顾问，大量汉奸及亲日分子也被日方安插在内任职，但委员长是南京中央政府任命。冀察政委会在日本人眼里是华北自治政权，在南京眼里是地方政府。

12月18日，国民政府任命宋哲元为冀察政委会委员长兼任河北省主席、秦德纯为北平市长、萧振瀛任天津市长。不久后，原平、津卫戍司令部改组为冀察绥靖公署，宋哲元仍兼任主任。从此，集军政大权于一身的宋哲元成为华北首屈一指的实力人物，而二十九军也随着不断的扩军使之成为中国北方最大的地方武装集团。

## 平津危机四伏

1936年2月26日，日本国内发动的一场“二二六”兵变使其走上了法西斯道路，从此，日本军部开始了法西斯独裁，日本内阁也被以新首相广田弘毅为首的文官法西斯集团所控制。

广田弘毅出任首相后积极推动发动侵华战争，根据日本内阁的决定，在中国华北的驻屯军升格为与关东军平起平坐的五大集团军之一（国内驻军、朝鲜驻军、台湾驻军、关东军和华北军），独立负责打开华北局面，驻屯军司令官由一・二八事变时任上海派遣军参谋长，指挥与中国十九路军作战的田代皖一郎中将取代多田骏，而负责华北特务机关的土肥原贤二也返回关东军，华北特务机关长换成了曾在西北军中任职的松室孝良大佐。

从5月起，日本便开始大量增兵华北，6月上旬，整个驻屯军完成了新编制。7月，天津驻屯军一个大队强行进驻丰台，以防止共产党军队从山西攻入北平为借口，大肆修机场、建兵营。

日本计划在完成战争准备之前，建立“华北国”，争取以最小代价控制华北的阴谋又死灰复燃。当时正值桂系首领李宗仁与粤系军阀陈济棠等人联合发动两广事变，派人北上联络宋哲元、韩复榘、阎锡山等反蒋派，共同武装倒蒋之际，这令刚刚上任的田代皖一郎和松室孝良看到了在宋哲元和蒋介石之间，以及在二十九军内部制造裂痕的机会。

从名义上看，华北是二十九军的地盘，宋哲元是集军政大权于一身的华北最高军政长官，可是华北情况复杂，实际上宋哲元和二十九军几乎是处处掣肘，疲于应付。

首先，二十九军不能进驻天津。根据《辛丑条约》的规定，天津是英、法、日等国的租界，万国租界（公共租界）也在这里，中国军队不能在天津市区周边 20 里内驻扎。天津市内没有中国军队，倒是驻有不少外国军队，日本华北驻屯军司令部就设在天津，日本浪人、特务、汉奸等更是遍布天津大街小巷，滋事寻衅。

其次，北平市内有外国使馆区，各外国使馆也以保护侨民为由在北平市内驻有军队，而日本驻屯军不仅在使馆内驻有军队，还派兵强行进占了北平西南 15 千米处的军事重镇丰台，并屡屡与北平的二十九军发生冲突。

再者，就是轻度“华北自治”的冀察政委会。这个妥协下的产物从成立之初就被国人所不容，声讨宋哲元，要求宋哲元谢罪的呼声不断，而冀察政委会中更有大批汉奸、亲日分子任职，为日本人做事，通风报信，散布谣言，令宋哲元只能承受着巨大的压力在夹缝中求生存。

华北驻屯军正是看到宋哲元左右为难的处境，提出了“经济提携”和“军事援助”。

实际上，日本所谓的“经济提携”只是掠夺中国资源提携自己经济而已，在这个幌子下，中、日双方的调查考察团穿梭往返于南京和东京。“中日贸易协会”于 1936 年 1 月底宣布成立。对于华北，日本则于 1935 年 12 月成立了“兴中公司”，在天津、青岛等市都设有分公司。

田代皖一郎提出的经济项目共包括八个领域：（1）经营定期航空；（2）修筑津石路；（3）筑塘沽、大沽两港；（4）恢复龙烟铁矿；（5）开发炭矿；（6）开发农村，改良棉产、奖励羊毛；（7）扩充电力并推行水利资源开发；（8）改善通信。

这些项目所列正是华北主要的军需资源，至于港湾河道的改善和铁道的修筑，只是为了便利这些军需原料的输出罢了。经不住田代皖一郎多次亲自上门诱胁，宋哲元只好表示在“共存共荣”“平等互惠”原则下，一切均可进行。得到这“两项原则，八项规定”的口头承诺后，田代皖一郎如获至宝地返回天津立即着手实施。然而这份所谓的“华北经济协议”引起了社会舆论的强烈反响，南京政府宣布该协定无效，宋哲元随即也下令收回了正开办中的龙烟铁矿，而且对田代的纠缠不休左右推诿，令“华北经济提携”再次受阻。

时天津市长萧振瀛在日方的压力下被迫辞职，宋哲元无法接受日本方面提出的市长人选（齐燮元），而是向国民政府推荐了二十九军三十八师师长兼察哈尔省主席张自忠。1936 年 6 月 18 日，张自忠被国民政府正式任命为天津市长，一周后，他踏入了危机四伏的天津政坛。

# 七七事变前夜

西安事变后，在全国各界要求抗战的呼声中，蒋介石被迫接受了“停止内战，一致对外”的主张。西安事变的和平解决令日本大失所望，不但希望的中国内战没有出现，国共两党还抛开多年恩怨，共同举起了抗战大旗，更不用说宋哲元、李宗仁、阎锡山那些地方实力派，都纷纷从反蒋转向拥蒋。

为了在中国的统一尚未巩固之前解决华北的各种悬案，日军加紧增兵华北，在北平、天津周围大建兵营、机场，华北驻屯军不断在平、津地区实行军事演习，与此同时，田代皖一郎旧事重提，再次拿出“华北经济提携纲要”催逼宋哲元兑现。

与国民政府和冀察政权的日益巩固相比，进入1937年的日本国内政局反倒风雨飘摇。由于控制不了政治、军事、经济等方方面面的矛盾，寿命仅半年多的广田内阁在年初就垮了台。新的林铣十郎内阁迫于英、美、苏等国的压力，上台后即宣布“不尚武”政策，向中国提出改善关系。在一片友好的气氛中，由日本银行家和实业家组成的经济使节来华访问，并受到蒋介石等国民政府要员的接见。与之相呼应的华北驻屯军不但赠送山炮，而且邀请访日，频频向二十九军示好。

日本自发动九一八事变以来，除建立了一个“满洲国”和一个伪蒙政府及“冀东防共自治政府”外，染指华北的企图屡遭挫败，侵占中国的计划更是遥遥无期，除了要面对国际社会的压力外，日本国内更是矛盾重重，日益激化到无法控制的地步，日本当局为了转移矛盾，蓄谋尽快发动一场战争。于是，日本政坛再度更迭，寿命更短的林铣内阁于5月底倒台，6月4日，近卫文麿肩负着以天皇为中心、平衡军部与政党关系的使命受命组阁。

近卫内阁上台后便揭下亲善的面具加紧推进战争进程，军备物资源源不断地运往天津塘沽港，关东军、朝鲜驻屯军也蠢蠢欲动。1937年6月以后针对北平的军事演习越演越烈。

天津是日军的大本营，可是担负天津防务的二十九军三十八师只能分八处驻于天津近郊地区，一旦日军发动攻击切断平、津，就能轻而易举对北平完成三面合围的战略态势，孤城一座的北平将东有冀东伪政权和所属伪军部队，北有伪蒙疆自治政府，西有进占战略要点丰台的日军，仅剩下南面的一条后方通道——平汉铁路。

1937年6月后的日军演习目的性越来越明确，那就是夺取北平西南十余千米处，扼守平汉铁路的卢沟桥，使二十九军成为一支困在北平的孤军。

日军的演习规模越来越大、间隔越来越短，由白天变黑夜、由空弹变实弹，直到7月7日，驻丰台日军一个中队到卢沟桥附近地区进行军事演习并制造借口挑起军事冲突，促使中日两国进入了全面战争状态。

（作者：龙城）

# 军长宋哲元的政治态度

## 对东北沦陷的态度

在九一八事变发生，日本帝国主义侵占我东三省后，举国鼎沸。此时宋哲元以二十九军军长的身份率部下七名将领发表通电“哲元等分属军人，责在保国，谨率所部枕戈待命，宁为战死鬼，不做亡国奴”[①]。伪满洲国成立后，在这时机紧迫、瞬息万变的情况下，宋哲元又于1932年8月上书张学良请缨抗战。指出自己“吾侪以四万万口人之国家，被六千万民族之岛国如此欺侮凌辱”[②] 而“闻之发指，言之心痛，誓雪国耻”[③] 的愤恨心态。提出“先期预防，方免临时失措，多集中兵力，速行准备：（一）热河方面，应以五万之兵力；（二）山海关方面，应以三万之兵力；（三）平、津方面，应以三万之兵力，使各部队早日到达目的地，从容布置、熟悉地形及防御工事之预备。庶敌兵突至，必可拼命抵拒，否则热河一失，平、津濒危，将来攻防均无依据”的战略布防，而劝告张学良“早定大计”[④]，抵抗日本侵略。

## 对两广事变的态度

在1936年6月至9月发生的两广事变（陈济棠、李宗仁起兵宣告两广独立，史称“西南事变”）中，作为冀察政委会委员长的宋哲元立即通电声明力主和平解决这场政治事件。他指出在“国难严重”之际，如果不妥善处理，则会出现“演成内战，人民糜烂，国力日消，袍泽疚心，万邦腾笑”[⑤] 的恶局，陈明自己“待罪边围，困心衡虑，惧陆沉之无日”[⑥] 的心态。而“先泣呼

---

① 列名通电者为庞炳勋、吕秀文、刘汝明、张自忠、冯治安、沈克、马法武，引自《陆军二十九军长城战役纪略》(察哈尔总志（三）大事记卷上)。

② 孙湘德、宋景宪：《宋故上将哲元将军遗集》，台湾传记文学出版社1985年版，第180页。

③ 孙湘德、宋景宪：《宋故上将哲元将军遗集》，台湾传记文学出版社1985年版，第180—181页。

④ 孙湘德、宋景宪：《宋故上将哲元将军遗集》，台湾传记文学出版社1985年版，第181页。

⑤ 1936年6月22日《大公报》。

⑥ 1936年6月22日《大公报》。

吁，伏祈垂念国脉民生”[①]，力倡“克日停止各方面军事行动，务期开诚相济”[②]、“主张枪口不对内，中国人不打中国人”[③]，期望“中央及西南双方，顾念大局”[④] 来和平解决。最终，以各方的相互妥协而和平解决，避免了又一次内战的爆发。

## 对西安事变的态度

在 1936 年 12 月西安事变发生时，作为地方实力派的宋哲元对“陕变（即西安事变）甚愤慨”[⑤]，请张学良“以国事为重……保护蒋介石的安全，一切均可从长计议等”[⑥]，而力主和平解决。戈定远在赴南京向中央报告冀察政治经济近况时，曾表示“宋委员长拥护中央之诚，始终如一”[⑦]。宋在“漾电”中声明：“尽量采取沉毅与静耐，以求政治妥善通适之解决”[⑧]、“为中央统筹公决，万不容在国难严重之际，再有自伐自毁之行动”[⑨]，力图避免“兵连祸结”，并提出解决事变的三大原则“第一，如何维持国家命脉；第二，如何避免人民涂炭；第三，如何保护领袖安全”[⑩]，以“合谋万全无遗之策”[⑪]“对陕变乱主张用政治解决，由中央召朝野名流商办法”[⑫]。最终，西安事变以和平方式解决，实现了民族由内耗向凝聚的转变，迎来了抗战新局面的出现。

## 反对分裂、支持统一、共同抗日的政治态度

1931 年宋哲元由集团军司令转为军长时，对北平《时报》记者谈话，表示“从此枪口不对内，中国人不打中国人”。在日本侵华步伐日益加速的情况下，宋哲元于 1937 年 1 月对所属军政机关人员进行训话，发表告同志书。指

---

① 1936 年 6 月 22 日《大公报》。

② 1936 年 6 月 22 日《大公报》。

③ 1936 年 6 月 23 日《大公报》。

④ 1936 年 6 月 23 日《大公报》。

⑤ 1936 年 12 月 14 日《大公报》。

⑥ 王式九：《宋哲元对西安事变的态度》，选自《西安事变亲历记》，中国文史出版社 1986 年版，第 307 页。

⑦ 1936 年 12 月 19 日《大公报》。

⑧ 1936 年 12 月 24 日《大公报》。

⑨ 1936 年 12 月 24 日《大公报》。

⑩ 1936 年 12 月 24 日《大公报》。

⑪ 1936 年 12 月 24 日《大公报》。

⑫ 1936 年 12 月 24 日《益世报》。

出其两大立身方针：“（一）拥护国家统一，推行中央政令，誓以自身图强，实行政治修明之象。（二）国家三大要素：土地、人民、主权，誓本军人天职，尽力保护之。”再次强调“枪口不对内，中国人不打中国人”[①]、“侵占我土地，侮辱我人民，即是我们的敌人，我们一定要打他”[②]，明确表明了其反对内战，枪口一致对外，共同抵御外侮的决心。二十九军严格坚持这一原则，是国内极少数没有和共产党军队打过内战的军队。

中華民國二十六年一月二十一日

解放日報

第三十六號

宋哲元將軍 昨發表告同志書

中國人不打中國人堅決反對內戰

誓本軍人衛國天職殲除民族公敵

**1937 年 1 月 21 日《解放日报》**

1937 年 2 月，宋哲元派秦德纯参加国民党五届三中全会。宋在 3 月 10 日接见中央社记者时，郑重宣布：“奉行中央政府的命令是我神圣的任务，过去如此，将来亦是如此。”[③] 之后，冀察中央化的趋势更趋明显。

（作者：李惠兰）

## 冀察政务委员会的成立

1935 年 12 月 18 日，在北平成立了一个特殊的政权机构——冀察政务委员会。这个政权组织，完全是为了适应日本帝国主义的要求而产生的。……

---

① 1937 年 1 月 21 日《解放日报》。

② 1937 年 1 月 21 日《解放日报》。

③ 转引自李云汉：《宋哲元与七七抗战》，台湾传记文学出版社 1973 年版，第 182 页。

《塘沽协定》签订以后，日本对华政策出现了两种主张。外务省认为，1933年以来中国政府对解决中日悬案表示了若干诚意，因而主张推行“协商外交”，宣扬与中、苏、美三国亲善。但是日本军部认为，中国对日态度的转变是一时的敷衍政策，必须继续推行其政治与军事方面的强硬政策，因而形成了与外务省完全对立的态度。日本外务省与中国政府首脑之间曾一度大谈“亲善”“提携”，并将两国的公使馆升级为大使馆。蒋介石、汪精卫还联合发布禁止排日的命令，禁止各新闻单位刊登排日排货的消息，表面上确有关系好转的现象。可是日本军部对这些活动采取根本反对的态度。日本军部和关东军的基本方针是占领华北，变华北地区为第二个伪满洲国。但它在策略上改变了直接武力侵占的方法，主要采取政治谋略，策动华北自治运动，达到不战而取华北的目的。所以其第一步，以《塘沽协定》为武器，扫清华北自治的障碍，然后选择屈从于日本帝国的傀儡，成立华北自治政权。

实行华北自治的障碍是什么呢？日军认为主要是国民党政权在华北的军事与政治势力。因此，日军采取了一系列行动，连续地制造事端，压迫国民党势力退出华北，以达分裂华北制造傀儡的目的。

1935年1月23日，日本关东军制造了察东事件，以宋哲元部队一部开往热河省丰宁县大滩一带为借口进行挑衅。日军以飞机大炮向察东独石口长城线附近的东栅子袭击，并占领东栅子，迫使宋哲元部与其达成《大滩口约》，从此，察东地区中国军队不能进入。1935年5月3日，日军又在天津制造了伪满中央通讯社记者和天津《振报》记者被杀事件，诬说是中国的蓝衣社[①]所为。接着在5月5日又出现了所谓义勇军孙永勤部进入非武装区事件[②]。日军硬说遵化县长接济孙部，违犯了《塘沽协定》。接着从5月20日起，日本天津驻屯军开始骚扰河北省政府、天津市政府和国民党天津市党部等机关。河北省主席于学忠在日军的威逼下，将河北省政府迁往保定。29日，日本天津驻屯军发表通告说，由于孙永勤事件，日军可以进入长城，并将北平和天津并入停战区内。关东军和天津驻屯军代表高桥坦和酒井隆访晤华北军分会委员长何应钦，提出种种要求。中国政府在日军威逼下于6月4日至8日的5天内，采取了一连串措施以满足日军的要求，将天津市长张延（廷）谔免职，以亲日分子王克敏接任；于学忠他调，河北省主席职务由民政厅长张厚琬代理，决定将第五十一军调离华北；严令平、津军政宪机关取消有害中日邦交的团体。6月8日，高桥坦和酒井隆会晤何应钦，又提出了新的要求：

① 即复兴社，国民党特务组织，因其成员制服为蓝衣黄裤，故亦名蓝衣社。

② 在热河省境内与日军战斗的义勇军一部，日军为制造事端将该部压迫入长城以内，接着受到日军的围攻，孙永勤在战斗中牺牲，部队被日军消灭。

(一）河北省内一切党部完全取消；（二）将五十一军撤退日期告知日方；（三）中央军必须离开河北省境；（四）禁止全国的排日行为。限于12日午前答复。同时日本天津驻屯军将轮换回国与新来的士兵集结天津；关东军派一个大队集结山海关，独立混成第十一旅团主力开至古北口，飞机一个中队集结锦州，调驱逐舰两艘到大沽口，以武力威胁。何应钦经行政院长汪精卫同意，完全答复了日军的要求。可是高桥坦又以单方所拟“觉书”送北平军分会，要求何应钦钤盖印章。何于7月1日致函梅津美治郎承认日本所提“觉书”的条件。这就是历史上的《何梅协定》。这个协定虽未签字，但何应钦的复函已事实上构成了法律上的承诺。而日军以此可随时向中国提出更多的要求。在此期间，日本关东军和天津驻屯军又与察哈尔省主席秦德纯签订了《秦（德纯）土（肥原）协定》，迫使长城以外的中国军队均撤退入关内，撤退地区以保安队驻防。到12月间，日军派伪蒙军李守信所部进攻察北，占领宝昌、沽源等六座县城，察省土地已大部沦陷。

《何梅协定》和《秦土协定》以后，日本关东军计划的分离华北的第一个步骤已经完全实现。其第二步是选择傀儡对象，实行由日本军人操纵的华北自治。1935年8月，多田骏接替梅津美治郎为日本天津驻屯军司令官。关东军司令官南次郎大将派其特务机关长土肥原贤二到天津协助多田骏，策划在华北建立“新政权”的阴谋活动。日军对于华北当时各省具有实力的统治人物进行了研究，并派人分头进行了联系，有的甚至反复多次拉拢。但这些人都采取了敷衍塞责、暧昧不明的态度。蒋介石发现日本人的阴谋活动后，于7月17日以国民政府的名义，向宋哲元及其所属几个师长授予青天白日勋章，8月28日又任命宋哲元为平、津卫戍司令，翌日撤销行政院驻北平政务委员会。蒋介石此举名为奖励，实为拉拢。虽然如此，日本人却认为宋是反蒋的冯玉祥的旧部，且不属国民党的嫡系，是属于“骑墙派”，可以容忍其留任华北。这样，宋哲元就成为当时国民政府和日本两方面同时利用的实力人物。

9月24日，多田骏正式申明，提出对华北的三点主张：（1）把反满抗日分子彻底地驱逐出华北；（2）华北经济圈独立；（3）通过华北五省的军事合作，防止赤化。10月4日，日本内阁同时通过《鼓励华北自治案》和《外、陆、海三相关于对华政策的谅解》，在此文件里，将广田外相在日本第六十八次议会上的演说，即所谓“广田三原则”公诸于世。日本关东军和天津驻屯军都召开会议讨论了“广田三原则”和华北自治案。从此，日本帝国主义策动华北自治运动进入了高潮阶段。

10月间，土肥原接受了日本关东军司令官南次郎的实现华北自治和内蒙独立的两项任务。南次郎并命令土肥原必须在11月中旬，对宋哲元的策动有所成效。11月11日，土肥原到了北平向宋哲元提出《华北高度自治案》，并限宋在11月20日前宣布自治，否则日军将取河北和山东。同时，关东军司令官下令调动部分陆军集中在山海关和古北口，部分海军舰只驶向大沽口。日军飞机连日在北平上空低飞掠过，进行武力威胁。在此之前，日本天津驻屯军也积极行动，除在6月间策动白坚武暴乱事件①外，又在10月18日策动了香河暴乱事件②，要求公推县长实行自治。可是，宋哲元虽受日本的强大压力，但还没有答复日军所提要求。于是土肥原即煽动滦榆区（冀东）行政督察专员殷汝耕单独成立伪政权。11月24日，“冀东防共自治委员会”③在通县成立，汉奸殷汝耕为委员长，发表通电：“脱离中央宣布自治，举联省之先声，以谋东洋之和平。”

11月26日，国民政府决议：撤销军事委员会北平分会，派何应钦为行政院驻平长官；派宋哲元为冀察绥靖主任；殷汝耕免职查办；撤销滦榆、蓟密两区专员公署，其职务由河北省直接处理；宋哲元、商震负责维持地方治安。同日，中国驻日大使馆奉令要求日本政府制止日本天津驻屯军蔑视中国主权的言行。可是，日本军部在同一天训令关东军和天津驻屯军以及驻华各地武官，指示继续推进自治运动。因而土肥原在军事与外交两方面配合下，又一次限宋哲元于11月30日前宣布自治。这时，宋哲元连电国民政府辞去新职，并请蒋介石“早定大计”。蒋即派何应钦北上和宋哲元商讨安定华北的方案。何应钦于12月3日到达北平。宋哲元于5日称病到西山休息。这天北平出现15架日军飞机低空飞行，其中一架还投下了汉奸殷汝耕印发的传单。当时何应钦的驻所在中南海内居仁堂，此时中南海门前有自称“北平民众代表请愿团”的数十人，要求自治自决。

何应钦面对来自各方面的压力，于12月5日和秦德纯、萧振瀛、陈仪、熊式辉等会商一整天后，决定成立“冀察政务委员会”来应付当前的危局。6日，萧振瀛携这个方案往天津和多田骏、土肥原商谈，日本东京训令接受了这个方案。这样，国民政府于11日发布命令，特派宋哲元等17人为冀察政务委员会委员，宋哲元为委员长。12日，国民政府又明令商震调任河南省主席，萧振瀛为天津市长。

---

① 白坚武是吴佩孚的旧部，在日军收买下于6月27日夜纠集中国流氓和日本浪人300余名袭击丰台车站，夺得铁甲火车二列，28日晨白胁迫列车开到永定门外向城内开炮。这些乌合之众，很快被中国军队击溃。

② 在日军策动下香河县民武宜亭和日本浪人借口反对田亩赋税，纠众向香河县长请愿，要求交出政权，实行自治。10月22日，在日本宪兵掩护下，武等纠众闯入县城骚扰，公推县长实行自治。商震派保安队进入香河，结束了这场暴乱。

③ 后改为冀东防共自治政府。

12月18日，冀察政务委员会正式宣布成立。这是一个特殊的政权机构，它既不同于国民政府领导下的各省地方政权，也不是日本帝国主义所要求的那种“高度自治”的傀儡政权。这实际上是中日双方妥协的产物，中日之间的矛盾并没有解决，而且由于民族矛盾的继续发展，日本正在向侵略战争的道路上一步步地迈进。

（作者：马仲廉）

（选自《卢沟桥事变与华北抗战》，北京燕山出版社1987年版，第5—11页）

## 【新闻报道】

### 国民政府组织冀察政务委员会的命令

1935年12月12日天津《大公报》第三版

（1935年12月11日）

【中央社南京十一日电】国民政府十一日令，特派宋哲元、万福麟、王揖唐、刘哲、李廷玉、贾德耀、胡毓坤、高凌霨、王克敏、萧振瀛、秦德纯、张自忠、程克、门致中、周作民、石敬亭、冷家骥为冀察政务委员会委员，并指定宋哲元为委员长，此令。

### 冀察政务委员会成立

1935年12月19日天津《大公报》第三版

（1935年12月18日）

北平通信：筹备多日之冀察政务委员会，业于昨晨八时在外交大楼宣告成立，同时委员长宋哲元，及在平各委员等举行就职典礼。晨起，外交部街及东单牌楼一带，加紧戒备，军警林立，委员中除周作民、王克敏，在沪未能北来，程克在德国医院卧病未能出席外，委员长宋哲元及委员万福麟、王揖唐、李廷玉、胡毓坤、高凌霨、萧振瀛、秦德纯、张自忠、门致中、石敬亭、冷家骥等均出席。刘哲、贾德耀两委员前电中央请辞，业经复电慰留，辞意打消，昨晨亦准时到会，因开会时间，事前并未发表，开会时，仅到有少数来宾，及该会职员与新闻记者等三十余人，其余来宾则多于会后赶到，先后计到有何应钦代表严宽，冯玉祥代表李忻（炘）、韩复矩（榘）代表程希贤及军政各界名流吕秀文、张维藩、赵登禹、张吉墉、荣臻、冯治安、邵文凯、刘汝明、雷寿荣、程锡庚、汤玉麟、鲍文樾、王绍贤、邹泉荪等七十余人，欧美及日本新闻记者到者亦不少，均由该会派有专员招待，来宾入门签到后，一律发给纸制来宾徽章，留记号码，以资慎重，礼堂设于东楼大客厅，正中交悬党国旗，八时二十分行礼，仪式简单，委员来宾等入礼堂后即在主席台前环立，首先奏乐，继向党国旗行三鞠躬礼，礼毕，由委员长宋哲元致词，报告成立经过及今后内政外交之主张，词毕，由李廷玉代表全体委员致词，大意谓，今当华北时局艰危困难中，宋委员长（哲元）毅然担此重任，本人代表全体委员有所申述，关于一切，委员长已竟详陈，困难情形知之颇切，个人学识经验，均不充足，但被任为委员，于此环境下，当不能推辞，勤恳竭诚向前努力，成败利钝亦在所不计云云，继由来宾代表邹泉荪致词，大意谓，冀察政委会于华北时局万分危急中成立，今后一切政治外交有机关负责，颇可欣幸，宋委员长与各委员均为华北最高军政领袖，在时局艰困中就职，亦可钦佩，九一八后北平经济情况凋敝，仅皮货业损失何止千万，委员长等就职后，尤望能谋华北之安定，救济民生，最后谨祝各委员身体健康及前途之光荣云云，八时四十分礼成摄影散会，旋继续举行首次委员会议，到会各委员均出席，决议两项：（一）推定秦德纯、刘哲、王揖唐等三人为常委；（二）规定每星期五下午四时举行委员会议，散会后宋氏当即邀宴各委员及来宾等，至午始尽欢而散。

# 第二章　日本策划下张自忠率团访日

## 第一节　当事人或亲历者的回忆

### 我与张自忠

秦德纯[①]

廿五年春，奉中央令张自忠将军调长天津市，继将所属三十八师调驻天津一带。此时我与张将军，一在北平，一在天津，负撙俎折冲的责任，忍辱含垢与敌周旋，在精神上是很痛苦的。

秦德纯与张自忠合影

日方迭施狡计分化廿九军，阴谋宣传把张将军造成亲日傀儡，于廿六年春，坚邀张将军赴日参观，因此张将军更成了全国众矢之的。

（选自秦德纯：《秦德纯回忆录》，台湾传记文学出版社1967年版，第20页）

### 张自忠访日经过记闻

潘玉书

在张自忠担任天津市市长期间，于1937年4月23日到同年5月29日，曾率领一个旅行团体去日本参观考察，名为“张自忠访日观光团”。当时我任天津市政府第三科科长职，曾经手办理参观团的有关事项。现凭回忆撰写出来，供作参考。

---

① 秦德纯（1893—1963），字绍文，山东省沂水县人。毕业于北京陆军大学，1927年入冯玉祥部任第二方面军副总指挥兼二十三军军长、十四军军长。中原大战后，先后任二十九军总参议、察哈尔省政府委员兼民政厅长、冀察政委会常务委员兼北平市长，是第二十九军副军长，是宋哲元的重要幕僚之一。

# 张自忠访日的政治背景

张自忠访日的政治因素，就当时的情况看来，是由于日本侵略军压迫冀察政务委员会搞“华北自治”运动所促成的一个行动。

1931 年日本帝国主义发动九一八事变侵占我国东北领土之后，于 1932 年建立伪满洲国，1933 年强迫南京国民政府签订《塘沽协定》，1935 年又强迫签订《何梅协定》，制造“冀东防共自治政府”傀儡政权，跟着又搞冀察特殊化，得寸进尺，野心不已。特别是自从 1936 年夏田代皖一郎出任驻天津的华北日本驻屯军司令官之后，更突出地代表日本陆军派，对日本侵华行动主张蛮干到底。田代策动了一个“华北五省三市自治运动”的阴谋，一面派军部参谋去济南，与山东省主席韩复榘密谋“山东独立”，一面派军部参谋和知鹰二逼迫宋哲元、张自忠扩大冀察特殊政权。

大约在 1937 年 4 月初，张自忠在天津市政府后花园，宴请日军田代司令官、桥本参谋长、和知参谋、池田参谋和其他武官；陪客人照例由市政府三科开列名单，呈送市长圈定。由于来宾是日本军部，所以陪客名单都是一些亲日派人物，其中最著名的一个是齐燮元。

宴会毕，来宾都走了，只有齐燮元未走。他主动要求与张自忠谈话。张与齐本不相识，更谈不上什么私人友谊，只是在当时形势下，对亲日派不得不敷衍而已。张唯恐其有不可告人的话，免遭外人物议，乃留三科科长潘玉书在座旁听。不料坐下后，齐却毫无忌惮地对张说，田代司令官与他谈过多次了，日本方面要求扩大冀察政务委员会，现在“华北自治运动”业已成熟，最好把韩复榘拉进来，把冀察政权扩大。齐又说，日军部早已在山东进行，韩复榘不成问题，他与宋哲元也谈过了，希望张与宋作进一步的考虑云云。

张闻言，未加可否，乃敬鬼神而送之。

齐走后，张立即唤市政府传达阚德禄请边参事（边守靖①）前来议事。方才吃饭时边本在座，饭后离去，这时又被找来到市政府后楼。张把齐燮元方才的话对边重复了一遍。边对张说：“‘瞎子’（齐的绰号）是有名的亲日派，历任河北省有兵权的当局到来，他总是代表日本人说话，无足怪也。只是韩复榘的态度是不是如其所言，这不能随便一说。”

---

① 边守靖（1885—1954），字洁清，河北省静海县人。早年参加革命，1912 年任直隶省议会副议长，曾拥袁称帝，做过曹锟、吴佩孚的高等顾问，1913—1927 年任省议会议长。后投资工商、兴办纱厂。1936 年被张自忠聘为天津市市府首席参事。1937 年 7 月 31 日，张自忠让其代理天津市长，上任数日，后被迫辞职。天津沦陷后坚守气节，经营企业。

张默然者久之。这时正好潘玉书把当天的要闻剪报呈送市长阅览，要闻内容有：一、蒋介石委员长去溪口休养；二、张群访日；三、蒋介石电韩复榘去杭州召见，尊崇异常。张把剪报递给边守靖，且看且说："蛛丝马迹，这与齐所说的不无关系。"

边阅后，对张出谋划策说："冀察当局又何尝不可以仿效南京的办法呢?"张问："什么办法?"边答："宋委员长也可以回老家休养休养，顺便与韩主席见个面。市长也可以去日本走一趟，访问访问。一则对日本表示亲善，借此可以躲一躲日军部的压迫；二则可以设法观察一下韩的态度。究竟如何，回头再说，不好吗?"

张久默无言，未加可否，夜深而散。

## 张自忠访日观光团的组成

其后不久，冀察政委会发表了一项决议，内容是：为考察国内外政治、军事及工商业的状况，以资借镜，着令该会有关委员会组织冀察平津国内和国外两个旅行团体。国内旅行团赴华南各省各市及各工业区考察工业、商业以及其他建设事业。国外考察团由天津市市长张自忠担任团长，出国考察实业，目前先就近赴邻邦日本考察……

赴日观光团的内部组织，计分军事、政治、工商业及航空四个组。团员名单发表如下：

团　长：张自忠，天津市市长

副团长：张允荣，河北省保安司令（前河北省保安司令，惠通航空公司副董事长）

团　员：张季桓，冀察政委会外交委员

边守靖，天津市政府首席参事

徐天鸿（即徐惟烈），天津市政府参事

王文典，天津商会委员

徐仙槎（即徐廷玑），第二十九军一三二师旅长（二十九军一三二师参谋长）

何芑荪（即何基沣），第二十九军三十七师旅长（一一零旅旅长）

田温其，第二十九军一四三师旅长

黄振三（即黄维纲），第二十九军三十八师旅长

姚作宾，惠通公司组长

刘中檀，惠通公司组长

邓文轩，察哈尔省政府委员

张既澄，北平商会委员

由于有些团员如边守靖等有鸦片嗜好，唯恐途中不适，临加派北宁铁路医院院长潘骏千大夫随团旅行，专司注射等工作。又配备日文秘书卢南生，担任翻译工作。市府第三科交际股主任翟维淇，奉派担任观光团事务及通信工作等。此外，有张自忠男女公子、侄男女公子及张允荣之女公子等五人，偕行游历。

在观光团出发前，宋哲元派冀察政委会外交委员会主席陈中孚先期去东京，分访日本在朝要人及在野名流，为张访日铺平道路。

## 观光团出发时的盛况

1937 年 4 月 21 日晚上，天津市中日双方人士，有三方面为张自忠饯行：一、天津市各机关首长集体，于该日晚 6 时，假市政府后花园大楼，联合举行欢宴，宾主出席者 80 余人；二、天津市有名望的绅士华世奎、市商会全体委员、各同业公会及商界人士，于当晚 7 时，假国民饭店联合欢送观光团全体团员，三、日本驻屯军司令官田代皖一郎，日本驻天津总领事官堀内干城和日本海军大佐久保田等，代表日本海、陆军及外交部门，于同日晚 8 时，在日本军部联合设宴，为访日观光团饯行。

行前，张曾向记者发表谈话，略谓："本人此次出国，只赴日本，不拟他往。归国时，决道经青岛，参观青市建设。旅行目的，纯粹为观光性质，并未负有任何任务。盖因自己才识不足，未能造福地方，且未能适应世界潮流，以谋一切事业之改进，而达到个人应负之责任，深为憾事。因之久欲赴国外各地旅行，期收借镜观摩之效。此次蒙冀察政务委员会允可，偕诸同仁赴日旅行，即系先由邻近国家观览之意。中日两国，同在东亚，风土人情大同小异，唯一则突飞猛进，一则凡百待兴，实有令人注意研究之必要。本人乘此机会，以广见闻，实为心愿。中日友谊，关系东亚和平，本人希望其能共同增进耳。游历之期，想无多日，回国后再向大家详细报告"云云。

1937 年 4 月 23 日上午 7 时 40 分，访日观光团全体团员，从天津东车站启程，乘坐北宁路特备专车，东行开赴塘沽。到站欢送者，包括市政府有关人员及市属各局局长，如公安局局长李文田，财政局局长傅正舜、教育局局长凌勉之、社会局局长李在中等，还有北宁路局长陈觉生以及邮电、海关等机关主任以上各职员，商会、同业公会负责人等数百人。日本驻屯军司令官田代派参谋塚田，日本驻津总领事官堀内派副领事西田和永井翻译官等，到站送行。

专车于上午 9 时抵塘沽，当地绅商各界早在车站迎迓。驻塘沽法军安南兵，亦列队欢迎。上午 10 时半，登日轮长安丸。11 时半，船启碇离塘。

## 张自忠抵日后的不愉快事件

观光团于4月26日在日本门司登岸。27日抵箱根，住一宿，于28日到达东京。考察团到东京时，有中国驻日大使馆人员、侨商、留学生等，还有日方朝野闻人，新闻记者等多人，聚集在车站作热烈之欢迎。张下车后，对欢迎者表示谢意后，即向记者发表谈话："鄙人偕诸同仁前来贵国观光，深为欣幸。实以贵国事业，一切皆突飞猛进，久已景慕钦佩。而日华两国，同在东亚，相关至切，两国朝野，实有互相了解、彻底认识之必要。鄙人等前来贵国游历，一则乘机观光，以广见闻，一则希望能增进双方之了解与认识。或于中日亲善、东亚和平不无裨益。尚望贵国人士不吝指教，是所企幸。"

随团人员、市政府三科交际股主任翟维淇在出访过程中，与潘玉书保持通信联系，随时报告观光团在日本的考察情况，据翟维淇来函称：在张自忠到东京之后，旅日华侨曾向张汇报了两件事：一、日本主办的名古屋泛太平洋博览会，事先征得冀察当局同意，在平津等地征集了中国出口商品，参加展出。迨抵日本名古屋后，该博览会竟将冀察陈列馆列入日本殖民地区，与"满洲"、"冀东"两伪组织混在一起。虽屡经中国驻日本大使馆提出抗议，但始终无效。二、在张未到达东京之前，名古屋地方当局曾经举行过一次"冀东日"活动。汉奸池宗墨曾前往参加；日本广播电台又将汉奸殷汝耕的日语演说，播送全国，内容充满侮辱中国的词句；名古屋全城及各电车、公共汽车，均奉命悬挂中国五色旗，报纸大肆宣传，公然非法化中国领土。旅日华侨对此异常愤慨。

对以上两项事态，张闻之后，也深表愤慨。对冀察陈列馆一事，当即电告在名古屋的冀察中国代表纪仲石，限于张到达名古屋以前，将冀察陈列馆退出博览会；凡未开箱物品，一律运回，已开箱的物品，限期装箱，停止展览。纪仲石遵于4月27日，停止冀察展览馆。关于"冀东日"一事，张曾向东京有关人士表示，在观光团计划旅行的各地，切盼不可有同样的举动，以免发生误会。张的这种表示，据闻东京方面一些元老重臣，以及社会开明人士，均表示同情，唯有陆军派则依然如故，令人有难言之痛。

## 张自忠归国后形势突变

1937年5月26日，张自忠偕观光团全体团员，由日本返国抵青岛，参观青岛市市政和该市的建设等。27日由青岛乘专车到济南。到站欢迎者，有山东省主席韩复榘，高参闻承烈、过之纲，山东省政府秘书长张绍堂，民政厅长李树春，济南市长任君建等，以及绅商各界人士，约200人。28日，由济南乘专车返津。登车前，曾向济南新闻记者发表谈话如下：

“本人此次蒙冀察政务委员会宋委员长之允许，赴日本游历，因职务关系，不便作长时间之视察，所以在日本各地略作短期之考察，即行返国。到达的地方，为东京、西京、大阪、神户、日光、别府、博德、奈良、名古屋等处。由于参观工业，详细视察，故在东京和大阪两个地方停留的日期比较多些。

就一般的情况看来，日本工业确有一种努力求进的精神，尤其是在纺织工业和航空工业两方面的进展，速度尤大。关于市政、军政方面，仅略为视察，以时间关系未能深入。此外，在东京、大阪两个大的地方，曾与日方军、政、实业各界要人，有所接触，亦只是普通应酬，而未有任何任务耳。……”

5月29日上午，观光团全体由济南抵津。张在车站略事休息，即偕同邓哲熙（冀察政委会委员）、李炘（河北省保安处处长）等由津赴平。到平后，张即到冀察政委会进行汇报。（当时宋哲元不在北平，回原籍山东乐陵，又去商河县与韩复榘会晤）

由于天津市教育局于6月1日在津举办天津市中小学校运动大会，张为主持开幕仪式，故在平只逗留一日，即于5月30日返津。当天晚上，在市政府花园后楼欢宴津市绅商各界，报告东游观感。

同年6月初，驻津英国总领事官雅斐乐，通过潘玉书约张便酌于英租界天津英国领事官邸。饭后，退其侍者，由潘作翻译，三人谈话。雅斐乐向张提出：驻南京英国大使许阁森指示驻天津英总领事向张市长提问，此次访日，是否与“中日华北经济提携”问题有关。张对此回避未作任何表示。雅斐乐又进一步提出：英日两国政府，正在协商讨论英日在华经济范围问题，英国政府在华北有开滦矿重大利益，因此有理由向冀察当局作出这项提问。张仍未作任何表示。雅斐乐最后说：许阁森大使决定月内来天津，与张自忠将军当面谈话。张听到后为之一愣，急忙表示：“许阁森大使来津与我见面，将引起日方注意。”雅斐乐答：“不然。7月1日为开滦二十五周年纪念日，该局已准备举行纪念，届时当由该局出面，请许阁森大使来津参加典礼，也请张将军就近光临。你二人可在我处见面，无人注意。”张沉默久之，最后表示：“俟与许阁森大使见面再说吧！”

以上所叙，是1937年6月初的事情。到了下一月的月初，就爆发了七七事变。七七事变后，张于7月25日由天津英租界四十三号路私邸，乘汽车去北平。迨平津陷落后，于8月8日或9日，又由平化装潜回天津，随后去烟台，转道济南，南下抗战。（1964年）

（选自《天津文史资料选辑》第21辑，天津人民出版社1982年版，第93—101页）

## 随伯父赴日考察琐记

张廉瀛[1]

……回国时乘的是一艘六千吨的“大陆丸”。两天两夜到青岛。

回国时为什么不到上海，而到青岛登岸？这也有其原委。在东京时就听说去天津没有大船，旅途时间又长，有人想从上海登岸，乘便到上海玩玩。何处登岸，意见本不一致。经过研究，才决定在青岛登岸。因为这个考察团赴日访问，没有请示蒋介石，担心到上海后，被蒋介石借故扣留[2]。但徐惟烈、黄维纲二人提出不走青岛，因他俩曾与韩复榘作过战，恐路过济南被扣。经过团领导的分析说服并做了担保，他俩才同意到青岛。船抵青岛时，青岛市长沈鸿烈、渤海海军司令谢刚哲，及宋哲元的代表李炘等到码头迎接。早上抵青岛，晚上乘专列于次晨到达济南。韩复榘、孙桐萱以及各厅厅长到车站迎接。在济南住了一夜，再乘专列回北平。

（选自《抗日名将张自忠》，中国文史出版社 1987 年版，第 97 页）

# 第二节　新闻报道

## 冀察赴日考察团　团长内定张自忠<br>并决于本月二十日后成行

1937 年 4 月 13 日《大公报》

【十二日天津电】冀察赴日考察团，决于本月廿日后成行，团长已内定由张自忠担任。张十一日乘车来津，处理市政后，拟十五日再赴平谒宋，商团员名单。闻一行共卅余人。拟在日耽搁三周左右。又日驻屯军参谋塚田十二日下午三时到市府访张自忠，有所商洽。

---

① 张廉瀛系张自忠之侄，1937 年曾随张自忠赴日考察。

② 张自忠的旅行团虽是私人游历，但并没有得到南京国民政府的允许，违犯了军人无外交的规定。

# 排除抗□[①]思想养成暴动实力
# 日图冀察表弛里紧
# 用退还庚子赔款邀知识分子赴日考察
# 利用失意军人政客联络土匪伺机暴动

1937年4月18日香港《华字日报》

十四日天津特函　冀察会近有赴日考察团之组织，团长为津市长张自忠、团员为李思浩、李文田（廿九军三十八师副师长兼津市警察局长）刘治洲、任援道、吕秀文（廿九军副军长）等十余人。预定四月廿四日东渡，往返约五星期。全团分为军事、政治、经济、实业四组，到日本后分头考察。旅费明虽由冀察会负担，实则此行纯系应华北日驻屯军部邀请，而由退还庚子赔款之一部拨充，故在冀察会本身所出无多也。张自忠定十五日赴平谒宋，决定行期与团员名单。惟李思浩奔丧返甬，期前不能赶回，或自甬直接前往，在大阪与该团会晤。此外宋（哲元）派前察会外交委员会主席委员陈中孚单独赴日，已于十四日先该团就道，在日考察约为一月至二月，侧重外交问题之活动，并一度访日政变后朝野对华北问题真正态度。外传为取消冀东、察北两伪组织而往就商。当局虽有此意，但殊未列为考察之成果也。

乃者华北盛传我对冀东、察北两伪组织将采如何解决方策之说，播弄时局，致日军部昼夜警惕，唯恐我果有此举。同时并虑其腐心致力多年之华北五省明朗化局面，有被我切崩危险，所以一方监视我军事行动与要人往来，并散播不利于我空气。若孔特使（指孔祥熙）赴英，此间日方摭拾浮言，造作谣诼，殆无所不用其极。而华北要人近来赴杭、甬谒见我最高领袖，此亦仅职务上必具之行动，讵日方亦万分嫉视，疑有何不利于彼方命令携回。华北经济提携问题月来谈判等于停顿。其所以致停顿原因，则因日方只唱高调，难成事实。龙烟铁矿、津石铁路资本迄未筹得，论理非关我不合作之事，乃日方疑心生暗鬼，反指华北当局毫无诚意。军部多数幕僚主张返回廿四年六月以后对华北强硬政策。此次张自忠等赴日考察团之发起，在军部含意，除使张等悚于日本之当强（疑富强之误）自动彻底亲日外，则欲于住冀察一部实力派头脑简单分子，根本排除其抗日反日思想，而无形中做到破裂我收拾华北计划。宋哲元本人原不主张派员东渡，惟此中有人为张自忠运筹帷幄自命不凡者，力怂恿张领导前往。迄今外间对该团虽多传述，但已不能影响该

---

① 原文空，报社不便明言，暗指日方。

团之行矣。

至于陈中孚自由冀察外交委员会退休以后，居津从未他往，其遗缺宋虽聘德耀继充，则以某方横出阻梗，致实际虽然办事，名分始终未止。有人指系陈中孚背地作祟，挑拨某方反对所致。此虽未尽可信，第空穴生风，岂能无自？月前宋委河北省府委员魏宗瀚接充斯职，亦以同样为某方不满，不允接事。宋证以前后因果，觉不“釜底抽薪”，而止“扬汤止沸”。终虽解除一节，所以藉此次冀察有赴日考察团组织，特复借重于陈，邀其为团员之一，单独赴日，授以机宜，为华北聘日专使也。

北平通讯　华北时局月来表面虽已见小康，实则汉奸暗中活动，仍未稍戢、“冀东”地区密迩平津，一般失意政客、军人多以该处为活动之根据地，大本营则在平津。郝鹏近由长春秘密到平，九日转赴通县，报告赴长春经过。系奉殷逆汝耕之命，与日关东军方面有所接洽。其内容为请伪满接济“冀东”军火，以经济提携为交换条件，以备伪组织扩军之需。且有即组“日满冀东协会”之拟议。白坚武与殷逆亦有接洽，并订立互助条约，谋共同在华北方面有所企图。殷逆且决定制造活动集团，以为侵占冀察政权之口实，更于天津日租界须磨街成立伪“中华民族防共委员会”。同时天津方面汉奸亦有所谓“中华民族睦邻会”之组织，设于日租界石山街。该会内部分设军事、政治、外交、文书、交通、总务、人事各组，由金碧辉、白坚武、李书臣分任组长，指导监视者则另有某国人。李书臣曾为吴佩孚部下师长。本月四日由津到平，与某使馆武官室秘书于联络方面有所接洽。图吸收失业青年及愚民，意存叵测，现仍逗留东交民巷中。殷逆于上月杪，亦会派旧直鲁军师长李某到津，与所谓“中华民族睦邻会”接洽，并与白坚武密商“冀东”伪组织保安队改组时参加人数问题。驻津日军司令部调查处长和虎山，将于十五日左右赴通县，调查“冀东”民团实力。更有前直鲁联军第四军长方永昌派祝德森、金碧辉在津川岛芳子宅组织伪“中华民族同盟会”。分遣爪牙前赴河南、河北各地联络土匪，意图暴动，以扰乱治安。惟“冀东”伪秘书长池宗墨则派遣心腹，与伪保安队、武装民团秘密联合，暗中谋作二次倒殷逆运动、此为汉奸等行动之概况也。

绥东察北两方面　伪军近虽尚无显著动作，实则某方仍不断的积极操纵。如增派伪军输运军火，固已有嗾使伪匪再犯之准备。包悦卿已派韩人余某在平担任谍报工作。是其意图再起，亦甚明显。当局以当此中日进行调正（整）国交与经济合作之际，政治上如“冀东、察北”之现状均为极大障碍。此种现象不消除，所谓提携，自难期其实现。闻已向日军方面迭次谈及，拟促殷逆下台，由石友三另组战区或冀东行政公署，但迄今尚无具体眉目。冀察政委会因此决组织赴日考察团，定本月二十日左右赴日观光，由津市长张自忠任团长，率领二十九军旅长、平津市府参议等十余人前往。团员除姚作宾、门致中、刘治洲、边守靖外，其余正由张氏向北平当局请示酌派中。李思浩亦有同往之意。陈中孚定十四日先行渡日，即系欲为布置一切，并同在东勾留一二月，有所接洽，俾将来中日问题得能顺利进行。致绥主席傅作义，此次来平，除料理其私务外，因察绥土壤相接。关于防务上亦曾与此间当局有所商议，以期紧密联络。

## 冀察平津国外旅行团明晨赴日本<br>一行共十七人张自忠任团长　预定在日考察一个月

1937年4月22日《益世报》

【本市消息】冀察政务委员会为考察国内外政治、军事及工商业状况，以借镜起见，特组冀察平津国内及国外两旅行团。国内旅行团日内即由平出发，赴华南各省考察，国外旅行团刻亦筹备就绪。一行共十七人，由津市长张自忠担任团长。张氏谒宋请示毕，业于昨日下午返津，摒挡一切。该团此次首先赴日，行期定为一月。本年秋拟赴欧美一行。该团全体团员于昨晚在津集合，今日整顿行装。定明（廿三）日上午八时搭车赴塘沽，换乘日轮长城丸东渡，计程本月廿六日在门司登岸，廿七日抵箱根，宿一夜。廿八日抵东京（共住八日，除会见朝野各方外，并分组考察市政、军事、航空及工商业），五月四日抵名古屋（共住三日，参观泛太平洋博览会）然后转往大阪、福冈、神户、长崎等地游览。即于月中集合返国。归途经过青岛，将耽误一二日，考察青市市政。津市各机关长官，特于昨晚六时半假市府花园后楼联合欢宴全团团员，宾主共到八十余人，至八时许尽欢而散。本市士绅华世奎等定今晚假国民饭店□饯。日驻屯军司令官田代皖一郎、日驻津总领事崛内干城、日海军大佐久保田等亦定今晚七时在日军部设宴，为该团饯行。兹悉该团内部组织计分军事、市政、工商业及航空四组。张市长并定今日下午召集全体团员训话，至张市长出国期间，津市府政务即由该府秘书长马彦翀代拆代行。兹将该体全体团员名单志左：

团员名单　团长张自忠、团员张允荣（冀保安司令）、边守靖（市政参事）、徐天鸿（市政参事）、王文典（津商会委员）、张季桓（冀察外交委员）、徐仙槎（二十九军一三二旅长）、何苣荪（二十九军三十七师旅长）、田温其（冯师旅长）[1]、黄振三（二十九军三十八师旅长）、姚作宾（惠通公司组长）、

[1] 二十九军一四三师独立二十九旅旅长，冯师指第三十七师。

刘中檀（惠通公司组长）、邓文轩（察省委员）、潘骏千（北宁路局）、张既澄（平商会委员）、卢南生（市府秘书）、翟维淇（市府秘书）。

## 张自忠等今晨离津东渡　田代崛内等昨设宴招待
## 张谈此行纯为观光性质

1937 年 4 月 23 日《华北日报》第四版

【天津今晨电话】冀察平津国外旅行团，决二十三日晨七时四十分离津赴塘沽，换乘日轮长安丸东渡。二十二日下午二时，团长张自忠在市府召集全体团员训话，六时偕赴日租界公会堂，出席田代、崛内、久保田之饯别宴。张二十二日发表书面谈话云：本人此次出国旅行，纯粹为观光性质，并未负有任何任务，盖因自己才识不足，未能造福地方，且未能适应世界潮流，以谋一切事业之改进，而达到个人应负之责任，深为憾事，因之久欲赴国外各地旅行，俾收借镜观摩之效。此次蒙冀察政务委员会允可，偕诸同人赴日旅行，即系先由邻近国家观览之意，中日两国同在东亚，风土人情大同小异。唯一则突飞猛进，一则凡百待兴，实有令吾人注意研究之必要，本人得乘此机会以广见闻，实为欣愿，中日友谊，关系东亚和平，本人自亦希望其能日渐增进也。游历之期，想无多日，返国后再向大家详细报告云。

## 冀察国外旅行团张自忠等今东渡观光
## 性质未负若何任务
## 昨晚由田代崛内联合欢宴

1937 年 4 月 23 日《益世报》

天津　冀察国外旅行团一行张自忠等十七人暨张之眷属四人，定廿三日晨八时由津搭专车赴塘沽，换乘“长安丸”东渡。市府职务由秘书长马彦翀代拆代行，已呈准冀察政委会备案。廿二日下午二时张集合各团员训话，下午六时全体应田代、崛内之联合欢宴并出席此间各名流之饯行宴会。张自忠廿二日发表讲话，据称：渠此次出国旅行，纯然观光性质，并未负有若何任务。盖因个人才识不足，未能造福地方，又未能适应世界潮流，以谋事业之改进，深为憾事。久拟赴国外各地旅行，以收观摩之效。此次蒙冀察政委会允可，偕诸同人赴日旅行，即系先由邻近国家观览之意。中日两国同在东亚，风土人情大同小异。唯一则突飞猛进，一则凡百待兴，实有令吾人注意研究之必要。本人得机一广见闻，实为欣愿，中日友谊关系东亚和平，本人亦希望其能日渐增进也云（廿二日中央电）。

1937 年 4 月 23 日《益世报》

【本市消息】日大使馆陆军副武官今井武夫，昨日下午一时，搭平榆车赴津，行前接见新闻界。据谈：日外务省课长井口来平，系考察性质，二十四日即离平。张市长等已于今晨（即昨晨）启行东渡，除由日顾问笠井随行，作向导外，津日驻屯军部，并派塚田中佐同行，负沿途招待之责云。

## 张自忠等已抵东京　谓访日在增进中日了解认识

1937 年 4 月 29 日《益世报》

【天津通讯】津市府接张自忠由日电告，渠率冀察国外旅行团，于二十八日抵东京，寓帝国大旅馆，对日本新闻记者发表书面谈话，略谓："鄙人偕诸同人前来贵国观光，甚为欣幸，实以贵国事业，一切皆突飞猛进，久已景慕钦佩，而日华两国同在东亚，相关至切，两国朝野，实有相互了解，彻底认识之必要。鄙人等前来贵国游历，一来乘此机会，求广见闻；一则希望能增进双方之了解与认识，或于中日亲善，东亚和平，不无裨益。尚望贵国人士，不吝指教，是所企幸"云。

## 日天长节昨盛大庆祝　日皇亲临阅兵<br>陆空两军参加分列式

1937 年 4 月 30 日《北平晨报》第四版

【东京二十九日同盟电】祝贺圣寿满三十六岁之诞辰之天长节大阅兵式，二十九日晨盛大举行。此晨，大元帅陛下御陆军样式大元帅正装，英姿飒爽。午前八时三十五分离宫城，同五十七分临式场，于国歌奏阅里（礼）。日皇一度入便殿赐见先到之各宫殿下，东久迩诸兵指挥官宫井，各国务大臣，各国大公使等。九时二分乘爱马白雪，由侍从武官先导各宫殿下，宇佐美侍从武官，杉山陆相以下各将星，外国武官等扈从，肃肃进马，躬亲阅览部队之伟容。如是九时二十三分，日皇陛下再驻马王座之前，随庄重阅兵式行进曲，勇壮分列行进开始，陛下一一赐举手之答礼。九时五十八分，自南东天空之一角，以德川航空兵团长之司令机居先头，陆军新锐七十五机以扇面形队形向式场上空飞来，银翼辉耀晴空，行整然之空中分列，呈伟观。十时十分告终，陛下十五分离式场还幸宫城。

## 张自忠等将提前回国

1937 年 5 月 16 日《中央日报》

【中央社天津十五日电】张自忠顷有雷到津，谓现在名古屋考察，将提前回国，预计本月底可返津。

## 张自忠等昨归抵青岛　拒见记者悄然登陆

1937 年 5 月 27 日《中央日报》

【中央社青岛廿六日电】冀察政务委员会赴日考察团张自忠等一行，廿六日晨九时许乘“泰山丸”由日抵青，沈鸿烈、邓哲熙等均到码头欢迎。该团拒见记者，未发表任何谈话。闻日内即行离青返平。

## 张自忠等昨抵济　定今晚北上返津
## 据谈“赴日观光印象甚佳”

1937 年 5 月 28 日《大公报》

【本报济南二十七日上午十一时专电】津市长张自忠率领冀察旅行团全体团员十七人，连同眷属及随员共二十二人，于四月二十三日离津赴日考察，本月二十六日晨返抵青岛，二十六日晚离青，二十七日晨由青到济，下榻津浦宾馆。韩复榘及各界领袖，均设宴为张等洗尘，一行定二十八日晚车返津。据张自忠对记者谈：此次赴日观光，印象甚佳，日本工业甚进步。而纺织业与航空工业，进步尤速。余久慕山东青岛政绩，故趁由日返国之便，绕道参观，承各方热诚招待，实愧不敢当。

## 张自忠抵济南　定今晚搭车返津

1937 年 5 月 28 日《益世报》

【济南二十七日下午十时本报专电】冀察赴日考察团团长张自忠等一行，由日返国。于昨晚离青岛西来，今晨六时十五分专车到济。到站欢迎者有鲁省府主席韩复榘、高等顾问闻承烈、过之纲、秘书长张绍堂、民政厅长李树春、济南市长任居建等。张等下车后与欢迎者略道寒暄，即与韩等分乘汽车到铁路宾馆休息，同进早餐。韩于上午十时在省府设宴为张自忠等洗尘。午前张等游览名胜，晚应省政府高法院公宴。张氏原定二十七日夜即专车返津，因韩主席及各界挽留改定二十八日夜北返。记者访张氏于铁路宾馆，当承接见，并发表书面谈话如下：

张氏谈话

本人此次蒙冀察政委会宋委员长之允许，赴日本游历，因职务关系不便作长时间之视察，所以在日本各地略作一旅行即行返国。所到者为东京、西京、大阪、神户、日光、箱根、别府、博多、奈良、名古屋等处，其中惟东京、大阪两处因参观工业停留之日较多。在一般看来，日本工业确有一种努力求进精神，尤其是纺织工业与航空工业进步更速，市政与军事方面，此次亦略为视察。此外在东京、大阪各处与日方军政实业界要人晤面，亦仅系普通酬酢。本人因韩主席系旧长官，阔别多时又久慕山东青岛政绩，故此次于归国之时绕道一游，日内即行返津。

## 张自忠等昨到平　昨晨过津谈赴日考察经过<br>据谓不拟赴乐陵谒宋哲元

1937年5月30日《世界日报》

【天津二十九日下午七时电话】冀察赴日旅行团赴日张自忠等十六人，今晨七时四十五分，由济南专车抵津，冀高等法院长邓哲熙、警务处长李炘同车来津。马彦翀、刘家鸾及各机关领袖暨日领西田等共五百余人到站欢迎。张下车即赴市府休息。旋接见记者，发表谈话。下午三时四十五分，张氏偕邓哲熙、李炘离津赴平向冀察政委会报告赴日经过。据张谈：本人此次率游历团赴日考察，连同知识青年驼行程，为期共只三十五日，就中惟在东京、大阪两处，因视察各大工厂停留较久，此外在西京、神户、名古屋等处，均未多停日。日本工商业近年来确有长足之进展，尤其是纺织工业与航空工业进步更速。关于军事与市政，此次已略为参观，惜均因时间关系，未能详细考察。至所得考察材料，拟整理后，供各界研究。再次在东京、大阪两处，会与日本军政实业界要人晤谈，但亦只系普通酬酢。返国时，因为慕鲁省政绩，故便道过鲁并访晤沈市长、韩主席云。

【本市消息】津市长张自忠上月二十三日率领冀察赴日旅行团，由津启程赴日参观，在日本共历一月零四天，于本月二十六离日返抵青岛，二十七日到济。昨晨七时四十五分专车抵津，下午三时四十五分复偕张允荣、邓哲熙、李炘等乘车离津，六时四十五分抵平。秦德纯及日军特务察长松井太久郎、日使馆代办加藤传次郎等多到站欢迎。记者分晤张、邓、李等，志各人所议如次。

郑谈

余等赴日参观经过，今晨（即昨晨）已在津发表书面谈话，来平系访晤好友，留二三日即返津，销假视事，不拟赴乐陵谒宋委员长云。

邓谈

本人于上月十八日与李处长（炘）由平赴济，与韩主席会晤，勾留数日，即赴青岛迎接张市长。宋委员长何日返平，予未得知，外传将赴保说，亦不悉云。

## 第三节　张自忠跌入日本陷阱

### 一、日本对张自忠的利诱

1936 年 6 月 18 日，二十九军三十八师师长兼察哈尔省主席张自忠被国民政府任命为天津市长，25 日到任，三十八师随行移驻天津。由于历年来的不平等条约，天津已设有英、法、日、意四国租界地，另有三个特别行政区（原属德、美、俄三国），天津市政府所管辖的“中国地”只有一小块，特别是《辛丑条约》对中国驻军的限制，三十八师各部队只能分驻天津附近的塘沽、汉沽、廊坊、小站、东大沽、马厂、韩家墅、大直沽八个地区。

**1937 年 2 月，冀察政务委员会部分委员与日军将领合影。前排左四为天津市长张自忠。二排左四为王揖唐，左五为曹汝霖（引自《旧中国大博览》下册）**

张自忠出任天津市长后，为应付十里洋场的复杂局面，便笼络了一些辅政能手，如齐燮元、张璧、张允荣、边守靖、潘毓桂、齐协民、马彦翀，并与之过从甚密。正是通过这些亲日人物的密报，天津的日本特务机关掌握了张自忠日常的思想和言论，遂决定以张自忠为二十九军高级将领的突破口。于是，日本先以经济“合作”为名，请张自忠担任在天津开办的两个日本独资公司的董事长。

这两个日资公司，一个是天津电业股份有限公司。当时的天津经济基本属于殖民地性质，各租界地都有自己的发电所，用电由自己的发电所供应，一般的工业都依附于租界地之内的发电所而存在。由于社会发展，各国租界地呈供电不足现象。自日本侵吞东北之后，华北形势岌岌可危，以至欧美各国持观望态度而对华投资放缓，唯独日本急需中国资源，尤其是日资在天津收并了几个民族资本纺纱厂，变成了日本独资纺纱厂，更使其电力供应呈不足趋势，急需垄断华北电业。于是兴中公司（日本“满铁”公司的子公司）在华北大量开展业务，除了成立运输公司专司将华北各地的煤、铁、盐、棉花运至日本外，还染指华北电气事业，建立了天津电业股份有限公司，这是日本企图独控华北经济命脉的一个重要措施，而这些需要冀察政权的支持。前任天津市长萧振瀛在任时就接到日本提出的合办电力的要求，萧考虑到影响电力主权问题而拒绝了。张自忠任市长仅两个月后就出任了该公司董事长，其手下的几个亲信也都被安排到该公司任职，如市政府秘书长马彦翀为常务董事、市府参事边守靖为董事，而副董事长是日本人石井成一，该公司名义上是中日合办，实际上是满铁电气会社独家投资800万元，中方仅以电力权合股入伙。

另外一个是惠通航空公司。该公司是以“搞华北的航空事业”为名义的中日合办的航空公司。由中方出土地建机场，日方出飞机、飞行员及其他一切技术人员，经由张允荣①和日方策划筹办。张自忠于1937年1月18日接任惠通航空公司董事长，原董事长张允荣改任副董事长。开始讲的是办民航，开张三天日方就开着军用飞机在华北上空任意飞行。张允荣以不上班抗议，日方根本不理，因为从经理到机械师，甚至机场的扫地工都是日本人。② 宋哲元得知日本大量购买土地事实后，曾正式下令禁止农民出售土地给外国人，但惠通航空公司有张自忠的批件，结果在冀察政权范围内共开辟了七个飞机场：天津东局子、北仓③、塘沽④、北平南苑、北平丰台赵家村飞机场⑤、廊坊⑥和通县飞机场⑦；七七事变后这些飞机场成了轰炸平津的基地。

---

① 张允荣是张自忠的把兄弟。

② 1936年11月1日《申报周刊》第1卷第43期。

③ 《日在北仓强筑机场》，秦孝仪主编：《卢沟桥事变史料》（下册），台湾中央文物供应社1986年版，第124页。

④ 《塘沽日机场筑成》，1937年7月19日上海《大公报》。

⑤ 秦孝仪主编：《卢沟桥事变史料》（上册），台湾中央文物供应社1986年版，第170—171页。

⑥ 秦孝仪主编：《卢沟桥事变史料》（下册），台湾中央文物供应社1986年版，第124页。

⑦ 洪大中：《挥泪告别卢沟桥》，选自《七七事变》，中国文史出版社1986年版，第32页。

## 二、率团访日

日本侵占东北建立伪满洲国之后，接着又策划华北五省（冀、察、鲁、晋、绥远）、三市（北平、天津、青岛）“自治”的阴谋，以脱离统一的南京国民政府。日本先前曾邀请过宋哲元访日而遭拒绝，便企图把二十九军的二级将领拉出以实现“华北自治”①。而将目标转向张自忠是因为他在二十九军中地位重要，所部三十八师坚强有力。齐燮元对张自忠转达了日方扩大冀察特殊政权，争取晋、鲁各自独立，组织一个华北自治政府，纳入日本军国主义统治之下的要求，此阴谋从曾任天津市政府的外事科长潘玉书的回忆中完全可以证实②，于是就有了后来的张自忠访日之行。

访日团长张自忠

支那駐屯軍參謀部附　陸軍航空中佐　塚田理喜智
冀察軍事顧問　陸軍砲兵少佐　笠井半藏
惠通公司　董事　德留清
濟南東魯學校　校長　豐田神尚
北平陸軍機關　團軍翻譯生　愛澤誠
惠通公司　職員　竹下直助

根据日本亚洲历史资料中心陆军省《华北赴日参观团旅行计划》档案资料

对于张自忠访日，秦德纯回忆：“日方于二十六年春，坚约张将军赴日参观，因此张将军便成为了众矢之的”③；在 1937 年 4 月 13 日的天津《大公报》刊登一则新闻，大标题是“冀察赴日考察团，团长内定张自忠，并决于本月二十日后成行”，小字内容有这样一句“又日驻屯军参谋塚田十二日下午三时到市府访张自忠有所商洽”，另据《中央周报》透露：“（日本）军部之意，除使张自忠等悚于日本富强，自动彻底亲日外，则欲拉住冀察实力派头脑简单分子，根本排除其抗日反日的思想，而无形中做到破坏我收拾华北计划。宋哲元本人原不主张派员东渡，惟此中有人为张自忠运筹帷幄自命不凡者，激励怂恿张领导前往，迄今外间对该团多所传述，但已

① 董升堂：《张自忠将军生平概述》，选自《抗日名将张自忠》，中国文史出版社 1987 年版，第 14 页。

② 《天津文史资料选辑》第 21 辑，天津人民出版社 1982 年版，第 94 页。

③ 秦德纯：《秦德纯回忆录》，台湾传记文学出版社 1967 年版，第 187 页。

不能影响该团之行矣！”[①] 在这样的背景下日本邀请张自忠到日本去看看，“是可以理解的事，宋哲元只是迫于情势，不好不同意而已”[②]。

（一）访日团名称及成员

赴日访问团原定名是“冀察平津赴日考察团”，日方内定张自忠为团长，这也是代表华北的政治势力，但当张自忠到北平和宋哲元商量团员名单时，冀、察、平的领导（河北省主席冯治安，河北省保安司令赵登禹，察哈尔省主席刘汝明，北平市长秦德纯）都拒绝参加，最后到成行时，报纸登的是“冀察旅行团”，而日本陆军省所留档案资料则称之为“张自忠访日参观团”[③]。

**张自忠访日乘坐的日本“长安丸”号游轮，引自1937年4月27日天津《大公报》**

访日团的成员，日方原期望的华北政要四分之三领导不到位，二十九军仅是四个师中每师出一旅长，而其中只有团长张自忠有较高的政治身份（日本陆军省给他登记的5个职衔是：三十八师师长、天津市长、惠通航空公司董事长、冀察政务委员会委员，然后是陆军中将张自忠），副团长张允荣则登记的是前河北省保安司令、前惠通航空公司董事长。总之每人的职务军衔都很详细，名单中除张允荣、边守靖是张自忠的把兄弟，中日合作的受益人之外，还有一人名潘骏千，是张自忠把兄弟潘毓桂之子，是刚由日本留学归来的医生，专为吸鸦片的团员打吗啡针。其他成员是天津市政府及工商界19人，张自忠的儿女（张廉珍、张廉云）及侄子、侄女（张廉瀛、张廉瑜），张允荣的女儿张小敏都一同赴日旅行，另有6位秘密随团的日本人名单，一名是支那驻屯军参谋部副陆军中佐塚田（他就是4月12日到天津市政府通知张自忠被内定为团长的人），有两人是惠通航空公司的，另3人则是由济南和北平随行的“中国通”，专门负责在整个行程中掌握了解每名成员的思想言行，以便更好地控制他们。从这份访日随行人员名单来看，张自忠率团访日，完

① 《冀察派员赴日考察》，1937年4月19日《中央周报》第463期。

② 李云汉：《卢沟桥事变》，台湾东大图书股份有限公司1987年版，第275页。

③ 根据日本亚洲历史资料中心陆军省《华北赴日参观团旅行计划》档案资料。

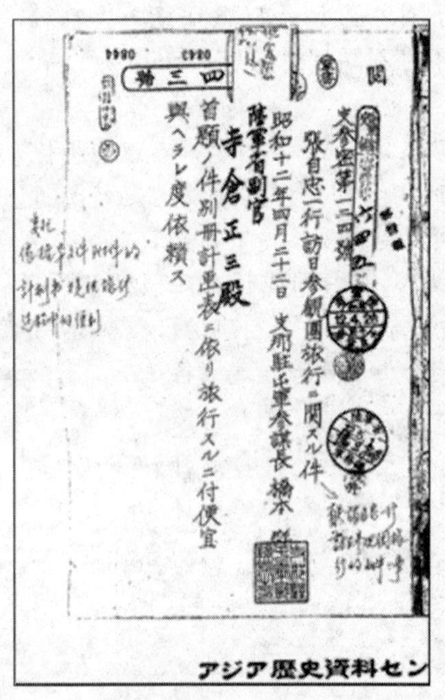

支参密第一二四號

張自忠一行訪日参観團旅行ニ関スル件

昭和十二年四月二十二日　支那駐屯軍参謀長　橋本群

陸軍省副官　寺倉正三殿

首題ノ件別冊計画表ニ依リ旅行スルニ付便宜與ヘラレ度依頼ス

アジア歴史資料セン

张自忠访日参观团的档案材料之一，复印自日本东京防卫厅保管的亚洲历史资料

全是日本陆军省精心策划的。

（二）访日行程及经费

张自忠于 4 月 15 日上、下午分别向宋哲元和英国领事请假，预定出访时间为 3 周，但实际是 5 周（4 月 23 日—5 月 26 日）。从日本陆军省的日程计划分析，此次行程早已安排得满满的。

据统计，张自忠访日团 20 余人一个多月之行经费支出达几十万银元（当时两元钱能买一袋洋白面），此经费何来？据《中央周报》和《华字日报》可悉：“旅费明虽由冀察政务委员会负担，实则此行纯系华北日驻屯军司令部的约请，而由退还庚子赔款之一部拨充用费，冀察政委会则所出无多”①，“排除抗日思想，养成暴动实力、日图冀察表弛里紧，用退还庚子赔款邀知识分子赴日考察，利用失意军人政客联络土匪伺机暴动”②，而日本用庚子赔款的专款收买或扶植汉奸（美国用中国的庚子赔款筹建了后来的清华大学）。

驻津美国总领事嘉威乐夫人（右三）首次拜会市长张自忠夫人（右二），由天津领事团首席总领事官比利时总领事施爱尔夫人（左一），市府第三科长潘玉书夫人（右一）陪同款待。（引自 1937 年 5 月 22 日《北洋画报》）

---

① 《冀察派员赴日考察》，1937 年 4 月 19 日《中央周报》第 463 期。

② 1937 年 4 月 18 日香港《华字日报》。

### （三）在日本的主要政治活动

张自忠抵日后受到“国宾”待遇：他们乘的轮船“长安丸”（亦说“长城丸”）号虽然不是太大（2000多吨），但它是清朝慈禧太后和光绪皇帝坐过的豪华游轮。从招待规格看，日方对张的招待超过了一个月前代表中国政府访日的外交部长张群。更为突出的是，日方安排了超出张自忠身份的天长节上“觐见天皇”（天长节是日本天皇的生日），目的是提高张自忠的政治地位。

此外，此次访日张自忠还受到陆军大臣杉山元的宴请并与之合影，张自忠全家和杉山元的合影照片成为陆军省炫耀一时的光彩。①

这次张自忠率团访日的活动，不仅受到蒋介石和国民政府各方面的关注与责难，而且英美驻华使节也十分关注。张自忠是一个军人，按国家规定军人不许从事外交活动，况且冀察政委会是地方政府，根本没有外交权。日本对张自忠招待规格越高，冀察政委会的走向也就越引起人们的怀疑，国内对张自忠的责骂声更是满天飞。

## 三、访日归来

张自忠5月26日由青岛下船，宋哲元特派两员（李炘与邓哲熙）去迎他到乐陵（在张自忠赴日后，宋哲元为躲避日军纠缠，以扫墓为名回故乡乐陵，指定冯治安代位二十九军军长，由秦德纯负责对日谈判）共商军事，然而张却去了济南，他对记者发表谈话，除了介绍日本工业、军事发达外还说了到济南的原因，“本人因韩主席系旧长官，阔别多时又久慕山东青岛政绩故此次于归国之时，绕道一游，日内即行返津”②，对于宋哲元和他访日的关系只说了一句“本人此次蒙冀察政委会宋委员长之允许赴日本游历……”

关于此次张自忠访日，戈定远③曾著文指出：“二十九军的军部，设在北平的南苑，冯治安的一师，驻在北平附近一带，宋哲元有时去天津（宋的母亲住天津），就叫冯代理军长，这也是使张自忠不快的原因之一。因为张总是认定自己是‘二头儿’，军长应当由他来代理，现在宋叫冯代理，看来还是嫡系吃香，因而大为不满。后来宋又把河北省的主席让给冯治安，张更不高兴，因为在冀察的两省、两市范围内，河北省的位置似乎居于首位，张当时任天津市长，天津虽然重要，但是地面小，不能和河北省比，从此张对宋更加不满了。

---

① 张勃川：《对张自忠将军的赴日考察团的回忆》，选自《抗日名将张自忠》，中国文史出版社1987年版，第90页。

② 1937年5月28日《益世报》。

③ 戈定远曾长期任二十九军秘书长，后任冀察政委会秘书长，其所著《二十九军和冀察政权》一文发表于1960年《全国文史资料选辑》第1辑。

“天津有日本租界，是华北汉奸政客和下台军阀集中之地，这些人想捧张自忠弄点好处。特别是汉奸们知道宋哲元不得日军的欢心，他们就凭借日本人的势力，包围张自忠，要抬他起来和日本人更妥协地办事。当时张虽有代宋之意，而力量不够，宋还有其他几个师长的拥护，他一个人推不倒宋。汉奸们如潘毓桂（曾任伪政权的天津市长，日本投降后被逮捕入狱）、张璧（已死）、齐燮元（汉奸，已处决）等等，和张的左右亲信互相勾结，打算仿照曹锟、吴佩孚的办法（曹当巡阅使时，诸事不大过问，全由吴佩孚主持，曹不过当傀儡而已），叫宋在名义上当冀察的负责人，而实际上由张自忠主持一切，总揽大权。他们曾经将此办法，由齐燮元、张璧借端向宋试探，宋置之不理。同时，张自忠也知道宋的个性刚强，不是甘于当傀儡的人，因而不敢贸然从事。但张不甘心久居宋下，他明白当时的南京国民政府管不了宋，只有日本人，宋才有所顾忌，于是他便坠入汉奸的奸计，加紧和日本人联系，并应日本的邀请组织赴日参观团，由张自忠任团长，到日本参观，拜访日本当局。因此，当时天津亲日的空气异常浓厚，特别是在七七事变前几个月，那时张自忠已成为日军心目中的华北中心人物了。”①

七七事变后，日方与秦德纯、冯治安交涉，因他二人态度强硬便甩开秦、冯二人直接到北平张允荣家找张自忠。② 张自忠访日归来后，对日的态度发生了很大的变化，在《民国档案》1987 年第三期《卢沟桥事件第十六次会报》中对张自忠访日归来有这样的评价：“似害有二种病，即①因日人给以许多新式武器之参观，以至畏日。②因日人对其优待而亲日。”这些论断，说明日方使用中国的庚子赔款对张自忠产生了效应，二十九军领导层开始分裂为主战、主和两派，张自忠以三十八师为后盾，成了主和派的中坚。

宋哲元天津寓所

## 四、谈判期间

七七事变爆发后，张自忠、张允荣参与对日谈判。宋哲元于 7 月 11 日抵津，张自忠于 14 日亦返津，15 日宋哲元在寓所召开了高级将领会议。从会议的参加者军政部参谋严宽给部长何应钦的电报看③，这次会议是冯治安主战，

---

① 戈定远：《二十九军和冀察政权》，选自《文史资料选辑》第 1 辑，中华书局 1960 年版，第 43—44 页。
② 〔日〕《今井武夫回忆录》，上海译文出版社 1978 年版，第 40 页。
③ 秦孝仪主编：《卢沟桥事变史料》（上册），台湾中央文物供应社 1986 年版，第 145 页。

张自忠主和，两种对立观点十分明确。其中马彦翀（天津市政府秘书长）、陈觉生（时任北宁铁路局长，此二人都是张自忠的把兄弟）甚至提出单独与日媾和主张，以致会议不欢而散。宋哲元看出情况复杂，便于次日（16日）签署战字第一号作战命令[①]，任命冯治安为北平地区总指挥。冯携此命令至北平，派专人呈报军政部（蒋介石在此命令上有批字）。蒋介石此时已由情报中得知宋在津被四大金刚（即齐燮元、张自忠、张允荣和陈觉生）[②]包围，生命恐有危险，立即通知二十九军驻南京办事处主任李世军转告宋哲元警惕。[③] 17日蒋介石发表庐山讲话[④]，特别指出"冀察行政组织不容任何不合法之改变，中央政府所派地方官吏如冀察政务委员会委员长宋哲元等不能任人要求撤换"。宋哲元接李世军密电后，决定设法由津脱身，18日与张自忠共同会见香月清司，态度和缓。19日上午7时30分宋哲元离津赴平，火车经过杨村后，有炸弹引爆，企图炸死宋哲元，但因时间错过五分钟，未能得逞；对于此次爆炸案，事后经宛平县县长王冷斋实地调查，系为日本军方所为。

## 五、秘密签约

在宋哲元离津16小时之后，张自忠、张允荣于7月19日深夜23时找到天津日本驻屯军司令部拜访参谋长桥本群，直谈至次日凌晨3时，在日本拟定的《停战协定第三项暂文》七条内容签了字，并双方约定对外不发表，所以宋哲元、秦德纯以及国民政府都不知有此秘密协定。抗日战争胜利后日本作为战败国被迫档案公开，人们才知有此协定[⑤]。

实际上，在此之前7月19日下午2时40分南京国民政府外交部代表董道宁已经对日提出公告。[⑥]

张自忠作为二十九军三十八师师长兼天津市市长，于1937年7月25日去北平开会不归而策划和谈。宋哲元于28日晚被迫退出北平，随之而去的还有秦德纯、冯治安以及张维藩和北平警察局长陈继淹。张自忠于29日担任了冀察政务委员会的代委员长，北平代市长、冀察绥靖代主任（未经国民政府

---

① 秦孝仪主编：《卢沟桥事变史料》（上册），台湾中央文物供应社1986年版，第148页。

② 《卢沟桥事件第四次会报》，选自《民国档案》1987年第2期。

③ 李世军：《宋哲元和蒋介石关系的始末》，选自《江苏文史资料选辑》第4辑，江苏人民出版社1980年版，第137页。

④ 秦孝仪主编：《卢沟桥事变史料》（上册），台湾中央文物供应社1986年版，第1页。

⑤ 此协定史称《香月细目》，内容详见本书"有关七七事变的新闻、密电、回忆录"中"停战协定第三项暂文"资料。

⑥ 此公告内容详见"有关七七事变的新闻、密电、回忆录"中"国民政府外交部代表董道宁拒绝对日要求"资料。

批准）。张上台后坚持单独与日媾和的主张，首先会见了日本驻北平特务机关长松井太久郎，答应大开城门，[①] 以示和平；后打电话给香月清司报告自己已经代宋掌握平津政权；[②] 同时致电军事委员会派驻保定办事处，告知自己已经负责平津军政。[③] 这三个代理一共干了六天（7 月 29 日—8 月 3 日），期间改组了冀察政务委员会，重组冀察领导班子，任命了潘毓桂为北平市警察局长，又任命了天津市长及警察局长。此时，天津的副师长李文田接到宋哲元军长下达的二十九军抵抗令，知道战争不可避免，于是在他的天津寓所召集了分驻各地的三十八师旅团长开会，同时还请了天津保安司令刘家鸾、天津市秘书长马彦翀，大家一致同意作战。在找不到张师长的情况下，大家推举副师长李文田为总指挥、刘家鸾[④]为副总指挥，领导了天津抗战[⑤]。天津抗战使刚担任冀察政务委员会委员长的张自忠处于尴尬地位。另外，张自忠将留平的阮玄武旅、石振纲旅改编成保安队，结果阮旅 6000 精兵大部投降，石旅全部撤出北平，投奔张家口的一四三师师长刘汝明，致使北平城内没有了二十九军，成为一座不设防的空城。8 月 4 日上午，5000 日军举行入城式[⑥]，浩浩荡荡开入北平城，所以 3 日下午张自忠就躲起来了，6 日他登报声明辞去三个代理，躲进德国医院，后经人协助，只身化装逃出北平，由天津逃至济南。日本瓦解二十九军的目的已达到，就踢开张自忠，将平津和冀察直接控制起来，成为向中国内地侵略的后方。[⑦]

张自忠逃到济南后，蒋介石下令将其押解南京，后又发布《国民政府公报 2479 号》颁布国民政府命令："兹据军事委员会呈称：天津市长兼陆军第三十八师师长张自忠放弃责任，迭失守地，着撤职查办……以振纲纪而儆效尤。"张自忠是 1928 年天津设市以来的第 12 任市长，是唯一一位被撤职的市长。

（作者：李惠兰、韩明）

---

① 《张自忠接见松井后北平城门大开》，1937 年 7 月 29 日《大美晚报》。

② 香月清司著，孙祥澍译：《香月清司手记》，《近代史资料》，中国社会科学出版社 1994 年版，第 82 页。

③ 1937 年 7 月 31 日上海《大公报》第三版。

④ 刘家鸾部是由东北军将领于学忠托宋哲元留下的，仍驻防在天津的一支东北军，该军三千人，装备精良。

⑤ 详见本书《平津陷落前的最后一战》一文。

⑥ 上海《申报》、北平《晨报》、英国《泰晤士报》在 8 月 5 日均有报道。

⑦ 戈定远：《二十九军和冀察政权》，选自《全国文史资料选辑》第 1 辑，中华书局 1960 年版，第 44 页。

# 第三章 七七事变

## 第一节 日志（1937年7月7日—27日）

**7月9日 雨**

1. 戌时，宋哲元于山东乐陵致电蒋介石，谓不丧权、不失土。

2. 晚7时左右，张自忠给三十七师何基沣旅长打电话询问前方战况，不同意主动出击，张无法说服何旅长，遂通过军部严令“只许抵抗，不许出击”，反击行动流产。

**7月10日 雨**

1. 午时，秦德纯致电钱大钧请转令北上部队暂缓前进。

2. 午后4时，张允荣作为张自忠代表与松井太久郎谈判近三小时。

**7月11日 雨**

1. 晚6点半，宋哲元由山东乐陵抵津。

2. 晚8时，张自忠、张允荣与日方松井太久郎在北平签订停战协定三项。

**7月12日**

1. 午后，宋哲元发表书面谈话。

2. 军政部参事严宽向何应钦发密电汇报冀察政府与日方谈判。

3. 蒋介石得知宋哲元已到天津，提醒他不宜驻津，应速往保定。

4. 深夜亥时，军政部部长何应钦恐宋哲元在天津有生命安全问题，促其赴保定。

**7月13日**

宋哲元态度极坚决。

**7月14日**

1. 午时，宋哲元向蒋介石请示是否可以放弃天津电，晚戌时回复，绝不可放弃。

2. 午后2点半，张自忠由平乘专车到津。卢沟桥事变和谈从北平转至天津。

3. 军政部参事严宽呈何应钦密电，报告外交工作仍在进行。

4. 晚9时，南京召开有关卢沟桥事件后第四次会议。

5. 夜亥时，参谋次长熊斌呈蒋介石电，报告冀察当局未完全明白中央抗战决心。

**7 月 15 日**

在天津宋哲元私寓会议上，张自忠公开表示主和，冯治安等主战。

**7 月 16 日**

宋哲元单独向冯治安下达作战命令。

**7 月 17 日**

1. 上午，蒋介石发表庐山讲话。

2. 午时，宋哲元祭吊病故的日华北驻屯军司令田代皖一郎。

3. 宋哲元派陈中孚协助张自忠、张允荣折冲。

4. 午后申时，宋哲元向庐山蒋介石发密电，报告以中央意旨处理一切，不丧权辱国。

**7 月 18 日**

1. 参谋次长熊斌向何应钦汇报，宋哲元生命有危险。

2. 宋哲元拜会新任华北驻屯军司令香月清司。

**7 月 19 日**

1. 晨 7 点 30 分宋搭乘列车离津返平，列车于 8 点 30 分路过杨村车站，突遭炸弹袭击，幸未遇难。

2. 午后 14 点 40 分，国民政府外交部拒绝日方无理要求。

3. 夜 23 时，张自忠与张允荣在天津与日本驻屯军参谋长桥本群秘密签订协定（史称《香月细目》），出卖了三十七师弟兄。

**7 月 20 日**

晨，宋哲元发表书面讲话，谓本人向主和平。

**7 月 23 日**

晨，张自忠发表讲话。

**7 月 24 日**

宋哲元呈蒋介石密电请示北上增援各部队暂缓前进。

**7 月 25 日**

1. 晨 5 时，宋哲元南苑阅兵。

2. 午后 4 时许，张自忠由津到平开会。

3. 午后 4 时许，日军首先挑衅，以修理电话线为名修筑工事，欲占领廊坊车站，第三十八师刘振三旅崔振伦团被迫开火。

**7 月 26 日**

1. 廊坊车站，中日两军激战。

2. 凌晨，因廊坊事件张自忠电天津李文田，下令向日方交涉，停止进攻。

并亲自会晤日本驻平特务机关长松井，无结果。

3. 午后3时半，香月清司致宋哲元最后通牒。

4. 傍晚7时，约500日军企图强行入广安门，与我军冲突，爆发广安门事件。

5. 晚9时，南京召开卢沟桥事件后第十六次会议。

**7月27日**

1. 凌晨3时，联合兵种两千日军向通州（县）傅鸿恩营进攻，战斗异常激烈。

2. 晨8时，日步兵、骑兵约四百向小汤山商镇夏营攻击，同时飞机轰炸。

3. 辰时，宋哲元报告蒋介石决心固守北平。

4. 午后3时，日步兵、骑兵约四百①、坦克数辆向我团河驻军猛攻。

5. 宋哲元发出自卫守土通电。

6. 午时，宋哲元呈请中央电，速派大军北上支持。

7. 晚酉时，蒋介石密电宋哲元，指示固守北平三天，中央派部队北上增援。

8. 晚戌时，军政部参事严宽电何应钦告和平已绝望，二十九军决心与城共存亡。

9. 宋派代表到京，张自忠在北平。

## 第二节　当事人或亲历者的回忆

### 七七卢沟桥事变经过

秦德纯

七七事变前日本侵略的阴谋

日本军阀于民国26年7月7日夜，借口日军在卢沟桥附近演习之一中队，在整队回防时，突被驻卢沟桥廿九军部队射击，因而走失士兵一名，指被廿九军官兵劫持进入卢沟桥城②，要求率队入城检查。经我方峻拒后。至翌日拂晓前日方调集其丰台驻军，向我卢沟桥城进犯；我方为维护领土完整及主权独立遂奋起应战，掀起中日全面战争之序幕。

此一持续八年之久的战争，表面上虽导源于一偶发事件，实质上，日人

---

① 冯治安与秦德纯密电一说为两千。

② 即宛平县城，现该县行政区已撤销，归北京市丰台区管辖。

秦德纯

早已处心积虑，进行侵略阴谋。溯自日本明治维新后，接受西方科学文明，革新内政，发展工业，军事装备趋于现代化，国势蒸蒸日上。嗣经日俄、中日两次战争胜利，日本武人，骄纵跋扈，不可一世，遂积极向外扩张。其侵略目标，一为北进占据满蒙，以阻遏苏俄之东进与南下；一为南进征服中国以驱除欧美势力于中国及亚洲之外，完成亚洲为亚洲人之亚洲，实际上即为日本人之亚洲，藉以称霸世界。但无论日本之北进或南进，均以进占满蒙及中国大陆为第一步骤。

民国20年9月18日，是日本侵略我国的行动开始，侵占我东北辽、吉、黑三省。21年进据热河省，22年春又挥兵南下，进窥我长城沿线之古北口、喜峰口、冷口各要隘。在以上各地激战近三个月，经谈判于是年5月30日中日双方签订所谓塘沽协定。此时我平津及华北察、绥、晋、冀、鲁各省已陷于岌岌可危之势。

### 蒋委员长授命忍辱负重

24年秋夏之交，作者奉蒋委员长自庐山来电嘱令前往，遵即遄赴庐山，报告华北态势，并请示机宜。当时奉蒋委员长指示：“日本是实行侵略的国家，其侵略目标，现在华北，但我国统一未久，国防准备尚未完成，未便即时与日本全面作战，因此拟将维持华北责任，交由宋明轩（即宋哲元）军长负责。务须忍辱负重，委曲求全，以便中央迅速完成国防。将来宋军长在北方维持的时间越久，即对国家之贡献愈大。只要在不妨碍国家主权领土完整大原则下，妥密应付，中央定予支持。此事仅可密告宋军长，勿向任何人道及为要。”旋即返报宋将军，缜密进行，之后与日方表面上之酬酢往还，较前增多。此时国内外人士不明真相，本爱国爱友之心情，函电纷驰，责难颇多，既不能向其说明真相，只有苦心孤诣，忍辱求全，以待事实之证明。主持其事者的精神痛苦确达极点。

经过一年余之艰苦折冲，我中央正在完成统一，充实国防，一本和平未到绝望时期，决不轻言放弃和平之旨，尽量虚与委蛇。因将北平军事委员分会撤销，何应钦将军调回南京，并将中央之黄杰、关麟徵两师调离平津，另调驻察哈尔境，宋哲元将军移防平津，并任命宋将军为冀察政务委员会委员长，兼北平绥靖主任。日方又肆其挑拨离间之手段，极尽威胁利诱之能事，以分化我中央与地方之团结，希望不费一兵一卒造成华北特殊化之地位，使在形式上虽隶属中央，而实际则完全受日方之操纵指使。迭经交涉，其和平侵占之狡计迄未得逞。其不得不以武力侵占之企图，已箭在弦上，待机发动。

七七前夕华北之军政态势

在七七事变前约两年的时间内，宋哲元将军以第廿九军军长兼冀察政务委员会委员长及北平绥靖主任，所有冀察两省平津两市之政务及驻军统归宋将军节制指挥。当时因军政关系密切，所以行政长官多由军事首长兼任，如河北省政府主席由冯师长治安兼任；察哈尔省政府主席由刘汝明师长兼任；天津市长曾一度由萧振瀛担任，后由张自忠师长兼任；北平市长由作者兼任，时作者为廿九军副军长。事变前由于日阀之蛮横压迫，无理干预，我政府以正在积极准备国防，不愿过早惹起大战，因将中央部队黄杰、关麟徵两师由华北南调，防务完全交由廿九军负责，以廿九军一个军之力量分布于二省二市，又处于国防最前线，兵力颇感单薄。当时该军共有四个帅，其分布情形：①冯治安[①]的第卅七师分布在北平、南苑、西苑、丰台、保定一带。②张自忠的第卅八师分布在天津、大沽、沧县、廊坊一带。③刘汝明的第一四三师分布在张家口、张北县、怀来县、涿鹿县及蔚县一带。④赵登禹的第一三二师分布在河北省南部大名、河间一带。

事变前之折冲及丰台中日冲突事件

丰台密迩北平，为交通枢纽，驻有我冯师混成部队一营。日军亦基于辛丑条约之规定，在该处驻一大队。曾于25年秋之交某日，我军因出发演习，适日军演习完毕回营，两军在马路上相遇，彼此不肯让路，致起冲突，相持竟日，双方均有伤亡。迭经交涉，终以误会了事。此后日军益趋骄横，屡向宋哲元将军提出华北特殊化之无理要求，同时依附日阀之汉奸潘毓桂、陈觉生等复为虎作伥，从中怂恿极尽威胁之能事，均经宋将军严词拒绝。但宋将军系一纯朴厚重热诚爱国之将领，迭经繁渎精神苦闷已达极点。曾于26年2月上旬一日告我曰："日本种种无理要求，皆关系我国主权领土之完整，当然不能接受。而日方复无理取闹，滋扰不休，确实使我痛苦万分。日方系以我为交涉对象，如我暂离平津，由你负责与之周旋，尚有伸缩余地，我且相信你有适当应付办法。因此我想请假数月，暂回山东乐陵原籍，为先父修墓，

① 冯治安（1896—1954），字仰之，河北故城县人。早年人冯玉祥部，二十九军建立后，任第三十七师师长，1936年兼河北省政府主席。七七事变后曾代理二十九军军长，第一集团军总司令，第十九军团军团长兼七十七军军长、三十三集团军副总令、总司令等职。

你意见如何?”我当即表示不同意，并说：“此事绝非个人的荣辱苦乐问题，实国家安危存亡所系，中央把责任交给你，不论你是否在平，责任总在你身上，因此我决不赞成你离开北平。”当时宋将军并未坚持，因把回山东的打算暂时搁置。但到了2月20日以后，日方交涉益繁，压迫愈甚，宋将军以心情恶劣，决定请假回籍，把交涉责任落在我身上，宋将军临行告我两事：“①对日交涉，凡有妨害国家主权领土之完整者一概不予接受。②为避免双方冲突，但亦不要谢绝。”我就在这不接受与不谢绝两种相反的原则下，忍辱负重委曲求全的应付了四个多月。

自宋将军2月底离平之后，每日均有日方人员前来接洽，平均每天最少一次，或二次。如日本之外交官、武官、特务机关人员，是谈外交的，新闻记者、贵族议员，及退役大将等，是来采访消息或考查华北形势的，我虽感觉不胜其扰，但抱定任劳任怨之决心，据理应付，使日方无藉口余地。同时日方更利用离间分化手段，将二十九军分为抗日的中央派，及和日的地方派。认为我是抗日中央派的中坚分子，千方百计的攻讦诋毁、恐吓威胁必欲去之而后快。而日方收买之汉奸且专伺察我的言论行动及我方军事部署作为处置依据。当此内奸外敌交相煎迫之下，我只有戒慎沉着，以静制动，深恐一言不慎，一事失当，俾日人有所藉口，致陷交涉之困难。当即电陈中央请示机宜，旋奉复示大意要在不丧权不辱国大原则下，妥慎交涉，中央定予以负责支持，当即遵照此原则相与周旋。到五六月间已达极度紧张阶段，日方使用武力侵略之企图，已成弯弓待发之势。

当事变当日下午，我在市政府邀宴北平文化界负责人胡适之、梅贻琦、张怀九、傅孟真等诸先生约廿余人。经报告局势紧张情形，交换应付意见，诸先生亦均开诚布公恳切指示。夜10时许散会后，不到两小时，象征我全民抗战的七七事变于11时40分即在卢沟桥开始爆发。

七七事变的经过与我方的应付

七七之夜，约在11时40分钟，我接冀察政务委员会外交委员会主任委员魏宗瀚及负责对日交涉的林耕宇专员电话，谓据日本特务机关长松井说：“本日有日军一中队在卢沟桥附近演习。但在整队时，忽有驻卢沟桥之第廿九军部队向其射击，因而走失一名，并见该士兵[①]被迫进入宛平县城（即卢沟桥城）。日本军官要求率队进城检查。”我答：“卢沟桥是中国领土，日本军队事前未得我方同意在该地演习，已违背国际公法，妨害我国主权，走失士兵我方不能负责，日方更不得进城检查，致起误会，惟姑念两国友谊，可等天亮

① 该士兵系日本第八大队新兵志村菊次郎，他的走失成为双方开战的导火线。

后，令该地军警代为寻觅，如查有日本士兵，即行送还。”

答复后夜晚 2 点，外交委员会又来电话，谓日方对我答复不满，强要派队进城检查，否则日军即包围该城。我即将此经过，以电话告知冯治安师长，及驻卢沟桥之吉星文团长，要严密戒备，准备应战。同时并令吉团长，派官长侦探丰台方面敌人动态。到凌晨 3 时半，接吉团长电话报告：“约有日军步兵一营，附山炮四门及机关枪一连，正由丰台向卢沟桥前进。我方已将城防布置妥当。”我当即对吉指示：“保卫领土是军人天职，对外战争是我军人的荣誉，务即晓谕全团官兵，牺牲奋斗，坚守阵地，即以宛平城与卢沟桥为吾军坟墓，一尺一寸国土，不可轻易让人。”并以此处置通知冯师长。

8 日拂晓约 5 点，日军已在宛平城之东面、东南面及东北面展开包围态势，先要求他的外交人员进城，继又要求武官进城，均经我吉团长与王冷斋专员（行政督察专员）拒绝。日方武力威胁之伎俩已穷，即开始向城内炮轰，并掩护其步兵前进。事前我曾告知吉团长，日军未射击前，我方不先射击；待他们射击而接近我最有效射击距离内（三百至四百公尺），我们以“快放”“齐放”猛烈射击，因此日军伤亡颇重。

**卢沟桥战斗打响后，中日双方曾多次进行停火谈判，但中方不再开放宛平城门，这是日军代表寺平忠辅大尉为交涉事由被守军用绳子拉着在宛平城墙上下**

### 战争的持续与扩大

在八日对战时，卢沟桥铁桥上原驻我步兵一连防守，双方争夺铁桥，备极惨烈。曾被日军将铁桥南端占领，我军仍固守铁桥北端。彼此对峙至九日拂晓前，我方由长辛店调遣部队，协同我桥北端部队向铁桥南端日军予以夹击。是夜，细雨纷霏，敌人正疏戒备，我官兵精神抖擞，轻装持步枪、手榴弹、大刀，出敌不意，秘密接近桥南端，将该敌悉数歼灭。当其被大刀队砍杀时，他们有的卑躬屈节，跪地求饶，所谓皇军威严，已扫地无余。

经过 8、9 两日的战事，双方均增援部队，战事逐渐扩大。到 10 日上午，日本特务机关长松井大佐派员向我洽商，认为事出误会，希望停战会商。结果为：①双方立即停战，②双方各回原防，③双方组织视察团监视双方撤兵情形。日方并要求我以保安部队接替吉团防务。于是我们又增加保安队一团至卢沟桥城内，当时视察日方撤兵情形，仅将其第一线部队撤至预备队之位置，反责我方未撤回原防。我的答复："所谓原防即战前原驻地点，日军原驻天津者，应回天津；原驻丰台者，应回丰台。我军原驻宛平城内，因应战移防城上，我军由城上撤至城下，即为原防。"当场日方亦无话可说。详察日方之要求停战，其目的在向其国内作虚伪宣传，说日本如何受中国军队之迫害残杀，作为调动大军侵略之口实。

7月16日，宋将军由鲁返平[①]，主持大计。最初仍拟作地方事件解决，避免事态扩大。但日军大部队已陆续由东北调至天津，势极嚣张，和平解决已不可能。此时，奉中央电令："应乘机围攻东交民巷日大使馆，以消灭其发号施令台。"几经考虑，认为东交民巷各国使馆林立，大举进攻，势将玉石俱焚。且东交民巷防御工事坚固，日军武器已较精良，战事旷日持久，恐将陷北平于紊乱，因之决定进攻丰台。

25日拂晓，我派步兵一旅，附炮兵一营，向丰台进攻。上午，战事极为顺利。至午刻，我已占领丰台大部，顽敌仅据守丰台东南端一隅，誓死抵抗。午后4时，日方忽由天津调来大部援军，参加反攻，以致功败垂成。

26日，又与日军在廊坊车站激战，双方伤亡均重。

28日拂晓，日军调集陆空优势兵力，约计步兵三联队、炮兵一联队、飞机卅余架，向南苑进攻。激战至下午4时，我军伤亡惨重，佟副军长麟阁、赵师长登禹均壮烈殉职；尤堪痛心的是在南苑受训的大学毕业学生，亦参加战斗，伤亡不少。……

（选自《秦德纯回忆录》，台湾传记文学出版社1967年版，第1—11页）

## 七七事变纪实

何基沣、邓哲熙、戈定远、王式九、吴锡祺[②]

### 一

日本帝国主义者自从1931年以武力侵占我东北三省，又在1933年以武

---

① 宋哲元于7月11日由鲁返津，7月19日由津返平。

② 何基沣（1898—1980），字芑荪。保定军校毕业，二十九军组建人之一，历任二十九军三十七师一一零旅旅长、第三十三集团军第七十七军军长。抗战初加入中国共产党。1948年与张克侠率部起义。1949年后任中华人民共和国水利部副部长、全国政协委员等职。邓哲熙（1894—1981），字仲芝，河北大城人。早年留学日本攻读法律。后入西北军，1933年参加察哈尔抗日同盟军，1936年任冀察政委会委员、河北省高等法院院长。七七事变后转战后方。抗战胜利后，继续担任河北省高等法院院长。新中国成立后，任全国政协委员。戈定远（1901—1977），浙江衢县人。曾任中国驻苏联特罗巴领事馆主事，1926年随冯玉祥回国入西北军，任冯秘书。冯部被收编后，任二十九军秘书长。1933年参加喜峰口抗战。1935年任冀察政委会秘书长。抗战爆发后受遣策反汪伪军。抗战胜利后，任第三绥靖区司令冯治安顾问。新中国成立后，任中国国民党革命委员会团结委员、全国政协委员。吴锡祺（1901—1982），字又祺，河北大城人。早年入日本陆军军官学校步兵科学习，1923年入冯玉祥部，曾任西北军总部参谋处处长、西北军军官学校校长，中原大战后，进入南京国民政府任职。1937年10月任第一集团军高参，随宋哲元参加抗战。新中国成立后，在解放军中任教员。

何基沣

邓哲熙

戈定远

吴锡祺

力侵占我热河省以后，暂时改变了对我国的侵略方式。它一方面利用国民党反动政府的屈辱外交，先后签订了《塘沽协定》[①] 和《何梅协定》[②]，以攫得我国政治、军事和经济等各方面的主权；另一方面，积极扶植汉奸亲日派进行拼凑伪组织的活动，于 1935 年 11 月嗾使汉奸殷汝耕成立了所谓“冀东防共自治政府”，以便把这一地区完全地、直接地控制在它的掌握之内。

在《塘沽协定》和《何梅协定》签订之后，特别是冀东伪组织出现以后，河北省和北平、天津两市，已经一步步地走向所谓“特殊化”。但是，日本帝国主义者并不以此为满足，它还要进一步使“特殊化”的范围不断扩大，“特殊化”的程度不断加深。正在这个时候，萧振瀛经二十九军军长宋哲元的同意，进行了倒黄（黄郛）拥宋的活动。

宋哲元在任察哈尔省主席期间，由于日寇的挑衅行为，在 1935 年 1 月间发生了察东事件（详附录一），同年 6 月间又发生了张北事件（详附录二）。

---

① 1933 年 2 月底日寇侵占热河后，又大举进攻长城各口，我国驻长城沿线各部队曾进行抵抗。但由于蒋介石忙于进行“剿共”内战，不派主力部队北上援助，不久，日寇经滦东等地进逼平津。何应钦与北平政务整理委员会委员长黄郛遵照蒋介石指示，派熊斌于 5 月 31 日和日方代表冈村宁次签订《停战协定》五款于塘沽。根据这一协定，国民党政府实际上承认了日本占有东三省及热河省，划绥东、察北、冀东为日军自由出入的地区，并且把整个华北都置于日军监视之下，为日本进一步控制华北、策动华北“特殊化”准备条件。

② 1935 年 5 月 29 日，日本天津驻屯军参谋长酒井及日本大使馆武官高桥，以中国当局援助东北义勇军孙勇勤侵入非武装区、破坏《塘沽协定》为借口，向国民党政府要求华北的统治权，并有东北调遣大军入关，威胁平津。6 月 9 日，日本华北驻屯军司令官梅津美治郎正式向北平军分会代理委员长何应钦提出强硬《觉书》。何应钦根据国民党中央电令，于 7 月 6 日复函梅津，全部承认日本要求。这个协定取消河北省和平津两市的国民党党部，撤退驻河北省的中央宪兵、中央军和东北军，撤换河北省主席和平津两市市长，撤销北平军分会政训处，取消河北省的反日活动。这个协定为后来的“华北五省自治运动”、成立“冀东防共自治政府”等一系列的丧权辱国事件扫清了道路。

在亲日派何应钦之流看来，宋哲元如果继续主持察政，对于贯彻他们的屈辱外交政策是极为不利的。当时何应钦是国民党政府军事委员会北平分会代理委员长，在张北事件发生后，日寇有意将问题扩大，何为谋解决这一问题，曾赴南京商讨对策，并向国民党政府行政院院长汪精卫建议，以宋在察省不断与日人发生摩擦，迟早终须易人，与其待日人提出而被动地撤换，不如由我主动撤换为宜。汪接受了这个建议，于6月19日下令免去宋哲元察哈尔省主席职务，所遗察省主席一职，由察省民政厅厅长秦德纯暂行代理，同时，并准备将二十九军调离华北，以免与日寇发生冲突。宋事前对此毫无所闻，以事出意料，得悉之后，颇为愕然，当立即于20日离张家口返回天津寓所。宋到津后不数日，蒋介石电召宋去重庆（蒋这时候在四川视察），宋因免职事对南京颇怀怨望，故称病不往。

萧振瀛是一个颇有野心的政客，由于他对二十九军的建立和发展曾经出过力，故深得宋哲元的信任。这时，他正营谋在华北取得一个市长的位置（他的目的是北平市或天津市），宋既被免去察省主席职务，而二十九军又将撤离华北，这就直接影响了他的活动。他希望二十九军留在华北不动，但又不能违抗南京的命令。适于此时，在6月28日，北平城突然遭到汉奸白坚武便衣队的袭击（详附录三），引起了北平当局的惊慌失措。萧振瀛乃立即抓住这个时机，利用他的北平军分会委员的身份，以北平兵力单薄、防务空虚为词，向军分会建议将二十九军之一部移驻北平，以巩固城防。经军分会负责人鲍文樾同意后①，萧即以电话通知了张家口二十九军军部。二十九军三十七师得到开拔命令后，立即以紧急行军的动作，在数小时内就由察省开驻北平四郊，控制了北平市。萧振瀛造成了这一既成事实之后，就为他的进一步展开在华北的活动准备了有利的条件。但是，他又意识到，由《何梅协定》造成的华北驻军的限制，如果不与日本方面妥协，二十九军在华北仍然是站不住脚的。于是他就采取了假借日寇驻华北军人的声势向国民党政府施加压力的手法，借以为宋哲元要求更高的名义，为二十九军索取更大的地盘。他一方面径电蒋介石，申说日寇内侵，因见二十九军拼命抵抗，有所顾忌，才肯停战，如将军队撤走，华北岂不断送；并说黄郛甘心卖国，绝不容许，要保华北，必去黄郛。另一方面，他又由汉奸陈觉生的介绍，在天津与日本天津

① 这时何应钦已与日寇签订了《何梅协定》，逃回了南京，蒋介石赖以在华北维持其血腥的法西斯反动统治的工具——中央军黄杰部第二师、关麟征部第二十五师已撤离了北平；曾扩情主持的北平军分会政训处、蒋孝先部宪兵第三团和河北省及平津两市的国民党省市党部等，也都随之离开了华北；河北省主席及平津两市市长均被撤职；东北军于学忠部五十一军也被迫撤离平津；北平军分会由办公厅主任鲍文樾代行。

驻屯军参谋长酒井隆及日本关东军特务机关长土肥原贤二取得联系，说明前此相见以兵，彼此均系执行国家任务，现即签约言和，便当蠲弃前嫌，化敌为友；并说，黄郛不过是一个空头政客，遭到军人反对，他亦不能解决问题。日方亦知拉一黄郛，于事无济，不如利用宋、萧作为其统治华北的工具，遂同意支持萧的主张。

蒋介石闻宋、萧有联日活动，即派亲日分子张群以“局部妥协，不如全面妥协”为词，游说日本驻华大使有吉，要求日方压迫宋、萧接受撤军的命令。萧得此消息后，立即找酒井、土肥原要他们警告有吉拒绝张群。有吉接到警告后，即不再与张群见面。蒋见计不获售，乃又派何应钦带同熊式辉、陈仪分途北上。何、熊先到北平，陈取道天津，向日驻屯军联系，仍企图实现张群的计划，又遭日军拒绝，不得已始由熊式辉、陈仪同往会晤宋、萧。萧对熊、陈表示：“黄郛不去，一切都谈不到”，并说：“中央如能相信我们，我们就支撑这个危局，决心死守华北，一切听命中央。”同时，萧并建议改组行政院驻平政务整理委员会，以宋哲元代替黄郛为委员长，并按照该会原来建制，辖华北五省三市。熊等看到势已至此，别无解决途径，乃携萧方案向何复命，经何请示蒋介石后，缩小范围，只辖河北、察哈尔两省和北平、天津两市，并更名为冀察政务委员会，任命宋哲元为委员长。同时并任命宋哲元兼河北省主席，张自忠为察哈尔省主席，秦德纯为北平市市长，萧振瀛为天津市市长（后萧被宋免职，天津市长由张自忠接替，刘汝明接替察省主席；以后宋又让出河北省主席，由冯治安接替）。

冀察政委会虽然在名义上仍然隶属于南京国民党政府，但是，用人行政的权利完全掌握在宋的手里，在财政方面，关税、盐税、统税和铁路等收入，也完全由冀察政委会截留支配，并且用这些收入来扩充军队，购买军械，实质上已经成了变相的自治。事后曾有人问萧：“华北情况复杂而危险，决非长治久安之局，你们造成这个局面的目的究竟何在？”萧答：“我们的目的是名利双收，有了地盘，大家就有官可作，有财可发，这就是利；如果日本人压迫我们，到了迫不得已的时候，就起来抗战，这就是名。”冀察政委会就是在这样投机取巧、行险侥幸的思想支配下产生的。

冀察政委会既然是在当时内外矛盾复杂交错情况下的产物，因此冀察政委会的本身和宋哲元的思想和行动也就表现了各种矛盾。表现在对外关系上，宋哲元对日寇的态度，是既有妥协的成分，又有不妥协的成分。他的对付日寇的办法，是“表面亲善，实际敷衍，绝不屈服”；他的口号是“不说硬话，不作软事”。他对依附于日寇的汉奸亲日派，是既不倚重他们，又不得罪他们，而是用羁縻笼络的办法，防止他们捣乱。表现在对内关系上，他对南京国民党政府的态度，是既要保持隶属的关系，又要行使自治的实权，而一旦遇到不能解决的重大问题时，便又推到南京去解决。他对中国共产党的态度，虽然一贯反共，但不赞成“剿共”，他的看法是，共产主义不适合中国国情，成不了大事，但主张“枪口不对内”，“中国人不杀中国人”。他对于在中共领导下的抗日救亡运动，虽不表示反对，不主张对游行的学生采取血腥镇压的办法，但也不同意在冀察范围内举行游行示威，认为游行示威不能救国，反而会招来麻烦。因此，他最初对学生游行示威也曾采取过捕人、打散等方式，但不久就转变为包围封锁和派人劝导的方式。

宋哲元为了使冀察这个局面能够在矛盾重重的环境中存在，他就不可能站稳坚定的政治立场，不可能表示鲜明的政治态度，不可能确定明确的政治方向，因而也就不可能决定应付非常局势的决策；他的思想情况，始终是矛盾的、动摇的。当然，他的这种态度也就遭到了日寇的极大不满，认为他没有与日本亲善合作的诚意。因此，在当时的情况下，冀察的出路只有两条：要么就是向日寇投降，要么就是与日寇决裂，敷衍是行不通的，更是不能持久的。

当时的矛盾情况也反映到冀察政委会内部，主要表现在两个方面：一个方面是，一小撮汉奸亲日派，如齐燮元、潘毓桂、张璧、陈觉生等人，在日寇的嗾使下，尽力使冀察进一步地伪化，并且挑拨、分化二十九军内部的关系，从二十九军上层寻找可被利用的对象，作为效忠日寇主子的资本。他们窥伺到张自忠在一些名义、地位、权力等问题上对宋有所不满，于是乘机包围张自忠，并且在张与日寇之间拉上了关系，这就使得张自忠一步一步地陷入了他们的圈套，成了被他们利用的工具。这是一个方面。另一方面，二十九军绝大多数官兵都是有爱国思想的，特别是由于受到全国人民抗日救亡运动的影响，他们都有着不愿意当亡国奴和抵抗日本侵略的情绪和要求。但是，其中又有程度上的不同。在上层人物中，有的人虽然也有爱国思想，也要抗日，但是他们又留恋于个人的名誉地位，他们的抗战意志并不坚决。唯有二十九军的中下层，抗日情绪的表现最为明显，他们不论在任何时候、任何场合，在日寇面前从来没有表示过畏缩和退让，他们曾经和日本军队发生过不少次大大小小的冲突。

总的说来，冀察这个局面，是在当时历史条件下形成的一个极其复杂、特殊的局面。它既不同于一般国民党的行政区域，又不同于当时在日寇羽翼下的冀东伪组织。因而它的政治态度和行动上的表现，有它一定的特点。

所有这一切，正是冀察当局在七七事变发生后，对抗战问题摇摆不定，终至因循坐误，造成军事上重大失败的历史根源。

冀察政委会成立后不久，汉奸潘毓桂、张璧等在日寇的嗾使下，拟出一个所谓“自治方案”和“自治政府”旗帜图样，送给宋哲元，宋看过后立即焚毁。日寇看到这条计策行不通，以后就着手进行经济上的压迫，陆续地提出了一系列有关经济方面的问题，如：修筑津石铁路（天津到石家庄）问题、开发龙烟铁矿问题、修改海关税则问题、开辟航空线路问题、收购华北棉花问题、长芦余盐出口问题，等等。宋对于这些问题，既不敢明确地拒绝日寇的要求，又不敢悍然地出卖国家的主权和民族的利益，于是就采取了敷衍推诿的办法：首先是拖，到实在拖不下去的时候，就向南京国民政府请示，借以减轻自己的责任。如对长芦余盐出口问题，就是经过南京财政部批准的。有的问题是采取了拖延的办法，如对于设立航空公司的问题，经过长时期的反复磋商，才委派了张允荣为“惠通航空公司”的总经理负责筹备工作，直至七七事变发生，亦并未正式开办。在收购棉花问题上，还引起了日寇的不满。日寇企图在压低收购价格的情况下，对华北棉花实行垄断。当时天津商品检验局向宋建议发放大量棉农贷款，以抵制日寇的贱价收购。这对于日寇的垄断政策，当然是不利的。此外，如开矿、修路等问题，因关系更为重大，都是一再推说须向南京请示后方能进行。以上这些问题，均系日寇以口头向宋提出而进行商谈的。宋对这些问题，是在既不敢拒绝、又不能同意的情况下，以模棱两可的态度把问题摆在那里。而日寇的企图是不达目的不罢休的，宋的这种做法，招致了日寇的责难。于是在1937年3月间，天津日本驻屯军司令田代皖一郎向宋提出了书面的所谓“经济提携”的条款。

当时日寇向宋提出这个条款的经过是这样的：某天，汉奸陈觉生来见宋，谓田代司令官邀宋赴宴，但并未说明商谈任何问题，宋即偕陈前往。宋到后，田代已预先备妥缮就的“经济提携”条款，请宋签字。宋看到当时情形已成实逼处此情势，于是就在这个条款上签了字。宋归后，在接见他的高级将领和幕僚时，神色异常，心情沉重。他说：“我们负有军事责任的人，今后如赴日方的邀约，必须预先作好发生意外由何人来接替任务的准备，以免遭到要挟。”并说：“日本人提出这个条款，在被迫的情况下签字，是完全无效的，我们对付的方法，就是拖而不办。”宋当时并向南京国民政府报告了这一事实的经过。这个所谓“经济提携”的主要内容，都是过去已经提出过的问题，即修路、开矿、关税、通航和收购棉花等问题。这次日寇提出的目的，就是把问题用书面的形式使之条约化，迫使冀察当局不得不履行这个条约。条款提出之后，日寇即不断地逼促实现，特别是对修路、开矿两个问题催促更急。宋不敢自作主张，即派戈定远向蒋介石请示。蒋的答复是：“如万不得已时，矿可开，路不能修。”第二次又派李思浩前往见蒋，蒋的答复仍然是：“矿可开，路不能修。”宋因无法应付日寇的要求，而日寇对宋又愈逼愈紧，于是宋在穷于应付的情况下，于1937年5月11日避往山东乐陵原籍，借以拖延一时，徐图应付之策。

## 二

在冀察政委会成立后，日寇对冀察当局不仅实行以上的压迫，而且在军事上也实行步步进逼。1935 年冬，日寇指使刘桂堂匪部由察东向河北省窜扰，企图在房山县一带建立盘踞的据点，以威胁北平的安全。经我二十九军三十七师何基沣旅击溃，向南逃窜。1936 年 9 月 18 日，日寇步兵一个中队在丰台演习，在中途与我军相遇，因让路发生争执，遂起冲突。经双方派员前往调停结果，我驻军由丰台撤出。事态虽未扩大，但日军竟以此为借口，增兵进驻丰台，并且进一步要求在丰台至卢沟桥的中间地带修筑营房及机场，均被拒绝。1937 年 2 月，日寇又指挥冀东“民团”宁雨时部三千余人，企图通过昌平、南口之线向西活动，又由我三十七师何基沣旅包围歼灭，并捉获日人三名，供出他们企图包围北平西面和北面的阴谋。

在七七事变发生以前，北平外围的形势是：北宁路沿线，西起丰台，东至山海关，均有日寇军队驻防；北平的东面，有完全听命于日寇的冀东伪组织——“冀东防共自治政府”；北平的北面有在热河省集结的敌伪军；在西北面，有日寇收买的李守信和王英等土匪队伍。仅有北平的西南面，尚为我二十九军部队所防守。

当时，北宁铁路沿线既为日寇所控制，而位置在平汉路的卢沟桥就成了北平的唯一门户。在军事上，我军掌握了这个据点，就进可以攻，退可以守；而一旦为敌人所掌握，则北平就变成了一个孤立无援的死城。所以卢沟桥这一战略据点，就成为军事上必争之地。

日寇在当时的企图是：伺机占领卢沟桥，截断平汉路，使北平陷入四面包围的形势，以便加深冀察的“特殊化”，然后以平、津作为后方，进一步发动大规模的军事侵略。

这时，二十九军共辖四个步兵师、一个骑兵师和一个特务旅，并且把地方保安部队编成两个保安旅，作为正规军训练使用，总兵力不下十万人，分驻于冀、察两省和平、津两市。各部队驻防的位置是：一四三师刘汝明部驻察哈尔省及平绥铁路沿线（河北省境内）。一三二师赵登禹部驻河北省任丘、河间一带。三十八师张自忠部驻天津附近韩柳墅、小站、廊坊、马厂和大沽各地，并以一部驻南苑。三十七师冯治安部，师部驻西苑；何基沣旅驻西苑、八宝山、卢沟桥和长辛店一带，刘自珍旅驻北平城内，陈春荣旅驻保定、大名等地。二十九军特务旅孙玉田部驻南苑，以一团驻城内。骑兵第九师郑大章部，师部和骑兵一团驻南苑，其余两团分驻固安、易县等地。石友三和阮玄武的两个保安旅，分驻于黄寺和北苑。

由于宋哲元一贯抱着与日寇相安无事、维持现状的幻想，在军事上始终处于毫无戒备的状态。但是，日本帝国主义者早已在《田中奏折》中确定了灭亡中国的国策，并且于1936年8月间，在日本首脑集团会议上又通过了一个叫作“基本国策”的文件，其中指出日本的意向是：对中国发动大规模的新的进攻，并且很快地就实行了国家规模的战时动员。在这样的情况下，日寇对冀察的压迫也就一天比一天加紧。

中国共产党在西安事变以后，建立了全国抗日民族统一战线，鉴于冀察形势的严重，对二十九军上中层也积极进行抗日争取工作。当时二十九军内部有不少人与北平中共地下组织建立了工作联系，如三十七师旅长何基沣、二十九军副参谋长张克侠等，当时均与中共建立了密切的工作关系，积极推动二十九军抗击日寇。宋哲元这时的处境，一方面是日寇对他施加种种压力，一方面是人民以民族大义对他进行督促，虽然他对抗战并没有决心，但形势逼着他不能不作抗战的准备。有一天（时间约在1937年四五月间），宋召集幕僚研究对日的对策，并要参谋人员提出方案。二十九军参谋长张樾亭（与南京接近）根据国民党的主张，提出了一个“必要时撤出北平，保存实力，以待全国抗战”的方案。副参谋长张克侠即向中共组织报告了此事的经过，中共组织立即决定由张克侠出面提出了“以攻为守”的方案，其主要内容是：

（一）日本进占华北、进一步灭亡全中国的国策，早已确定（详《田中奏折》），现正大量调集军队，准备向华北进军，我们除了抗战与投降二者择取其一而外，别无他法可以挽救我军之危机，应付只能是暂时的，决无法满足日寇之欲望。（二）我们的处境非常危险，日寇进逼，中央（指蒋介石国民党中央政府，以下同）不管。蒋介石并令关麟征、黄杰等部集结新乡一带，扼守黄河北岸，意在与日寇夹击，消灭我军。如果我们撤退，将退到那（哪）里去呢？黄河以北既由中央军驻守，不会叫我军退到河南；山西的阎锡山向来闭关自守，也不会让退到山西；绥远的傅作义也是如此。我军如果撤出平津，只有在保定、石家庄平原地区挨打受气，军民怨恨，后援不济，势必形成日寇、蒋军夹击之势，我军将不打自溃，这是最危险不过的。（三）我军爱国教育，素不后人，抗日士气，极为高涨。喜峰口之役，痛击日寇，被誉为抗战之民族英雄。现平津各界及全国军民，均希望我们能奋起抗战，为国争光，此我军报国立功之良机，决不可失。为今之计，不妨暂与日寇委婉应付，但必须作积极抗战之准备，必要时以攻为守，一举攻占山海关，缩短防线，扼守待援，号召全国军民奋起抗战，如此必能振奋士气，得到全国人民之同情和支持。中央在全国军民愤激情况之下，决不敢袖手旁观，不予支援，其夹击消灭我们之企图，必将不售。在我们发动抗战后，只要能坚持一个时期，最后就是失败了也是我们的胜利。如马占山在东北之抗战，十九路军之淞沪战役，虽败犹荣。在全国人民支援之下，我们还有重整旗鼓之可能。如不此之图，不战而退，必为全国军民所痛骂，将士离心，军心涣散，群情激愤，后援无济，我军此时将退无可退，守无可守，战不能战，和不能和，他人乘我之危，分化瓦解，将何以自存，此最危险不过之下策。

宋对此方案极表赞成，即命张克侠本此方案积极作抗战的准备工作。张即根据中共组织的指示，提出了如下的建议：第一，加强抗日思想教育。当时二十九军在南苑的军事教导团还讲授四书五经一类的课程，张建议在此非常时期，应加强抗日思想教育和国际时事教育，经宋同意，即聘张友渔（中共地下党员）和温健公（进步教授）担任教导团教官，他们的讲课，受到学员的热烈欢迎。同时，教导团内还有冯洪国、朱军（中共地下党员）等作组织工作，所以当时南苑的抗日空气极为浓厚。此外，中共组织还发动了一批进步的大学生（包括共产党员和党领导的民先队员）参加了在西苑举办的军事集训。大学生军事集训由何基沣负责，何对学生讲话表示抗战决心，有时讲的声泪俱下，全体学生抗战情绪极为高涨。第二，加强情报工作。当时宋对敌情了解很少，张建议成立情报处，深入敌后，到东北、热河等地了解敌人兵力的部署及其动向。经宋同意后，即派靖任秋（中共地下党员）任情报处长，积极进行情报人员的派遣工作。第三，争取伪军反正。当时辽西、冀东、热河及察、绥等地，有不少伪军到处活动，有的还想乘机反正，应派人联系，积极争取。此项建议，亦得到宋的同意。

所有以上这些措施，还是宋到冀察后第一次采取的在政治上、军事上有积极作用的活动。后来，宋在一个座谈会的场合，曾对他的将领和幕僚表示："我们要好好地训练队伍，充实力量，加强装备，等到国际战争爆发的时候，我们就可以用一支兵力由察省向热河出击，捎敌侧背，以主力从正面打出山海关，收复东北失地，我们要在那里竖起一座高高的纪念碑。"宋之所以发出这样的豪言壮语，并不是无因的。惜为时已晚，不久七七事变发生，原计划即被打乱。

卢沟桥事变中，以一连兵力抵御日军四个连的高长森连长

中共北平地下组织争取二十九军积极抗战的活动，除了通过二十九军内部人员直接地影响二十九军上层人物的抗战情绪外，并且发动和组织广大群众掀起轰轰烈烈的抗日救亡运动的高潮，当时在中共领导下的中华民族解放先锋队、北平学生救国联合会、华北各界救国联合会、东北各界救国联合会等团体，时常利用一切可以利用的

吉星文团长

时机，展开抗日救亡的宣传鼓动工作，他们响亮地高呼“拥护二十九军保卫华北”的口号，对二十九军表示大力的支持。他们还经常乘着二十九军部队演习的机会（当时日寇驻东交民巷的部队经常出城进行示威性的演习，二十九军部队亦不示弱，就在日兵演习的第二天在原地演习），派代表前往慰问，并讲述抗日的重要意义。这些爱国青年的热情，更加激发了二十九军官兵的抗日情绪。

我国抗日民族统一战线的形成，我国内部和平统一的实现，我国人民抗日救亡运动的空前高涨，使得日本帝国主义者在中国进行的分裂破坏活动遭到可耻的失败。但是它决不容许中国有一个休养生息的时间，它要断然地实行它的“国策”，迅速地发动对我国的全面的军事进攻。特别是当它得到了德、意法西斯主义者的支持以后，就越加暴露了它的法西斯主义者的疯狂面目。

华北的形势一天比一天紧张，人民群众抗日救亡的呼声，也一天一天激昂。

卢沟桥的战争终于爆发了。

这时，二十九军驻卢沟桥的部队为三十七师何基沣旅的吉星文团，另一团驻八宝山一带，旅长何基沣的指挥所设的西苑。

1937 年 7 月 6 日，日寇驻丰台部队要求通过宛平县城（县城在卢沟桥北端）到长辛店地区演习，我驻军不许，相持达 10 余小时，至晚始退去。7 日我军接到报告说：日军今日出外演习，枪炮都配备了弹药，与往日情况不同。旅长何基沣当据以报告了正在保定的三十七师师长冯治安，并促其速返。冯立即赶回北平，听取了何基沣的情况报告，并与何布置了应战的准备。是日夜间，日军在卢沟桥附近演习，11 时左右，忽有枪声数响发于宛平县城的东方，我城内守军当即加以严密的注意。夜 12 时，日使馆武官松井以电话向我冀察当局声称：“有日本陆军一中队，顷间在卢沟桥演习，仿佛听见由驻宛平城内之军队发枪数响，致演习部队一时呈混乱现象，结果失落日兵一名，要求进入宛平县城搜索失兵。”我方因其所称各点不近情理，显系别有企图，当即拒绝了他的要求。少顷，松井又来电话，声称：我方如不允许，彼方将以武力保卫前进，又为我方所拒绝。同时得报：谓日军对宛平县城已取包围形势。我军政当局为防止事态扩大，当与日方商定，双方立即派员前往调查阻止。我方所派为河北省第四区行政督察专员兼宛平县长王冷斋、冀察政委会外交委员会专员林耕宇及冀察绥靖公署交通处副处长周永业等三人，日方所派为冀察绥署顾问日人樱井、日军辅佐官寺平和秘书斋藤等三人，于八日晨四时许到达宛平县署。寺平仍坚持日军入城搜索失兵，我方不许。正交涉间，忽闻东门外枪声大作；顷刻间，西门外大炮机枪声又起。我军为正当防卫，乃奋起抵抗。我二十九军司令部立即发出命令，命令前线官兵坚决抵抗，并有“卢沟桥即为尔等之坟墓，应与桥共存亡，不得后退”之语。在战斗开始不久，我平汉线的铁路桥及其附近龙王庙等处曾被敌人攻占，至8日下午，我军从长辛店以北及八宝山以南齐向敌人反攻，并与敌实行白刃战，复将铁路桥及龙王庙等处夺回。

戍守卢沟桥的二十九军战士，引自李云汉著《卢沟桥事变》

二十九军官兵由于受到全国人民抗日救亡运动的影响，特别是受到当时党领导下的北平各救亡团体慰劳和鼓励的影响，他们深刻地懂得了日本帝国主义是中国人民当前最凶恶的敌人，不把这个敌人打败，全中国人民就有当亡国奴的危险。在战争开始的第二天，中共地下组织即领导北平各界组织起北平各界抗敌后援会，发动广大群众援助二十九军抗战，并派人与吉星文团取得联系，鼓励他们英勇抗战，益加增强了他们至死不退的决心。因此，我军官兵在劣势装备的不利条件下与敌作战，士气旺盛，人人皆以大无畏精神顽强抵抗，有不少受伤官兵坚持不下火线。某天夜间，敌人以坦克向我阵地冲来，我军以一连的兵力，冒着敌人的猛烈炮火，冲锋前进，终于将敌人的九辆坦克全部打退。附近居民看到自己的军队英勇杀敌，在中共领导下的各救亡团体的发动下，纷纷地冒着敌人的炮火，参加救护工作，把受伤官兵送到医院，送水、送饭、搬运弹药的群众，更是往来不绝。有的群众，看到我军伤兵，就感动得落下眼泪。长辛店铁路工人为了协助军队作战和固守宛平县城，很快地就在城墙做好了防空洞和枪眼。所有这些生动感人的事迹，益加振奋了前线的军心。

我军对日寇的坚决回击，是出乎日寇意料之外的。他们见势不妙，乃诿称失踪日兵业已寻获，向我方提出和平解决的要求（实际是缓兵之计）。经双方谈判，于十一日商定停战办法三项：（1）双方立即停止射击；（2）日军撤退到丰台，我军撤向卢沟桥以西；（3）我方城内防务，除宛平原有保安队外，另由冀北保安队（即石友三部）派来一部协同担任城防。但在协议成立之后，日寇并未撤退，仍不时以炮兵轰击宛平县城及其附近地区，城内居民伤亡颇重，团长吉星文亦负伤。敌人并于是日占领大井村、五里店等处，截断了北平至卢沟桥的公路。

为了加强卢沟桥一带的兵力，乃于9、10两日先后将驻保定的陈春荣旅之一团、东北军五十三军万福麟部之骑兵团及钢甲车两列开到长辛店一带，计划在十日夜间袭击丰台之敌。九日晚七时左右，张自忠以电话询问何基沣前线情况后，对何说："你们要大打，是愚蠢的。如果打起来，有两方面高兴：一方面是共产党，符合了他们的抗日主张；另一方面是国民党，可以借抗战消灭我们。带兵不怕没有仗打，但是不要为了个人去打仗。"何答以"现在的情况，不是我们要打日本人，而是日本人要打我们。"张感到何的意志坚决，不易说服，而自己又不是何的直接长官，于是就叫军部给何发布命令，严令"只许抵抗，不许出击"。

本来何已经商得冯治安的同意，决定乘敌人大部兵力尚未开到的时候，抓住这一有利时机，出其不意，予丰台之敌以歼灭性的打击，军部命令到达后，这一计划未能实行。从此，卢沟桥的战事和其他方面一样，就完全陷于被动。

## 三

事变发生后，中国共产党中央委员会立即向全国发表了号召抗战的宣言。宣言中说："全国同胞们！平津危急！华北危急！中华民族危急！只有全民族实行抗战，才是我们的出路。我们要求立刻给进攻的日军以坚决的抵抗，并立刻准备应付新的大事变。全国上下应立刻放弃任何与日寇和平苟安的打算。全中国同胞们！我们应该赞扬和拥护冯治安部的英勇抗战，我们应该赞扬和拥护华北当局与国土共存亡的宣言。我们要求宋哲元将军立刻动员全部第二十九军开赴前线应战。我们要求南京中央政府切实援助第二十九军，并立即开放全国民众的爱国运动，发扬抗战的民气。立即动员全国陆海空军准备应战，立即肃清潜藏在中国境内的汉奸卖国贼分子和一切日寇的侦探，巩固后方。我们要求全国人民用全力援助神圣的抗日自卫战争。我们的口号是：武装保卫平津华北！为保卫国土流最后一滴血！全中国人民、政府和军队团结起来，筑成民族统一战线的坚固的长城，抵抗日寇的侵略！国共两党亲密合作，抵抗日寇的新进攻！驱逐日寇出中国！"接着，7月13日在延安召开了有全市共产党员和革命机关工作人员参加的紧急会议。毛泽东主席号召："每个共产党员与抗日革命者，应沉着地完成一切必须准备，随时出动到抗战前线。"

中共中央和毛主席的这些号召，大大地激励了全国军民同仇敌忾、坚决抗战的信心，全国人民一致要求坚决抵抗日本的进攻。从抗战开始的第二天起，北平中共地下组织立即动员中华民族解放先锋队、北平学联等救亡团体，组织战地服务团，出动到前线救护伤员；组织劳军团，携带大批的慰劳品，分赴前线及医院慰问；并进行了支持抗战的各方面工作，如募集麻袋供作防御工事等等。在这一时期，冀察军政当局每天都收到全国各地发来的声援抗战的电报和信件；还有许多社会团体和个人汇来一批批的款项，作为支援抗战和慰劳前线作战官兵之用；有不少国民党的将领发出通电，要求开赴前方参加抗战；海外华侨团体也纷纷电请南京国民党政府出兵保卫祖国。卢沟桥的炮声，已经激起了我国广大人民的民族义愤。

正当全国广大爱国人民一致声援二十九军、要求发动全面抗战的时候，在北平、天津的一小撮汉奸也大肆活动起来。在他们看来，这正是为他们的主子日寇效忠的大好时机。汉奸齐燮元（过去齐曾建议宋哲元恢复北洋军阀政府时代的五色国旗）亲到北平市市长秦德纯寓所劝降，他对秦说："如果与日方进一步地合作，就可以化干戈为玉帛。"汉奸潘毓桂、张璧、陈觉生等，并且乘此机会秘密进行拥戴张自忠、逼走宋哲元、使冀察进一步伪化、以遂其卖国求荣之愿的阴谋活动。

这时，一贯执行不抵抗政策和妥协投降政策的蒋介石，由于看到中国共产党代表全国人民意志的团结救国的主张受到全国人民的拥护，由于在西安事变时被迫接受了联共抗日的条件，又由于日寇对中国的不断进攻日益威胁着英、美帝国主义在中国的利益，因而英、美帝国主义也希望中国对日作战，他感到在这内外形势的逼迫下，如果再公然地反对抗战，就不能继续维持自己的统治地位。所以在 7 月 15 日中共派代表与国民党当局举行庐山会议之后，蒋介石即于 17 日发表了对日态度比较强硬的谈话。但是他仍然是动摇的，不坚定的，仍然表示"希望由和平的外交方法求得卢沟桥事件的解决"，并没有真正的抗战决心。他在谈话中还表明了和平解决需要固守的四点最低限度的立场：（1）任何解决不得侵害中国主权与领土之完整；（2）冀察行政组织不容任何不合法之改变；（3）中央所派地方官吏不能任人要求撤换；（4）第二十九军现在所驻地区不能受任何约束。就是在这几点最低限度立场的涵义中，也仍然为和平谈判留有余地。

蒋在庐山发表谈话之后，先派熊斌到北平见宋，说明他的意图，随后又召戈定远传达命令给宋，大意都不出蒋在庐山谈话的范围，表示了对宋的信任和支持。至于是否准备抗战，在军事上应作如何布置，特别是对于正向保定方面开动的孙连仲与原驻保定的万福麟两部应如何与二十九军配合作战等具体问题，却一字未提。他依然抱着屈辱求和的幻想，一直到了非应战不可的时候，才被迫抗战。

当时宋哲元的态度，同样也是由祈求“和平”而发展到被迫抗战的。当他在乐陵原籍接到张自忠、冯治安、张维藩（二十九军总参议兼平绥铁路局局长）、秦德纯等报告事变发生情况的电报时，虽然表现了惊讶与不安，但是他却认为事态不至扩大，有和平解决的可能。也在答复张等的电报中，说明必须镇定处之，相机应付，以挽危局。张、冯等在发出给宋的电报之后，并请邓哲熙前往乐陵，促宋速返，主持一切。宋对邓表示：目前日本还不至于对中国发动全面的战争，只要我们表示一些让步，局部解决仍有可能。这时，南京方面主张宋应先赴保定，看情况发展如何，再决定是否回平。但是，宋几经考虑之后，还是偕同邓哲熙等先到了天津。当然，他去天津的目的，不是抗战，而是求和。

宋于 7 月 11 日到达天津。这时，日寇因后续部队尚未调齐，故在宋未到津之前，他们已向北平的军政负责人提出了四项要求，与我方进行谈判，借以摆出和平解决的姿态，作为缓兵之计。这四点要求是：（1）华军撤离卢沟桥；（2）严惩华方肇事官员，正式向日方道歉；（3）取缔抗日活动；（4）厉行反共。谈判的结果，于 11 日双方协议撤兵，恢复和平状态。所以宋到天津的时候，从表面上看，情势似已趋向和缓，于是宋就在祈求“和平”的思想支配下，于 12 日发表了如下的谈话：“此次卢沟桥发生事件，实为东亚之不幸，局部之冲突，能随时解决，尚为不幸中之大幸。东亚两大民族，即是中日两国，应事事从顺序上着想，不应自找苦恼。人类生于世界，皆应认清自己的责任。余向主和平，爱护人群，决不愿以人类作无益社会之牺牲。合法合理，社会即可平安，能平即能和，不平即不能和。希望负责者以东亚大局为重。若只知个人利益，则国家有兴有亡，兴亡之数，殊非尽为吾人所能意料。”

宋到天津后，二十九军副参谋长张克侠接到何应钦自南京给宋打来的电话，何在电话中说：“日方增兵，我方应有准备，现在已命令孙连仲、万福麟率部北开”等语，张克侠向宋报告后，建议集中兵力，断然采取主动的攻势作战，经宋同意，张即将作战计划拟出。张自忠适于此时由平到津，并发表谈话说：卢沟桥事件已和平解决，战事不至再起。故张克侠所拟计划未能下达实行。这时，天津日本驻屯军司令田代业已去职，接替田代的香月清司于 12 日到津。宋为了对香月进行一些“摸底工作”，于是派张自忠偕同邓哲熙往见香月。会面时，香月对当时华北的问题不表示意见，只是由他的高级参谋和知（鹰二）以傲慢的态度对张等说：“看看你们的历史，北平从来没有驻过兵”，意在威吓我方撤退北平的军队，以实现他们的侵略计划。18 日宋偕张自忠与香月作初次的会面，归后对人表示：“和香月见面，谈得很好，和平解决已无问题。”实际上宋的“摸底工作”是失败了的，他受了日寇的愚弄。日寇真正的“底”是等待援军开到、部署就绪后，即展开大举进攻，并且在进攻的同时，迫使宋哲元离开冀察，并排除冀察内部一切不肯当汉奸的爱国分子，然后把冀察这个局面造成一个彻头彻尾的傀儡组织。但是，宋哲元却把问题看得很简单，他认为既然香月已经表示了态度，和平解决总不至有问题。不过他对汉奸包围张自忠的情况已有所耳闻，所以在他离津回平之前，叫张留在天津，不让他去北平。

宋于19日回平后，看到北平城内通衢各要路口均设有准备巷战的防御工事，当命令立予撤除，将关闭数日的各城门也完全开启，并且在返平后的次日又发表了书面谈话，其内容是：“本人向主和平，凡事以国家为前提。此次卢沟桥事件之发生，决非中日两大民族之所愿，盖可断言。甚望中日两大民族，彼此互让，彼此相信，彼此推诚，促进东亚之和平，造人类之福祉。哲元对于此事之处理，求合法合理之解决，请大家勿信谣言，勿受挑拨，国家大事，只有静听国家解决。”这时，各方已陆续汇来大批的抗战劳军捐款，由于宋认为和平解决已有可能，竟通电表示谢绝。

宋回到北平后的开始几天，尽量在言论上和行动上制造缓和的气氛，似乎战事不至再起。实际上，情况却在急剧地向恶化的方面发展。当时日本国内的情况是，7月11日，日首相近卫文麿觐见了日皇，并且举行了紧急阁议。16日即调派陆军10万来华。17日，东京五相会议，又决议动员侵华日军40万。日本帝国主义早已确定了迅速实现它的灭亡整个中国的“国策”，一时的所谓和平谈判，不过是掩护军事行动的烟幕。因此，在中国方面，纵然不惜以重大的牺牲条件，来换取所谓和平的解决，但已经是完全不可能的了。

从事变发生起，北宁铁路每天都有络绎不断的兵车自东北开关内（北宁路局长是汉奸陈觉生，在运输上是完全为日寇服务的），同时还有从海运而来的大批敌军由塘沽登陆，热河省的敌军也经由古北口开至北平近郊。在敌空军方面，除了集结在天津东局子飞机场的飞机以外，还在塘沽附近修筑了空军基地，在这一时期内，每日派出飞机多架，轮番在北平上空和平汉路沿线进行侦察。当日寇援军调齐之后，复于21日炮击我宛平县城及长辛店一带驻军。25日晚间，廊坊敌人以修理军用电话为借口，与我军发生冲突，随即向我军射击，我军立即予以还击。26日晨，敌军以飞机十余架和猛烈的炮火向我廊坊驻军轰炸。26日晚，在北平广安门外有30余辆汽车满载敌军，企图冲进城内，因我军奋勇抵抗，敌入城企图未逞。27日①，冀东伪组织的保安队张砚田、张庆余率部反正，并将汉奸殷汝耕捉获（详

① 实际为7月29日凌晨。

附录四），于是立即遭到敌军大部兵力的围攻。敌军并于同日向我南苑、北苑进攻，并且在当天的上午，在以军事进攻的压力下，向我冀察当局提出了最后通牒，限我三十七师（即冯治安师）于28日正午以前自北平附近退尽。当日本特务机关长松井持通牒往见宋哲元时，宋派张维藩代为接见，张将通牒送交宋哲元看过后，宋立即命张予以拒绝，并将通牒退还松井。同时，宋将情况报告了南京，并且表示“决心固守北平，誓与城共存亡”，随即发出自卫守土的通电，电文是：

自哲元奉命负冀察军政之责，两年来以爱护和平为宗旨，在国土主权不受损失的原则下，本中央意旨处理一切，以谋华北地方之安宁，此国人所共谅，亦中日两民族所深切认识者也。不幸于本月七日夜，日军突向我卢沟桥驻军袭击，我军守土有责，不得不正当防御。十一日协议双方撤兵，恢复和平。不料于二十一日炮击我宛平县城及长辛店驻军，于二十五日夜，突向我廊坊驻军猛烈攻击，继以飞机、大炮肆行轰炸，于二十六日晚，又袭击我广安门驻军，二十七日早三时又围攻我通县驻军，进逼北平，南、北苑均在激战中。似此日日增兵，处处挑衅，我军为自卫守土计，除尽力防卫，听候中央解决外，谨将经过事实推诚奉闻，国家存亡，千钧一发，伏乞赐教，是为至祷。第二十九军军长宋哲元叩感。

同时，下令设立北平城防司令部，派张维藩为城防司令①，并配备了城防部队，准备固守北平。在这天晚间，又派戈定远②星夜驰赴保定，催促孙连仲、万福麟等督师北上，协同作战。

天津南开大学已成一片废墟

① 城防司令为冯治安，及田春芳、邵文凯等副司令4人。

② 戈定远与刘健群奉中央令，于7月28日晚到北平，说服宋哲元撤离至保定坐镇。宋哲元原则同意，但仍要坚守平津三日。两人使命完成后，当夜绕道门头沟至卢沟桥后返保定。不久返南京复命。

28日，敌军大举向我南苑进攻。当时，二十九军军部已移驻北平城内，驻在南苑的部队共有四个步兵团和一骑兵团，兵力约7000人左右。这时一三二师赵登禹部已由河间、任丘北调，向北平增援。宋于27日派赵登禹为南苑方面的指挥官。赵于27日傍晚到南苑指挥部，以一三二师后续部队已过永定河，拟俟全部到达后再变更部署，不料敌军于28日拂晓即由西、南两面向南苑开始进攻，另以一部切断南苑至北平的公路，同时以飞机数十架低空轮番轰炸，由晨至午，片刻不停。南苑由于事先未构筑坚固的防御工事，仅以营围作掩体，在敌人空军的轰炸扫射之下，部队完全陷于不能活动的地步，且通讯设备又被炸毁，各部队与指挥部之间的联络完全断绝，指挥失灵，秩序混乱。敌人从营围东面冲入之后，南苑遂告失守。我二十九军副军长兼教导团团长佟麟阁、一三二师师长赵登禹向城内撤退时被敌人截击，相继阵亡。

当日寇节节向北平进攻的时候，我驻天津附近的三十八师，在副师长李文田和旅长黄维纲等的策划下，进行了作战的部署，因师长张自忠去北平未回，故尚在待命出击中。至28日，得到日寇大举进攻南苑的消息，同时看到报纸发出二十九军克复丰台和通州（县）保安队张砚田、张庆余两部已反正的号外，随后又接到宋哲元发出的守土自卫的通电，于是，李文田、刘家鸾（天津警备司令）和马彦翀（天津市府秘书长）等，一面发出通电，响应宋的号召，一面调集天津保安队配合三十八师各路部队分向海光寺日寇兵营、北宁路天津总站、天津东站和东局子飞机场等处日寇进攻，自夜一时开始，先后与敌接触。此时忽接张自忠由北平发来电报，谓和平有望，但是各处已在激战中，亦无从制止。这时天津的战况是：海光寺已被我包围，因工事坚固，急切难于攻下；天津总站已经克复；天津东站，将敌人包围在一个仓库中；东局子飞机场仅攻占一部分。指挥部自接到张自忠电报后，即停止军事进攻，至二十九日晨①，各方面进攻部队均纷纷撤退，敌军开始反攻，海光寺之敌以炮兵轰击河东，敌骑兵闯进南开大学校园，将校舍全部焚毁。是役，我军民死伤极众，至午后战事始停。

当宋哲元初回到北平的时候，虽然抱着和平解决的幻想，但是，由于日本国内的大规模军事动员，由于日寇对二十九军不断的挑衅和进攻，由于二十九军内部中下层抗战情绪的高涨，由于广大人民的全民抗战的强烈要求，由于全国舆论对他的激励和督促，他的态度逐渐地由主和转变为摇摆不定，终至转变为决心固守北平。当他在摇摆不定的时候，一方面仍然希望战事不至扩大，以便继续维持冀察这个局面；另一方面，又感到局势的严重性，不能不作应战的准备，但仍然表现了犹豫不决，当他对部队发布命令的时候，

① 实际是7月30日晨。

并没有作出全面的作战计划。而且在要求部队“积极备战”的同时，还提出了“尽量避战”的附加条件。他虽然最后表示了守土自卫的决心，但是在仓猝应战的混乱情况下，已处处陷于被动挨打的地步。

宋哲元在通电表示了守土自卫的决心之后，一方面进行了守城的军事布置，一方面催促孙连仲、万福麟两部迅速北上。这时，孙、万两部已开至保定以北，先头部队且已到达距北平不远的良乡一带。在这个时机，如果采取紧急步骤，进行统一部署，集中兵力，相机出击，犹能予敌以重创。但是，冀察内部的矛盾，又引起了一个突然的变化。

7 月 25 日，宋哲元忽然接到张自忠来平的报告，甚为愕然，并说：“我叫他留在天津，他来北平干什么?”张到平后，受到汉奸张璧、潘毓桂等的包围，很少与外间接触，忽于 28 日下午 3 时许前往见宋，并对宋表示：“如果委员长暂时离开北平，大局仍有转圜的希望。”至此，宋已明白了张的意图，于是立即决定离平，并派张自忠代理冀察政务委员会委员长兼北平市市长。宋于当日夜间即偕同冯治安、秦德纯、张维藩等离平赴保定。

在宋决定了固守北平的时候，北平中共地下组织决定发动群众协助守城，当即通过张克侠向宋提出建议。因宋于这天晚间离开北平，这个发动群众守城的计划亦未能实行。

张自忠在宋离平的第二天，即到冀察政委会就职，将原冀察政委会委员秦德纯、萧振瀛、戈定远、刘哲、门致中、石敬亭、石友三、周作民等免职，并用冀察政委会名义派张璧、张允荣、杨兆庚、潘毓桂、江朝宗、冷家骥、陈中孚、邹泉荪等为委员，同时发表潘毓桂兼北平市公安局长[①]。张就职后，日寇即直接指使潘毓桂、张璧等办事，而对张自忠则采取了置之不理的态度。紧接着，张又得到了三十八师在天津与日寇作战的消息，始知大势已去，全局皆非，乃立即隐匿于东交民巷（德国医院），旋即化装逃出北平。从这时起，他才清醒地认识到受了日寇和汉奸的愚弄，对日寇恨之入骨，后来终于在抗日战争中英勇杀敌，以身殉国。

二十九军驻平各部队及保安部队，在宋离平后，均陆续经门头沟向南撤退。因宛平至八宝山之线是掩护门头沟这条交通线的阵地，故驻在这一线的何基沣旅，在掩护各部撤退完毕之后，方于 30 日晚间与当地人民群众洒泪而别，撤退到长辛店。从这一天起，整个北平就完全陷入敌人之手，天津市亦于同日沦陷。

卢沟桥的烽火，揭开了抗日战争的序幕，全面的抗日战争便从此开始。

---

① 实际为警察局长。潘毓桂于 7 月 29 日晨莅职视事。

## 附录一

1934年冬，热河省伪军一部侵入察东独石口，我驻军刘自珍团当即将其击溃，并缴获步枪30余支、子弹1000余发。1935年1月2日，热河日军飞机突向我龙关、赤城一带驻军投掷炸弹。15日，黑河汎日军司令森一郎又向我赤城驻军提出警告，要求我龙门所驻军撤退。我军尚未答复，日军竟于16日向我军进攻。因我军防守得力，敌未得逞。这时，热河境内大滩一带驻有日军1000余名、伪军2000余名，并有一部向察东移动。宋哲元当即将情况报告给驻北平的何应钦，请其向日方交涉制止。24日，伪军两营向沽源县推进。因情况日趋严重，宋又分报北平和南京，候令办理。28、29两日，日机又在独石口、沽源一带散发传单，威吓我军撤退。经宋派萧振瀛、秦德纯在北平与日方交涉，日方提出双方在大滩会商解决办法。我方提出会商地点应在北平或张家口，日方则坚持在大滩会商。最后，终于接受了日方的要求，于2月2日在大滩举行了会商。我方所派为三十七师参谋长张樾亭、沽源县县长郭育恺及察省府科长张祖德等三人；日方所派为日军第七师团十三旅团长谷实夫、第二十五联队队长永见俊德及中佐松井等三人。会商在上午11时举行，并口头约定解决办法如下：察东事件原出于误会，现双方为和平解决起见，日军即返回原防，二十九军亦不侵入石头城子、南石柱子、东栅子（长城东侧之村落）之线及其以东地区。所有前此二十九军所收缴之步枪37支、子弹1500粒，准于本月7日由沽源县长如数送到大滩，交与日方。

## 附录二

察省当局曾与日方商定，凡日人由热河省前来察哈尔省的，须持驻张家口日领事馆所发护照，经我方复验并加盖省府印信后始可通行。1935年6月某日，有多伦特务机关日人一名，三菱公司日人三名，经沽源县到张北县，我城门卫兵以其并未持有此项护照，不许通过。日人竟欲强入，双方发生争执，守军即将其送往一三二师司令部。经师部询明来历并电省府请示后始放行。该日人认为曾被侮辱，竟由驻张家口日领事桥本向我方提出抗议，并故意将事态扩大，更由天津日驻屯军土肥原和日使馆武官高桥向二十九军军长宋哲元提出无理要求。宋当即将情况报告何应钦，并经秦德纯与日方谈判多次。日方要求：（1）处罚事件责任者，撤换一三二师参谋长及军法处长；（2）张北等六县（张北、宝昌、宝康、商都、沽源、兴和）驻军撤出，以地方保安队维持秩序；（3）撤去察省国民党党部；（4）禁止排日行动。南京国民党政府令何应钦以通知方式答复日方，谓要求均办到，逾此，如再有要求，请向中央政府交涉。

## 附录三

1935年6月27日晚，由天津开往北平的火车驶抵丰台车站时，有匪徒百余人下车，于28日0时40分匪徒突将车站占据，把守电报电话，声言组织“正义自治军”，推白坚武为总司令。匪徒嗣即胁迫停于该地的铁甲车向北平开动，1时许抵永定门东缺口，企图闯入城内，为城防部队所阻。匪徒即向城内发炮十余响，经城内及南苑驻军夹击，匪向通县方面退去。

## 附录四

冀东伪保安队张砚田和张庆余两部，原为河北省主席于学忠的两个团，在冀东伪组织成立以前，即在通县一带驻防。冀东伪组织成立后，于学忠有计划地将该两部留驻原地。于学忠与宋哲元为换谱弟兄，私交甚厚，于是张砚田、张庆余又通过张树声（与宋为西北军老友）帮会关系介绍前往见宋，宋勉励他们好好训练队伍，候有机会时再为国家出力，并发给每人两万元。后来他们看到日寇大规模的向北平进攻，故于7月27日[①]在通县反正，杀了不少日人，并将汉奸殷汝耕捉送北平。不料二十九军已经撤退，情况已变，他们即率部撤退到西山一带，后转移南下。

编者按：《七七事变纪实》是在20世纪50年代周恩来总理任全国政协主席时，让七七事变的亲历者写的一篇真实的回忆录。这五位作者都曾在宋哲元身边工作过（其中何基沣是守卫卢沟桥的亲历者）。他们经过集体回忆认真编写而成。原文近2万字，成为国内写七七事变历史的重要参考资料，但后来被某些人蓄意删改，经十年诉讼，高等法院裁决不得删改，反而在文史资料合订本中消失。

（本文引自《文史资料选辑》第1辑，中华书局1960年版，第5—33页。画横线部分为删除内容，共742字）

# 冀察政权的内讧

戈定远

……二十九军在山西阳泉成军的时候，内部带兵官张自忠、冯治安、赵登禹、刘汝明四人，曾经有过“分赃名次”的商定。大家约好，这四个人中间，无论何人，功劳再大，也必须按照这个次序，分别先后，享受“好处”。等到二十九军到了冀察以后，有了地盘，势力也扩大了，这时候，由于没有完全依照从前规定的“分赃名次”来办事，内讧就由此而起了。

---

① 实为7月29日凌晨。

冀察局面刚刚成立，在军队编制方面，就发生了问题。二十九军扩充队伍，拟定每师编制为六个团，但是张自忠自以为是“二头儿”，主张他这一师要多编两个团，就是要编八个团的兵力。冯、赵、刘三个师长都不愿意张的势力特大，但又不便面对面加以反对。由于这个“分赃名次”从前是由萧振瀛通过宋哲元的同意而向他们四人宣布规定的，萧是原来的经手人，因此，由刘汝明出面找萧，说明他和赵、冯等都不同意张自忠师多编两个团，但他们不便自己提出，希望萧在参加宋所召集的师长会议的时候提出反对，打消这个办法。结果，萧提出四个师应当一样编制的主张，就把张的企图给打消了。本来张自忠从前并不是宋哲元的嫡系，宋也不愿意张的势力太大，所以萧一提出四个师编制平等的主张，宋也就同意了。会议以后，张自忠以为这是违背“分赃名次”，不尊重“二头儿”，对萧振瀛非常愤恨，认为萧从前捧他为“二头儿”，是在愚弄他。不久，张自忠用其他理由，向宋提出撤换萧振瀛。宋向来对张有所顾忌，张每有要求，宋总是敷衍照办的，于是宋就把萧免职[①]，萧随即出国去了[②]。

二十九军的军部，设在北平的南苑，冯治安的一师，驻在北平附近一带，宋哲元有时去天津（宋的母亲住天津），就叫冯代理军长，这也是使张自忠不快的原因之一。因为张总是认定自己是“二头儿”，军长应当由他来代理，现在宋叫冯代理，看来还是嫡系吃香，因而大为不满。后来宋又把河北省的主席让给冯治安，张更不高兴，因为在冀察的两省、两市范围内，河北省的位置似乎居于首位，张当时任天津市长，天津虽然重要，但是地面小，不能和河北省比，从此张对宋更加不满了。

天津有日本租界，是华北汉奸政客和下台军阀集中之地，这些人想捧张自忠弄点好处。特别是汉奸们知道宋哲元不得日军的欢心，他们就凭借日本人的势力，包围张自忠，要抬他起来和日本人更妥协地办事。当时张虽有代宋之意，而力量不够，宋还有其他几个师长的拥护，他一个人推不倒宋。汉奸们如潘毓桂（曾任伪政权的天津市长，日本投降后被逮捕入狱）、张璧（已死）、齐燮元（汉奸，已处决）等等，和张的左右亲信互相勾结，打算仿照曹锟、吴佩孚的办法（曹当巡阅使时，诸事不大过问，全由吴佩孚主持，曹不过当傀儡而已），叫宋在名义上当冀察的负责人，而实际上由张自忠主持一切，总揽大权。他们曾经将此办法，由齐燮元、张璧借端向宋试探，宋置之

---

① 萧振瀛的去职不单纯是因为张自忠，还因为日本人的反对。因萧负责与日方谈判时，对日方的无理要求只是口头敷衍，并不办理，惹得日方的不满，而向冀察当局施加压力，宋哲元无奈，只好将萧振瀛免职，由张自忠接任天津市长。

② 萧振瀛于1936年6月去职，后离平去南京、上海，直到1937年春才出国考察。

不理。同时，张自忠也知道宋的个性刚强，不是甘于当傀儡的人，因而不敢贸然从事。但张不甘心久居宋下，他明白当时的南京国民政府管不了宋，只有日本人，宋才有所顾忌，于是他便坠入汉奸的奸计，加紧和日本人联系，并应日本的邀请组织赴日参观团，由张自忠任团长，到日本参观，拜访日本当局。因此，当时天津亲日的空气异常浓厚，特别是在七七事变前几个月，那时张自忠已成为日军心目中的华北中心人物了。七七事变后，二十九军战和不定，主要就是因为张自忠掣肘。后来在日军发动全面进攻的紧急情况下，张自忠竟勾结日军逼宋哲元退出北平，由张自忠代理冀察政委会委员长。不久，日本人以瓦解二十九军的目的已达到，就踢开张自忠，将平津和冀察直接控制起来，成为向中国内地侵略的后方。

编者按：《二十九军和冀察政权》一文写于20世纪50年代，作者曾任二十九军秘书长和冀察政委会秘书长。后该文整段被删掉，经十年诉讼，虽高等法院裁决不得删改，但在全国文史资料重印时，此文与《七七事变纪实》全部消失。

（本文引自《文史资料选辑》第1辑，中华书局1960年版，第42—44页）

二十九军高级将领合影。（前排左始）张维藩、张自忠、军长宋哲元、刘汝明、石友三，（后排左始）郑大章、冯治安、赵登禹、佟麟阁（引自《宋故上将哲元将军遗集》）

# 记北平七七事变前后的两件事

刘自珍[①]

朝阳门事件

七七事变前夕，驻北平的日军有200多名出城演习。卢沟桥炮声一响，城内已宣布戒严，这一部分演习的日军当然不许进城。但他们出城时为演习性质，未携带弹药，日本旅团部装了5卡车弹药，想由朝阳门出城，但被守门卫兵扣留。冀察政委会委员齐燮元、张玉衡均向我说：中日友好与中国有利，与二十九军有利，卢沟桥为一时误会，不是不能调解，你不要过为已甚，为将来和谈多增麻烦。我很简便地对他讲你去找宋先生去吧，对我讲没有用。结果扣了3天仍放回日本兵营。

广安门事件

七七一声炮响，驻城内的河边旅团队伍均加入了卢沟桥作战。日方一面调关东军增援，一面动员本国军队向华北集中。日本华北驻屯军参谋长酒井隆（实际为桥本群）十分狡猾，见成事有利则乘胜进攻，一遇挫折则提出和谈条件。我地方当局宋哲元等，贪恋地盘地位，也无作战决心。一群汉奸委员，更是双方拉拢，从中取利，在事变后20多天停停打打，打打停停，使一班官兵莫名其妙。可是日本兵车昼夜不停向我方运输军队。我军民等均感到大祸将临。

1937年7月26日晨张自忠打电话告我，日军500人由丰台乘车35辆，回城内东交民巷日本兵营，由广安门进城，叫我通知守门卫兵放行。我问他你与宋委员长谈了吗？他说委员长晓得。我感此事不对头，当即到宋哲元处请示。宋说没我的话不准进城。晨7时日军即到城外，城门已经关闭，双方如何交涉我不详知。到晚上7时秦德纯拿着宋哲元放行命令到来，二十九军的日本顾问樱井德太郎同来，我遂命守门部队开门放行。日军疯狂成性，在城外露立一天，气愤已极，一进城门在汽车上即开枪向我军射击，顾问樱井也制止不住，腿部受伤。我守门部队复把城门关闭，仅10车日军进城，其余仍留城外。已进城的日军，因见街头巷口均筑有巷战工事，到处挨打，寸步难行，真如热锅蚂蚁，走投无路，复由日本使馆出来交涉，由北京《小实报》经理管翼贤，领着这些日本兵回东交民巷日本兵营去。

---

① 时任第二十九军三十七师一一一旅旅长。

7 月 28 日以后，日寇即展开了全面进攻，二十九军也卷入了长期战场之中矣。

（选自上海市文史馆、上海市人民政府参事室、上海市文史资料工作委员会合编《史料选编》，1987 年第 1 期）

# 廊坊抗战始末

崔振伦[①]

第二十九军的作战指导思想，是备战避战的方针，即是在任何时候任何情况下都不准先敌开火，但是要求寸土不失。在日军方面，为了争取时间，增调兵力作大规模的进攻，对中国政府和第二十九军采取麻痹政策，表现在不撤回在第二十九军的顾问，不拒绝互派代表谈判，使第二十九军领导层始终幻想卢沟桥事件能以地方事件求得解决。

正在这个和战未决、边打边谈的同时，第二十九军副军长兼北平市市长秦德纯对记者发表一篇谈话，大意是说已命令守卢沟桥的部队，卢沟桥就是他们的坟墓，寸土不能让给敌人……廊坊官兵们得知后都很受鼓舞，以全团官兵的名义向师部上书请命，愿到前方杀敌。不久就接到了命令，即是“备战避战”。在 7 月 15 日左右，接到准备出发的命令。这时全团官兵异常兴奋，都擦枪磨刀，做好了随时投入战斗的准备。听说这次预备用七个团的兵力，来歼灭丰台和卢沟桥的敌人，但不知是什么原因，这个命令又撤销了。

因为由天津向北平附近增援的敌人，不能利用铁路（临时协定规定的），除了用汽车运输外就是徒步行军，中间必须经过杨村。驻杨村东口公路边沿的第二营第五连，不管黑天白日，监视着通过的敌人。这个连因处在敌人来往的要道上，警惕性高，也有相当的战斗准备，士气旺盛，随时都可以投入战斗。上级严格的避战命令束缚着他们，有敌不能打，眼看着敌人的辎重和军队日夜不停地开向卢沟桥战场，打我们的友军。全连官兵都义愤填膺，每天数次请缨就地杀敌，均被严令拒绝。有一天，这个连的连长杜巍然用电话请示我批准开火。他说：“请团长另委个连长来代替我好了！”我问他这是什么意思？他说：“敌人几天来络绎不绝地从门口经过，官兵都忍不下去了，非打不可。如果真打起来，我可担不起这个责任。如不让我们打，就叫我们改装土匪，离开杨村到别处去袭击敌人，打了就跑。你看行不行？”我当时考虑，在上级的避战命令下如果这样干了，我也担不起这个责任，于是先和旅

---

① 时任第二十九军第三十八师第一一三旅第二二六团团长，驻防廊坊一带，是廊坊战斗的组织者及执行者。

参谋长李树人商量，又去请示师部。结果仍是不准。最使人义愤和难堪的，是敌人的一辆辎重汽车陷入泥窝，走不动了，杜连长见既不让打，又怕这辆汽车在这里呆长了会出事，即用电话向我报告，请示如何处理。我又和李参谋长商量，又去请示师部。李文田副师长的指示竟然是：责令这个连的官兵，帮助敌人把车拖出来，快走了事。这不是意味着帮助敌人快去打我们的兄弟部队吗？我照抄传达到连里去，准遭到全连官兵责骂；不传达下去，又得负违抗上级命令的责任。正在左右为难之际，幸亏敌人这辆汽车已经走了。事后才知道这个陷坑是该连有意设置的。以后怕这个连闹出事来，我们负不起责任，就把他们调开了。……

（选自《七七事变》，中国文史出版社 1986 年版，第 99—100 页）

## 北平的两次高级会议

冯炳瀛[①]

冯治安

在宋哲元与日军谈判期间，双方战事暂停，日军借机不断向华北增兵，企图将二十九军一举歼灭，宋哲元对此一无所知。7 月 18 日，宋偕张自忠去会见日本驻屯军司令香月清司，向日方致歉。他认为此事至此已经了结，便于 19 日乘车回到北平，到了北平后才知道北平与充满“和平”气氛的天津大不一样，日军已对二十九军形成强大压力。20 日，日军用重炮轰击长辛店及宛平县城，吉星文团长在战斗中负伤。面对这一情况，宋哲元先后召开两次师以上干部会议，研究对策，这两次会一次在宋家召开，一次在我家召开。在我家开会时，因为我年龄小，他们不避我，故我在楼内东客厅旁的过道听到了他们讨论时的讲话。在会上，主战的有我父亲和赵登禹等人，张自忠因为曾去日本参观和观看阅兵式，知日本国力强大，部队装备精良，因而他觉得与日军作战不可能取胜。当然其中也有主和的。宋哲元听完了大家的讨论，最后说了一句：“打吧！”于是便命赵登禹师从河间向北平开进。

（《回忆我的父亲——冯治安将军》，选自《朝阳文史》第 3 辑，第 231—232 页）

---

① 冯炳瀛系冯治安之子。

# 七七抗战与廿九军

刘汝明[①]

……宋先生赶回北平，本来中央叫他先到保定，不必和日本人直接谈判。宋这个人的短处，就是过于自信，自信得有些刚愎。他认为在这种时期，不回北平和部下在一齐（起），是一种胆小的表现，所以仍然回到北平。

刘汝明

这时一三二师也在永定河以南集结完毕，宋先生命该师的石振纲旅接替北平城防。三十七师得以全部在城外集结活用，石旅的两个团长，一位姓赵（即赵书文），一个是舍弟汝珍。

宋先生回来后，又召我到北平，商量万一战事无可避免时的作战计划。我们决定一三二师的一部守北平，其余的和三十七师进攻丰台和通州（县）之敌。三十八师进攻天津海光寺，一四三师自南口出击，进攻昌平，密云，高丽营等地，遮断古北口到北平的通路。到了七月下旬，秦绍文和日本人的交涉，虽然舌蔽唇焦，但日方不可理喻，丝毫不肯让步。坚持宋先生表明态度，一是脱离中央，一是离开北平。

这时（7 月 26 日）有一部分日军，自卢沟桥徒步开来北平，要自广安门入城。舍弟汝珍的团担任城防，自然拒绝他们进来。有一个日本军官上城交涉，双方一言不合，一位张营副用刺刀把这个日本军官从城上“通”（捅）下城去，城上城下立刻发生战斗。因为我军居高临下，日军伤亡很大，不支退去。当晚在永定门外，也发生激战。于是日本人又得了“口实”，表示决定“强硬行动”。在北平的日侨在 3000 人以上，也武装起来，集合在东交民巷日使馆兵营。宋先生打了个电话给我说：“子亮，你赶快回去，照计划做，八月一号行动。”这天是 7 月 25 日（实为 7 月 27 日），我接了这个电话，便连忙回察。因为时间仓促，仅奉家母一人同行，其余妻子均丢在北平，搭乘平绥路的特别快车回张家口。不知消息如何走漏，火车一进沙河车站，日军便起而

① 时任第二十九军一四三师师长、察哈尔省主席，驻军察哈尔省。

袭击。所幸防军阮玄武旅竭力抵抗，才能通过，到了南口[①]我的防地，才得到安全。、

（《七七抗战与廿九军》，选自《刘汝明回忆录》，台湾传记文学出版社1966年版，第185—186页）

## 七七事变[②]

刘汝明

……7月27日下午三时许，我正与宋谈话，接获消息谓日军一部约千余人正由古北口向南口与北平间的沙河急进，似有截断平绥铁路的企图。宋当即命我速返张家口，并说回去准备作战，尚战事发生后万一连络中断及不得已时，可向蔚县撤退，再沿平汉路转进。我回住处后，宋又来电话催行。下午5时我乘火车离平，车过沙河站后约10分钟，日军即赶抵沙河，强行拆除路轨500公尺，日军这一行动的目的，显在阻止我回张家口。

7月28日晨，日军以一个半师团配属炮兵三个团，战车百余辆，在空军掩护下向南苑我军部攻击。敌机首先轰炸我骑、炮及步兵营房，致我骡马伤亡大半。敌步兵与战车由东南北三面同时攻击，另有敌一部窜抵小红门，企图切断南苑与北平间公路。天明时，敌战车与步兵逼近军部，副军长佟麟阁、师长赵登禹奋战牺牲。

宋与随行人员于28日夜9时秘密离平，经由西直门、三家店、绕道长辛店南，到达保定。当时舍弟汝珍的步兵旅仍留北平担任城防，归张自忠指挥。两天后，步兵旅改着警察制服。……

（选自《刘汝明回忆录》，台湾传记文学出版社1966年版，第113—114页）

## 七七事变后实况

张克侠

七七事变发生后，党中央发出了《中共中央为日军进攻卢沟桥通电》，要求宋哲元立刻动员全部二十九军开赴前线应战。当时，宋哲元正在山东乐陵老家休养，张樾亭又在南京，守宛平部队的团长吉星文（吉星文后随蒋军逃

① 察哈尔省省界以现在北京昌平区南口镇为界限。说明的是，现北京昌平区在七七事变前就属于冀东伪自治政府。

② 刘汝明写回忆文章时，因年代久远，加之年龄较大，因此回忆录的前后有矛盾，但我们如实照录。

张克侠

到金门，在我炮轰金门时被击毙）也在庐山受训，部队仍照平时一样分散驻在各地，这些情况对作战十分不利。因此，在北平的各负责人推举邓哲熙、赵登禹和我乘飞机到保定转往乐陵接宋回来主持大计。我们到乐陵时，宋已到天津了，我们又坐火车追到天津。宋到天津后，何应钦由庐山打来长途电话，宋不接，让我来接。何应钦告诉我：接到中国驻日本大使电报，日本已颁布全国动员令，侵略已成定局，请宋即回北平准备作战。我向宋报告后，他态度犹豫，我便借此机会，说服宋哲元坚决抗战。我向他说：现在已到民族存亡关头，不战将成千古的民族罪人，战而不胜虽败犹荣。又告诉他：按现在敌我形势，我占优势，可以在敌人增援前抓住战机击败敌人。宋认为我讲的有道理，很兴奋地站起来说："你给我写个作战计划吧！"我连夜拟好了计划，大致与上次给党的计划相同。第二天凌晨，我将计划送去时，宋的态度突然变了。原来天津的汉奸及投降派包围了他。他受到恫吓和利诱，竟不顾民族大义和我恳切劝告，决定与日寇妥协。他先到日军司令部吊祭病故的日本驻屯军司令（田代皖一郎），然后乘日本为他准备的专车回北平，继续谈判。

宋哲元连日与日本代表谈判，不再搞军事准备，其原因是，他和他的一些主要将领及部分政府官员深恐战争打下去，冀、察、平、津地盘丢掉，个人的既得利益丧失。日寇恰恰利用宋哲元与他们讨价还价的时机，一方面向关内运兵，一方面吃掉分散在丰台、廊坊的驻军。眼看大好时机丧失，成旅的驻军被葬送，我实在痛心极了。为挽救危势，我感到二十九军军部仍在南苑，处于敌我双方的中间地带，已失去指挥作战的作用。因此再三向宋提出，将军队按作战要求重新部署，把军部移至便于指挥、便于作战的地位。但是，宋哲元深怕引起日本人怀疑我方准备打仗，一直不允许军队调动和军部转移。

7 月 27 日傍晚，日寇逼近南苑。当时二十九军在南苑的驻军，有三十八师师部及不到一旅人；有骑兵第九师师部和骑兵一团；有特务旅、教导团、参谋训练班等，单位很多，难以统一指挥。宋哲元住在北平城里不到南苑来，副军长佟麟阁根本指挥不动。我多次建议派一有威望的师长来南苑统一指挥，把军部移进城里，宋一直拖延不办。直到 27 日日军要发动进攻时，宋才匆匆下令军部移进北平城内怀仁堂，命令赵登禹去南苑指挥部队。晚 6 时许，赵到南苑，我向赵介绍了情况，他召集师、旅、团长开会，发布了口头作战命令，我就随军部进城了。夜间，日寇围攻南苑，由于事先准备不足，未构筑防御工事，仅以营地围墙作掩体，加之通讯设备被敌机炸毁，联络中断，指挥失灵，各部队之间无法配合作战，一时秩序大乱，纷纷突围。佟麟阁阵亡。赵登禹坐汽车到大红门时，被敌截击阵亡。整个驻南苑部队损失惨重。直到骑九师师长郑大章突围到永定门，城中才知道南苑失陷。这时，城防部队是冯治安三十七师的一部分，兵力不足，城中人心惶惶。杨秀峰、张申府、张友渔等三位教授奉党的指示来找我，谈到城防空虚，准备发动群众帮助守城。又因为传说我军收复了丰台，他们提出利用这一胜利，召开一个庆祝大会，借此来激发抗战的士气，动员群众支援抗日战争。他们怕城防司令不同意，所以让我去说。我认为这是党的指示，便答应照办。

28日下午2时，宋哲元召开军政首脑会议讨论撤退问题，宋知道我是力主作战的，所以没通知我参加。我为落实召开庆祝大会一事，到会场向宋报告情况，宋却说什么军队都不能打，老百姓又能何为。他不相信群众力量，表示不同意。我又找城防司令冯治安，他推说会后再谈。我就在休息室待着等他。结果，会上情况又发生了突然变化。张自忠在会上向宋表示，和谈不成是由于日本人对宋有意见，并说："如果委员长暂时离开北平，大局仍有转圜的希望。"据说宋一听，脸色都变了，立即决定二十九军撤出北平，并马上写条子，委派张自忠代理冀察政务委员会委员长、冀察绥靖公署主任兼北平市市长。把三个职务一起交给了张，当晓即偕同冯治安、秦德纯等带领三十七师撤至保定。

那天散会后，冯治安还骗我说庆祝会可以开，闭口不提当夜撤退的决定。我很快用电话通知了杨秀峰等同志，要他们积极准备。不料，当我夜里回到怀仁堂时，张自忠用电话把我叫去，告诉我：宋哲元和部队已从西面绕过卢沟桥撤向保定了，要我通知军部及从南苑逃进城内的人员急速出城追部队，明天清晨日军就要进城，来不及走就快换便衣藏起来。我听了这些，犹如晴天霹雳，马上集合在城内的人员说明情况，并立即把这一突变打电话告诉杨秀峰及其他同志。接电话的是刘清扬同志，我告诉他们庆祝会不能开，人还要躲起来，速作另外打算。

面对着降临的民族灾难，眼看着大好河山不战而失，我怒火中烧，忍不住痛哭一场。

宋哲元带着部队撤退时，留下两个旅，一个是阮玄武旅，驻北苑，一个旅守天坛。日本侵略军知道宋哲元撤走，29日进城后，将两个旅缴械①。日寇认为瓦解二十九军的目的已经达到，对张自忠采取了置之不理的态度。由

① 阮玄武旅投降，另一个旅是一三二师石振纲旅，在刘汝珍率领下突围至察哈尔省继续抗日。

老牌汉奸殷汝耕[①]等组织了伪政权。张自忠只得躲进东交民巷，设法逃到天津，乘船去山东。……

（《在西北军中从事党的地下工作的经历》，选自《文史资料选编》第 9 辑，北京出版社 1981 年版，第 116—119 页）

## 北平沦陷

刘　昭[②]

刘　昭

听说敌人攻占了大红门，通往北平城的大道已被截断。队长带领我们跳过路东的水沟，在青纱障（帐）里往东北绕道回北平。路上还遇到一队鬼子向我们开火，我们还击，互有伤亡，到左安门已过中午，左安门城门紧闭，弄清了我们是参谋训练班，也不开门让我们进城，城楼上守军的军官说："鬼子和日韩浪人不断来冲击，城门不能开，你们绕到永定门去看看。"正交涉中，一队鬼子兵夹杂有便衣，打着太阳旗号叫着冲过来。我同王之江[③]一起喊："打！""抗日兄弟"和其他的学员都喊："打！"随着我们跳下路边沟里，与城楼上的守兵一齐开火，把鬼子打退了。

左安门不能进，我们转到永定门，永定门也城门紧闭，不开门让我们进城。弄清了我们是参训班，才用粗绳放下箩筐来，让我们坐进箩筐，一个一个地把我们吊上城楼去。下了城楼，队长再清点人数，120 人的参训班只剩下 30 多人了。我和王之江侥幸没有死，也没负伤！队长得到命令："参训班到中南海集中"。我们到达中南海已是黄昏，在湖边休息待命。这时传来噩耗："南苑已失守！""副军长佟麟阁，一三二师师长赵登禹，在大红门指挥突围战斗中，中弹殉国！"我心里深感悲愤！下决心："一定要坚决战斗，守住北平城！"入夜，湖边已经挤满了来中南海集中的直属部队和穿白裤褂的政府人员。夜幕中，平日宏伟，幽清美丽的中南海，一时人声嘈杂，兵荒马乱，笼

① 实际是江朝宗。

② 刘昭（1909—2001），四川荣县人，中共党员。1936 年与薄一波等人被关押在北平草岚子监狱，后经中共中央营救出狱。1937 年 2 月，由北方局派往南苑作国民党二十九军兵运工作，任南苑兵营支部书记。七七事变后到八路军总政治部工作。曾任解放军铁道兵第八师政委。

③ 第三十八师学兵队一中队副班长，做地下兵运工作的中共党员。

罩着一片亡国丧乱的愁惨悲凉景象！将近午夜，传来命令："尉级以上官员到怀仁堂集合"，怀仁堂灯光通明，挤满了军官和政府人员的队列。一会儿，一位穿白绸长衫的长官走出来站在前面的方桌上讲话。我一看是张克侠。我以为他要讲坚守北平城的问题，万没想到，他沉痛地说："诸位，宋委员长今晚已经去保定了。他留下手令，命我代他宣布，宋委员长认为孤军无援，战争不能再打下去了！他已经接受了日方条件，限明日清晨1时，所有中国军队全部退出北平，城内不许留下一个兵。北平治安由代市长张自忠维持。现在离限定时间还有一个来钟头，不愿跟走的，发给路费各奔前程；愿意跟走的，随部队出西直门，经廊坊到保定集中，各部队立即出发！"队长带着我们迅速挤出怀仁堂，挤出中南海，在大街上又同其他部队会合成撤退的洪流涌出西直门！就这样，北平沦陷！200万同胞清晨起来即落入鬼子手中成为亡国奴！当时我心中万分悲痛激愤，发誓：中国共产党一定要打回北平来！

（选自《刘昭文集》（未刊行），2001年，第216—217页）

## 张克侠同志在北平

张友渔[1]

1936年五六月间，党调我回北平，公开职业还是在中国大学、燕京大学等大学教书。同时，在华北联络局负责人王世英同志领导下，负责华北联络局北平小组的工作。

我和宋哲元联系，做宋的统战工作。……

张克侠同志在宋哲元部任二十九军副参谋长兼三十八师参谋长。他在南苑办了个参谋训练班，曾通过王世英请我去讲过课，课程叫日本问题，实际是根据理论和现实宣传抗日。

1937年七七事变，7月28日前，张克侠经常与我联系，还要求我们发动群众协助二十九军做保卫北平的防御工作。如做工事、守城墙等。当时，我们还用"保卫马德里"的口号作为号召。7月28日晚，张克侠给我来电话，说宋哲元变了，说他们晚上刚开过会，决定当晚撤退，不打了。由张自忠暂代宋哲元的地位，同日本妥协，以保存实力。日军进城就"清共"。

接到张克侠的通知，我马上报告了王世英同志。为了避免遭受敌人的杀害，地下党乘敌人未布置好搜索之际，就组织撤退，又指示各级党组织和救亡群众团体成员，除留下坚持地下工作的以外，都往天津撤退。一个星期后，数以万计的党员、民先队员和救亡团体成员，齐集在天津英法租界，然后分

① 张友渔（1899—1992），字友彝，山西省灵石人。中共地下党员。

别乘英国轮船，渡海在山东烟台登陆，转往内地。

（选自木铁编《佩剑将军张克侠》，中国文史出版社 1987 年版，第 73—74 页）

## 追忆先父宋哲元将军

宋景昭[①]

宋景昭

民国 26 年（1937）7 月 7 日卢沟桥炮声响了。各报纸均以头条新闻登载，看来情势严重。日本人运兵布防，双方驻军时有冲突，时局日趋紧张。

月中父亲就到北平了，他忙着开会巡视，我们只通过几次电话，26 日晚上才见到面。我到了武衣库（即宋府），穿过圆门，走过假山，觉得静悄悄的，没一点生气，冷清的可怕。父亲在客厅沙发上坐着，气色不好。我在对面坐下，父亲说："奶奶他们都很好的，你娘过几天就会来。"我问北平的情况怎么样。父亲说："日本人胡闹，故意找麻烦，要看进展的情形了。"说着站起来又接着说："我要去铁狮子胡同（办公处），一块走吧！"父女坐在车里，竟找不出话来说，可想当时的心情了。街上也很冷清，几个路口都堆着沙袋。父亲说："明天沙袋就搬走了。"我想当时父亲尚未接到必战的命令，所以还尽量作到拖延作战时日的指示，不愿惹起大的冲突，才有此决定。走过金鳌玉栋桥，我忽然想，如果北平有巷战，古迹就难保存了。在夜色苍茫中，北海的白塔，也无精打采的，像是在发愁。

回到东四老君堂，公公说："局势是很紧张，怕日本人要蛮干。你收拾收拾东西，先作个准备吧。"入夜，城外的枪炮声时起时停，我只是无情无绪，并不害怕。那天正是我同贾成骞结婚一周年，看着墙上挂的相片，百感交集。去年此时，有多少人羡慕天生一对佳偶，岂知今日处于烽火弥漫中，消息隔绝，顿觉黯然。

27 日早 6 时许，我到了别墅"进德社"[②]。父亲站在花园里同几个人在讲话，讲完了，才招呼我进去吃早点。他说："天津车不通了，这一群胆小鬼，打就打，怕什么，我叫他们一定要按时通车。"话还没说完，几位高级人员，

---

① 宋景昭系宋哲元将军长女。

② 今北京张自忠路段祺瑞执政府旧址，含招待所性质。

匆匆地走进来，父亲叫我先回去，我料到是不免一场大战了。

连着传来惊人消息，廊坊展开激战，天津海光寺起火，南开学校被炸。想象着天津的混乱，是在巷战吗？是被日军占了吗？不敢再想，顿觉孤寂起来。28 日南苑也有了战争，佟副军长麟阁，赵师长登禹，都壮烈殉国。消息也不知是真是假，电话都不通了，满街炮声。家里小书童宋文祥来见。他大哭失声，说："委员长下午在武衣库同几位高级人员开会，会后都上汽车走了，也不知去哪儿了。他们走后，有很多日本浪人冲进武衣库住宅抢东西，与手枪队冲突起来，现在已经是乱七八糟了。"他把混乱中抢出来的一把手枪，及父亲常用的望远镜送来。我听他说着，已昏昏不知身在何处。主仆相对无言。他满面泪痕地走了，我像掉在深渊里，黑茫茫的，什么也看不见，什么也抓不住。女仆拉我上了车，到了东交民巷临时借用的避难所（德国使馆的别院），作暂时栖息之所。

一夜枪炮声不断，第二天早晨，院子里落了不少炮弹碎片。使馆的仆役送过几份报纸来，嘴里还咕噜着说："汉奸出来了，打不起来了。"每张报上都有张自忠将军的相片，报道他出来维持治安，与日方谈和。当时民心太激昂了，所以才对他有不满意的表现。我们觉得暂时没事了，下午回到老君堂，街上店铺都关着门，行人寥寥无几。……

（选自《文史资料选辑》122 辑，中国文史出版社 1991 年版，第 43—45 页）

## 秦德纯的一生

秦寄云[①]、赵钟璞[②]

……七七事变爆发后，秦迫于全国人民及二十九军士兵抗日情绪高涨，与师长冯治安曾一度表示主战，但他的内心对于张群所说"战必败，和必乱，战而后和，和而后安"的谬论实具同感，因而态度摇摆不定。7 月中旬，齐燮元由天津到北平见秦说："主战是以卵击石，日本并无领土野心，如果宋能真诚合作，在经济方面让步，就可以化险为夷。"秦并未表示拒绝。直至 7 月 26 日，日军进攻廊坊，宋才决定以秦为北平城防总指挥，留主力部队四团归秦指挥，防守北平，待宋到保定调集大军应援反攻。秦即在航空署街私宅空地内，用公款两万元构筑铁筋水泥的防空洞，并设有直通南京的电话，好像要

① 秦寄云，名之栋，以号行世，系秦德纯胞侄，10 岁丧父，自中学起到进入社会做事，常伴秦德纯左右。秦护送张自忠去南京见蒋介石请罪时，秦寄云曾同行，目睹其事。

② 赵钟璞，字抱真，与秦系同乡，并有世交关系，自 1931 年起至南京解放止，联系较多。冀察政权成立前，赵任香河县长，因香河自治事变，曾住秦家避祸一月有余。

秦寄云

尽守土之责似的。28日，宋在武衣库私宅以电话问秦："张荩忱（张自忠号）来了，你知道么?"秦答："我不知道，是委员长叫他来的么?"宋答："不是。"是日下午2时左右，秦先到宋宅，旋张自忠亦到。张向宋说："只要委员长离开北平，我就有办法维持。"宋闻言，面色煞白，没再说话，即提笔委张代理冀察政务委员会委员长兼代北平市市长。张去后，宋与秦即离开北平，同去保定。到后秦即建议，马上密电驻防天津的三十八师副师长李文田暂代师长，指挥所部进攻日军，存心使张自忠为难。张因此为日军所不信任，只当了三天的委员长兼市长，于8月1日傍晚避居东交民巷①，不久即化装潜来天津家中。

张自忠来津后，舆论极为不满，家人亦交相责难，愧悔万分。9月上旬，张乘英商轮船盛京号离津往济南，船未开行，有乘船南下的学生多人闻张在船上，要求见张。张不敢见，由其陪行的同乡聂湘溪（前山东省议会议员）出面，诡称张没在船上，才勉强渡过难关。张以青岛市长沈鸿烈非西北军系统，不敢在青岛下船，由烟台转道往济南。这时冯玉祥因津浦线上军队系其旧部，以第六战区司令长官身份到津浦线督师抗战。韩复榘拒不见面，萧振瀛又大肆进行拒绝冯玉祥、罢免张自忠、推倒宋哲元、拥护冯治安的活动。冯玉祥知事无可为，一怒而去河南道口，宋哲元则先退到泰安。秦恐二十九军分裂，闻张自忠到济，即由前方赶来。张见秦，痛哭流泪，无地自容地说："对不起长官，对不起朋友，无面目见人。"秦安慰他说："君子之过也，如日月之食焉。过也人皆见之；及其更也，人皆仰之。报国之日方长，过去的事就算过去了，不必介意。"秦即陪其到泰安见宋。9月间，冯玉祥派石敬亭为代表，韩复榘派山东省府委员张钺为代表，宋哲元派秦为代表，护送张自忠到南京见蒋请罪。秦等坐在头等车内，张自忠则同他们的随从人员匿居三等车中。浦口下车时，张恐被扣押，神色极为不安，从身上取出一个包着存款折的小包暗自递交秦妻代为保存。到南京后，秦立即以电话与侍从室主任钱大钧约定翌日下午见蒋。届时秦等三人陪同张自忠前往。行前张问秦，"应该说什么?"秦逐句教之，边行边诵。及见蒋，张说："职当兵出身，是个老粗，不学无术，愚而自用，原来想着和平解决华北局面，结果贻害国家，贻害地

---

① 张自忠于8月2日脱军籍，日军8月4日开进北平，张8月6日通电辞冀察政务委员会委员长等三职。

方，后悔无及，请委员长给以严厉处分，任何处分都是教育我改过学好，有生之日即是报德之年。”蒋说：“我是长官，你是我的部下，你的错误，就是我的责任，既往不咎，由我担当。”秦紧接着问蒋：“对张自忠如何安置？”蒋说：“你看现在这个情况，他到哪里能够安全呢？先在这里待些日子再说吧。”蒋又对秦说：“你接三十八师行么？”秦答：“不是自己的队伍，个人的得失事小，恐贻误戎机，不敢当此重任。三十八师是张师长一手训练的部队，统率已经多年，现由副师长李文田暂代，还是张回任好。”秦在南京5日，即同石敬亭北返，秦恐蒋对张态度中途变化，在火车上亲拟电稿，用宋名义电蒋介石。电文说：“职部师长张自忠，为人所愚，应变乖方，经面请严处，已蒙钧座宽宥，该师长仰体高厚，誓报涓埃。兹值钧座统师抗战之际，正将士用命之秋，可否令其军前效力，借赎前愆之处，恭请钧裁。”秦到泰安，将电稿给宋阅后即行拍发。不久张来泰安，复任三十八师师长①。……

（选自《文史资料选辑》第52辑，文史资料出版社1964年版，第241—243页）

## 冀东保安队通县反正始末记

张庆余②

### 一

张庆余

1933年5月，蒋介石政权与日本帝国主义订立丧权辱国的《塘沽停战协定》之后，划冀东为不驻军区。接着，蒋政权密令河北省主席于学忠，用河北省政府的名义另成立五个特警总队，训练之后，开入冀东，警卫地方。因此于学忠抽调我和张砚田分任河北特警第一总队和第二总队队长（我和张砚田原系第五十一军于学忠部的团长，我驻防杨村，张驻防山海关），其营长和连长亦由第五十一军抽调，排长和班长准由我和张砚田在本团内选拔。特警总队每队5000余人，系由河北省各县新征来的士兵组成。我和张砚田各率所部新兵，分驻武清县和沧县，开始训练工作。

① 事实上张自忠10月份在南京被蒋介石扣押，未去泰安。
② 时任伪冀东保安队第一总队总队长。

1935年5月，我们奉于学忠命令由原驻地开入冀东，分驻通县、香河、宝坻、玉田、丰润、顺义、怀柔、密云、三河、蓟县、石门、遵化、抚宁一带。我的总队部先驻蓟县，旋又移驻通县。张砚田的总队部驻防抚宁县之留守营。

当第五十一军调往甘肃时，我们这两个总队因系地方特警，不算正规军队，所以没有随同开走。于学忠离河北前，曾密召我们嘱令："好好训练军队，以待后命。"

同年7月，商震继于学忠主持河北省政后，改河北特警队为河北保安队，仍令各总队长安心供职，驻守原防。

同年11月，汉奸殷汝耕割据冀东22县，在通县成立伪冀东防共自治政府。其后，将河北保安队更名为冀东保安队，归伪政权统辖。不过名称虽然更换，内部人事却无任何改变。

这时，我曾密派亲信副官长孟润生赴保定向商震请示应如何应付，商震嘱孟润生密告我："目前不宜与殷汝耕决裂，可暂时虚与委蛇，余当负责向政府陈明。"

我的大儿子张玉珩听说我在伪冀东政权任职，认为我附逆叛国，有辱先人，登报与我脱离父子关系。我妻于德三也劝我迅速设法反正，以免为亲友乡党所不齿。我因以密告我妻说："我的意思现在虽不便明言，但将来总有分晓。你可转告玉珩儿，叫他耐心等待，且看乃父以后的行动吧!"

同年，在宋哲元出任冀察政务委员会委员长以后，我和张砚田密请张树声①介绍往见宋哲元，表明愿随宋抗日。张树声慨允所请，旋即向宋禀报。宋甚愿与我们相见，为躲避日本人和汉奸的耳目起见，约定在天津旧英租界十七号路宋宅与我们会晤。张树声与宋约定时间后，即通知我们在家等候，宋当派人前往邀请。届时，宋派副官陈继先到我家相邀，我们遂一同前往宋宅见宋。宋对我们说："素悉二位热爱祖国，近又听俊杰（张树声字）兄说，二位愿合力抗日，本人代表政府表示欢迎。兹有一事，应先向二位声明，请二位注意。我宋哲元决不卖国，希望二位以后对我不要见外，并望坚定立场，不再动摇。"宋还嘱咐我们加强训练军队，做好准备工作，以防日军侵略。说罢，即命萧振瀛送给我们每人各一万元。我们向宋致谢，说："我俩今后愿一心一德追随委员长为国效力!"宋连称："好，好。"我们遂与宋握手告别。后来保安队在通县起义，与我们这次和宋哲元晤谈是有关系的。

---

① 张树声，字俊杰，河北省沧县人，国民军宿将，同张庆余二哥张庆云系换帖兄弟。张树声为河北省哥老会首领之一，既系"大"字班，又是"双龙头"。张庆余和张砚田都是张树声指挥下的哥老会会员。

## 二

卢沟桥事变爆发后，因宋哲元不在北平，我派心腹刘春台（冀东伪教育训练所副所长）密往北平见河北省主席冯治安请示机宜。冯治安对刘说："现在我军同日军是和是战尚未决定，请转告张队长，暂勿轻动。等我军与日军开战时，请张队长出其不意，一面在通县起义，一面分兵侧击丰台，以收夹击之效。"并嘱刘密告我："可委派心腹人员与二十九军参谋长张樾亭经常保持联系。"刘春台辞别冯治安即往见张樾亭，取得联系。张樾亭当将我和张砚田所部编入战斗序列。

这时，日军驻通县的特务机关长细木繁中佐，为预防第二十九军进攻通县，特召集我和张砚田在通县开军事会议，商讨防守事宜，并出示五千分之一的军用地图，要我们根据地图作出防守计划。我起立发言："我俩都是行伍出身，没有学问，不懂得军用地图。但我俩确具信心，保证能守住通县，并可配合皇军打垮二十九军。不过目前兵分力薄，战守均无把握，我的意见，莫如先抽调散驻各处的保安队集中通县待命，然后再徐议攻守，如何?"细木深以为然，当即照准，并认为我们忠实可靠，遂令散驻各处的日侨亦集中通县，以便保护。

我随即与张砚田分别下令，调动所辖散驻各处的部队集中通县待命，并对调回的部队分别讲话，暗事部署。这时，冀东伪保安处处长刘宗纪见我神色异常，料知有变，因窃与我耳语说："你预备反正，如何瞒得过我，但我也是中国人，岂肯甘作异族鹰犬。望你小心布置，大胆发动，我当追随左右，尽力协助，以襄义举。"

我见日军大举进犯南苑，并派飞机轰炸北平，知战机已迫，不容坐视，遂与张砚田密议，决定于7月28日夜十二时在通县起义。到时，我派兵封闭通县城门，断绝市内交通，占领电信局及无线电台，并派兵包围冀东伪政府（在通县文庙内），把汉奸殷汝耕禁闭起来。我同时又派兵前往西仓，捉拿日本特务机关长细木。细木闻枪声四起，料知有变，率领特务数十人抗拒。细木一手持枪，一手指斥我军官兵，大声叫嚷说："你们速回本队，勿随奸人捣乱，否则皇军一到，你们休想活命！……"细木的话还没有说完，即被我军乱枪击毙。其余特务见势不妙，急反身窜回特务机关内，闭门死守。旋被我军攻入，占领了特务机关。

我部营长沙子云奉我命督队进攻西仓日兵营。日军驻通县的部队约有300余人，连同宪兵、特警及日侨大约有六七百人。闻我保安队起义，知众寡悬殊，难以力敌，遂集合宪警和日侨于兵营内，负隅顽抗，以待外援。由于日军的火力猛烈，工事坚固，激战达6小时以上，我忠勇官兵牺牲于日军炮火之下约200多人，迄未得手。我见此形势，若再不能突破，日军开来大部援兵，内外夹击，更对我军不利，于是决定改用火攻，下令全军："有能从汽油库（亦在西仓，距日兵营很近）搬汽油一桶到日兵营四周的，即赏现洋二十元！"士兵激于爱国义愤，闻命踊跃争先，顷刻间，汽油桶已堆满日兵营四周。我见汽油已运到，下令前线士兵，纵火焚烧。刹那间黑烟弥漫，火光冲天，喊杀声沸腾起来。我军复用大炮和机枪猛烈轰击，集中扫射。接着步兵在炮火掩护下，乘势从四面冲入，远的枪击，近的刀砍。激战至29日上午9时许，日军除一部分逃亡外，顽抗者均被歼灭。

日军驻顺义一队约200人，亦被我驻顺义的苏连章团奉我命同日乘日军不备，突行夜袭，迅速予以歼灭。苏连章团完成任务后，于29日上午10时整队开回通县。苏团开抵通县为正午12时，适日军派来轰炸机24架，对我通县起义军滥施轰炸，苏团官兵躲避不及，伤亡颇众。日机从正午12时起至黄昏时止，轮番轰炸，达7小时之久。苏连章见机轰炸猛烈，防空无备，实在难以支持，于是脱去军服，弃械逃走。

张砚田因见日军势力强大，恐难与敌，乃乘日机轰炸，我忙防空之际，不辞而别，潜回天津寓所隐匿，该队官兵亦因此相结伴逃跑。

## 三

张砚田、苏连章等相继逃亡，这对通县起义军影响极坏。我获悉后，深感局势危急，像这样混战下去，我军愈战愈少，日军越来越多，势难坚持，遂决定趁当夜日军尚未合围，放弃通县，开往北平与第二十九军合兵一处，再作后图。于是我将全军分为左右两个纵队，由我亲自督队，平行转进。及开抵北平城下，始悉第二十九军已行撤出，退至长辛店、保定一带。正在这时，日军从城内杀出，适押解殷汝耕的汽车开至安定门与德胜门之间，被日军将押解囚车的士兵冲散，将殷汝耕劫走。敌复从城内开出装甲车二十多辆，集中火力向我起义军猛烈轰击。我教导总队队长沈维干和区队长张含明因在火线上督队奋战，致中敌弹相继阵亡。我英勇的官兵，因冲锋肉搏，伤亡亦众。

我见第二十九军已去，本队形成孤立，加以前被阻截，后有追兵，若聚兵一处，待至天明，敌机必来轰炸，这么一来伤亡必多，实无异束手待毙。于是决计趁天色尚暗，化整为零，分全军为120个小队，每队五六十人不等，由连排长率领分批开往保定集合。孰意行至中途，竟被孙殿英部分别截击缴械。及我到保定后，我部官兵闻讯，都徒手步行到保定集合，请求我向孙殿英交涉，索还武器，仍愿开赴前线为国杀敌。我当即用好言安慰，嘱令静待后命。嗣后，我见宋哲元，宋握我手叹息地说："你这次起义，不负前约，惜我军仓猝撤离，未能配合作战，深觉愧对。”……

（选自《七七事变》，中国文史出版社 1986 年版，第 71—75 页）

## 我与宋哲元将军的几次交往

刘健群[①]

……我和戈定远君于次日下午飞抵北平。局势相当紧张，环境也不如从前的单纯。秦绍文兄先将我秘密招待在颐和园休息，到天黑后才派车接我入城去和宋见面。这时北平的城门已经掩门站岗，堆上沙包，有如临敌，不问而知问题的严重性了。

和宋见面时好像只有秦绍文和张自忠两人在座。宋对我说：“蒋先生要我去保定，不和日本人谈判，是不是已经准备和日本人打仗？为什么中央不派军队来?”言下对中央的准备作战是充分表示怀疑的。看宋公馆内的情形，和宋的脸色，都充分表示有些凌乱和绝对的不安详。我于是单刀直入地向宋说：“蒋先生要你去保定，不是单纯的要和日本人决裂打仗，但也不是不打仗。”宋向我说：“你说这话是什么意思呢?”我当时也是凭一时灵感想出了一个很巧妙的比方。我说：“宋先生你会不会打扑克?”他说：“也懂一点。”我说：“日本人的牌，是货真价实的三筒。中国方面，顶多是表面的一大对。现在日本出了钱，蒋先生看牌是输，不看牌也是输。唯一的办法，是来一下反烘。让日本人有若干分之一的顾虑，也许会知难而退，以求得万一的和解。这叫做以战求和。”宋问：“万一日本人真要看牌，蒋先生怎么办呢?”我说：“这时人事已尽，只好推翻桌子打架，不计较输赢不问生死了。所以我说，不是一定要打，不是一定不打，中央的宣言‘和平未至最后关头，绝不放弃和平，牺牲未至最后关头，绝不轻言牺牲’。当时党中有人主张改‘牺牲若至最后关头，定必断然牺牲’。但中央还是采用前句，足见一字一句都用尽了心血。蒋先生要你去保定，做出不畏战的姿态，也许由中央应付还有一线的希望。若果你老在北平，作焦头烂额的应付，太软了只有屈服，屈服的结果，是必然的一战；太强硬了，便只有一战。都不是最好的办法，成事不足败事有余，蒋先生的用意和苦心，宋先生你明白了吗?”宋很兴奋地说：“健群兄，你今天来说的，才是合乎人情的真话。他们对我说是蒋先生要我去保定，准备一战，不要我和日本人来往，所以我真是听得不耐烦。”接着他慨然地说：“健群兄，现在话已说明，你先回去对蒋先生说，宋哲元绝不会卖国。现在北平城内无兵，是一个空城，我在三天之内，尽量和日本人敷衍，一面迅调三团

① 刘健群时任军事委员会政训处处长。

兵入驻北平，交张自忠负责主持，我便照中央意旨到保定去。”我此行的任务算是达成了。但宋回顾了秦绍文和张自忠一眼之后，又向我说：“健群兄，照目前情况，恐怕日本人不容许我们延宕，战事也许不可避免。我也不留你，此刻便请你们离平回去。如果幸而无事，三天之后我必到保定，若果不幸，已发生战事，请你通知孙仿鲁兄即刻过河援我，再报告蒋先生。”回想起来真令人感慨万千。

大约是晚上八九点钟，我和戈定远离开北平，经门头沟南返。只是灰沙路，天大雨，路泥泞，泥土深及尺。……

到卢沟桥，已是早上六七点钟，士兵们在战壕里。戈定远兄同几位将官上前来和我打招呼。好像其中吉星文在内，我记不清楚了。仰首一看，天空中有日本飞机八架，戈定远说，我们不要再停留了，赶快过河去罢。别矣！我历史上永远留名的卢沟桥。

到了保定，我去孙仿鲁兄的司令部，才知道日本飞机已轰炸卢沟桥，华北战事将一发而不可收拾。我在司令部和石家庄总部的林主任蔚文接了一个电话。请他报告委员长，宋明轩对蒋先生的意旨虽然了解，但战事已爆发，一切都成过去。请准派孙连仲部过河援宋。……

（刘健群：《银河忆往》，台湾传记文学出版社 1978 年版，第 99—101 页）

## 抗战纪事诗一首

王冷斋[①]

寇公千里急归旌，
恰好危途过一程。
忽报雷声起车辙，
北门幸未坏长城。

宋明轩将年适请假回籍，闻警赶回，途经丰台，日人置炸弹轨下，幸车过一站始爆发，否则将为张作霖之续矣。

（选自王冷斋：《卢沟桥抗战纪事》，时事出版社 1987 年版，第 40 页）

---

① 王冷斋，福建省福州人，毕业于保定军官学校。参加了讨伐张勋的战争，后弃武从文。1937 年 1 月任河北省第三行政区（宛平、大兴、通县、昌平）督察专员兼宛平县县长，七七事变后奉令与日方多次谈判、交涉与周旋。

坚持抗日的宛平县长王冷斋及其僚属

## 第三节　卢沟枪响

### 一、新闻报道

#### 华北日军今演习

1937年4月19日星期一《武汉日报》

【本报北平十八日电】（一）平丰通日军一千二百人定于十九日晨在通州（县）附近举行联合大演习。……

#### 丰台日兵演习炮战
#### 英法兵分别打靶

1937年5月13日《北平晨报》第五版

丰台日兵四十余人，携带大炮两门，于昨日上午八时许在丰台附近演习炮战。另一部官兵五十余人则持步枪、机枪实弹打靶。又驻平英兵六十余人，法兵八十余人，各由该国武官率领，在朝外苗家地演习打靶。当日下午五时先后返城。

【又讯】驻通州（县）日本官兵六十余员，于昨日下午四时五十五分搭车来平，下车后即赴东交民巷该国兵营。

## 工兵连日在平市近郊演习

1937 年 6 月 7 日《武汉日报》第一张第三版

【本报北平六日电】……（三）驻平日工兵廿余名，六日起开始实施现地教育演习三日。六日、七日在平市西南城及北城一带演习，八日赴张家口演习。

## 华北日驻军举行大演习三日
## 以平津丰唐通为目标　田代任总监检阅部队

1937 年 6 月 21 日《申报》（三）

天津 华北日驻军定廿五日晨起，沿北宁路线以平津丰唐通五地为目标，举行全军大演习三日。田代自任总监，河边旅团长、牟田口、萱岛第一、二两联队长、铃木炮兵联队长分任指挥官。昌滦秦榆一带驻军廿四日起向唐山集中，采攻势；津平通军向丰台及津郊集中，取守势。军部幕僚桥本、和知、大木、塚田、长岭等均编入临时作战课，由廿一日起在津军官偕行社规定作战计划。田代于演习前后分在丰通平唐检阅部队。廿四日上午六时，津驻屯萱岛第二联队、铃木特科部队特在津郊黑牛城一带预习，由各中队自作单位，演习战斗，下午五时始毕。牟田口廿日为参加作战会议，由平来津。（二十日专电）

进攻卢沟桥的日军联队长牟田口廉也（左二）

## 七七的回顾　何基沣将军感慨谈

1946年7月7日《华北日报》第二版

抗战发源地的北平，现正在火云如烧，暑威逼人的仲夏时节，迎接胜利后第一次卢沟桥事变纪念日。记者为明悉当年我军英勇抗战的实际情形，特于此伟大纪念日之前夕，走访三十三集团副总司令何基沣氏，探询一切。何氏现寓东城，于上月初始自湖北经上海来平。七七事变勃发时，渠任一百一十旅旅长，负责指挥宛平卢沟桥一带战事。据语记者："在26年7月以前，日军即时常有实弹演习之事，当时因中日国交恶劣，当局恐生意外，对此事极端注意。至7月五六日，据报丰台敌军即渐集中，并配发多量弹药，改着胶鞋，似有特殊企图。因此，我军亦慢慢增强各战略地点之兵力，以防万一。7日拂晓4时[①]，敌军果以演习为借口，自"一文字山"向宛平县城及卢沟桥发动猛烈攻势。我军因守土有责，加以历年受敌军压迫，敌忾之心极为坚强，故甫一接触，敌军即为我极端旺盛之士气所慑服，遗尸累累，受创极重。至晨5时，敌军为挽颓势乃调炮兵增援，向我集中轰击，此时睡在梦乡之平市同胞，多被惊醒，此平市同胞，闻侵略炮声之第一次。时余（何自称）尚在西苑充任军训教育官，负责训练数百学生。彼等闻炮击后，知情形有异，咸向余探听消息，当时余即据实以告，并对学生多方慰勉。至六七时战况转烈，余因赴前方指挥军事，乃与此数百青年告别，当余离开西苑时，见彼等激昂慷慨，热情洋溢之情形，极受感动，知中国复兴企而可待。此七日之情景。

"8日，因敌方与我交涉停战撤兵，整日战况沉寂，我方为表示忍让精神，曾应敌军之请求，允彼等于是日运载遗弃于我方阵地之尸身回队。熟知敌心怀叵测，竟将此等尸体加以残忍之破坏后，摄成图片广肆宣传，诬蔑我军残暴，此举最足令人痛恨。

"9日、10日，前线均有接触，与卢沟平行之铁桥曾一度失守，惟卢沟桥在我吉星文团坚守下，始终雄峙无恙。时我方参战之部队计二百十九、二百二十两团，兵力极为单薄。因之，乃增调独立二十五旅第一团参加战斗，搏斗一二日后，敌军渐感不支，遂退守大井村、小井村，我方仍坚守原阵地。

"相持至20日以后，敌兵频频增加，已自关外运到□军不少。敌酋河边旅团长，此时所指挥之军队已达三联队，约五六千人。我军除原有之三团外，又将一〇九旅之二一七团调至前线，并调冀北保安队，省保安队各一团加入

① 时间有误，日军7月7日夜11点40分左右挑衅，8日拂晓进攻。

战斗。此时敌我军力相埒。26 日，敌军部署完成，向廊坊、八宝山我方阵地猛扑，遂发生空前大战；28 日，我方攻势准备亦完成，乃转守为攻，向敌大举进击，敌阵地多被突破。大井村、小井村、廊坊、丰台均经收复。当时我军本有乘胜北进，直发长城之计划，惜因敌军挟其飞机大炮，将我南苑、北苑工事破坏，我因顾及后方，预定之计划遂未果行。总之，当时平津战局所以突变，实因我方对和平过度努力，对敌过度忍让所致。苟我军在事变之初，即对敌实行攻击，敌寇之损失，不知要增加若干倍。据余所知在卢沟桥战役中，我军死伤约五六千人，敌军伤亡恐倍于我，敌武器之损失约多于我方三分之一。”何氏并对记者宣称：伊将于七七纪念日亲赴卢沟桥祭奠死难之长官、属僚及死难同胞，并将于最近慰问卢沟桥殉难部属在平之家属，在平稍做勾留即行返徐州防次。

## 二、相关电报

### 冀察绥靖主任宋哲元呈蒋委员长告决遵不丧权不失土之指示暂与周旋电

民国二十六年七月九日

急。牯岭。委员长蒋钧鉴：△密。

齐戌、蟹巳机参海电均奉悉。此间战事，业于今晨停息，所有日军均已撤退，丰台似可告一段落。一切情况，业由秦市长电告熊次长，想已转达钧座。华北部队守土有责，自当努力应付当前现况，职决遵照钧座“不丧权、不失土”之意旨，暂与周旋。倘中枢大战准备完成，则固囿民心理夙夜祷企者也。谨此奉复。

职宋哲元叩。佳戌。印。

（录自台湾中央党史委员会库藏史料）

（选自秦孝仪主编：《卢沟桥事变史料》（上册），台湾中央文物供应社 1986 年版，第 126 页）

### 北平市市长秦德纯致军事委员会侍从室第一处主任钱大钧转请令北上各部暂缓前进电

民国二十六年七月十日

牯岭。钱主任慕尹兄勋鉴：生密。

蒋委员长致宋主任电派四师北上，统归指挥，业由宋公经复遵办。惟此间形势已趋和缓，倘中央大战准备尚未完成，或恐影响，反致扩大，可否转请暂令准备北上各部，在原防集结待命，以后果有所需，再为电请之处，务乞察酌为祷。

弟秦德纯叩。蒸戌。印。

（录自台湾中央党史委员会库藏史料）

（选自秦孝仪主编：《卢沟桥事变史料》（上册），台湾中央文物供应社 1986 年版，第 128 页）

## 第四节　宋哲元在天津

（1937 年 7 月 11 日—19 日上午 7 时）

### 一、新闻报道

#### 宋哲元抵津

1937 年 7 月 12 日上海《大公报》第一张第三版

【天津十一日下午十二时发加急电】宋哲元十一日晚抵津。

【济南十一日下午十一时发专电】宋哲元十一日午前十一时由乐陵偕随员、卫队等乘汽车赴津浦路黄河崖站换专车北返。

【中央社天津十一日电】宋哲元十一日午由乐陵乘汽车来津，晚六时半抵达。宋行前甚秘，故知者极鲜。抵津后，因身体劳顿，对访者均未见。宋眷属乘专车亦于夜十一时抵津。

#### 宋哲元返平有待　昨日发表书面谈话

1937 年 7 月 13 日上海《大公报》第一张第三版

【中央社天津十二日电】宋哲元因昨日来津途中劳顿，腰痛宿疾因以复发，返平期尚有待。原定十二日午后接见记者亦因之改期，临时发表书面谈话。原文云：此次卢沟桥发生事件，实属东亚之不幸，局部之冲突，能随时解决尚属不幸中之大幸。东亚两大民族，即是中日两国，应事事从顺序上着想，不应自找苦恼。人类生丁世界，皆应认清自已责任。余向主和平，爱护人群，决不愿以人类作无益社会之牺牲，合法合理，社会即可平安。能平即能和，不平决不能和。希望负责者以东亚大局为重，若只知个人利益，则国家有兴有亡，兴亡之数，殊非尽吾人所能逆料也。

## 宋哲元态度其左右谓极坚决<br>惟认和平希望未绝　张自忠即赴津报告

1937 年 7 月 14 日上海《大公报》第一张第三版

【天津十三日下午九时发专电】宋哲元左右谈，宋意坚决。日军如系缓兵，亦有准备。惟认和平希望未绝。

【北平十三日下午十时发专电】张自忠即搭专车赴津，谒宋哲元，报告此间商决之一致态度。

【天津十三日下午十一时发专电】张自忠原定十三日返津，因永定河发生变故未果，十四日可来津。

## 张自忠返津

1937 年 7 月 15 日上海《大公报》第一张第三版

【天津十四日下午五时发专电】张自忠十四日午后二时半专车返津。据谈，卢变可望和平解决，仍视日军有无诚意。我军已复员，日军则未尽撤退。张认此事为中日间整个问题。

【中央社北平十四日电】张自忠十四日午十二时半乘专车赴津，谒宋哲元请示要公，又孙殿英十四日晨亦赴津公干。

## 宋在津商谈

1937 年 7 月 15 日上海《大公报》第一张第三版

【牯岭十四日下午九时发专电】据报，平郊迄今午尚平静，卢沟桥案交涉已由平移津，由宋哲元亲自处理，张自忠等与日接洽亦正进行。

【南京十四日下午九时发专电】截至十四日晚八时止，北方局势表面又缓和，日方因我外部与日使馆间目前无任何接触，故有种种揣测。北方当局与日军间之交涉，因张自忠十四日午到津，现亦移津办理。宋哲元态度，在其谈话中已显示梗概，但日方既已大举调兵，并作种种积极布置，自有其必求达到之目的。今兹迂回曲折，张弛互见，乃一方对我缓兵之计，一方则为利用时间，完成其军事上之布置也。

【中央社天津十四日电】此间中日双方十四日仍继续谈判，陈觉生、邓哲熙与日驻屯军参谋长桥本群、参谋和知、塚田等随时接洽。关系方面对卢沟桥事件认为和平曙光尚存，但对日方何时撤兵，则无法作断定的断言。总之，今日前方情势渐趋缓和，但全局之解决，似仍有待于双方之继续折冲也。陈觉生十四日下午四时谒宋哲元，报告与日方接洽情形，并有新请示。当晚仍将与日驻屯军参谋塚田等会晤。张自忠十四日午抵津后，邓哲熙往访，交换意见。张允荣十四日亦来津。当晚张等谒宋，报告平市情形，并请示一切。据闻我方对和平仍愿尽最大之努力，而结果如何，则关键在日方是否欲事态之扩大。十四日此间盛传平郊仍有战事，但据返津之张自忠称，平市十四日渐趋平静，南苑亦无事云。

## 宋哲元昨访香月有谈商

1937 年 7 月 19 日上海《大公报》第一张第三版

【天津十八日下午七时发加急专电】十八日下午一时，宋哲元偕张自忠赴日界偕行社访香月，谈三十分钟。津局部交涉可得一结果，但大局问题仍待协商。

【中央社天津十八日电】宋哲元十八日下午一时曾偕齐燮元、张自忠等赴日租界偕行社，访日驻屯军司令香月及参谋长桥本，有所商谈。约一小时辞出。闻宋有将于十九日返平说。

【中央社东京十八日路透电】日日新闻称华北日军司令香月昨日已向宋哲元提出接受日方条件之要求。

## 蒋委员长发表演词　声明国家严正立场<br>国家建设绝对需要和平　准备应战而决不是求战<br>对于卢案提出原则四点

1937 年 7 月 20 日上海《大公报》第一张第三版

【中央社牯岭十九日电】蒋委员长十七日在庐山谈话会第二次谈话时，对卢沟桥事件有所报告。兹纪其要点与演词如下：（要点）一、国民政策为求自存与共存，始终爱护和平；二、卢沟桥事件能否结束，就是最后关头的境界；三、临到最后关头，只有坚决牺牲，但吾人只准备应战，而不是求战；四、和平未绝望前，终希望和平屏决，但要固守四点最低限度之立场。（一）主权领土完整，不受侵害；（二）冀察行政组织不容改变；（三）中央所派官吏不能任人要求撤换；（四）二十九军驻地不受约束。（后略）

**1937 年 7 月 17 日，蒋委员长在庐山谈话会上对卢沟桥事变发表严正声明（引自李云汉主编：《中华民国抗日战争图录》）**

## 宋哲元昨临吊田代葬仪

1937 年 7 月 18 日上海《大公报》第一张第三版

【中央社天津十七日电】十七日午田代葬仪，宋哲元前往吊唁时，与日驻屯军司令香月曾作非正式之会晤，但未谈及任何问题。

【中央社天津十七日电】中日双方在津谈判卢沟桥问题，双方意见似尚未全部一致，仍待于继续努力。宋哲元十七日派陈中孚协助张自忠、张允荣折冲。陈十七日晨再谒宋有所表示，惟十七日因田代葬仪关系未有会商，预定十八日再继续接洽。官方对谈判前途虽不绝对乐观，但认为日来空气已较缓和云。

蔣委員長發表演詞
聲明國家嚴正立場
國家建設絕對需要和平
準備應戰而決不是求戰
對於盧案提出原則四點

1937 年 7 月 20 日上海《大公报》

## 二、相关史料

### 蒋委员长复示冀察绥靖主任宋哲元速进驻保定电

民国二十六年七月十二日、牯岭

天津。宋主任明轩兄：

文辰电悉，先到津甚慰，惟中意兄似仍应从速进驻保定，不宜驻津也，如何盼复。

中正。文。机。牯。印。

（录自总统府机要档案）

（选自秦孝仪主编:《卢沟桥事变史料》(上册),台湾中央文物供应社 1986 年版,第 218 页）

### 军政部参事严宽[1]呈何应钦部长告谈判日方要求之条件电

民国二十六年七月十二日

南京。部长何：〇密。极秘。

一、闻日方要求：（一）撤退卢、龙（王庙）华军。（二）惩办责任者(最低限度处分营长)，治安与河边晤面道歉。（三）严厉取缔华北一切排日抗日。（四）反共。等项。闻该条件，真戌由自忠、省三书面签字送达日方矣。

---

① 严宽（1891—1974），别号宏基，安徽省庐江人。1927 年任何应钦的高级副官，1929 年任军政部参事。1935—1937 年何应钦将其安插在冀察政委会中作眼线，严有权参加二十九军的高级会议，负责汇报华北一切情况。1944 年任军政部军需署副署长，1945 年被授予中将。

二、商定监视撤退员，我三、日三，并定午后六七时开始撤退。我军先撤，日军后撤。

三、卢案最后阶段如何，能否和缓下去，亦在此举。

职宽叩。文。印。

（录自台湾中央党史委员会库藏史料）

（选自秦孝仪主编：《卢沟桥事变史料》（上册），台湾中央文物供应社 1986 年版，第 140—141 页）

## 军政部部长何应钦致冀察绥靖主任宋哲元务祈速赴保定坐镇电

民国二十六年七月十二日

特急。天津。宋主任明轩兄：三九三密。

顷闻大旆抵津，至慰驰系。惟卢事日趋严重，津市遍布日军，兄在津万分危险，务祈即刻秘密赴保，坐镇主持，无任盼祷。盼复。

弟应钦。文亥。秘。

（录自台湾中央党史委员会库藏史料）

（选自秦孝仪主编：《卢沟桥事变史料》（上册），台湾中央文物供应社 1986 年版，第 219 页）

## 军政部参事严宽呈何应钦部长告此间外交工作仍在进行电

民国二十六年七月十四日

南京。部长何：〇密。极密：

（一）此间外交工作，元起转津，自元燮元、允荣、治洲、觉生等均往津。（二）灰色者极力软化仰等，但仰甚硬。（三）形势如此，惟张等口气，尚怕中央军北上。（四）和平仍在进行中。

职宽叩。寒二。印。

（录自台湾中央党史委员会库藏史料）

（选自秦孝仪主编：《卢沟桥事变史料》（上册），台湾中央文物供应社 1986 年版，第 144 页）

## 冀察绥靖主任宋哲元请示应否放弃天津电

民国二十六年七月十四日、北平

宋哲元复手启元未机牯电：

敬遵钧旨，一定本中央之意旨处理。惟军队系驻防性质，集结须时日，天津以东大沽、小站一带之军队亦不易，且天津地当冲要，在目前对之应否放弃，统乞示遵。

北平。寒午。参。

蒋委员长批复：

北平。宋主任明轩兄：

寒午参电悉。天津绝对不可放弃，务望从速集结兵力应战。近情盼详复。

中正。戌、机。牯。

（录自总统府机要档案）

（选自秦孝仪主编：《卢沟桥事变史料》（上册），台湾中央文物供应社 1986 年版，第 144—145 页）

## 军事委员会参谋本部参谋次长熊斌呈蒋委员长告此间当局未能完全明了中央之决心已为解说等情电

民国二十六年七月十四日、保定

急。牯岭。委员长蒋钧鉴：符密。

（一）职本日午后八时抵保定，寓省政府。（二）此间士气甚旺，外传妥协之说，绝对不确。但日来天津方面或有接洽。（三）中央决心及准备情形，此间当局似未能完全明了，已代为解说矣。（四）日方飞机连日在保定、石家庄一带侦察，此间因无防空设备，恐大部队集中保定，不免危险。希望中央能派一部分空军部队及防空部队来保。（五）明轩因平汉线上队伍不少，而津浦线上较为空虚，故电孙仿鲁（即孙连仲）瞩其北上部队到沧州以南集结。但冯师先头业抵正定，现经商定在保定郊外下车，分驻铁路两旁森林中。（六）前方昨晚小有接触，本日平静。（七）丰台日军集结二千余人，向大瓦窑、五里树、卢沟桥方面警戒。又有日军千余人由天津开出，经扬（杨）村向通州（县）前进。冀东伪组织之保安队已开赴密云一带。（八）冯治安主席在北平任戒严司令，指挥平郊作战。张市长病痢甚剧，亦在北平。宋明轩主任，大约暂无来保意，已函促之，托由阎百川（即阎锡山）主任所派，现张荫梧带去矣。（九）经新乡晤庞军长更陈（臣），托转恳委座准其驻新乡，现两团一并开赴前方，以厚兵力。又，特费一万五千元，请仍照发，可否？乞径示。谨先电呈，余续报。

职熊斌叩。寒亥。印。

（录自台湾中央党史委员会库藏史料）

（选自秦孝仪主编：《卢沟桥事变史料》（上册），台湾中央文物供应社 1986 年版，第 135—136 页）

## 军政部参事严宽呈何应钦部长告天津宋寓会议意见不一情形电

民国二十六年七月十五日

天津市府秘书长马彦翀

南京。部长何：一〇一五密。极密。

津宋寓会议，意见稍有出入：（一）张等力主和，日对张等由陈（陈觉生）、马（马彦翀）居中拉拢，故张等对日外交处处让步，藉巩地盘。（二）冯等力主战，对日绝不让步。陈等对外企图仍恃华北特殊，主张地方与日媾和，力谋在外施其伎俩，并以收复失地及中央军北上之利害，极力挑拨与包围宋氏。是以近来此间闲言甚多也。

职宽叩。删。印。

（录自台湾中央党史委员会库藏史料）

（选自秦孝仪主编：《卢沟桥事变史料》（上册），台湾中央文物供应社1986年版，第145页）

## 陆军第二十九军为确保北平及迅速捕灭卢沟桥、丰台之敌下达作战命令

民国二十六年七月十六日

陆军第二十九军作战命令　战字第一号

一、军为确保北平重点及其附近地区对敌抗战，同时以一部迅速捕灭卢沟桥、丰台方面之敌，以使后方兵团之进出容易。

二、部署

（一）总指挥官　第三十七师师长冯治安。

（二）区分

右地区队：

指 挥 官　骑兵第九师师长郑大章。

副指挥官　第三十八师副师长王锡町。

军官团团长徐以智。

第三十八师特务团第二二五团（欠第一营）。

第二二六团第二二七团教导大队。

特务旅（欠第一团团部及第一营）。

骑兵第九师第二旅（欠第五团）。

军官团。

军士训练团。

左地区队：

指 挥 官　冀北保安司令石友三。

副指挥官　独立第三十九旅旅长阮玄武。

冀北保安第一旅。

冀北保安第二旅。

独立第三十九旅。

城防守备队：

指 挥 官　第一一一旅旅长刘自珍。

第三十七师第一一一旅。

第三十八师第二二五团第一营。

特务旅第一团（欠第二营）。

河北省保安第一旅第二团。

右侧支队：

指 挥 官　独立第二十七旅旅长石振纲。

独立第二十七旅。

总预备队：

指 挥 官　总指挥官兼任。

第三十七师（欠一一一旅）。

三、指导要领

（一）右地区队对各方向所来之敌，须均能抗战。应占领由永定门附近起，经平苑大道——南苑营房——亘团河附近。并于通敌方各道路附近，利用地形，对各方向配置所要之兵力。以主力集结于中间要点，待敌接近，即依机动夹击及逆袭等手段击灭之。对南苑至北平城之交通线，应特别注意保护。第二二六团附工兵一部，先在廊坊附近竭力妨害敌前进。并相机破坏敌人之交通，至不得已时，退归地区队。为使地区守备部队之战斗容易起见，应以骑兵主力，在地区守备部队前方广行活动，并破坏被敌利用之交通线，随时随地牵制扰害之。

（二）左地区队占领由北平城东北角经北苑亘昌平车站附近，应在通敌方道路，利用地形，于第一线配置所要之兵力。以主力集结于后方各要点，诱敌进至不利之位置，即以机动夹击之手段击灭之。对于怀柔、昌平方向前进之敌，应与南口附近守备部队确保连（联）系，协力歼灭之。

**1937 年 7 月冯治安（右二）、赵登禹（左一）、秦德纯（右一）视察北平城防（引自 1937 年 7 月《良友》）**

（三）北平城防守备队按城防计划固守之。

（四）右侧支队确实占领黄村、庞各庄至固安大道之各要点，并以黄村附近铁路线为活动基线，对于天津方向之敌，掩护我右侧，对于丰台方面之敌，协同总预备队歼灭之。

（五）南口驻军应负责掩护左地区队之左侧。

（六）总预备队协同各地区队及右侧支队，由各方面包围卢沟桥、丰台附近之敌，应于最短时间迅速捕灭之。

（七）各部在作战期间，应多派有力小组便衣游击队，尽力扰害敌之行动。

（八）各部应即完成准备，候令开始行动。

军长宋哲元（印）

第三十七师师长冯治安（印）

下达法：召集命令受领者印刷交付

蒋委员长批示：存。

（录自总统府机要档案）

（选自秦孝仪主编：《卢沟桥事变史料》（上册），台湾中央文物供应社 1986 年版，第 148—151 页）

## 冀察绥靖主任宋哲元呈蒋委员长报告本中央意旨处理一切　决不丧权辱国电

民国二十六年七月十七日、天津

特急。牯岭。委员长蒋钧鉴：更密。

奉谏亥机牯电，蒙示种切，仰见钧座顾虑周到，观察透彻，将见如二十四年之往事，日本企图侵占华北之表现，已无可讳言。哲元向以国家为重，以民族利益为旨归，一定本中央之意旨处理一切，丧权辱国之事决不去做，谅钧座亦能见信也，现在情形复杂，电报文字未便一一陈明，因而报告甚少，伏乞鉴谅是幸。谨复。

职宋哲元叩。篠申。印。

（录自总统府机要档案）

（选自秦孝仪主编：《卢沟桥事变史料》（上册），台湾中央文物供应社 1986 年版，第 153—154 页）

## 军事委员会参谋本部参谋次长熊斌呈何应钦部长转陈宋哲元主任告战事恐不能免等情电

民国二十六年七月十八日

南京。何部长、程总长、唐总监、徐主任钧鉴：

〇四六七密。职抵保后，觉意志未尽统一，原因在前后情况不甚明了，特托李处长炘赴津说明中央意旨及准备各情况。明轩已有了解，刻亲由津电话告知数事请为转陈：（一）战争恐不能免。（二）彼现在津，不能有明白表示。[①]（三）决不作丧权辱国之事，请勿听谣言。（四）应作第二步计划，即召张维藩赴津转保与斌商洽。谨电奉闻。

参谋次长熊斌叩。巧巳一。印。

（录自台湾中央党史委员会库藏史料）

（选自秦孝仪主编：《卢沟桥事变史料》（上册），台湾中央文物供应社 1986 年版，第 171 页）

## 三、当事人的回忆

### 蒋介石警告宋哲元

李世军

……蒋介石对宋哲元放弃职守，指派齐燮元与日本进行勾结活动，表示很不高兴；其时蒋从情报中得悉日本与汉奸及张白忠等有阴谋对宋下毒手的消息，曾迭电宋注意，并令迅速直接到保定，坐镇部署。宋置之不理，蒋极震怒。双方正闹别扭时，卢沟桥战事发生了，宋日之间一切谈判也就结束

① 宋哲元向熊斌暗示自己有生命危险。

了。……

卢沟桥战事发生后，宋哲元的行动，曾使蒋介石大为恼火。

七月八日凌晨蒋介石亲拟电报要宋哲元立刻到保定督师，并以命令口吻不准宋先回北平。七月十日下午，蒋未得到宋动身电报时，曾要我去乐陵当面告知宋不能回北平的理由，主要是怕廿九军内部发生问题，使宋有失去自由危险。十一日下午我准备动身前，与北平电话联系时，得悉宋已于当天上午到天津了。十三日秦德纯在电话上，告以军事正在进行，宋马上派人来向“中央”报告情况，请示一切，要我在京随时与“中央”联系，暂勿北来。我在电话上，只用暗语把蒋关心宋安全的意思，请他转告。

（选自《宋哲元和蒋介石关系的始末》，《江苏文史资料选辑》第4辑，江苏人民出版社1980年版，第136—137页）

## 第五节　张自忠插手谈判

### 一、国民政府的态度

#### 国民政府外交部长代表董道宁　拒绝日方要求

公文如下：

中国政府在事件不扩大方针下，力求和平解决。中国方面的军事行动，不过是对于日军增兵平津一带的当然的自卫准备。中国政府希望事件不扩大，故对日本政府提出以下二项：

一、在确定的日期同时停止军事行动，撤回武装部队。

二、对此次事件应以诚意按外交手段进行协商。

再者因有地方性质故希望在地方谋求解决。但任何现地协定，须经中央政府承认。此外，中国政府为解决纠纷愿按国际公法，或有关条约的一切解决办法，接受调停或仲裁。

（日本防卫厅防卫研究所战史室著、田琪之译：《中国事变陆军作战史》第1卷第1分册，中华书局1979年版，第184—185页）

#### 卢沟桥事件第四次会报（节选）

时间：廿六年七月十四日下午九时

地点：部长官邸大客厅

出席人员：何部长　程总长　唐总监　徐主任　刘副主任　曹次长

吴副主任　林厅长　周署长　俞署长　项厅长　王司长（务司）
王司长（交司）　陈代司长　尹处长　端木委员　余参事　罗科长　谭科长
会商事项：

（一）罗科长报告今日所得各方情报。

（二）曹次长报告：顷接熊次长电话云：已于一小时前到达保定，寓省政府。得天津方面电话，知方高级参谋已到天津。孙连仲部已过石家庄。据保定军事长官云，因保定无防空设备，希望中央军缓开保定，现天津日本飞机甚多，如中央军仓猝开到，恐被其不意之轰炸。又津浦路北端甚空虚，甚愿中央军能由津浦路北上到沧州等处云云。

（三）部长报告：委座有电到外交部，嘱发表申明书。顷研究甚久，但觉颇难着笔，因据外交界确实消息，十一日晚，宋已签字，承认日方条件。现中央并非申明宣战，仍须说明和平愿望，而地方政府已与对方签订和平条件，中央尚不知底蕴，仍在调兵遣将，准备抗战，是中央与地方太不联系，故发表宣言，甚难措辞，研究结果，以电话告钱主任，请转陈委座核示。

又：据北平消息，日方及汉奸对宋部大肆挑拨，谓日军此次行动，系拥护冀察利益，拒止中央军来占冀察地盘。又对张自忠部下，则谓仅打冯治安部，不打张部等语。

又英国领事及新闻记者曾见宋，宋发表谈话，谓代表所签字承认之条件，系敷衍日方面子。日方兴师动众，非得一点凭据，面子不好看。现在日本全国仅二十师人，用于平津者不过五六万人。现中央交四个师归我指挥，决不怕日军之压迫等语。

但据北平私人电话，宋为亲日分子齐燮元、张自忠、张允荣、陈觉生四大金刚所包围，确已于十一日晚签字，承认日方之条件如下：1. 道歉并惩办此次事变责任者；2. 取缔共产党、蓝衣社激烈分子排日抗日等运动；3. 永定河以东、西山以西，不驻中国军队。（按此条有南北二百余里、东西百余里地方又形成冀东状态）但秦德纯致牯岭电话，不承认有上叙事实，谓并未签订任何条件。

（引自中国第二历史档案馆：《民国档案》第 2 期，民国档案馆 1987 年版）

## 卢沟桥事件第十六次会报（节选）

时间：廿六年七月廿六日下午九时
地点：何部长官邸
出席人员：何部长　程总长　唐总监　徐主任　陈院长　俞部长　熊主席
熊次长　曹次长　钱主任　周主任　刘副主任　吴副主任　龚厅长　徐厅长
张主任发奎　钱秘书长昌照　林教育长　黄校长　俞署长　陈会计长

杨司长　周署长　张署长　项厅长　徐秘书主任　尹处长　王司长（务）
王司长（交）　陈司长　端木委员　李司长（外交部）　佘参事　谭科长
李参谋　罗科长

会商事项：

罗科长报告情报。

熊次长报告北行所得实情。

（1）事变中廿九军将领之内情：

卢事发生后，八号及十号，冯治安、秦德纯决心反攻，宋亦由乐陵电令先消灭当面之敌。当开会时，冯发表主战言论后，问张自忠意见如何，张答无意见，于是于八日晚下反攻命令。殊日人方面因兵力甚少，得此消息，即多方派人疏通，谓可无条件撤兵，因之乃收回反攻命令。至十日日军未撤，冯等又下令反攻，日人又向张自忠及许多亲日分子从事疏通，致反攻未成事实。宋到天津后，为许多亲日分子所包围，形势乃不佳。

熊次长到保后，乃派李处长炘赴津，告以：①中央军北上乃为增援廿九军。②如能和平解决，亦可为廿九军助威，并向宋解释诸种误会。

宋在津被包围，结果乃派张自忠、张允荣与日方议定三条，系无头无尾之条约。原文如下：

解决之条件：①道歉。②廿九军退出卢沟桥城及龙王庙，以保安队接防。③取缔共产党、蓝衣社等。廿六年七月廿一日。张自忠、张允荣签名。

至外传许多条件，如撤换秦、冯，经济合作等，均未正式提出。宋到平后，表示和战均听命中央，如主战则因廿九军尚未集结，须有相当时间之拖延，以便集结兵力，并请中央亦作相当准备。宋于廿三日将和平三条件电呈委座后，曾二次询问委座复电，可知宋对和议不敢自由。

和平条件成立后，廿二日由平开出一团，扬言系 37D 部队，实系保安队驻天坛之新兵。齐燮元于廿四日催宋撤兵，并谓如再不撤，日军将以飞机百架轰炸北平云云（燮元为一大汉奸）。

（2）二十九军之官兵态度：

宋哲元态度无可疑虑，不过希望俟有准备后再抗战，且宋主张攻势作战，不主张守势作战，故对沧保线工事不主张构筑，主张以四师兵力由天津冲山海关。前中央所发工事费五十万元，以廿五万给刘汝明，筑察省工事，至河北则主攻不主守。

秦德纯、冯治安，则始终强硬主战，且甚服从中央。

张自忠自赴日本以还，似害有二种病，即①因日人给以许多新式武器之参观，以致畏日。②因日人对其优待而亲日，但廿九军将领一致主张，则张亦不致独持异议。

刘汝明态度亦强硬，赵登禹则无成见，以众议为依归。

中下级干部及士兵，则完全情绪热烈，不惜一拼，士气大为可用。……

（选自中国第二历史档案馆：《民国档案》第 3 期，民国档案馆 1987 年版）

## 二、张自忠谈判

### 张允荣代表张自忠与日方谈判

张自忠在冀察军内颇有威望，尤其是当年春季，他曾由天津军部塚田中佐向导，和张允荣同往日本视察，帮助他对于日本国力有了新的认识，所以据说由他负责，与冀察军内其他要人不同，总会对日采取合作方式的。因此尽管他当时正在生病，还是选定他担任日华交涉的主要负责人。当天下午四时，松井特务机关长约请冀察政务委员会委员张允荣，作为张自忠的代表进行了约三小时的谈判，中国方面回答说，从卢沟桥撤兵和惩处肇事的负责人两项有具体的困难，因而谈判没有结果。

（〔日〕今井武夫著：《今井武夫回忆录》，上海译文出版社 1978 年版，第 34 页）

### 张自忠与日方松井太久郎在北平签订停战协定三项

（1937 年 7 月 11 日）

……原来约定下午三时签订协定的时间推迟了数小时。通知中国方面延期了数次，一直到下午六时，日本方面代表才到张允荣住宅与中国方面代表会见，首先以双方同意的协定草案为基础，进行文字修改。晚上八时，日华两军代表松井太久郎和张自忠两人完成协定的签字手续，我这时才安下心来。

协定内容如下：

解决条件

一、冀察第二十九军代表向日本军表示遗憾之意，并将负责人予以处分，更声明将来负责防止再惹起此类事件。

二、中国军为了避免与丰台日本驻军过于接近而易惹起事端起见，不驻军于卢沟桥城郭和龙王庙，以保安队维持治安。

三、本事端认为多半是胚胎于所谓蓝衣社、共产党和其他抗日系统各团体的领导，故此将来采取对策，并彻底取缔。

对以上各项均表同意。

（〔日〕今井武夫著：《今井武夫回忆录》，上海译文出版社 1978 年版，第 40—41 页）

## 停战协定第三项誓文（史称《香月细目》）

（1937 年 7 月 19 日夜 23 时—20 日 3 时）

为实现 7 月 11 日签订的协定中的第三项，约定实行下列各项：

一、彻底弹压共产党的策动。

二、对双方合作不适宜的职员，由冀察方面主动予以罢免。

三、在冀察范围内，由其他各方面设置的机关中有排日色彩的职员，予以取缔。

四、撤去在冀察的蓝衣社、CC 团等排日团体。

五、取缔排日言论及排日的宣传机关，以及学生、群众的排日运动。

六、取缔冀察所属各部队、各学校的排日教育及排日运动。

民国二十六年七月十九日

第二十九军代表　张自忠　张允荣

又，撤去在北平城内的第三十七师，由冀察主动实行之①。

（引自日本防卫厅防卫研究所战史室著、田琪之译：《中国事变陆军作战史》第 1 卷第 1 分册，中华书局 1979 年版，第 184 页）

# 第六节　宋哲元返平及二十九军应战

## 一、新闻报道

### 宋哲元昨晨到北平

1937 年 7 月 20 日上海《大公报》第一张第三版

【天津十九日下午二时发专电】宋哲元十九日晨七时半专车赴平。

【北平十九日上午十一时发专电】宋哲元十九日上午九时四十分专车由津抵平，王式玖、邓哲熙、张维藩等偕来。秦德纯、冯治安、石友三及中岛等多人到站迎接。宋下车后，与秦德纯、张维藩同乘汽车返私邸休息。据宋左右谈，在津无何决定。

【中央社天津十九日电】北宁路二十七号桥旁发现炸弹，其时宋哲元赴平

---

①　午后南京国民政府外交部长代表董道宁已经拒绝了日方无理要求，可深夜张自忠、张允荣却私自擅权与天津日驻屯军参谋长桥本群签订了《香月细目》，从形式上是僭越职权，从内容上看是丧权辱国。该内容一直保密至第二次世界大战结束，日本档案解密后方真相大白。

1937年7月19日晨，宋哲元由津到达北平火车站

专车已过，炸弹未爆发，无损伤。桥在杨村与汉沟之间。[①]

## 张自忠19日晚再晤桥本

1937年7月20日上海《大公报》第一张第三版

【天津二十日晨一时发加急专电】张自忠十九日晚再晤桥本。卢沟桥案谈判大致决定。

## 宋哲元谈话

1937年7月21日上海《大公报》第一张第三版

【中央社北平二十日电】蒋委员长发表我国最低立场谈话后，记者二十日晨访宋哲元，询以对时局态度，宋因事忙，未予接见。乃发表书面谈话云："本人向主和平，凡事以国家为前提，此次卢沟桥事件之发生，决非中日两大民族之所愿，盖可断言。甚望中日两大民族彼此互让，彼此相信，彼此推诚，促进东亚之和平，造人类之福祉。哲元对于此事之处理，求合法合理之解决，请大家勿信谣言，勿受挑拨，国之大事只有静听国家解决也。"云。

## 刘汝明抵平谒宋报告

1937年7月21日《北平竞报》

【本市消息】察主席刘汝明，以冀政会委员长宋哲元，业已由津返平，本

① 参考本书王世杰1937年7月19日日记。

人特于前夜十二时许由张垣搭平包快车于昨晨六时四十分抵平，谒宋报告察省地方军政备情形云。

## 张自忠发表谈话述卢案折冲经过

1937 年 7 月 24 日《大公报》第三版

【本市消息】津市长张自忠于昨晨发表谈话云："此次卢沟桥不幸事件发生，适余卧病在平，当即力疾（立即）会同秦市长、冯主席。本素主不丧权、不辱国之精神与之周旋，所有经过业会同秦、冯电达各方。及宋委员长到津，余始来津，一切均遵照宋委员长之指示办理。当知中国是整个的国家，中华民族是整个的民族，如属国家整个问题，应由中央统筹处理；若仅系地方事件，当唯冀察政委会之命令是从。余分属军人，兼绾市政，只知服从命令，捍卫地方，自信爱国向不后人。至连日情形已散见各报，刻以宋委员长返平，故一切均由宋委员长在平处理。余以病犹未愈，各位记者未能多所延见，故简谈经过如此。"

## 张自忠到平谒宋　宋哲元南苑阅兵

1937 年 7 月 26 日《申报》(四)

天津 张自忠二十五日下午四时零五分赴平谒宋报告卢事善后，宋拟召冀察要人再加商讨。(二十五日专电)

北平 宋哲元二十五日晨五时赴南苑检阅驻军，并视察营房，七时余返平，仍赴进德社，召集秦德纯等有所商洽。(二十五日中央社电)

1937 年 7 月 25 日宋哲元南苑阅兵（引自《宋故上将哲元将军遗集》）

## 平津中日双方昨晚均有重要会议

1937 年 7 月 26 日《申报》(三)

北平 宋哲元廿五日晚在进德社召集冀察各要人会谈，张自忠赶来参加，迄深夜尚未散。对时局问题，有重要商讨，与津日军部廿五日之会议遥遥相应，同等重要。(二十六日上午一时急电)

宋一切聽命中央

時局無開展平津軍運頻繁

堅欲駐軍廊坊日兵昨開槍

日運輸艦三艘運到大批軍火

宋赴南苑檢軍

廊坊日軍示威

軍火陸續運到

平津愈感不安

日機昨飛鄭偵察

北平上空機聲軋軋

盧溝橋畔

1937 年 7 月 26 日上海《大公报》

## 日军攻占廊坊经过

1937 年 7 月 27 日《申报》(四)

天津 二十六日晨一时三十分，日军向我廊坊驻军要求退出营房，我军未允，日军即开枪射击。至四时许，我军不堪炮火压迫，开始抵抗。日机九架，五时赴前方轰炸，掷弹四五十枚，我驻军营房全遭炸毁，士兵死伤甚多，损失奇重。三十八师副师长李文田据报后，急向平师长张自忠请示，张令负责与日军部交涉，李文田向日军部交涉结果：先令前方停止冲突，十一时后战事停止。(二十六日专电)……(后略)

## 廊坊我军集中某处

1937 年 7 月 27 日《申报》(四)

北平 廊坊我驻军于二十六日午十一时许，集中□□，现前方战事已停，

张自忠与松井等在平开始交涉，日方态度强硬，预料恐无若何结果。（二十六日中央社电）

1937 年 7 月 27 日上海《时事新报》

二十五日（七月）下午五时，由津开抵廊坊日军称，修理电话线，拟均下车。我廊坊驻军第三十八师张自忠部刘旅，因未奉命，当加阻止，并婉词劝止。该部日军坚不接受劝告，当即全部下车，成散兵线，将廊坊车站占据，并积极构筑工事，双方形成对峙状态。至二十六日晨零时一十分，该部日军突由车站用机关枪向我军防地扫射，我军因事前未作准备，伤亡十数名。乃一面向上官请示，一面准备应付，形势极严重。是时日军仍每隔数十分钟，即以机关枪扫射约二十分钟，扫射时枪声极密。同时有日军钢甲车一辆，开至我军防地附近开枪射击数十余发。我军迄未还击，直至二十六日晨二时半始应战。是时津日军六十余名，乘载重大汽车三辆，由津过武清开抵廊坊增援，双方对峙。至二十六日晨五时，廊房上空忽有由东北飞来侦察机一架，低飞侦察。约十五分钟始飞返。五时十五分即有日轰炸机四架，飞抵廊坊上空，向我军营房投炸弹达五十余枚，我军损失极重。同时据守车站内日军百余人，向我猛烈攻击。因电话已不通，我前方部队只有沉着应战，坚守原防，日军迄未得逞。五时二十分复有日军兵车一列，上载日兵三百余名，铁甲车三辆，大炮十门，由津开抵廊坊。五时二十五分有由津新站开来日兵车一列，上载日军一千四百余名，亦开抵廊坊，下车增援。日方轰炸机四架亦于五时三十五分飞去。六时十分日轰炸机四架又飞来掷弹数十枚，我军以仅一小部，日军大批援军到达共二千余名。且我军因日军轰炸及猛攻，已伤亡甚重，我军乃退出营房，在廊坊北宁路铁道南北高粱地内布防。十时二十分，又有日侦察机、轰炸机混合队十七架，飞抵廊坊我军防地及廊坊附近掷弹。同时日军仍向我猛攻，附近人民亦避于高粱地内。但结果我军伤亡达千余人，情形极惨。截至下午一时许，我军渐向廊坊西北方集中，逐步与敌军相峙中。

## 廊坊车站两军大激战

1937 年 7 月 27 日上海《大公报》第一张第三版

【北平二十六日上午十时发专电】日军二百名二十六日晨由津到廊坊、落垡下车布防，并拟占领车站，与我军发生冲突。由上午六时至九时，尚未止。平津车及电话均不通，平市情形无变动。

【天津二十六日下午二时发专电】廊坊日军二十六日晨三时向我驻军三十八师二二六团崔振伦部挑衅，发生冲突，迄十时未止。津日军开三列车赴援，平津车又停。

【南京二十六日下午八时半发专电】二十六日晨八时后，日军攻廊坊及日机多架飞至廊坊轰炸之情报不断传来，战事自二十五日夜十二时开始至二十六日晨十时停止。我廊坊驻军被迫撤至黄村集中。闻平津两方现正分别与日方交涉，社会各方迩日对于北方表面和缓而日本继续增兵之局势本极焦虑，今闻廊坊之事，益深愤慨，并信我方纵极委屈亦难保和平苟安之局。关系机关长官得报后，曾集会交换意见，但未有所发表。外部与日使馆闻迄二十六日午后五时止，亦无何接触，川越（日本驻华大使）返京尚无确期。

【中央社北平二十六日电】廊坊我驻军于二十六日午十一时许集中廊坊前方某地，现前方战事已停。

【长辛店二十六日上午十时发急电】日机二十六日晨猛炸廊坊营房，中日两军在廊坊正激烈战争中。

【天津二十六日上午十二时发急电】驻廊坊之二十九军第三十八师张自忠部第十三旅（第一一三旅）于今晨十时退出廊坊。

【北平二十六日上午十二时发急电】廊坊中日军冲突，日军派飞机五架助战，向我军营房投弹，并用机枪向我军扫射，我方伤亡甚众，营房全被炸毁。……

日機昨晨轟炸廊坊
香月致宋最後通牒
限三十七師今明兩日全部撤退
廣安門昨有衝突平市極緊張
廊坊車站兩軍大激戰
日機轟炸廊坊

1937 年 7 月 27 日上海《申报》

## 宋哲元决心应战　通令二十九军抵抗

1937 年 7 月 27 日《申报》

北平 外人方面息，冀察最高当局在以往之半个月内，正努力于卢案和平解决措施中，不料廊坊战祸又起，显然引起无限焦虑。此间各国使节间之舆情，对日军全然堵塞和平路径之行动，多数认为中日局势行将临为不可收拾之境。张自忠今晨因廊坊案曾与松井晤面，惟松井于廿六日下午四时起，已

拒绝与中国方面任何往访宾客接见，其情势严重，未来之演变殊足注目。（二十六日专电）

南京 中央顷接宋哲元来电，谓已谕令二十九军抵抗日军云。同时据今午长辛店电话，卢沟桥及大井村形势极端紧张，该两地虽未发生战事，但随时有发生冲突之虑。（廿六日中央社路透电）……

北平 今晚各要人齐集宋邸，商谈应付方针。（二十六日下午十一时二十分急电）……

北平 廊坊战事发生后，张自忠今晨电津，令李文田向日方交涉停止进攻，张本人今晨亦访松井交涉，均无结果。（廿六日专电）

香月向宋提最後通牒

宋哲元決心應戰

通令二十九軍抵抗

日軍炮轟北平廣安門

廊房楊村今晨又衝突

中日局勢臨最後關頭

**1937年7月27日《申报》**

## 冀察绥靖主任宋哲元呈何应钦部长告我军撤出廊坊大战恐不能免电

民国二十六年七月二十六日

南京。部长何：宥辰参电计达。三一一二密。

今早八时，日军又由天津开抵廊坊千余名，同时并以飞机十四架、装甲车数辆，向我当地驻军猛烈轰袭。我军四面受敌，现已撤出阵地。平津交通已被切断，战事恐不可免。将来北平尚可支持，天津方面兵力单薄，危险万分。拟请速饬庞军集结沧县，以作总援。查日方此次发动，纯对冀、察，乃职部防务辽远，战端一启，处处堪虑。即祈速示机宜，以备遵循为祷。

职宋哲元叩。宥申。参。

蒋委员长批复：寝，宥申各电○。

此时先应固守北平、保定、宛平各城为基础，切勿使之疏失。保定防务，应有确实部队负责固守。至平津增援部队，可直令仿鲁随时加入也。此时电报恐随时被阻，请与仿鲁切商办法，中央必以全力增援，勿念。

（录自台湾中央党史委员会库藏史料）

（选自秦孝仪主编:《卢沟桥事变史料》(上册)，台湾中央文物供应社 1986 年版，第 182 页）

## 刘汝明返张垣坐镇

1937 年 7 月 28 日《中央日报》第一张第三版

▲中央社北平二十七日电：察省主席刘汝明日前来平谒宋哲元，报告察省政务，并协商一切。现以时局紧张，省防重要，于二十七日晚六时四十分搭平绥车返张垣坐镇。

## 宋派代表到京

1937 年 7 月 28 日《中央日报》第一张第三版

本京息，冀察政委会委员长宋哲元昨（廿七日）有两电到京，对平津情况续作详细报告，并有所请示，一面派员到京，代表面陈一切。

▲中央社天津廿七日电，时局已濒最后关头，此间一切谈判均已停止，官方因平津电话电报均被破坏，消息传递，殊欠灵敏，故大局究竟现已发展至如何程度，无从知悉。张自忠现在平，市府政务由秘书长马彦翀、警察局长李文田等处理。据当局称，目前大沽等地尚平静，廊坊廿七日晨亦无冲突，中日双方军队仍在对峙之中。……

## 宋哲元通电　决尽力自卫守土

【中央社北平二十八日上午四时电】宋哲元顷发表通电，原文如下：

委员长蒋、各院会钧鉴：各部、各省市政府、各绥靖主任、各总司令、各总指挥、各军长、各师旅长、各法团、各报馆钧鉴：

哲元自奉命负冀察军政之责，两年来以爱护和平为宗旨，在国土主权不受损失之原则下，本中央意旨处理一切，以谋华北地方之安宁，此国人所共谅，亦中日两民族所深切认识者也。不幸于本月七日夜日军突向我卢沟桥驻军袭击，我军守土有责，不得不正常防御。十一日双方协议撤兵，恢复和平。不料于二十一日炮击我宛平县城及长辛店驻军，于二十五日夜突向我廊坊驻军猛烈攻击，继以飞机大炮肆行轰炸，于二十六日晚又袭击我广安门驻军，二十七日早三时又围攻我通县驻军，进逼北平南北苑，已均在激战中。似此日日增兵，处处挑衅。我军为自卫守土计，除尽力防卫听候中央解决外，谨将经过事实掬诚奉闻。国家存亡，千钧一发，伏乞赐教，是所企祷。

第二十九军军长宋哲元叩。感。印。

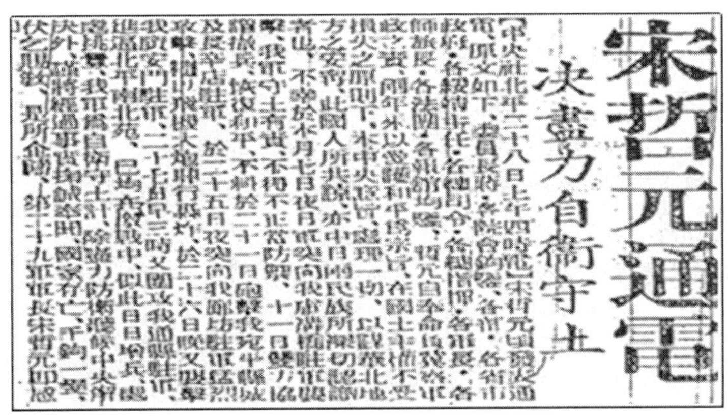
宋哲元通電
决盡力自衛守土

1937 年 7 月 28 日上海《大公报》

## 二、相关电报

### 冀察绥靖主任宋哲元呈蒋委员长请示暂令北上各部稍作后退　以便和缓俾得完成准备函

民国二十六年七月二十四日

委员长钧鉴：

敬肃者，目前局势敌已实行一部动员，想其必有所收获，方肯罢休。倘中央此刻决心一战，职分属军人，自当效命前驱，义无反顾；但恐无胜他之可能，不能达到任务，有误国家大局。刻下拟请

钧座千忍万忍，暂时委曲求全，将北上各部稍为后退，以便和缓目前，俾得完成准备。

钧座深谋远虑，庙算周全，倘稍假时间，必可达到复兴民族之目的。不计暂时之毁誉，求最后之成功，所有一切，请熊次长哲民兄代陈。敬祈

鉴督。关于此后之准备，当积极筹划。一面严密戒备，以防意外；并请

赐予训示，俾资遵循。专肃。敬请钧安。

职宋哲元谨禀二十六、七、二十四

蒋委员长批示：保存。

（录自总统府机要档案）

（选自秦孝仪主编：《卢沟桥事变史料》（上册），台湾中央文物供应社 1986 年版，第 174 页）

## 冀察绥靖主任宋哲元呈蒋委员长述日军袭击廊坊战况电

民国二十六年七月二十六日

限即刻到。南京。委员长蒋、军政部长何钧鉴：〇四六七密。

日兵三百名于有未陆续开抵廊坊，当夜十二时，突向我廊坊驻军袭击。今晨又派轰炸机六架向我军轰击。刻下仍在对峙中。除令固守原防竭力抵抗外，谨闻。

宋哲元叩。宥辰。参。印。

何应钦部长批示：

呈阅。拟复。日军狡诈莫测，请饬属严密防范，并随时将情况电告。

钦。

（录自台湾中央党史委员会库藏史料）

（选自秦孝仪主编：《卢沟桥事变史料》（上册），台湾中央文物供应社 1986 年版，第 181 页）

## 日本华北驻屯军对我二十九军之最后通牒

民国二十六年七月二十六日

第二十九军军长宋哲元阁下：二十五日夜间，我军为保护廊坊通信所派士兵，会遭贵军非法射击，以致两军发生冲突，实深遗憾。查此事发生之原因，实由于贵军对于我军所订之协定，未能诚意履行，而缓和其挑战的态度。如果贵军有使事态不趋扩大之意，须将卢沟桥及八宝山附近配备之第三十七师（附注：师长冯治安）于二十七日正午以前撤至长辛店，并将北平城内之三十七师撤出城外，其在西苑之第三十七师部队，亦须于二十八日正午以前，先从平汉路以北地带移至永定河以西之地，并陆续撤退至保定方面。如不实行，则认为贵军未具诚意，而不得不采取独自之行动以谋应付。因此，所有一切责任，并应由贵军负之。

日本军司令官、陆军中将　香月清司

昭和十二年七月二十六日

（录自外交部档案）

（选自秦孝仪主编：《卢沟桥事变史料》（上册），台湾中央文物供应社 1986 年版，第 189 页）

## 冀察绥靖主任宋哲元呈何应钦部长告日军由广安门强行入城与我驻军冲突电

民国二十六年七月二十六日

限即到。南京。部长何：三一一二密。

今日下午七时，敌用载重车三十余辆，载兵约五百名之谱，由广安门强行入城，经我守兵阻挡，不服制止，以致互相冲突，刻正在对峙中。似此情形，敌有预定计划，大战势所不免。除饬各部即日准备外，谨闻。

职宋哲元叩。寝。印。

（录自台湾中央党史委员会库藏史料）

（选自秦孝仪主编：《卢沟桥事变史料》（上册），台湾中央文物供应社 1986 年版，第 180—181 页）

## 冀察绥靖主任宋哲元呈蒋委员长告北平四面皆敌决心固守电

民国二十六年七月二十七日

急。南京。委员长蒋钧鉴：〇密。

宥戌机京电，蒙示决心四条，谨悉。北平为华北重镇，人心所系，大势所关。现在已成四面皆敌之形势，通县于今晨三时起，亦正在激战中，职受国家人民付托之重，已决心固守北平，以安人心，而作士气，决不敢稍有畏避也。谨复。

职宋哲元叩。感辰。印。

（录自台湾中央党史委员会库藏史料）

（选自秦孝仪主编：《卢沟桥事变史料》（上册），台湾中央文物供应社 1986 年版，第 186 页）

## 冀察绥靖主任宋哲元自北平呈请速派大军北进及飞机电

民国二十六年七月二十七日

敌以全力围攻北平，情势实堪危虑，拟请中央速作第二步之准备；并速派大军由平浦线星夜兼程北进，以解北平之围。如派飞机队到河间、任丘一带，则于战局更有裨益。

蒋委员长批示：急。北平。

宋主任明轩兄：感巳午各电悉。第二步计划已早有准备，当照来电派大军全力增援；并派大员到保策应，请兄稳扎稳打，最后胜利，必归于我也。

中正。感申。机。京。

（选自秦孝仪主编:《卢沟桥事变史料》(上册)，台湾中央文物供应社 1986 年版，第 183 页）

## 冀察绥靖主任宋哲元呈蒋委员长何应钦部长告日军围攻通县团河激战平郊遭轰炸等战况电

民国二十六年七月二十七日

急。南京。委员长蒋、军政部长何钧鉴：三一一二密。

（一）我驻通县之傅鸿恩营，自今晨三时，被敌围攻，战斗异常激烈，迄十一时，由傅营长率部冲出重围，敌复以飞机跟踪轰炸，刻已撤抵南苑收容整理。（二）今日下午三时，敌步、骑约四百名，附唐克（坦克）车数量（辆），向我团河驻军猛攻，经我向其两翼绕击，敌伤亡甚众，刻仍在激战中。（三）敌四百余名，今早八时，向我小汤山之商镇夏营攻击，同时以飞机轰炸，经我沉着应战，敌未得逞，刻仍在对峙中。（四）本日敌机屡在平市上空侦察，并在城外投弹轰炸。下午四时以后，复来敌机四五架，盘旋侦察甚久，并在各郊投弹数十。除饬各部详侦敌情主动应战外，谨闻。

职宋哲元叩。感酉。参。印。

（录自台湾中央党史委员会库藏史料）

（选自秦孝仪主编:《卢沟桥事变史料》(上册)，台湾中央文物供应社 1986 年版，第 187 页）

## 蒋委员长致冀察绥靖主任宋哲元指示固守北平三日中央日夜兼程增援电

民国二十六年七月二十七日、南京

北平。宋主任勋鉴：

偃。请兄静镇谨守，稳打三日，则倭氛受挫，我军乃易为力。务望严令各部，加深壕沟，固守毋退，中央必星夜兼程，全力增援也。

中正手启。沁西。机。京。

（录自总统府机要档案）

（选自秦孝仪主编:《卢沟桥事变史料》(上册)，台湾中央文物供应社 1986 年版，第 233 页）

## 军政部参事严宽呈何应钦部长告和平已绝望二十九军决与城共存亡电

民国二十六年七月二十七日

特急。南京。部长何：一〇一五密。

秦托电告如下：（一）日致我通牒，限我二十九军俭午前撤退，我方已将该通牒送回。（二）和平已绝。宋及二十九军将领已决心与城共存亡。至城外各方面，俟布置完毕，即行应战。望转电何公速派大量飞机及军队来北。等情。谨报。乞复转达。

职宽叩。感戌。印。

（录自台湾中央党史委员会库藏史料）

（选自秦孝仪主编：《卢沟桥事变史料》（上册），台湾中央文物供应社1986年版，第187—188页）

## 冀察绥靖主任宋哲元呈蒋委员长何应钦部长告已严词拒绝日方最后通牒电

民国二十六年七月二十八日

南京。委员长蒋、军政部长何钧鉴：二五七七密。

二十六日日方向我提出通告，限于二十七日午十二时以前，将八宝山、卢沟桥等处之我军撤至长辛店以南，并限于二十八日之（“之”字衍）我军撤至永定河以西。此种要求，实属无理之甚，均已严词拒绝矣。谨禀。

宋哲元叩。俭。印。

（录自台湾中央党史委员会库藏史料）

（选自秦孝仪主编：《卢沟桥事变史料》（上册），台湾中央文物供应社1986年版，第188—189页）

# 第四章　宋哲元赴保与张自忠留平

## 第一节　日志（1937年7月28日—8月18日）

**7月28日　晨暴风雨**[①]

1. 晨卯时，日军对平郊开始总攻。北苑、南苑、黄寺、西苑、团河均受攻击。

2. 晨9点，丰台收复，后得而复失。

3. 宋哲元谈：决定坚守北平城三、五日。

4. 晨南苑战事爆发，午后，佟麟阁率军训团官兵由南苑军营往大红门一带突围途中被日飞机炸死；赵登禹奉命返北平城，因进城路线泄密，途中被日军狙击而阵亡。

5. 宋哲元呈报蒋介石与何应钦，对日方最后通牒已严词拒绝。

6. 午后，宋哲元、秦德纯、冯治安、张维藩开会。张自忠抵会场，与宋哲元发生争吵。

7. 午后，张允荣接收平绥铁路局。

8. 晚间9时，宋哲元率秦德纯、张维藩、陈继淹等仓皇离平赴保，张自忠暂代冀察政务委员会委员长、冀察绥靖主任、北平市长等职务。

9. 第三十七师官兵相继撤出北平，日飞机跟踪轰炸。

10. 日本驻平代表松井表示决不在平掷弹。

11. 深夜子时，退入北平中南海居仁堂的二十九军部分官兵及特务团、军训团官兵突然乱溃，将行辕所有物件悉数抢光。

12. 驻防平绥线沙河保安队附敌，北平通往察哈尔省联系被切断，北平成为孤城。

13. 晚，南京代表刘健群在戈定远陪同下秘密来平谒宋哲元，解释蒋介石劝他离平赴保用意。宋哲元向刘健群表示，坚守北平三天后再去保定。

**7月29日　雨**

1. 凌晨0时，驻防在通州（县）的冀东保安队两千余官兵在张庆余、张

---

① 参考1937年7月29日上海《大公报》第三版《南苑有战事》一文。

砚田率领下反正。

2. 凌晨 2 时，天津三十八师及保安队在没有师长张自忠指示的前提下，由副师长李文田召开七人会议，经选举，李文田、天津保安司令刘家鸾为正副总指挥。决定率领部队奋起抗战，打得日军措手不及，前后大约 15 小时。

3. 凌晨 3 时，宋哲元、秦德纯等到达保定。宋哲元由保定致电张自忠，仍盼和平，电张转日方勿扩大军事。天津车站被占领，天津东局子机场被我军部分攻下，日寇巢穴海光寺被围，但未攻下。

4. 6 时，天津第三十八师副师长李文田等通电抗日。

5. 7 时，张自忠在北平会见松井商洽善后，松井保证日军不轰炸北平城，不入驻军队。

6. 9 时，潘毓桂就职北平警察局长。

7. 9 时半，张允荣就职平绥铁路局局长。

8. 晨，张自忠接见松井后，北平各城门逐次大开。

9. 午后 2 时，张自忠就任北平代市长。

10. 午后 3 时，张就任冀察政务委员会代委员长，因天津直属三十八师抗战致使张自忠处境尴尬。

11. 午后张自忠通电到保定（军事委员会驻保定办事处熊斌），报告北平军政由他负责。

12. 午后 17 时，天津战斗逐渐平息。

13. 晚 8 点，张自忠召见河北省银行经理尚绶珊、商会委员魏子丹，嘱维持河北省及察哈尔兴业银行纸币信誉。

14. 张自忠向天津致电报，谓和平有望[①]，令停战，如日军再压迫即撤退。因秘书长马彦翀未将电报及时转到李文田手中而致天津抗战拖到 30 日午后才停止。

15. 宋哲元为卢沟桥事变自请处分。

16. 宋哲元呈报中央将北平军政权力移交张自忠。

《大公报》1937 年 7 月 31 日
第一张第三版
张自忠通电保定

① 据参加天津抗战的张自忠连襟李致远回忆，李文田曾给他看过张自忠发来的电报，其中有“和平有望”字样。引自马仲廉：《卢沟桥事变与华北抗战》，北京燕山出版社 1987 年版，第 130 页。

17. 蒋委员长重申政府方针（挽救危局，决不屈服，对平津军事失败问题全部承担责任）。

**7月30日　雨**[①]

1. 张庆余等通电。

2. 晨卯时，宋哲元呈蒋介石、何应钦电，以头疼为由辞职，职务委冯治安代理。

3. 晨6时，天津警察4千人奉令解除武装。

4. 晨，张自忠布告安定金融。

5. 午后3点，天津陷落。

6. 张自忠谋取北平治安维持会[②]委员长职务。

**7月31日　晨淫雨**[③]

1. 晨7时，张自忠到进德社办公，张允荣、张璧、潘毓桂、李思浩等人晋谒，就时局善后商洽。

2. 晨9时，因冀东政府长官殷汝耕被保安队逮捕，日军驻屯军司令香月清司任命冀东政府新长官池宗墨代理。

3. 晨，冀察政委会发表张璧继刘郁芬为北平电灯公司监理官（略）。

4. 日军继续在天津轰炸烧杀。

5. 张自忠电饬边守靖代理津市长。

6. 午后三时，张璧就职北平电灯公司监理官兼协理。该公司会计、总务、工程、业务各处长等，均向公司呈请辞职，但未批示。

7. 午后，边守靖在天津进德社非正式担任天津市长，并内定沈迪庆、聂湘溪、卢南生等分任市属局长。

8. 午后5时，天津督察长李景阳任天津警察局长。警察改着黑衣执勤，并负责缴械保安队。

9. 留平之二十九军石振纲旅多已改为保安队，每日早晚听日人训话，张自忠已经没有主持能力，诸事皆由汉奸操纵。

10. 宋哲元辞职，中央慰留。

**8月1日**

1. 午时，天津地方治安维持会正式成立，高凌霨为主席委员。

2. 夜10点，留在北平的独立二十七旅不甘心充当日寇保安队，突围投奔察哈尔省继续抗日。

---

① 1937年7月31日上海《大公报》、《日方消息》。

② 该会成立时更名为"北平地方维持会"。

③ 8月1日《益世报》、上海《大公报》第一张第三版载。

**8 月 2 日**

1. 集结于北平北苑军营的独立三十九旅官兵投降。

2. 张自忠脱离军籍。

3. 天津维持会正式办公。

4. 15 点，北平市地方维持会正式成立（一说为 8 月 1 日），江朝宗辞会长职。

5. 张自忠、潘毓桂奖励警队。

**8 月 3 日　午后 1 点 10 分雨雹**[①]

1. 宋哲元发布告二十九军官兵书，提出尽护国为民责任奋斗到底。

2. 宋哲元通电军事委员会，其军长职由冯治安代理。

3. 冀察政委会代理委员长张自忠开缺 8 名冀察政委会委员。

4. 冀察政委会新聘任 8 委员。

5. 北平警察局长潘毓桂令警察换黑警服。

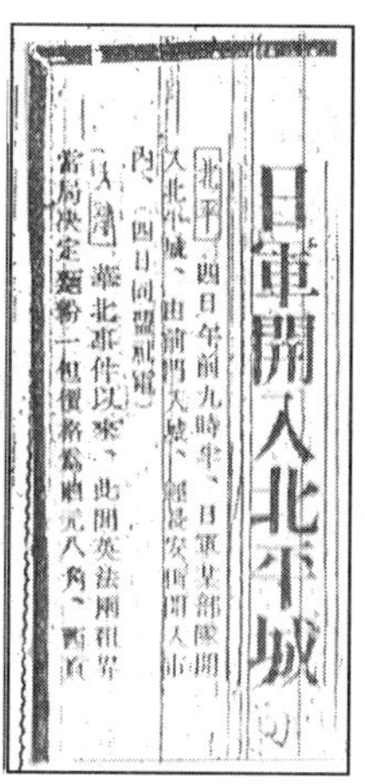

日軍開入北平城

【北平】四日午前九時半、日軍某部隊開入北平城、由前門入城、經長安街開入市內。（四日同盟社電）

【天津】華北事件以來、由開英法兩租界當局決定麵粉一袋價格為國幣八角、

1937 年 8 月 4 日，日军开入北平城

**8 月 4 日　午后 5 时阵雨**

1. 晨 9 时半，日军某部开入北平城。

2. 江朝宗因病致函北平晨报社，说明辞职缘由。

3. 秦德纯、石敬亭到南京汇报平津战事，并请训示。

**8 月 5 日　晨大雨**[②]

1. 日方不信任张自忠。

---

① 据《益世报》载。

② 据《世界晚报》(一) 载。

2. 电话局长宋易视事。

3. 天津日军挨户搜查。

4. 十余万天津难民麇集沧州。

**8月6日**

1. 晨，张自忠以就医为名隐匿于德国医院。

2. 晨9时，北平地方维持会主席江朝宗仍坚持辞职。

3. 晨10时，冀察政委会将召开全体委会。

4. 午，张自忠在《北平晨报》上登报声明，将所有职务辞去。

5. 潘毓桂招待新闻记者并发表谈话。

6. 潘毓桂下令将保安队全部改编为警察队。

**8月7日**

1. 冀察政委会常务委员贾德耀辞职。齐燮元到冀察政委会办公，陈中孚探望张自忠病情。

2. 东郊冀东保安队被警察遣散。

侵入北平的日军（引自樊建川编著：《兵火——由日军影像资料看中国抗日战争》，解放军文艺出版社2008年版）

**8月8日**

1. 午12点40分，日军前方部队分三路入北平，并发安民布告、声明书及告市民书。

2. 潘毓桂照料日军入城休息。

**8月9日**

1. 在家养病的江朝宗忽称身体康复，忙就任北平地方维持会主席及冀察政务委员会委员。

2. 潘毓桂查抄二十九军各要人住宅（略）。

**8月10日**

潘毓桂下令遣散三十八师阮玄武旅仍逗留北苑的残部一千余人（略）[①]。

**8月11日**

1. 冀察政委会聘任江朝宗、陈中孚两人为常委。
2. 北平各慈善团体，连日掩埋作战军人尸体告竣。

**8月13日**

北平警察局成立联络室，委派周思靖兼任主任。

**8月14日**

江朝宗谈复出原因。

**8月15日**

日军河边正三旅团长拜访北平警察局长潘毓桂。

**8月18日**

北平地方维持会主席江朝宗兼任北平市长。

## 第二节　黑色的7月28日

### 一、新闻报道

#### 沙河保安队附敌　今晨北平形势突变<br>宋哲元率部队午夜赴保定　冯治安秦德纯陈继淹偕行<br>张自忠兼代冀察委员长职

1937年7月29日《申报》

南京 京中军事机关，廿八日深夜得北平方面报告，驻平绥线沙河保安队附敌，北平形势突变，宋哲元、秦德纯、冯治安、陈继淹等廿八日晚十一时半率部离平。（二十九日上午二时二十分中央社电）

北平 顷由半官方面公布消息，宋委员长因公廿八日晚赴保视察，命天津市长张自忠兼代冀察政务委员会委员长。北平市长秦德纯随宋赴保，平市长职务亦由张自忠兼代，津市长则由警察局长李文田代行，又平绥路局局长张维藩职，由张允荣继任。（二十九日上午三时十五分中央社电）

天津 市当局廿八日奉宋委（员）长命，固守津市，妥保外侨，各地民团

① 参考《从“三十七帅打、三十八师看”，到阮玄武旅投降》一文。

同日奉令，无论何处，如遇日兵挑衅即行抵抗。（二十八日专电）

天津 二十八日午起，廊坊、杨村一带日军向北仓退集整理，附近一带电话均生阻碍，准备全线向我丰台、廊坊、杨村反攻。（二十八日下午四时本报急电）

（本报消息）戈定远昨晚由平电沪云，李广安兄勋鉴：宋委员长决心极大，决坚守北平与城共存亡。昨夜我军血刃廊坊之敌三百余人，今日上午十一时攻占丰台，歼敌无算。声势甚盛，请转告诸友□注为盼。弟戈定远叩俭。

北平 我军事某要人，廿八日晨赴平郊某地督战，士气大振。（廿八日中央社电）

北平 二十八日各街巷口满置沙袋，并架机枪，交通断绝。（二十八日专电）

天津 日驻军作战课长和知，二十八日亦到津。日海陆空三方面指挥官二十八日在津有紧急会议，讨论当前一般重要军事计划，企图大举攻我守地。（二十八日专电）

## 宋哲元昨离平赴保
## 张自忠代冀察政委会委长

1937 年 7 月 29 日上海《大公报》第一张第三版

【保定二十九日晨二时发加急专电】宋哲元二十八日夜由平抵长辛店，下午十一时半专车来保，计程二十九日晨三时可到。

【中央社北平二十九日上午三时电】顷由半官方面公布消息，宋哲元因公二十八日晚赴保视察。命天津市长张自忠兼代冀察政务委员会委员长，北平市长秦德纯随宋赴保，平市长职务亦由张自忠兼代，津市长则由警察局长李文田代行。又平绥路局局长张维藩辞职，由张允荣继任。

【中央社南京二十九日上午四时电】京中军事机关二十八日深夜得北平方面报告，驻平绥线沙河保安队附敌，北平形势突变，宋哲元、秦德纯、冯治安、陈继淹等二十八日晚十一时半率部离平。

## 二、相关电报

## 军政部参事严宽呈何应钦部长报告日军对平郊总攻战况及军情电

民国二十六年七月二十八日

急。南京。部长何：一〇一五密。

综合今晨情报及秦谈如下：（一）俭卯日对平郊实行总攻。（二）敌以连（联）合兵力约三千、炮约四十门，向我南苑攻击；并以步、炮连（联）合约二千，向北苑攻击，刻正在激战中。同时敌以飞机四十架向黄寺、北苑、西苑轰炸甚烈。（三）敌人在平、津兵力约三万。（四）我赵师尚未集结完毕，即在团河遭遇，此时尚在对战中。（五）秦谈：中央部队最好由津浦北上，出冀东截敌后路，同时令绥出兵察北，必收奇效。（六）中央航空队请速到保定应用，如能破坏北宁路铁桥断敌输送尤佳。（七）宋谈：决定坚守北平城，三、五日内当可无虞。（八）察蒙伪军约三、四师，待我军进攻反正，冀东亦有十二大队可用。

职宽叩。俭巳。印。

（选自秦孝仪主编：《卢沟桥事变史料》（上册），台湾中央文物供应社 1986 年版，第 191—192 页）

## 军政部参事严宽呈何应钦部长告宋秦离去平津失守电

民国二十六年七月二十九日

限即刻到。南京。斗鸡闸四号。何部长：一〇一五密。极密。

（一）演进日久之复杂化，俭晚实现。（二）闻俭晚战争，张、石等部有参加日军行动之说，冯部伤亡极惨，艳丑全部撤退。宋、秦亦走，平、津形同失守。（三）日人提出此间要员更动，艳实现。自忠、燮元、允荣、毓桂、张壁（璧）、仲（中）孚、觉生将主要政，汉奸全获胜利。（四）据报此间现状，仅敷过渡，前途演变，不知胡底。中央若不予制裁，国事前途，更多荆棘。（五）此间人士对宋等侥幸大位，不忠诚实不坚决之误国唾骂。（六）艳子南海枪声费（过）后，退入居仁堂之二十九军部员兵及特务团、军训团忽然乱溃，行辕所有物件悉被掠去。（七）居仁堂已被张部进占。（八）职等今晨始避居西什库教堂。

职宽叩。艳。印。

（录自中央党史委员会库藏史料）

（选自秦孝仪主编：《卢沟桥事变史料》（上册），台湾中央文物供应社 1986 年版，第 194 页）

## 蒋委员长致冀察绥靖主任宋哲元指示速离北平到保定指挥电

民国二十六年七月二十八日、南京

北平。宋主任明轩兄：

希速离北平，到保定指挥。勿误，如何？盼立复。

中正手令。俭晨。机。京。

（录自总统府机要档案）

## 第三节　宋哲元在保定

### 一、新闻报道

#### 宋哲元冯治安昨晨抵保　宋谓今后办法听命国家<br>是否长驻保定尚未确定

1937年7月30日《世界日报》第三版

【保定二十九日电】宋哲元、冯治安等二十九日晨三时抵保，各有书面谈话发表，分纪如次：宋氏谈话：本人近来因火气上冲，耳鸣殊甚，不能与大家面谈，特发表书面谈话。平津之战，乃系局部之战，日来北平城外战斗甚烈，南苑尤甚。佟副军长麟阁竟于昨（廿八日）阵亡。驻南苑三十八师之一部，奉命应战，伤亡最巨。驻西苑三十七师之一部与驻黄寺之保安队均颇有损失。自昨（廿八日）晚至今（二十九日）晨，天津、卢沟桥等处亦有战事。本人奉命移保，将来是否长驻保定，尚未确定。战争为国家大事，今后办法自应听国家命令也。冯氏谈话：自卢沟桥案发生，本师驻防宛平，不能不尽守土之责。本人到平之后，始终爱好和平，避免事态扩大，以期恢复八日以前之状态。十七日以来，苦心焦思，竟致咯血。现随宋委员长来保，自应以疾病之身，追随各长官之后，听候驱策也。

#### 日机决不在平掷弹　松井对此间当局之表示

1937年7月30日北平《竞报》

【本市消息】津日军驻平代表松井，前（二十八）晚对此间当局诚恳表示，日飞机决不在市内投掷炸弹云。

#### 宋贯彻和平主张　令北上中央各部停止到达地点<br>电张自忠转日方勿扩大军事　第二步再设法令中央军调回

1937年7月31日北平《竞报》

【本市消息】华北时局，自二十八日夜，宋、秦离平，三十七师南撤，大局已趋和平解决途径。连日此间中日当局，正会商善后办法。宋委员长为贯彻和平主张，顷有艳电致张代委员长，谓已令中央军在到达地点停止，望转告日方，勿再使军事行动扩大，兹录原电如次：

（特急）张师长荩臣（忱）弟鉴，□密，兄今早三时到保，勿念。兄为贯彻和平主张，已令饬北上中央各部，一律在到达地点停止待命，第二步再设法令其调回，望即转达日方，勿对各该部有军事行动为要，小兄宋哲元艳丑。……

## 蒋委员长重申政府方针<br>必尽全力挽救危局　不能丧失领土主权<br>平津之役非战争之结局　我方决无妥协屈服之理

1937 年 7 月 30 日上海《大公报》第一张第三版

【中央社南京二十九日电】蒋委员长对于平津形势骤变后之政府方针，二十九日应新闻记者之询问，发表下列之意见。

**问：**宋委员长哲元突然离平，致失重镇，未悉中央对其责任问题，如何处理？

**答：**在军事上说，宋委员长早应到保定，不宜驻在平津，余自始即如此主张。余身为全国军事长官，兼负行政，所有平津军事失败问题，不与宋事，愿由余一身负之。余自信必能尽全力，负全责，以挽救今后之危局。须知平津情势，今日如此转变，早为国人有识者预想所及。日人军事政治势力之侵袭压迫，由来已久，故造成今日局面，绝非偶然。况军事上一时之挫折，不得认为失败，而且平津战事不能认为已经了结。日军既蓄意侵略中国，不惜用尽种种之手段，则可知今日平津之役，不过其侵略战争之开始，而决非其战事之结局。国民只有一致决心，共赴国难。至宋个人责任问题，不必重视。

**问：**今后我对日方针究竟如何？

**答：**自卢沟桥事变发生，余在庐山谈话会曾切实宣告，此事将为我最后关头之界限，并列举解决此事之最低立场，计有四点，此中外所共闻，绝无可以变更。当时余言我不求战只在应战，今既临此最后关头，岂能复视平津之事为局部问题，任听日军之宰割，或更制造傀儡组织？政府有保卫领土主权与人民之责，唯有发动整个之计划，领导全国，一致奋斗，为捍卫国家而牺牲到底，此后决无局部解决之可能。国人须知我前次所举之四点立场，实为守此则存失此则亡之界限。无论现时我军并未如何失败，即使失败，亦必存与国同尽之决心，决无妥协与屈服之理。总之，我政府对日之限度，始终一贯，毫不变更，即不能丧失任何领土与主权是也。我国民处此祖国之存亡关头，其必能一致奋斗到底！余已决定对于此事之一切必要措置，惟望全国民众沉着谨慎，各尽其职，共存为国牺牲之决心，则最后之胜利必属于我也。

## 宋哲元通电
## 军事委冯治安代理　并报告平津抗战经过

1937 年 8 月 5 日上海《大公报》第一张第三版

【中央社保定四日电】宋哲元三日通电云，南京国民政府主席林、军事委员会委员长蒋、各院长钧鉴，各都会、各省市政府、各总司令、各绥靖主任、各总指挥、各军长、各师旅长勋鉴，各团体、各报馆钧鉴：

哲元受命主持冀察军政以来，自维责任重大，日夜兢兢，原期为华北巩固主权，为中央掩护建设，是以对平津两地之保持，曾不稍遗余力，乃不幸我军事准备未完，兵力集结未毕，而日人已先发制我。自七月七日卢沟桥事变发生，我三十七师自卢沟桥以迄八宝山一带，与日抗战二十余日，我团长吉星文受伤不退，我兵伤亡在千名以上。至二十六日廊坊事变复起，我三十八师刘振三旅驻防该地，与敌抗战，屡进屡退者数次，官兵伤亡约五百余名，同时敌复向我广安门袭击，经我守兵击退。至二十七日，我通州（县）及团河驻军，均受敌压迫，伤亡亦甚众。至二十八日，敌以大量飞机战车及各种机械化部队，分向我南苑、北苑、黄寺及沙河等处进犯，南苑为我军部与其各部队及三十八师三团，由副军长佟麟阁、师长赵登禹并力指挥，与敌激战终日，是役我官兵伤亡在二千名以上，副军长佟麟阁、师长赵登禹同以身殉国。北苑、黄寺一带驻军，为我石友三、阮玄武两部，伤亡亦在千名以上。至二十九日敌犯我天津，我三十八师驻津部队，与敌抗战两日，伤亡亦千余名。综计各战役，我官兵伤亡五千余名，其余军需品损失无算。以上为本军此次作战之概要情形，固为敌人之蓄久计划，亦为哲元之处置失当，实应受国家严重处分。刻下二十九军军事已委冯师长治安代理，并已蒙中央照准，哲元近日以来精神不振，拟稍事休养，再图报国，诚恐国人不明真相，特此掬诚报告，伏希亮察。

宋哲元叩。江。

## 秦德纯石敬亭昨到京请训

1937 年 8 月 5 日北平《益世报》第一张第三版

【南京四日专电】秦德纯、石敬亭两氏到京，向中央报告平津战事经过，并请训示，秦等于四日午到京，定五日北返。

## 宋哲元应蒋召入京
## 偕秦德纯等专车过济韩主席到站晤谈
## 蒋已任宋军事上某项新名义

1937年8月20日（济南）《华北新闻》

【本市讯】……宋氏接电后，即于昨日致电蒋委员长报告即行入京请训。报告所部于平津抗战及退出平津经过，及目下军事布置情形。并请示今后机宜。当即由津浦路代备专车一列开至德州以北之泊头镇备用。宋氏即偕北平市长秦德纯等于十八日下午由前方某地乘汽车到泊头，在该地停宿一夜。于十九日下午六点四十分由泊头登乘专车南来，于夜十一点三十分抵济。随行者除秦德纯外，尚有王义柽、刘治洲、过之翰、雷嗣尚、顾访白等并卫兵一排。此间预得电讯。到站欢迎者有省府主席韩复榘、胶路委员葛光庭，并石敬亭、邓哲熙、陈耀汉、查良钊等多人。宋氏下车与韩、葛等互道寒暄后，即邀韩等登车谈话约一小时，韩约宋下车小留，宋因急于赴京婉谢。允北返时，如有暇小停一二日。至二十日早零点三十分，宋、秦等原车南下，邓哲熙等亦同行。……

### 二、相关电报

## 冀察绥靖主任宋哲元为卢沟桥事变自请处分呈蒋委员长电

民国二十六年七月二十九日

南京。委员长蒋钧鉴：密。

哲元身受国家重托，自主持冀察军政以来，日夜兢兢于国权保持，乃自卢案发生，终不能达到任务，实有亏于职责，并负钧座之属望。拟请予以处分，以免贻误而挽国威。谨此电陈。

职宋哲元叩。艳一。印。

（录自总统府机要档案）

（选自秦孝仪主编：《卢沟桥事变史料》（上册），台湾中央文物供应社1986年版，第192—193页）

## 冀察绥靖主任宋哲元为北平军政移由张自忠负责通电

民国二十六年七月二十九日

分送各省市、各绥靖、各总司令、总指挥、各军师长、各院部会钧鉴：

哲元奉令移保，所有北平军政事宜统由张师长自忠负责处理。特电奉闻，诸祈鉴察。

宋哲元叩。艳。印。

（录自总统府机要档案）

（选自秦孝仪主编：《卢沟桥事变史料》（上册），台湾中央文物供应社1986年版，第193页）

## 冀察绥靖主任宋哲元呈蒋委员长何应钦部长请辞军职电

——民国二十六年七月三十日

南京。委员长蒋、部长何钧鉴：二五七七密。

哲元刻患头痛，亟宜休养。当此军事吃紧之际，恐于大局有误，所有二十九军军长职务，已委冯师长治安代理，并请中央明令发表。谨禀。

职宋哲元叩。三十卯。印。

（录自台湾中央党史委员会库藏史料）

（选自秦孝仪主编：《卢沟桥事变史料》（上册），台湾中央文物供应社1986年版，第197页）

## 宋哲元辞职中央已慰留

1937年8月1日上海《大公报》第一张第三版

【南京三十一日下午十一日（时）发专电】中央三十一日接宋哲元电，以所部战败，平津沦陷，咎无可辞，请辞本兼各职，并予应得处分，中央当即去电慰留。

### 三、尽护国为民责任奋斗到底——民国二十六年八月三日告二十九军官兵书

我各级官佐士兵弟兄们：我们是中华民国的军人，应当尽护国卫民的责任，我们要始终贯彻我们的精神，奋斗到底！

此次平津战役，是为民族生存而战，只因我们没有飞机及各种武器，受

了种种压迫，不能作持久战，所以暂向后撤，待机而动。

忠勇的弟兄们，现在已到了国家存亡的关头，我不杀敌，敌必杀我，大家应振作起来，本不屈不挠之精神，为再接再厉之奋斗，前仆后继，有进无退，抱定死而后已之决心，以为民族争生存。我们每一个官，每一个兵，都要有人自为战的能力，作战时不要一切零碎接济，更不要大车，只准备一个足吃三天的炒米袋，以期捷便。尤应好好的保护自己枪支，不要乱放空枪，一定每发必中，以节省子弹。我们既有牺牲的决心，又有作战的能力，相信最后胜利，终归于我。

（录自宋哲元将军事略，第三集。）

（《宋哲元先生文集》，台湾中央文物供应社 1985 年版，第 58—59 页）

## 第四节　平津沦陷前的最后一战

——李文田、刘家鸾领导天津抗日

### 一、新闻报道

#### 李文田等通电应战

1937 年 7 月 30 日上海《大公报》第一张第三版

【天津二十九日上午六时发公电】南京委员长蒋、各院会长官、北平委员长宋钧鉴：各部长、各省市政府、各绥靖主任、各总司令、各总指挥、各军长、各师旅长、各法团、各报馆、及我二十九军全体同仁钧鉴：

自卢案发生后，我宋委员长始终为爱护东亚和平维护人类福祉一再容忍，乃敌人日日运兵，处处挑衅，除无端分别袭击我平郊各处外，竟于今晨复强占我特四区分局，分别袭击我各处。我方为国家民族图生存，当即分别应战，誓与津市共存亡，喋血抗战，义无反顾。敬祈各长官、各父老迅予援助，共歼役（彼）虏。临电神驰，无任惶悚。

天津市各部队临时总指挥李文田、副总指挥刘家鸾、市政府秘书长马彦翀仝（同）叩，艳二十九日。

李文田等通電應戰

1937 年 7 月 30 日上海《大公报》

## 二、平津沦陷前的最后一战

李文田

1937 年 7 月 7 日卢沟桥事变爆发以来，日军开始了全面侵华，近在咫尺的天津形势非常危急。驻扎在日本华北驻屯军司令部所在地天津的日军，不断地进行演习，加紧了进攻天津的准备。

7 月 25 日，张自忠赴北平与日军周旋，天津的军政事务主要由李文田[①]负责。在咄咄逼人的日军即将进攻天津的形势下，李文田积极调整第三十八师的部署，命令驻扎在塘沽、汉沽、廊坊、小站、东大沽、马厂、韩家墅等地的部队，适时向天津靠拢，随时听候命令。

7 月 27 日，第二十九军军长宋哲元拒绝了日军的最后通牒，发出了“自卫守土”通电。接到通电后，李文田立即做好了抗击日军的准备。

27 日上午 10 时，李文田召集黄维纲（第一一二旅旅长）、李致远（独立第二十六旅旅长）、祁光远（第三十八师手枪团团长）、刘家鸾（时任天津保安司令，原系东北军将领，保安队均系东北军士兵，有很强的战斗力）、宁殿武（天津保安总队总队长）及当时天津市政府秘书长（即马彦翀）等在津的主要军政负责人，到自己家里开会，共同研究对日作战问题。这次会议就是后来史称的“七人会议”。

① 李文田（1894—1951），字灿轩，时任第 38 师副师长、天津市警察局长。

刘家鸾

由于与会者对向日军出击的问题展开了激烈的争论，致使这次会议开了 12 个小时，直到 27 日晚上 10 点才告结束。会上有人主张没有张师长的命令不能轻举妄动，有人说能否抓住战机是关乎数万军人生死存亡的大事等等，李文田最后拍板，决定主动出击日军。他表示，战争迫在眉睫，时间已经不允许我们犹豫不决了，既然意见不一致，那么可以打破第三十八师的编制，重新组合。愿意参战的可以推举领导人，愿意等待上级命令的可以回驻地等待上级命令。此言一出，立即得到与会者的拥护。

会议做出了以下几项决定：一、乘日军兵力不足之机主动出击，打一个突袭战，攻击时间定在 29 日凌晨 2 时。二、李文田担任总指挥，刘家鸾担任副总指挥，统一指挥驻天津的第三十八师和地方保安部队。三、对参战兵力做出部署，宁殿武指挥保安总队第一中队攻取东车站（今天津站）。祁光远指挥手枪团、保安总队第三中队和独立第二十六旅的一个营攻击海光寺日军兵营。李致远指挥独立第二十六旅、保安总队第二中队攻击天津总站（今津北站）和东局子日军飞机场，武装警察负责各战场之间的交通指引和疏导。驻地离天津较远的黄维纲旅作为总预备队。四、在对日发起攻击的同时，通电全国，声明“日人日日运兵，处处挑衅”“我方为国家民族图生存，当即分别应战，誓与津市共存亡，喋血抗日，义无反顾。”

津市今晨激戰

各車站多由我軍收復

〔李文田等通電抗戰〕

1937 年 7 月 30 日天津《益世报》

“七人会议”结束后，大家按照部署迅速调集部队。7 月 28 日，各部队都在进行紧张的备战：发给每个参战人员大饼数个，并在军用水壶里灌满绿豆汤，以备持续作战和转移；负责进攻东局子飞机场的部队，每人还配发了一小壶汽油和火柴等物，准备烧毁日军的飞机。

7 月 28 日晚，秦德纯以宋哲元的名义，在军部以密码给李文田下达命令：立即集中全部兵力，组织出击。

7 月 29 日凌晨 2 时，驻天津的第三十八师部队同时向海光寺日军兵营、火车站、东局子飞机场以及市区日租界等处发起攻击。战斗开始后，李文田将总指挥部设在了西南哨门，以便随时与刘家鸾听取战况报告。

起初战事进展顺利，至拂晓，我军进攻东局子飞机场的部队烧毁了十几架日军飞机；日租界的日军被三面包围，租界内的日本侨民也被日军推上了战场；海光寺兵营里的日军龟缩在工事内等待救援；天津总站被我军占领，东车站的日军被迫退到一座仓库里。日本驻津总领事在给北平的日本驻华使馆的电报中惊呼：“从 29 日起，由于中国方面的攻击，我方处于甚为畏惧的状态。”

29 日下午 2 时半，数十架日军飞机对东车站、天津总站、市政府、电话局、邮务总局以及南开大学等数十处目标施行狂轰滥炸。中国军队伤亡惨重，天津市民遇难者达 2000 多人。29 日傍晚，从北平等地开来了大批日军部队，中国军队被迫撤出市区，转赴静海一带作战。30 日天津沦陷。

在这个关键时刻，李文田遵照宋哲元将军的命令，将分散驻扎在天津郊县 8 个地方的队伍迅速集中起来，组成一支很有力量的抗日部队，与日军连续激战 15 小时，给日军以重创。鉴于敌我力量悬殊，李文田有秩序地将这两万人的部队，经独流、静海转移到沧县（今沧州市）、唐官屯一带，继续与日军作战。

天津大出击是卢沟桥事变以后，平津陷落前的最后一战，也是这二十多天里，中国军队对侵华日军发起的唯一一次主动的进攻战斗。这次出击和后来的成功突围，粉碎了日军妄图分化瓦解第二十九军的阴谋，促进了抗日阵营的团结，并使第三十八师部队免于散失、覆灭，从而为抗战保存了一支劲旅，使之后来成为第五十九军的主力，第三十三集团军的基本力量。

（作者：李惠兰、王勇则、王振良）

（原载于 2010 年 10 月 21 日《人民政协报》《春秋·旧闻新读》栏目）

# 第五节　从“三十七师打、三十八师看”到阮玄武投降

## 阮玄武旅自动解除武装

……又在冀北保安总司令石友三指挥下当时留驻在北苑兵营的独立第三十九旅旅长阮玄武，于七月三十日派参谋长张禄卿作为代表，来到陆军武官室，保证该部队对日本军绝无抗战意图。交涉结果，由于该军自动提出解除武装，我向天津军部提出要求，对该军停止攻击。

因此，对于配备着步枪五千、轻机关枪两百、山炮迫击炮八门的六千名兵士，就兵不血刃地完成了解除武装手续。八月一日，关东军的奈良开到该兵营附近，阮玄武看到有向他开火的模样，惊慌请求制止，我向该部队上级司令部铃木旅团交涉，由于阮旅是自动解除武装的，结果当然在谈笑中就解决了问题，停止了攻击。

（引自〔日〕今井武夫：《今井武夫回忆录》，上海译文出版社 1978 年版，第 52 页）

## 从“三十七师打、三十八师看”，到阮玄武旅投降

### 一、日本阴谋瓦解抗日武装

七七事变后，围绕着是战、是和，中日之间处于打打谈谈的状态。直到 7 月 11 日，日本内阁会议完全下了重大决心，决定动员本土三个师团和关东军及朝鲜军的有力部队，彻底解决悬而未决的华北问题。①但由于日军部队开到中国需要时间，故而日方继续以“和谈”迷惑冀察政府，以和谈争取时间。

这时日方及汉奸大肆活动，造谣生事，企图在冀察内部制造混乱，瓦解抗日军队的团结与斗志，以图各个击破。“据北平消息，日方及汉奸对宋部大肆挑拨，谓日军此次行动，系拥护冀察利益，拒止中央军来占冀察地盘，又对张自忠部下，则谓仅打冯治安部，不打张部等语。”②此时，不仅日军及汉奸大肆造谣，挑拨、煽动冀察当局与中央国民政府的矛盾，甚至是冀察内部的矛盾，而且冀察地方当局方面，在 7 月 15 日天津宋哲元主持召开的会议上，也出现和、

---

① 〔日〕今井武夫：《今井武夫回忆录》，上海译文出版社 1978 年版，第 39 页。

② 《卢沟桥事件第四次会报》，《民国档案》1987 年第 2 期。

战的明显分歧。时军政部参事严宽呈何应钦部长密电中报告，津宋寓会议，意见完全不同：张（自忠）等力主和，日对张等由陈（觉生）、马（彦翀）居中拉拢，故张等对日外交处处让步，藉巩地盘。冯（治安）等力主战，对日绝不让步。陈等对外企图仍恃华北特殊，主张地方与日媾和，力谋在外施其伎俩，并以收复失地及中央军北上之利害，极力挑拨与包围宋氏。[①]

历史上的张自忠在西北军中不是宋哲元的嫡系，虽然张自忠在二十九军建军时“枪械较全，人数较多”[②]，再加上他对宋哲元竭诚拥戴，被编为第三十八师，但宋哲元一直对他保持“客情”。“张每有要求，宋总是敷衍照办的”[③]。自从第二十九军建军后，经过长城抗战，该军第三十七师（冯治安师）及刘汝明的暂编第二师人员伤亡较重，经过几年的休养生息，直到七七事变时，各陆军师均扩编为四旅编制，独张自忠的第三十八师增为五旅之众[④]，其人马最多，实力也最强，其中阮玄武旅是张自忠手下最重要的一支部队。故宋哲元对驻北苑的阮旅不得不有所忌惮，对张自忠的主和观点也有所顾虑。二十九军主要将领战、和意见不一是宋哲元在卢沟桥事变时期对日和、战不决的主要原因。

## 二、七七事变后的怪现象

七七事变发生后，面对日军的疯狂进攻，二十九军内部在对日战、和问题上也出现了两种截然不同的态度。如三十七师在卢沟桥与日军奋战；一三二师奉调北平附近，所属的刘汝珍团守卫广安门一带，也对日军开火。可三十八师的主帅张自忠却仍然坚持主和。当日军辎重汽车在廊坊陷入泥坑时，三十八师的崔振伦团长向师部请示，秉承上峰旨意的李文田副师长竟然责令官兵帮助日军将车拖出来。[⑤]

7月27日晨，“日军由平东、平北及西南各方分别前进，已与我北苑、南苑守军接触，战斗均极激烈。”[⑥] 28日下午2时，“日军猛击北苑”[⑦]。在这紧急情况下，为躲避与日军对战，戍守北苑的第三十八师独立三十九旅却擅自退守到察哈尔省的大门南口一带重新布防。而真正防守在北苑与敌人搏杀，

---

① 秦孝仪主编：《卢沟桥事变史料》（上册），台湾中央文物供应社1986年版，第145页。

② 张文穆：《驻晋国民军改编经过》，赵政民主编：《中原大战内幕》，山西人民出版社1994年版，第518页。

③ 戈定远：《二十九军和冀察政权》，《文史资料选辑》第1辑，中华书局1960年版，第43页。

④ 见本书《二十九军的由来与序列》。

⑤ 崔振伦：《廊坊抗战始末》，选自《七七事变》，中国文史出版社1986年版，第100页。

⑥ 《北平四郊已发生激战》，1937年7月28日《中央日报》。

⑦ 《日军反攻丰台》，1937年7月29日《中央日报》。

给日军以重创的部队已经换为石友三的保安队[①]。

面对阮玄武旅这种消极抵抗的态度，致使民间流传着一句民谣："三十七师打，三十八师看。"由于该旅只听从张自忠一人指挥，宋哲元对这支部队无法号令，既不敢让他们守卫北平城，又不敢调他们离平（怕和张自忠矛盾公开化）。这支部队也成为张自忠挟兵自重的砝码，对宋哲元突然离平起到了一定作用。

7 月 28 日晚间宋哲元离平后，各部队纷纷随之撤退。留在北平的两个旅（即驻守北平城内的第一三二师石振纲的独立第二十七旅和自南口集结于北苑的第三十八师阮玄武指挥的独立第三十九旅）归留平的张自忠指挥。报纸记载，没过多久（即 7 月 31 日），北平城内部队"多已改为保安队，每日晨昏均由日人询（训）话，张等已无主持能力，诸事皆由汉奸操纵……"[②] 当年任一四三师师长的刘汝明在回忆录里也记载："当时舍弟汝珍的步兵旅仍留北平担任城防，归张自忠指挥。两天后（7 月 30 日），步兵旅改着警察制服。"[③]在北平城内的第一三二师石振纲旅不甘沦为日寇保安队，于 8 月 1 日夜从北平安定门突围，经小关镇、报房、马房、清河镇、羊房向南口，投奔驻防察哈尔省的第一四三师师长刘汝明[④]。

实际上三十八师广大官兵还是坚持抗战的。如在南苑保卫战中，第三十八师副师长王锡町率领董升堂部奋勇抵抗；7 月 29 日凌晨，副师长李文田奉命率领第三十八师各部队及天津保安队主动向日军出击，将日军打得措手不及。

## 三、阮玄武旅投降与潘毓桂的遣散

阮玄武早年毕业于保定军官学校步科第六期，历任西北军、国民革命军、察哈尔抗日同盟军军长等职。他曾是爱国将领方振武的部下，于 1926 年随方投奔冯玉祥领导的国民军，后与张自忠相识而"结为金兰"。[⑤]

1933 年 8 月民众抗日同盟军解体后，经冯玉祥同意，北平军事委员会分会决议后，由宋哲元收编抗日同盟军余部时阮玄武被宋哲元任命为康保警备司令[⑥]。阮玄武的基础部队是在东北义勇军及汉东部队的基础上编成的一个

---

① 《石友三保安队到达某地》，1937 年 8 月 2 日上海《大公报》第一张第三版。

② 《张自忠主持无力》，1937 年 8 月 3 日《申报》。

③ 刘汝明：《刘汝明回忆录》，台湾传记文学出版社 1966 年版，第 114 页。

④ 刘汝珍：《1937 年北平血腥突围录》，秦孝仪主编：《卢沟桥事变史料》（上册），台湾中央文物供应社 1986 年版，第 148—151 页。

⑤ 阮玄武：《张自忠为国捐躯》，《上海文史资料选辑》第 5 辑，1980 年版，第 102 页。

⑥ 阮玄武：《五十年前我驻防康保的回忆》，《康保文史资料》第 1 辑，1985 年版，第 9 页。

团。[1] 1934 年 4 月，宋哲元将改编后的汤玉麟旧部董翰卿一团[2]及张人杰的旧部一团[3]归其节制，成为了暂编第一旅。

1934 年，阮玄武被调任察哈尔整编第一旅中将旅长。1935 年被编入二十九军任三十八师独立第三十九旅中将旅长，进驻怀来、延庆、康庄等地。1936 年，该旅移驻北平北苑。1937 年抗日战争爆发，阮玄武被任命为北平平北地区防守司令。[4]

宋哲元对阮玄武的官职任命是由于阮久历戎机，另外也和阮与西北军众多人比较熟悉有关。到卢沟桥事变时阮玄武的独立第三十九旅已然拥有“配备着步枪五千、轻机关枪两百、山炮迫击炮八门的六千名兵士”。[5]

1937,7 30.申报

馮部在盧溝橋抗戰

阮部退集南口防守

1937 年 7 月 30 日《申报》

该旅所保留的部队人员是身强体壮的优秀官兵，加上武器的精良，具有一定战斗力。

卢沟桥事变时，阮玄武“任陆军独立第三十九旅旅长，归张自忠指挥，驻在北平北郊和通县”[6]。而通县在 7 月 27 日被日军进攻后已经失守，这样就只剩下北苑一处防地了。

宋哲元离平的当天（28 日）本来是让阮玄武旅一同撤退，“阮见张自忠不走，他也就不愿意离开北平了”。[7] 虽然不离开北平，但当时阮玄武正率领部队“向南口撤退，重新布置新阵地”。[8] 时任察哈尔省主席的刘汝明，在他的《一个行伍军人的回忆》中记述，7 月 25 日，

① 阮玄武：《方振武生平》，《安徽文史资料》第 20 辑，安徽人民出版社 1984 年版，第 93 页。

② 李云汉：《调停察变》，选自《宋哲元与七七抗战》，台湾传记文学出版社 1973 年版，第 48 页。

③ 宋哲元监修，梁建章总纂：《察哈尔通志》（三），台湾文海出版社 1966 年版，第 2523 页。

④ 阮玄武：《我的戎马生涯》，选自《舒城文史资料》第 1 辑，1986 年版，第 71 页。

⑤ 《今井武夫回忆录》，上海译文出版社 1978 年版，第 52 页。

⑥ 阮玄武：《张自忠为国捐躯》，《上海文史资料选辑》第 5 辑，1980 年版，第 109 页。

⑦ 田春芳：《我所知道的张自忠》，《陕西文史资料精编》第 10 卷《人物拾遗》（上），陕西人民出版社 2010 年版，第 56 页。

⑧ 魏宏运主编：《中国现代史资料选编——抗日战争时期》，黑龙江人民出版社 1981 年版，第 15 页。

接到宋哲元将军的电话，催促他赶快回察，准备8月1日行动。"我接了这个电话，便连忙回察。因为时间仓促，仅奉家母一人同行，其余妻子均丢在北平，搭乘平绥路的特别快车回张家口。不知消息如何走漏，火车一进沙河车站，日军便起而袭击。所幸防军阮玄武旅竭力抵抗，才能通过，到了南口我的防地，才得到安全。"[①] 刘汝明的回忆录将时间错记，实际应为7月27日[②]。不过说明阮玄武旅已经在南口一带布防，至少是有一部分兵力。南口是连接北平至察哈尔的门户，事先，宋哲元没有要撤退南口的计划。在大战一触即发的关键时期，该旅不继续在北平北郊一带抗战，却移师南口布防，实在莫名其妙。实际上，独立三十九旅在七七事变（尤其在7月27日）后，一直在消极抗战。

阮玄武回忆说，那天（7月28日）一直在忙着布置作战……张自忠打来电话……"他要我把三十九旅集合起来，恢复常态，避免敌人在和谈中找借口进行刁难。"[③] 于是阮玄武旅奉张自忠之命从南口撤回北苑。

根据时任日本驻华北特务机关长的辅佐官寺平忠辅回忆，当时"石友三一直都在回避和日本军产生冲突，已经不知道多少次打电话到我这，或者以别的方法来表达自己这个意愿。这个阮玄武将军抱着和石友三一样的想法，找到了今井武官那儿。提出了尽最大努力避免战争用更稳妥的方式来解决事件的想法"。[④] 今井武夫向他提出："'如果你无论如何都想避免战斗的话，这么做你看怎么样？兵营屋顶上不论多少只，尽量多竖一些白旗。另外，当日本飞机飞过来的时候，立刻在地面铺上白布来明确表明你们没有战斗的意愿。如果日本军的地面部队攻上来的话，立刻拿着白旗左右摇晃，向对方表明自己绝对没有抵抗的意思。这个时候，哪怕发射一发小子弹都会让这些努力付之东流。日本军会认为那些白旗只是单纯的欺诈行动。'另外，兵营里，兵器是兵器，弹药是弹药，士兵是士兵，这些一定要彻底分开处理，然后立刻向对面的日本军进行和平交涉。"

阮玄武从武官室出来之后，马上在自己家里打电话给部下，把刚才的几条作为命令传达了下去[⑤]。

另外，时任日本驻华大使馆驻北平陆军助理武官的今井武夫在他的《今井武夫回忆录》中记载："由于阮旅是自动解除武装的，结果当然在谈笑中就

① 《七七事变与廿九军》，选自《刘汝明回忆录》，台湾传记文学出版社1966年版，第186页。

② 《刘汝明返张垣坐镇》，1937年7月28日《中央日报》第一张第三版。

③ 阮玄武：《张自忠为国捐躯》，《上海文史资料选辑》第5辑，1980年版，第110页。

④ 〔日〕寺平忠辅：《卢沟桥事件》，读卖新闻社1970年版，第410页。

⑤ 〔日〕寺平忠辅：《卢沟桥事件》，读卖新闻社1970年版，第411页。

解决了问题，停止了攻击。”①

留在北平的军政部参事严宽于8月3日致何应钦的密电中陈述：“南京。部长何：一〇一五密。阮旅等冬（指8月2日）在北苑及西苑缴械。”②

值得一提的是，在独立三十九旅中并不是所有官兵都甘为附逆，马仲廉编著的《卢沟桥事变与华北抗战》一书中记载了30日阮玄武“派人到日军武官室联系自动解除武装，向日军投降”的文字，但31日交枪时出现了“许多军官和士兵极为悲愤，有的谩骂，有的痛哭，有的将枪扔到井里泄愤！”③ 的情景。

再看刘冠五的回忆，该旅教导队队长赵云祥“宁愿冒险率领全队突围，寻找出路，决不缴械。全队官兵一致同意”。数百人在队长率领下，暗中凿墙，突围至京西妙峰山，后转到斋堂镇。“接着三十九旅手枪队队副潘子明率领全队士兵也由北苑突围到达该镇，又有该旅的两个连先后突围到达。”④

独立第三十九旅缴械后被编为保安队，暂居北苑军营不愿离去。时任北平警察局长的潘毓桂在他8月6日的治安纪要中记载，保安队原本是为防止匪患设立，而不是为了备战设立，于是改保安队为警察队，“求名实之相符”⑤。8月10日，潘某又以“二十九军阮玄武旅仍在北苑逗留，深恐其勾结溃兵贻害地方，实有迅速解决、押送出境之必要。本日清晨，特派大队员警前往逼令遣散。共遣去官兵一千零一十六人，并给资二千一百零六元，时至午刻办理竣事”⑥。这样，独立三十九旅最后一点儿兵力完全在日方和汉奸的“和平”烟幕下彻底被解决。张自忠与阮玄武完全成了光杆将军。

（作者：王勇）

## 第六节　北平血腥突围

### 一、新闻报道

#### 1937年8月5日上海《大公报》（第三版）

【张家口三日下午三时发专电】军息：二十九军一三二师石振纲旅在北平

① 《今井武夫回忆录》，上海译文出版社1978年版，第52页。

② 《严宽致何应钦密电》（1937年8月3日），中国第二历史档案馆编：《抗日战争正面战场》，江苏古籍出版社1987年版，第207页。

③ 马仲廉：《卢沟桥事变与华北抗战》，北京燕山出版社1987年版，第136页。

④ 刘冠五：《我所知道的赵云祥部队》，《上海文史资料选辑》第3辑，1982年版，第117页。

⑤ 潘毓桂：《卢沟桥事变后北京治安纪要》，第11页。

⑥ 潘毓桂：《卢沟桥事变后北京治安纪要》，第15页。

事变时不及退走，被困北平。因不堪日方侮辱，遂率三千余部属闯出北平，二日晚到南口，投刘主席，在前线杀敌。石旅团长刘汝珍为主战最烈者，业已偕石①来张。

注①：石振纲于突围中途脱离军队，返回北平。

## 二、当事人的回忆

### 1937年北平突围血腥录

刘汝珍旅长①口述、胡应信笔记

#### （一）北平突围的意义

刘汝珍

**和日寇清算总的血债**

一部中国近百年史，简直是一部中日外交痛史，而这部中日外交痛史，是蘸着血和泪来写成的，殷红的血痕，斑斑可考。远之如琉球、台湾、高丽的被灭亡，拆毁了中国四周的藩篱，渐渐地伸其血手于中国内部，近之如“五七”二十一条的提出，压迫袁世凯政府承认；“五三”出兵济南，阻挠国民革命军的北伐，惨杀我山东交涉员蔡公时等及无辜平民；“五卅”枪杀工人顾正红，造成“上海惨案”，以及蔓延到南京、芜湖、九江等地的大屠杀；尤其是民国20年“九一八”沈阳事变，捕我官吏，杀我人民，占我土地，掠我财源，破坏东亚的秩序，造成世界的恐怖。接着便是21年“一·二八”侵略我东方巴黎的大上海，十九路军起而抗战，英勇的斗争了一个月零三天，结果是签订了《淞沪停战协定》；22年长城抗战，我二十九军虽然在喜峰口得了很大的胜利，但结果是于“五三一”在塘沽签订了所谓《塘沽协定》。这些是比较大的事件，至于上海的“萱生事件”，南京的“藏本事件”，以及“……事件”“……事件”等等，都是闹得满城风雨，像这类似的小小的血痕泪斑，真是数也数不清，太多了。

被强奸而私生的冀东伪政权，由准汉奸殷逆汝耕沐猴而冠的扮演于冀东22县，弄得河北半壁，乌烟瘴气。以混血儿出来，强争硬夺去的张北6县，也由叛逆德王和李逆守信认贼作父的拱手送给日寇，割得西蒙支离破碎，这

① 时任第一三二师独立二十七旅六七九团团长，戍守北平城广安门一带。8月1日率部突围出北平城，辗转到察哈尔后升为旅长。晚年客居美国。

是日寇准备演第二个“九一八”的前奏曲，到了“丰台事件”的发生，直是类乎“九一八”前夜的“万宝山事件”，所谓跛子上高山，一步紧一步了。

自从甲午之战，中国失败以后，近百年来的奇耻大辱，真是“罄竹难书”。旧恨新创真是“体无完肤”。被日寇强占的土地，等于三四个倭国本部的面积，被日寇杀害的军民同胞，流血成渠，要比三岛的日本海还要深，堆骨如山，要比三岛的富士山还要高。七七卢沟桥的号炮，虽是第二个“九一八”北大营的爆炸弹，日寇的野心，完完全全的暴露于全中国、全世界的爱好和平人士之前，明白公开的要灭亡我国家，奴役我人民。可是于卢沟桥事变，神圣地首先回敬了第一枪，这便是中华民族要求解放的第一个信号，充分地表明了中华儿女到了民族生死的最后关头，是再不甘受侮辱，誓死不当亡国奴，要和日寇拼个你死我活，也就是中华民族近百年来被日寇造成了许许多多的血债，要在这个回敬第一枪的神圣射击之下，和日寇总的清算一下，替我们近百年来被日寇所杀害的死难同胞，报仇！雪耻！

1937年8月1日二十七旅北平突围，是紧接着卢沟桥事变25天后，出现于北平的最英勇的军事行动，是紧接着我二十九军亲爱的战友，跟日本帝国主义清算总的血债而独在孤城与敌清算的最艰苦的军事行动，索取了敌人偿还的数十条生命。这仅是清算的开始，等到取得了最后的胜利，才是清算的总结。

**树立军人应有的人格**

当南苑失守，北平被围，天津吃紧，宋公离平的时候，我二十七旅已孤军困守城内7日，到了7月28日，日寇派中岛顾问向我们肆其如簧之舌，蛊惑利诱，无所不至，最所痛心的，是满清余孽的一般遗老，和丧心病狂的一般遗少们，如江朝宗、齐燮元等辈，企图组织伪政权的所谓治安维持会，利用我们正在艰苦危急的时候，阴谋诱骗，企图使我们屈节投降，去做他们的爪牙。当时的城鼠社狐充满了封建的故都，情势十分险恶，内无援军，外无救兵。降则为民族之罪人，战则作无谓之牺牲，千钧一发，稍纵即逝。只得一方面虚与委蛇，一方面准备突围。如突围不能，则宁愿率我三千战友，同殉于千年古都的北平城，以留天地间的正气。

虽然，当时的环境是十分恶劣，十分危迫，但我们所凭借的只是我们3000人所共有的一个大决心，决为民族利益、国家利益而奋斗，决为神圣的抗日事业而牺牲一切，不顾一切的艰苦危难，终于8月1日下午10时突破了敌人包围得像铁桶似的北平城，又于清河镇及马房突破敌之警戒线及主阵地，杀开了一条血路向我们神圣的伟大的民族解放战争的康庄大道上迈进。

二十七旅于8月1日突围北平，不仅单单的是军事上的英勇行动，博得全国人士的赞扬，实实在在是树立了中华民国革命军人所应有的人格，是保持了中国立国五千年以来悠久传统的天地间的正气，是发扬了中国五千年以来“富贵不能淫，威武不能屈”的宝贵道德，是光大了三民主义的创立者、国民革命的导师孙中山先生的革命军人“不妥协”、“不投降”的宝贵遗教，是继承了“只有断头将军，没有投降将军”的千古不磨的全部遗产。

**加强南口抗战的形势**

当时二十七旅被围在北平城内，弹尽援绝，战既不能，降又不可。于是最后决定，与其坐以待毙，不如起而杀条血路，突破敌人的包围线，赴察哈尔与我二十九军之刘师会合，继续为抗日事业而努力。

平津既告沦陷，察绥因而感受威胁，因为敌人必须攻占南口，控制北平外围，才能防我察绥国军的出击。同时进而略取山西，攫取西蒙，以断我中苏国际路线，这是敌人进兵察绥，军事上必然的趋势，所以敌人于攻陷平津的不久以后，便转其凶锋，在陆空联合的猛烈炮火之下，大举进犯南口。当时南口的形势，十分危迫，我二十七旅突破北平包围以后，如取南路经大红门、南苑、固安、雄县而至保定，与我二十九军取得联络继续抗敌，则因南苑已失、琉璃河已发生战事，平汉北段的铁道，亦已被敌重兵控制，难以突破。于是，审时度势，暗渡陈仓，经太行山脉，直趋居庸背侧，与我二十九军之刘师（现在的□□□[①]军）会合，加强了南口抗战的形势。

## （二）北平突围的事实

**警备北平城**

当“七七卢沟桥事变”的时候，我二十七旅布防于任丘一带，于 7 月 18 日奉到军部电令：“令该旅进驻固安，掩护平大公路，并掩护卢沟桥右侧之安全。”

于是 19 日到达固安，部署一切。20 日又奉军部电令：“令该旅为左地区右侧支队，以固安、庞各庄、黄村为据点，北宁路为轴线，左援协攻卢沟桥，另一部协攻丰台，右与廊坊取切实联络。”

先是三十七师之二二一团与二二二团担任北平城防，因为民国 22 年长城抗战，获得喜峰口大胜利，便是该两团。因此，日寇要求将该两团调离北平 40 华里，以一三二师调至北平担任城防（这是日寇阴谋，企图分化二十九军，笔者）。我方一面答应日寇的要求，一面将该两团换穿保安队军服，仍驻城内，仅将保安队调离北平，以缓和日寇无理的要求。我独立第二十七旅（当时拨归一三二师节制）奉令由固安以急行军进驻北平，石旅长振纲（8 月 1 日突围时，石行至马房，脱离部队，折回北平，即由六七九团团长刘汝珍氏继任，笔者）任北平警备司令，当时部署如左：

旅部及六七九团团部驻天坛，六七九团第一营警戒骡马市、广安门（通

---

① 指第六十八军。

丰台公路）、右安门之线，第二营警戒东便门（通通州及北宁铁路）、永定门以东之线（主力配置于南缺口），第三营为预备队，随团部驻天坛；六八一团团部驻禄米仓，六八一团第一营警戒东直门、安定门之线，第二营警戒齐化门及东缺口之线，第三营为该团预备队，随团部驻禄米仓。至于阜成门、西直门、德胜门之线，仍由三十七师之二二一、二二二两团担任警戒（临时归二十七旅节制）。

驻于北平城内东交民巷之敌兵，约有五百余人，附有坦克车等武器。

当时北平城内，汉奸充斥，四出扰乱，时闻枪声，既要警戒敌人的蠢动，又要防范汉奸的陷害，彰明昭著的敌人，尚易于应付，而神出鬼没的汉奸，则难于清除。因为民众未曾动员，不能帮助军队肃清汉奸，以致军事上的运动，反不如敌人的便利与灵活，这是抗战开始的时候，感觉最困难的问题。

七七事变戒严时守城的警察

**大战广安门**

7 月 26 日下午日寇派中岛顾问、樱井顾问、佐藤茂书记官等，到广安门，与我刘（汝珍）团第一营第一连守兵接洽，适遇刘团长巡视城防，佐藤茂等便向刘团长说："我们日本军只有七八十人，想来观光北平城，请你们开放城门，让我们到城里逛逛，并无别意。"刘团长一面暗自下令叫弟兄们注意，准备厮杀，一面和佐藤茂说："我们中国军很欢迎你们贵军，请他们来逛北平城吧，来到了，再开城门。"佐藤茂等信以为真，马上跑回去引了一群兽兵来，约有 500 余人，附有坦克 3 辆，载重汽车 12 辆，坐车 5 辆，浩浩荡荡奔向广安门来，看见我们还没开城，有的竟爬起城来，刘团长便下令一齐射击，弹如雨下，只打得日本兽兵纷纷溃逃，佐藤茂书记官先受枪伤，后被我军斩首，樱井因逃跑失足陷落于粪坑中，后经熊少豪、周思靖（现均当汉奸）二逆将其领去，中岛则已鼠窜远去。敌兵死亡 30 余人，受伤 80 余人，夺获载重汽车 3 辆、坐车 5 辆，子弹 10 余箱，掷弹筒 10 余个，望远镜、照相机、文件等。击毁敌载重汽车 1 辆，坐车 1 辆，又击毁坦克车 2 辆，已被我夺获，惜我无人驾驶，无法运回，旋又被敌夺去。我阵亡 7 人，伤重殒命 5 人，负伤 10 余人，内有官长 1 员。残余的寇兵，溃不成军，纷纷逃到我民家，作摇尾乞怜状，口称爷爷，请你们保护我的性命，不要叫中国军把我的头砍掉了，我今生不能报答你的鸿恩，等到来世变猪狗也得报你们的恩。后因奉到绥靖公署的命令，不准扩大事态，并准许日寇领事，收容残兵，收容了三四个钟头，还没收容齐，可见寇兵怕死，躲在民宅，不敢出来，毫无战斗意志。敌伤兵亦准领回，并由日寇领事保证不再发生此等事件。我军人以服从为天职，只得含泪收军，忍痛复原。

日寇先拟攻下广安门，而占北平，因受我军严重打击，故于 27 日上午 5 时攻团河，由我一三二师之第四团猛烈抵抗，但敌机 18 架，骑兵四五百名，步兵千余名，大炮 10 余门，联合进攻。我全团官兵生还者仅 500 余人，余均作壮烈之牺牲。28 日拂晓，敌步炮骑联合兵种共 300 余人，敌机 30 余架，攻我南苑，并先以大炮轰击，我佟副军长（麟阁）、赵师长（登禹）率步兵二团、骑兵一团艰苦抵抗，终因伤亡太多不支，佟赵二公亦均于是役殉职。

**血泪话当年**

7 月 28 日，宋公明轩，奉令离平，誓师保定。张公荩忱，忍辱负重，留平折冲。敌派中岛游说，以我二十七旅改为保安队，仍负北平治安之责。但日寇其言愈甘，其心必愈毒，一因当时敌尚无力统治北平，便本其以华制华的毒计，企图制造傀儡政权，以为过渡。一因二十七旅之刘团，曾于 26 日大战广安门（事实见前），予以侵略者以严重的打击，敌人知我二十七旅不能以武力使我屈服。因此，欲以阴谋诡计，甜言蜜语来软化我官兵，使我们屈节乞降，以达其“以华制华”的阴谋。可是当时为了环境的逼迫，又因已被敌人层层包围，如不延长空间，争取时间，以为充分准备，恐怕突围是不可能，如与敌作无谓之牺牲，于事无补，虽死奚益。于是饮恨吞声，虚与委蛇，然我 3000 官兵之赤胆忠心，都被民族解放的火炬和国家独立的烈焰燃烧得像热铁一般，准备以鼎沸的热血，来冲洗北平的城门——突围。

29 日敌顾问中岛，率周逆思靖（现当汉奸）为翻译，以狞笑的面目，在旃坛寺讲话：“大日本和你们支那是同文同种，应该共存共荣。这次卢沟桥发生了不幸的事件，是你们支那不认识大日本在东亚的主人地位，误解了大日本和你们支那提携合作的意思，真是遗憾之至。现在你们二十七旅负了北平治安的责任，我看你们都很忠实，想借重你们的力量，把你们改成保安队，继续维持北平的治安，保证对你们没有恶意，请你们大家放心。26 日你们在广安门，把大日本的佐藤茂书记官打死了，还伤亡了许多日本弟兄，这不幸的误会，更是遗憾，可是你们的主官是哪一位，我要和他见见面，做个朋友。”

上面这些荒谬麻醉的鬼话，就连傻子都不会去相信他。当中岛贼追问到二十六日大战广安门部队主官姓名的时候，我六七九团第一营的官兵们，首先便发出忍无可忍的最后怒吼，当时有人大叫：“是我们中华民国不愿当亡国奴的英雄们，起来打你们的。”有人便叫：“你们打吃亏了，还想报仇吗？要干咱们马上就干。”声势汹汹，几乎马上要和他——中岛拼个死活，官长们便都把暗藏在身上的手枪掏出来，士兵们也都把暗藏在身上的手榴弹掏了出来，一齐瞄准日贼中岛，将要发射和投掷，吓得中岛贼魂不附体，连忙作讨饶的口气说：“我是钦佩你们的英雄行为，问出你们官长的姓名，想和他做个朋友，哪里敢想报仇呢，请你们不要误解了我的意思。”战栗抖颤地说完这几句话，狼狈得很，抱头鼠窜而去。我们的官兵，气愤得痛哭流涕，怒形于色，我（按即刘汝珍氏——笔者）便说：“好男儿不要流泪，我们准备流血吧！”这是多么有力的一句话啊！

**突围中的战斗**

8月1日下午4时，石旅长振纲、张参谋长傅泰、刘团长汝珍、赵团长书文四人开军事紧急会议，首由刘团长发言：“日寇欺我太甚，北平环境太劣，改为保安队等于投降敌人，投降便是民族的罪人，我们宁死不屈。”张参谋长首先附议赞成，并以去就力争。刘团长继续又说：“我们马上准备突围，在突围以前，先把北平城内的日寇杀个一干二净，杀一个够本，杀两个便是一双，杀尽以后，再拼着我们的头颅和热血，突围而出。”结果对于突围，全体赞成，不过对于先把城内日寇杀尽以后再突围，不但要毁坏千年以来的北平文化城，恐怕对于突围要受到更多的困难，于是前议作罢。最后议决突围的方向，是南（经大红门、南苑、固安、雄县到保定）不如北（经安定门、小关镇、羊房到南口），并决定分多路，走小径，由安定门、小关镇、报房、马房、清河镇，到羊房（距南口30余里）为主要道路，官兵不准放枪，士兵一律上刺刀，准备白刃战。

散会后，即于下午10时开始突围，六七九团在前，由刘团长汝珍（河北人，俄国基辅军官学校毕业，曾于民国17年任第二集团军总司令部卫队旅旅长，行至马房，石旅长脱离部队，折回北平，刘即继任旅长，现仍任本旅旅长）率领，六七九团第一营营长李延瓒留平未出，由营副张文宾（安徽人，第二集团军军官学校毕业，现任六七九团第三营营长）代领，第二营营长杜春堂留平未出，由营副梁学信（山西人，第二集团军军官学校毕业，后继杜任本营营长）代领，第三营由龚营长乃强（安徽人，西北陆军干部学校毕业，后继刘任六七九团团长，现任副旅长）率领。六八一团由赵团长书文（行至察省后，因病脱离部队）率领，六八一团第一营由张营长聿堂（山东人，后任本团团长，现仍在职，所遗营长缺，由营副张华斌继任）率领，第二营由营长田明祥（河北人，后任四二七旅副旅长）率领，第三营由营长陈瑞武率领。石旅长振纲（行至马房，脱离部队，折回北平）、张参谋长傅焘（安徽人，安徽炮兵学校毕业，后任本旅副旅长，现任六七九团长），随六七九团行进。

当时真是衔枚疾走，鸡犬不惊，雪亮的刺刀，上在崭新的捷克式枪上，更显得亮晶晶的比月亮还要光明，我们是朝着光明的大路上走，走向民族解放的战场，我们像怒潮巨浪般地冲出了安定门，到了小关镇，分路向目的地——羊房集结。在突围前已将平郊电线割断，障碍敌之消息，以迟缓敌之追袭。因北苑（为国阮旅置有重兵）四周，敌有重兵，如被发觉，便不易突过，如能突过，而损失必大。因电线已被我割断，城内敌人，四处通话，都因此而发生故障，所以西苑北的敌人，尚未发觉，我们已经小关镇、报房，冲过马房（石旅长到此即脱离部队，折回北平，由刘汝珍氏继任旅长），越平绥铁道向羊房集结。

在马房南有小河一道，上架一独木桥，我先头部队当与敌在此发生战斗，被敌击毙及负伤 10 余人。我后续部队赶到后，敌兵纷向村中逃去，并无多大战斗能力，被我田明祥营长夺获战马 4 匹。小河上的独木桥，敌亦未及破坏，我们过河时，还隐约可以看见村的东头，架有机关枪，但是敌兵胆小如鼠，并不敢向我们发射，可见敌之战斗意志，甚为薄弱。到了清河机场与敌发生战斗，我阵亡排长魏万清 1 员、兵 3 名，伤 5 名，到清河镇时又遇敌之主阵地，当又发生战斗，我伤亡百十人。被我夺获三八式步枪 20 余支，子弹 4000 余粒，轻机关枪 3 挺，尚有汽车等笨重物品，无法运走。我由马房向西北沿铁道行进之部队，与敌警戒部队发生激烈战斗，敌之坦克车 10 余辆，飞机 20 余架，追踪轰击，我伤亡 500 余人。到羊房集结后，才脱离危险界线。我到察省后，旋敌拟由青边口（在宣化北 30 余里）偷袭宣化，妄冀不战而下南口。当派我六八一团把守青边口，机动出击，当发生青边口之激战，计我伤亡 300 余人，敌伤亡有千余人，击破敌之偷袭企图。总计北平突围，我全旅伤亡及失踪者 1200 余人，损失迫击炮 4 门，步枪 200 余支，掷弹筒 20 余个，骡马 200 余匹。总计敌伤亡约有 1100 余人，夺获敌之步枪 20 余支，子弹万余粒，轻机关枪 3 挺，战马 4 匹，载重汽车 3 辆，坐车 5 辆，掷弹筒 10 余个，望远镜、照相机、文件等，击毁敌之坦克车 2 辆，载重汽车 1 辆，坐车 1 辆。

敌攻我卢沟桥、广安门、团河、南苑及追袭我突围部队，均系敌寇河边旅团所属牟田口、萱岛两联队。

（陆军独立第二十七旅司令部印行，民国 28 年 8 月 1 日）

（选自秦孝仪主编：《卢沟桥事变史料》（上册），台湾中央文物供应社 1986 年版，第 41—51 页）

# 第七节　张自忠重组政权

## 一、新闻报道

### 张自忠接见松井后北平城门大开<br>宋哲元今晨已抵保定　传赵登禹不幸阵亡说

1937 年 7 月 29 日《大美晚报》

張自忠接見松井後
北平城門大開
宋哲元今晨已抵保定
傳趙登禹不幸陣亡說

（本報南京二十九日下午一時急電）宋哲元秦德純馮治安等之離平、乃由於張自
石友三改變態度所致、今晨起、北平四週城門大開、市內警察及保安隊已在張自
節制之下、圖實現日人所計劃之「華北特殊化」、張以冀察政務委員會委員長及市
自命、發出「安民」佈告、現北平城內駐有張自忠三十八師部二團（一說四團）、宋

（本报南京二十九日下午一时急电）宋哲元、秦德纯、冯治安等之离平，乃由于张自忠、石友三改变态度所致。今晨起北平四周城门大开，市内警察及保安队已在张自忠节制之下，图实现日人所计划之“华北特殊化”。张以冀察政务委员会委员长及市长自命，发出“安民”布告，现北平城内驻有张自忠三十八师部二团（一说四团），宋哲元已下令命所部集中保定。赵登禹部不愿与张自忠为伍，故仍在通州（县）前线督战。沙河石友三部保安队已被解决。前来南京之宋哲元代表昨电宋氏报告前赴北平，北平枪声已停。

（本报南京二十九日电）张自忠今晨七时接见日本驻平特务机关长松井，商谈“善后办法”。

（中央社北平廿九日下午二时二十七分电）确息，二十九军一百三十二师师长赵登禹、军官教导团教育长①佟麟阁，于南苑团河之役不幸阵亡，尸身迄未寻获。

（本报天津廿九日电）日军进攻前比租界公安局、初被占领，经保安队反攻，业已克复，华军现正与日军在东局子日机场激战中，东站有大火。

（本报南京二十九日下午二时加急电）京平间电话、电报线均已不通，但军用电报仍甚频繁。北平方面似尚未至完全绝望。

（快讯社北平二十九日电）北平形势，二十八日午夜骤生重大变化，宋哲元、秦德纯、冯治安等因被环境所迫不得已二十八日午夜离平赴保，平津一

---

① 实为军训团团长，教育长是张寿龄。

切军政大权暂由张自忠处理。

## 平市昨解严　各城门昨日下午完全开放
## ……各路口沙袋实行撤除　各商铺今日可恢复营业

1937 年 7 月 30 日《世界日报》第四版

【本市消息】平市当局前当时局紧张之际，为维持市内安宁秩序，防范宵小乘机扰乱起见，曾于八日晚起宣布戒严，并布置各项障碍工事。顷以时局急转直下，特自昨晚起宣告解严。全市各处障碍物亦下令全部撤尽。以安人心，而利商民。兹分志各情如下：

中華民國二十六年七月三十日

新任北平警察局長
潘毓桂昨晨就職
發告民衆書並佈告安民
局内人員不動繼續任職

昨日黎明，市内各街市即呈活跃现象，各处行人均可畅行无阻。上午下午虽各有飞机一架在空中飞行，然平市市民已司空见惯，不以为事矣。

**内外各城**　至阜成、西直、东直、德胜、安定等城门，均于昨日上午七时将沙袋撤除，旋即城门完全开放，任人通行。宣武、朝阳、崇文、永定、广安等城门亦于上午九时开放一扇，由警察将沙袋撤除后，下午二时左右始完全开放。和平门昨日上午十时开放东门洞，西门洞迄晚仍关闭。当数日未开之广安门，沙袋撤去。城门讶然而开之时，菜贩遂争先恐后往来拥挤不堪，及至满载而归。因供给与需要无多相差，故菜蔬价格低落，今日将继续落价而至恢复原状。至城门开启后，往来车马又络绎于途，叮当呜呜之铃声笛响不绝于耳。

**商铺情形**　惟多数通衢之商户，尚未开门营业，伙友伫立铺门外，闲看往来行人，店门虚掩，闻今日各铺户将一律恢复营业。此外各处岗警均一律换三角符号，未带枪械，指挥交通。昨夜行人亦已通行无阻。一切市面情形今明日可恢复常态。又平市警察局前命各区分饬各段征集麻袋一万条，每段分担一二百条不等。所征集之各麻袋昨已由区命各段分别交还各商民。市内各路口沙袋昨均撤除。

## 新任北平警察局长潘毓桂昨晨就职
## 发告民众书并布告安民　局内人员不动继续任职

1937 年 7 月 30 日《北平晨报》第四版

【本市消息】平市警察局长陈继淹辞职后，遗缺由北平市政府转奉冀察政务委员会令委潘毓桂继任。率令后，已于昨（二十九日）晨九时到局就职任事。由秘书主任李鼎勋办理交代。旋于十时分别召集各区署队长及全体职员训话。勉以本维持地方治安原则下，安心服务，对人事方面决不轻易更动。前任秘书主任李鼎勋恳辞，遗缺已派张修甫继任。就职后并招待记者谈话，并布告晓谕商民各安生理，切勿轻信谣言，同时更发告地方父老民众书。兹分志如次：（略）

## 张允荣昨就平绥局长

1937 年 7 月 30 日北平《竞报》

【本市消息】平绥铁路局长张维藩辞职后，冀察政委会令委惠通航空公司总经理张允荣接充，张于昨日上午九时半前往视事，办理接受手续后当即召集该局课长以上各重要职员训话，对于共同协力发展路务各点，多所勖勉，十时许词毕，张即退入局长室少憩，嗣即视察局内各处课一周后，始行离局云。

## 张自忠昨已就新职　并开冀察政会临时会议
## 定今日赴绥靖公署视事　平市治安由警宪负责维持

1937 年 7 月 30 日《世界日报》第三版

【本市消息】时局急转直下后，宋哲元、秦德纯等前晚已离平赴保。临行令派张自忠代理冀察政委会委员长、冀察绥靖主任、并兼代北平市长。张于昨日下午二时先赴市政府就职，由秘书长周履安迎入。社会局长郭贵瑄、工务局长富葆衡、卫生局长谢振平等均到场参加。张即向全体职员训话，略谓：本人于昨（二十八日）晚七时，奉到委员长命，接代北平市长，值此时期，实不容辞。委员长意旨，向来主张和平。昨晚九时赴保前，仍谓须贯彻初衷，故特由平赴保。本人奉命负责地方，决尽力做去。诸位在本市服务多年，成绩极好，希望本以往精神安心服务。值此国家危难之秋，人事方面决不更动。

此次事件能得和平解决者，乃系第三者出头奔走，决定三十七师部队全部离平，由保安队在平维持地方。日方曾约定，该国军队，决不进城云云。旋张于三时，至政委会就任新职。该会常务驻会委员齐燮元、贾德耀，及委员陈觉生、魏宗瀚、李思浩、章士钊等暨会内各处长、科长、主任等均出席。首由兼秘书长杨兆庚迎入，对内部情形略询，旋召集会内处长以次各主任、科长训话，略云："此次奉委代理委员长职务，深感材（才）轮任重，不胜负荷，唯有遵循宋委员长爱护和平，为地方谋福利之宗旨努力做去。诸位在会，学问经验，均极优良，尚望继续过去精神，努力勿懈云。"

**临时会议** 训话毕，旋于下午四时召开临时会议，出席委员：张自忠、贾德耀、钮传善、齐燮元、陈觉生、李思浩、胡毓坤、章士钊八人，列席人员：杨兆庚、魏宗瀚、潘毓桂、邵文凯、田春芳、邹泉荪六人。主席张自忠报告："昨（二十八日）夜奉宋委员长命，代理本会委员长。本人能力薄弱，恐难负此重任，希望各位长官，各位同人指教。宋委员长离平，系为求达和平目的，与其在平，不如在保，故前往保定。此间重责既奉命由本人代理，只好努力支持，想诸同人必不吝共同努力"。次报告要案如下：（一）本市治安，由保安队、宪兵、警察维持，决无他虞。（二）关于法币问题：闻本日银行未开门，尚有操纵纸币之事，须设法维持，商会邹主席泉荪报告甚详，决无问题。（三）关于粮食问题：宋委员长曾拨二十万交会购粮储存，因为数过少，拟与银行商量，以粮食押于银行，再借十四万元，全数购买，但此事尚未主办，再平定粮价一节，并非奸商操纵，实因供求关系所致，此后，应尽量疏通车辆，办理储存仓库。

中華民國二十六年七月三十日　星期五

張自忠昨已就新職
并開冀察政會臨時會議
定今日赴綏靖公署視事
平市治安由警憲負責維持

華北局勢突變後
蔣昨有重要表示

张自忠谈 张于会后，下午五时，在该会大客厅接见新闻记者，兹将所谈各节撮录如次：（一）四郊日军，北面已撤退，西面撤一部，南面陆续向东移动，卢沟桥方面未撤。（二）日方声明不入城、不投弹，平市治安可保无虞。明日（即今日）即布告安民。（三）北宁、平汉两路交通不日即可恢复。（四）定明日（即今日）赴绥靖公署就职，日内不拟返津。

又张自忠就冀察政（委）会代委员长职后，即发出布告，觅录原文如下：“为布告事：案奉委员长宋令，委自忠代理冀察政务委员会委员长。等因，奉此。自忠遵于本日就职视事。除呈报外，合行布告周知。此布。”

1937 年 7 月 31 日上海《大公报》第一张第三版

【保定二十九日下午九时发专电】（迟到）陈继淹二十九日下午三时由平绕道来保，谒宋哲元报告并有所请示。张自忠二十九日午后通电到保，报告北平军政由彼负责。

## “治安维持会”成立

1937 年 7 月 31 日《中央日报》第一张第三版

▲中央社东京三十日路透电，日方息：北平三十日已组治安维持委员会，计有委员四十人。平市商会、银行公会、报界、自治团体及重要公民各举代表六人组成之。而以江朝宗为委员长，辅以常务委员六人。张自忠谋取委员长一席，运动甚力，但为各方所反对。闻日当局亦以为如二十九军与冀察政务委员会要人仍在新委会中，据有负责之地位，则北平时局难期明朗云。

## 平当局与市商会努力维持金融
## 各银行今日一律恢复营业　河北省银行钞票照常行使

1937 年 7 月 30 日《世界日报》第三版

【本市消息】时局急转直下后，平市商会昨日上午十一时在该会举行第十二次临时会议，讨论办法，该会全体执监委员及各公会主席六十余人均出席。由邹泉荪主席，陈仲英记录。兹志议决各案如下：（一）刻下时局已转入和平途径，各公会主席应从速分别开会，报告各商注意下列两点：一、即日开门营业。（参见另条）二、务必努力维持地方金融。（二）张代市长及警察局潘局长均已就职，即日由会派员偕往趋谒，表示欢迎。

【又讯】平市各银行昨未办公，当局为恐市民不明时局真相，自相惊扰，并为免使市民对河北省银行钞票发生误会，致妨碍金融安全起见，昨已通告：所有河北省银行所出之钞票，一概与中国、中央、交通三银行之钞票同时一般使用。并为切实办理，决将河北省银行办公时间延长二小时，并声明无限制兑取。各银行均于今日起恢复营业，照常办公。闻昨日市上对于河北省银行及察哈尔兴业银行两行纸币发生持票购物，商号不肯找零问题，当局闻悉极为重视。代市长张自忠更于昨日下午八时在东城张宅召见河北省银行经理尚绶珊，及商会委员魏子丹，嘱其速向各方宣布，本人决负责到底，并以十分精神维持此两行纸币，不使该钞信用稍感动摇。

## 平金融可保无虞
## 当局决惩捣乱钱商　冀行钞票尽量兑现

1937 年 7 月 30 日《北平晨报》第四版

【本报特训】平市各银行自今日（三十日）起按照规定时间恢复营业，河北省银行钞票，今晨由各银行尽量兑换中央、中国、交通三行钞票。新任代理政会委员长及市长张自忠氏定今晨布告安定金融，对乘机扰乱金融者决加以严惩不贷云。

## 张自忠二十九日电津，令停战

1937 年 8 月 1 日上海《大公报》第一张第三版

【天津三十日下午八时发专电】（迟到）津绅商公举警局督察长李景阳代警察局长，维持治安。三十日午后由李向日军部接洽停止轰炸。张自忠二十九日电津，令停战，并谓再受压迫即撤退。

## 张庆余等悲壮通电

1937 年 8 月 1 日上海《大公报》第一张第三版

【中央社保定三十日电】驻通州（县）保安队张庆余、张砚田反正后，三十日发出通电，原文如次：

（衔略）日寇暴虐，天祸中华，庆余、砚田于长城战后敌人迫我签立塘沽协定后，受命于危难之际，成立战区特警保安第一、第二两总队。为统一指挥便利剿匪计，暂归蓟密区行政督察专员殷汝耕指挥调遣。原期努力仝（同）心奠安地方，扶绥民众，不意殷逆利欲熏心，甘作傀儡，供敌驱策，背叛党国，神人共弃。在当时原不难擒彼巨憝，献俘中枢，徒以国家多故，策在睦邻，重以未奉命令，顾虑地方，不得已虚与委蛇，含垢待机。迩者敌焰愈炽，国难愈深，卢沟桥事变特不过吞并整个华北之发轫。而殷逆汝耕等丧心病狂，搜括地方，竭泽而渔，特设供给委员会，为敌人筹划给养，维持后方。二十八日敌以一联队之众，益以飞机、大炮轰炸我二十九军驻通部队，敌炮一鸣，全军泪下。斯何时也，殷逆竟率贴身群小登城作壁上观，引以为乐。庆余、砚田以为敌人谋我，具有决心，非群策群力，听命领袖，不足收救国御侮之效。藩篱岂任久据，报国已愧后人。爰于二十九日拂晓挥泪誓师，一鼓粉碎伪组织各机关暨暴日驻通守备队、特务机关警察署，巨憝汉奸一体俘获。当日，竟日均与日机血肉相拼中。除已派敝部总务处长刘鸿廉驰赴保定，面谒上峰，请示机宜外，此后一切行动，均惟蒋宋两委员长命令是从。所望国内先进、各处国军时赐南针，多予协助，不胜企祷。特闻。

河北省特种保安第一总队长张庆余、第二总队长张砚田，率同教导总队第一区队长渡步寿，第二区队长沈维幹暨全体官兵二万余人同叩。三十日。

## 敌炮一鸣全军泪下　通保安队反正杀敌

1937年8月1日上海《大公报》第一张第三版

【中央社北平三十一日路透电】今日据某华人目击冀东事变者谈，通州（县）保安队二十九日反正时，彼于清晨惊醒，但闻保安队高呼杀贼。日本军营立即被保安队包围，双方发生剧战，炮声、机关枪及步枪之声一时并作，日兵被杀者无数。午后即有日机三十架飞来，轰炸数小时之久，保安队渐不支而退。通州（县）伪官署房屋已全毁。美国学校门房亦受损毁，其余尚无恙，而美籍教师马丁及亨德二人全逃出。

【同盟社东京三十一日电】截至三十一日午后九时，据日陆军省接到来电，综合天津方面之情报，得悉通州（县）方面现状如下：一、通州（县）守备队现已收容侨民六十人，其他侨民目下正在搜索中；二、特务机关长细目中佐迄今生死不明，特务员甲斐少佐以次七人均阵亡；三、通州（县）守备队无人阵亡，伤七人。

## 李思浩等谒张自忠　对时局善后有所谈商

1937 年 8 月 1 日《世界日报》第三版

【本市消息】冀察政（委）会代委员长张自忠昨晨七时即到进德社办公。张允荣、张璧、潘毓桂、李思浩等均往谒晤，就时局善后，有所谈商云。

## 日　方　消　息

1937 年 8 月 1 日上海《大公报》第一张第三版

【同盟社天津三十一日电】日军司令部发表（上午九时）冀东政府长官殷汝耕因其部下第一、第二保安队叛变被擒。目前生命无危险，然恐难继续就长官地位。日军司令官香月顷任命池宗墨为代理长官，代办一切职务。

## 天津势将全化灰烬<br>日军犹在轰炸烧杀<br>业已两日不见武装军警<br>数万难民雨中无处投奔

1937 年 8 月 1 日上海《大公报》第一张第三版

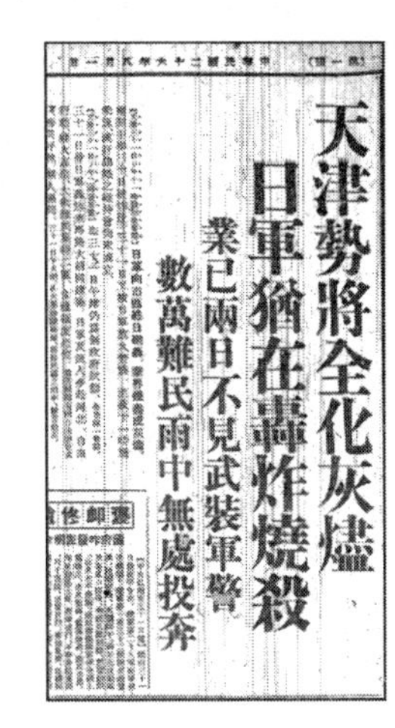
天津勢將全化灰燼
日軍猶在轟炸燒殺
業已兩日不見武裝軍警
數萬難民雨中無處投奔

## 张自忠电饬<br>边守靖代理津市长<br>李景阳就任津警局长<br>派黑衣警察分处值岗

1937 年 8 月 1 日《申报》

天津　张自忠三十一日有电致津市府参事边守靖，饬暂代理津市长，边表示两点：（一）渠为市府首席参事，应对市政随时加以维持。（二）同时渠又为地方人，亦不能坐视不顾。惟就任市长一节，目下尚谈不到。（三十一日中央社电）

天津　警察局督察长李景阳卅一日晚五时已就任津督（警）察局长职。六时在特二区警察分所召集各分局长、特区主任开会，即派出着黑衣之警察在特二区等处值岗。闻李现向日方商定，凡有黑衣警察所到之地，日军即分别撤退，至所有零星保安队亦由李负责缴械。（三十一日中央社电）

## 边守靖前日已担任津市长职务

1937 年 8 月 2 日《世界日报》第三版

【南京一日电】京中关系方面据报：边守靖接张自忠电，已于三十一日午后在进德社非正式担任市长职务，并内定沈迪庆、聂湘溪、卢甫生等分任市属各局长。

## 新任平电灯公司监理张璧就职　股东昨开欢迎会

1937 年 8 月 1 日《世界日报》第四版

【本市消息】北平电灯公司监理官兼协理刘郁芬[①]辞职。政委会昨晨已发表该会高等顾问张璧继任。张氏昨日下午三时赴公司就职。该公司股东并开欢迎会，由张氏致词表示答谢。平市商会委员邹泉荪、魏子丹、姚泽生、尚绶珊等均往致贺云。

## 简　讯

1937 年 8 月 2 日《世界日报》第四版

【本市消息】北平华商电灯公司新任监理官兼协理张璧，前日到公司视事后，该公司会计、总务、工程、业务各处长等，昨均向公司当局呈请辞职，但未批示，各部份（分）工作，现均照常。

## 关于时局的几点说明

1937 年 8 月 2 日上海《大公报》社评

所列五点如左：

一、因为有《辛丑条约》和《塘沽协议》种种关系，我们在军事上根本不能有强固的防御布置，人家却尽可纵横自如。

二、宋哲元和平念切，习于妥协，平时既不敢亦不肯妥筹防务，卢事发生，据闻中央连致十数电至乐陵，促宋早赴保阳（定）治军，他却径回

① 刘郁芬（1886—1943），字兰江，河北省清苑人。毕业于保定北洋陆军武备速成学堂，是西北军中五虎将之一。1925 年后任甘肃省政府主席兼陕西省政府主席。中原大战后，任南京政府上将总参议。抗战时期投敌，在汪伪政权任总参谋长。

天津谈判和平，以致延失时机。待至敌军齐集大举进攻，既以武器见拙，更以工事缺乏，因此一日一夜之间损兵折将而退，为时迫促，应援也来不及。

三、宋因心存妥协，不愿援兵大集，刺激对方，以致后方相距甚远，军队急切间不易开上前线。

四、因为主将无作战决心，于是将领中意见不尽一致，如张自忠其最著者，此于全军动作上亦很不利。

五、天津抗战，系出临时动作，非出预定期约，所以不但他部援军不能呼应，即二十九军亦未有切实联络。

（选自秦孝仪主编：《卢沟桥事变史料》（下册），台湾中央文物供应社 1986 年版，第 334 页）

## 张自忠主持无力

1937 年 8 月 3 日《申报》第三版

南京 京中某机关接卅一日平电，张自忠部入城之部队多已改为保安队，每日晨昏均由日人询话。张等已无主持能力，诸事皆由汉奸操纵，前途尚有演进。（二日中央社电）

## 张自忠潘毓桂奖励警队
## 张拨二万元　潘捐万元　国难方殷望奋勉图功

1937 年 8 月 2 日北平《竞报》

【本市消息】张自忠委员长以迩来时局不靖，事变迭生，所有本市境内各区长警，暨保安队长维持地方秩序，餐风沐雨，夙夜在勤，殊堪嘉尚，为体念彼等辛劳起见，特发给赏金二万元，以示奖励。同时警察局长潘毓桂亦以所属长警在炎天烈日之下，昼夜服务，牺牲个人幸福，维护大众安全，市内秩序，功在地方，特别筹捐万元，分奖各警队，以资鼓励。兹录潘氏令各区队文如次：查此次事变发生以来，地方人心异常惊恐，所赖本局及各城郊区署官吏、警队等昕夕勤劳，尽力防护，使我全市商民得以转危为安，未受巨大损失。本局长接任虽仅数日，适为秩序异常紊乱之时。我全体袍泽，值兹忧患丛脞之际，益矢忠坚，不屈不忱，精神焕发，百倍平时，其匡助本局长以维护地方者，洵堪嘉尚。兹由本局长特别筹捐一万元，分奖各警队，聊示嘉勉之意。国难方殷，匹夫有责，仰仍奋勉图功，奠安社会，保卫人民，本局长有厚望焉。

北平晨報

冀政會八委員開缺

張代委員長現已脫離軍籍

滬傳寧方昨有重要決議

津治安會借欵救災

臨時辦事處

## 冀政会八委员开缺

1937 年 8 月 3 日《北平晨报》第三版

【本市消息】顷闻确讯，冀察政务委员会代理委员长张自忠氏，以本会各委员离职不在北平者太多，以致开会讨论事项不易进行，特将秦德纯、戈定远、刘哲、门致中[1]、石敬亭[2]、周作民、萧振瀛、石友三八人一律开缺，余情续志。

## 张代委员长现已脱离军籍

1937 年 8 月 3 日《北平晨报》第三版

【本市消息】张自忠已向宋哲元辞去三十八师长，遗缺由李文田接充，张现已脱离军籍云。

## 江朝宗辞会长职
## 该会昨日正式成立　今日下午招待记者

1937 年 8 月 3 日北平《竞报》

【本市消息】平市地方维持会经连日之筹备，业于昨日下午三时在中南海丰泽园正式成立，并举行第一次谈话会。会长定由江朝宗担任，委员人选为银行界六人、商界六人、文化界六人、名流六人，共二十四人。此外并聘请顾问二十一人，下设秘书一人，总务科长一人。闻秘书人选已内定谢振翮，总务科长则由吉世安担任，聘书昨均分别发出。该会于昨日（二）下午三时成立后，即于四时举行谈话会。出席委员吕均、冷家骥、王泽民、周肇祥、吉世安等。对内部工作有所商

① 门致中（1886—1960）字靖原，吉林人。原是西北军老将，1928 年任宁夏省政府主席。中原大战时任第十七军军长。1935 年任冀察政务委员会建设委员会主任，1960 年病逝于香港。

② 石敬亭（1884—1969）字筱山，山东利津人。冯玉祥部下。1927 年任陕西省政府代主席兼第二集团军第六方面军总指挥。1928 年任第二集团军总参谋长，训练总监。张自忠的老长官。1935 年任冀察政务委员会委员、冀察绥靖公署总参议、国民党中央执行委员会委员。

谈，关于交通方面，拟设法恢复平市内外城交通，并对各处防（妨）害交通之障碍一律设法解除；关于救济方面，除设法救护伤兵、难民外，对四郊溃兵如何处置，俾资安定以靖市面，至六时许散会。该会会长原定江朝宗氏担任，江氏顷以染患湿气，特于昨日函请辞职，故昨日下午之谈话会闻未出席，惟将来江氏能否摆脱，或另觅他人担任，尚未可知，兹将江氏辞函录下："径（敬）启者，鄙人因连日救济事务，劳顿已极，且患湿气下注，步履维艰。垂暮之年，实难再任其他，所有贵会维持职务，未能兼顾，专函布达，敬希查照，此致北平治安维持会公鉴，江朝宗叩。八月二日。"

又该会成立后，为使各方明了内部组织情形及筹备经过起见，特定于今日下午三时在丰泽园招待本市新闻界报告一切，通知昨已发出云。

## 冀察政委会新聘委员八人

1937年8月4日《北平晨报》第三版

顷闻确讯：冀察政务委员会，昨日开缺之委员缺额，本（三日）日业经延聘，名单列左：

张允荣、张璧、杨兆庚、潘毓桂、江宇澄（即江朝宗）、冷家骥、邹泉荪、陈中孚。

北平晨報

中華民國二十六年八月四日

冀察政委會
新聘委員八人

頃聞確訊：冀察政務委員會，昨日開缺之委員缺額，本（三日）日業經延聘，名單列左：張允榮，張璧，楊兆庚，潘毓桂，江宇澄，冷家驥，鄒泉蓀，陳中孚。

津蘇領館被襲事
日反駁抗議
謂此事與日當局無關

反駁理由

駐屯軍某將校見解

政院會議
通過各要案

## 平地方维持会成立
## 维护地方安宁保护人民福利

1937 年 8 月 4 日《益世报》第三版

【本市消息】北平市地方维持会业于本月一日在中南海丰泽园正式成立，开始办公。该会为使社会各界明了该会成立宗旨及筹备经过起见，昨日下午三时，在丰泽园颐年堂招待平市新闻界，报告一切。到各报社记者五十余人。该会主席江朝宗因病请假未到，由常委冷家骥主席……

## 日军开入北平城

1937 年 8 月 5 日《申报》

北平 四日午前九时半，日军某部队开入北平城，由前门入城，经长安街开入市内。（四日同盟社电）

1937 年 8 月 5 日《北平晨报》第四版

【又讯】元老江朝宗氏昨致函本报说明恳辞本市地方维持会经过，兹将江氏致维持会辞函照录如次：

## 江朝宗辞职函

敬启者：

鄙人因连日救济事务劳顿已极，且患湿气下注，步履维艰，垂暮之年实难再任其他，所有贵会维持职务未能兼顾，专函奉达即祈公察是荷，此致地方维持会。

江朝宗启

## 日不信任张自忠

1937 年 8 月 6 日《申报》第三版

南京 据报日方重要人员谈话，对张自忠已不信任，并谓张璧、张允荣等乃利禄之流，无何期待，故平津将另有演进。（五日中央社电）

## 电话局长宋易视事　全部人员均未更动

1937 年 8 月 6 日北平《竞报》

【本市消息】北平电话局长叶弼亮辞职照准，遗缺由张代委员长委市府专员宋易接充。宋氏奉令后，当于昨日上午十时赴局就职视事，由前任局长叶弼亮亲自交代。宋氏过去与本市各界关系颇深，尤以商界渊源最切，故昨晨市商会主席邹泉荪、委员姚泽生、杨绍业、魏子丹等工商各界人士五十余人，先后到局为宋氏致贺。宋氏就职后，即召集各科科长谈话，勉以努力服务。宋氏对该局职员除事务科长赵连混因病坚辞，改派吕训钦接充外，其余员司故未更动云。

## 津日军挨户搜查

1937 年 8 月 6 日《申报》第三版

南京京中某慈善机关接津电，日军在津市挨户搜查，凡遇壮年活泼者即指为形迹可疑，当场牵出门外枪毙，故沿街尸身累累，伤心惨目。（五日中央社电）

## 沧州难民麇集　驻军分食相飨

1937 年 8 月 6 日《申报》第三版

沧县，自上月三十日以来，此间麇集津难民达十余万人，流离饥苦，亟待救济，难民因当地驻军分食相飨，极为感动，对日军之残暴轰炸，则深切痛恨云。（五日中央社电）

# 二、相关电报

## 军政部参事严宽呈何应钦部长报告平市异动后情况电

——民国二十六年七月三十一日

南京。部长何：一〇一五密。

（一）平市异动后，市面未复常，每日士兵横行闾巷，人心极不安。（二）张部入城之部队，多已改为保安队，每日晨昏，日人训话。（三）张等已无主持能力，诸事均由汉奸操从（纵）。此间现况，恐难久待。（四）闻市民维持会将要实现，前途演进不知如何？（五）人民极盼中央军早到，排除万难。

职宽叩。世。印。

（录自台湾中央党史委员会库藏史料）

（选自秦孝仪主编：《卢沟桥事变史料》（上册），台湾中央文物供应社 1986 年版，第 201 页）

## 军政部参事严宽呈何应钦部长报告北平失守后情况电[①]

——民国二十六年八月三日

南京。部长何：一〇一五密。

（一）阮旅等冬（指 8 月 2 日）在北苑及西苑缴械。（二）平郊晚仍有枪声，系孙等别动队及反正军游击活动。（三）冀察政会照常办公。（四）平市维持会江朝宗力辞主席。（五）各城门均由日军监视，居民甚恐。

职宽叩。江。印。

（录自中央党史委员会库藏史料）

（选自秦孝仪主编：《卢沟桥事变史料》（上册），台湾中央文物供应社 1986 年版，第 206 页）

# 三、相关史料

## 天津四千警察奉令解除武装

……三十日晨，天津与北平同样发生激变，至六时，枪声既已停止，警察四千人奉令解除武装，驻军则退至静海一带。

（选自魏宏运主编：《中国现代史资料选编——抗日战争时期》，黑龙江人民出版社 1981 年版，第 15 页）

## 潘毓桂招待新闻记者谈话

今日距前日谈话日期已逾六日，回思此六日经过情形，今日仍得与诸君聚晤，实为万幸之。至此后尤盼能如此常常聚会为幸。今日为诸君报告者，城内秩序经数日来拼命努力并得社会人士帮忙且深邀日本各官宪了解，一切秩序幸渐恢复，四郊虽稍形紊乱，大致警察尚能执行职务，亦不致发生其他问题。本局近数日与双方办理各事只能就亲善上谋人民福利，尚谈不到政治

① 今井武夫回忆为 8 月 1 日缴械，与严宽汇报有别。

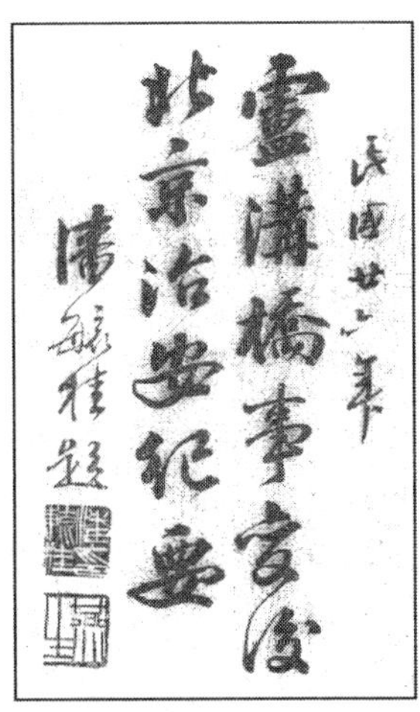

潘毓桂编写的《卢沟桥事变后北京治安纪要》书籍影印

根本，惟应请诸君特别注意者约有五点：（一）共产党及蓝衣社。彼等并无真正主张，除用警察力量扑灭之外，望大家用社会力量杜绝其活动。（二）严禁谣言。前几日盛传有挨户检查之说，市虎杯蛇、谣传殆遍。鄙人曾经出布告说明担保绝无其事，诸君随时注意，勿为所动。（三）秩序问题。前数日北平政治一切陷于停顿状态，近日政委会已可照旧执行职务。因之金融更形活动，人心大安，秩序亦可逐渐恢复，并望新闻界切实辅助与本局融成一片。（四）战事问题。照现在南京宣传及汪先生谈话，诸君想已阅及。照汪先生所说，每战必败，败而仍战。必使全国都成焦土。此种议论直视国家为儿戏，搜括人民的金帛，养无用之兵。迨一旦有变，弃人民于不顾，使人民变成焦土。这种兵直为我人民招祸的，不是为人民御侮的。此种政策、此种军队我们应当自己起来打倒它。各新闻界请看看北平此种情状，再看看国民党的措施，我们要不自讨生路则大家同归于尽即在目前。（五）现在新闻检查所已经换了新人，诸位要与之合作。近日来各报馆论调均为警察局相同，实深感谢，以后有事请随时见教。

（选自潘毓桂：《卢沟桥事变后北京治安纪要》，第 9—10 页）

## 更易警服

冀东保安队变动后溃散平市四郊，因其服装颜色与本市长警相同，为免除误会起见，特将郊区长警皆改着黑色制服以资识别[①]。

（选自潘毓桂：《卢沟桥事变后北京治安纪要》，第 6 页）

## 改编保安队为警察队

查本局保安队原为防匪，本非备战。爰改保安队为警察队，求名实之相符，并规复旧有编制，按一、二、三、四、五队，自行车、警车等队配置。其六、七两队及机关枪队名义一律取消。所有官警分别编入各队。职员按照能力分别调充。其编余长警，着由接收人员分配各队，作为溢额并着各该队长造册，具报备查。

（选自潘毓桂：《卢沟桥事变后北京治安纪要》，第 10—11 页）

---

① 参考刘汝明《七七事变》一文。

## 照料日军入城休息

日本皇军助我铲除贪暴，复我纪纲，民国更生，黎庶感戴。近以作战辛劳，来平修养，爰谕所属妥为照拂，藉表同种亲爱之诚，共祈东亚和平之福。

（选自潘毓桂：《卢沟桥事变后北京治安纪要》，第12页）

**7月28日前后主要官职变动表[1]**

| 职　官 | 原官职系统人员 | 变更后官职系统人员 |
| --- | --- | --- |
| 冀察政委会委员长 | 宋哲元 | 张自忠 |
| 冀察绥靖主任 | 宋哲元 | 张自忠 |
| 冀察政委会委员[2] | 秦德纯、戈定远、刘哲、门致中、石敬亭、周作民、萧振瀛、石友三 | 张允荣、张璧、杨兆庚、潘毓桂、江宇澄、冷家骥、邹泉荪、陈中孚 |
| 冀察政委会建设委员会主席 | 门致中 | 魏绍武 |
| 冀察政委会财务处处长 | 过之翰 | 孙泽生 |
| 平绥铁路局长 | 张维藩 | 张允荣 |
| 北平市长 | 秦德纯 | 张自忠 |
| 天津市长 | 张自忠 | 边守靖[3] |
| 三十八师师长 | 张自忠 | 李文田暂代 |
| 天津警察局长 | 李文田 | 李景阳[4] |
| 北平电灯公司监理官兼协理 | 刘郁芬 | 张　璧[5] |
| 北平警察局长 | 陈继淹 | 潘毓桂 |
| 北平警察局秘书主任 | 李鼎勋 | 张修甫 |
| 北平新闻检查所所长 | 万德涵 | 李亚先 |
| 财政部北平印刷局局长（即印钞局） | 李桐文 | 郑文轩 |
| 北平警察局牲畜检验办事处主任 | 邓书堂 | 林艳斌 |
| 北平市社会局长 | 郭贵瑄 | 李景铭 |
| 北平市工务局长 | 富葆衡 | 李季思 |
| 华北农业合作事业委员会主任委员 | 刘治洲 | 潘毓桂 |
| 河北省高等法院院长 | 邓哲熙[6] | 梁正平 |
| 冀察统税局局长 | 傅正舜 | 冷家骥 |
| 河北省烟酒税局局长 | 费起鹤 | 邹泉荪 |
| 冀察清查处长 | 过之翰 | 吕　均 |

注：

1. 本表参考《世界日报》、《竞报》、《北平晨报》、《益世报》、《卢沟桥事变后北京治安纪要》等资料编辑。

2. 冀察政委会常务委员贾德耀发现冀察政委会性质发生变化，后辞职逃出北平。

3. 边守靖非正式任天津市长后，内定沈迪庆、聂湘溪、卢甫生等分任市属各局长。8月1日，日本人扶持的天津地方治安维持会成立。

4. 李景阳任天津警察局长后即下令警察换黑制服，闻与日军约定，日军见黑衣警察即撤退，并下令将零星的保安队缴械。

5. 新任电灯公司监理官张璧于7月31日到公司视事后，该公司会计、总务、工程、业务各处长等8月1日均向当局辞职，未批示。

6. 继任邓哲熙的河北省高等法院院长的另一说法为徐佛苏。

# 蒋介石日记

**1937年7月8日　星期四　晴**

雪耻。以事实来定解决问题的方法。

预定：一，令孙连仲（时任第二十六路总指挥）、庞炳勋（时任第四十军军长）、高桂滋（时任第八十四师师长）部动员。二，廿一与廿五师动员。三，抽调高射炮队。四，令长江沿岸戒严。

注意：一，倭寇在卢沟桥挑衅，甲，彼将乘我准备未完之时使我屈服乎？二，与宋哲元为难乎？使华北独立乎？三，决心应战，此其时乎？四，此时倭无与我开战之利。

上午，特务工作会议。与亮畴（王宠惠字，时任外交部长）部长商外交问题。拟讲演稿。得倭寇今晨在卢沟桥挑衅之报。下午会客。晚到海会。

**1937年7月9日　星期五　晴**

……注意：一，乘此次冲突之机，对倭可否进一步要求其撤退丰台之倭兵，或取消冀东伪组织？二，归宋（哲元）负责解决。三，倭对宋有否进一步之要求？四，令宋乘机与倭折冲见面。五，积极运兵北进备战。

早起处理对日战事，准备动员，不避战争。十时开学典礼，训话二小时，不觉其疲。身体已复元（原）矣。

下午，回牯岭途中修改国难教育稿。闻中倭两军已撤开卢沟桥，而以石友三（时任冀北保安司令）保安队接防了之云。

**1937年7月12日　星期一　晴**

雪耻。建国运动要在国难中完成。

预定：一，电宋、秦，商中央部队集中地点；二，决定在永定河与沧保线持久战。三，倭寇计划威胁冀察当局屈服，完成其永定河以东为不驻兵区域，以及其防共协定。四，最大限度为其占领永定河以东地区，成立伪组织。然而平津（事件）责任则应由倭寇担负，而且国际关系及各国权利所在，倭寇必不能单纯安全占领也。五，政院（指行政院）回京。

注意：一，非至万不得已，不宜宣战。二，明令宋、秦固守北平与永定河线。三，中央军集中保定。四，倭寇空军尚未出动。五，廿九军内部是否推张出任与倭妥协。……

**1937年7月15日　星期四　晴**

……注意：一，宋明轩为其个人计，亦无屈伏（服）之理。二，宋如屈服，则看其程度如何。三，倭寇第五师（团）秦岛集中，则其（第）十二师（团）亦必用于平津而无在青岛进发部队，其仍为局部动作也。

……接明轩电，有放弃天津之意，严令禁止。岂其已允倭寇退出天津乎？可疑之至。

**1937 年 7 月 23 日　星期五　晴**

……二，明轩只报告十一日与倭方所协商之三条，而对十九日所订细则尚讳莫如深。似不加深究为宜，使其能负责也。三，从速完成沧石防线。四，倭寇已悟中央部队既入河北，对彼华北独立阴谋已受重大打击，不能达成其目的矣。

上午会商对宋复电办法。批阅。下午批示空军作战计划，处理一切。

**1937 年 7 月 26 日　星期一　晴**

自昨夜起至今晨九时，倭向廊坊卅八师攻击，今申又在北平广安门对战。倭必欲根本解决冀察与宋哲元，而宋始终不悟，犹以为可对倭退让苟安，而反对中央怨恨，要求中央入冀部队撤退。可痛心乎！

**1937 年 7 月 27 日　星期二　晴**

雪耻。倭寇既正攻北平，则大战再不能免。预料北平必能固守，则战时当可着着进行。我仍立主动也。

…………

本日北平城四郊皆发生战争。宋哲元至此始着急。平时不信余言，以为一意与敌敷衍，即可苟安，故不敢构筑工事，惟恐见疑于敌也。廿五日前，敌人对北平包围之势早成，而彼犹燕雀处堂为安，要求中央军之撤退也。可痛也乎！

**1937 年 7 月 28 日　星期三　晴**

雪耻。

倭寇进攻北平，虽廊房（坊）与丰台为我廿九军击袭恢复，然而北平近郊毫无工事布置，南苑失陷，副军长（佟麟阁）阵亡，部队溃退，将士未经爆炸与炮声之习闻，乃即心怯胆寒。宋军长六时离平赴保，北平城于夜十一时完全退出。闻张自忠代理冀察绥靖主任之说，未知其内容如何也。

政府应照既定决心，如北平失陷，则宣言自卫，与对倭不能片面尽条约之义务矣。

…………

本日处理军务。人人闻廊房（坊）、丰台恢复之报，其喜若狂。余甚念北平汉奸作祟与布置全无为虑。故今日心神不安异甚。

**1937 年 7 月 29 日　星期四**

……注意：一，宋哲元电请派张自忠为冀察政委会代理委员长，是其对倭之诱引尚未觉悟。哀莫大于心死。可悲孰甚！二，倭寇欲以占领平津求告一段，其弱点益露矣。三，汤部（汤恩伯部，汤时任第十三军军长）从速集结待命。四，共部之编组。五，发表对时局意见。

晨起，阅电，一、知北平电话于三时起已无人接话，乃知宋部全撤。北平不保，痛悲无已。然此预料所及，故昨日已预备北平失陷后之处置。不足惊异也。

上下午皆开会，讨论军事、外交、内政之方针。闻天津至傍晚犹在激战中。倭寇对城中轰炸甚惨。

（选自曾景忠编注：《蒋介石家书日记文墨选录》，团结出版社2010年版，第264—267、270—273页）

# 王世杰[①]日记

王世杰

**1937年7月18日**

日昨日代办日高于深夜向外部递一备忘录，要求：（一）中国停止挑战之言动；（二）不妨碍日方与冀察地方当局商定解决办法之实行。

今日上午，日飞机以机关枪在顺德附近射击平汉路客车，盖即表示防止中央军之入河北。

宋哲元至今日始由津电知中央代表熊斌（时在保定），请中央备战。

今日上下午，行政院各部长均在外交部部长官舍商答复日高备忘录，及日武官致何之通告。

日使馆人言，日方解决卢沟（桥）事件之条件为：（一）中国道歉；（二）宛平不驻军，只驻保安队；（三）防共及禁止排日；（四）处罚中国方面对卢沟（桥）事件之负责当局。

**1937年7月19日**

日使馆武官喜多今日见何部长敬之，一则责中央军北上为违反当年夏间之何梅了解；一则谓中央政府倘坚持须日军先撤退始撤回中央已入河北之军，或继行动员空军，则战事必不可免。何部长答以廿四年夏间之了解，只是五十二师及第二十五师之撤退，与日后其他军队之调动无关。喜多则不承认此种解释。

王亮畴及外部人对于日高前日所提之要求（见十七日所提之备忘录），颇

---

① 王世杰（1891—1981），字雪艇，湖北崇阳人，法学家、国民政府立法院立法委员。武汉大学首任校长，曾任教育部长。抗战期间，历任军事委员会参事室主任兼政治部指导委员，外交部长，台湾中央研究院院士，第二、三届联合国大会中国首席代表。1981年病逝于台北。

倾向为相当之迁让，因派高宗武赴牯，但行政院同人除何敬之再三以战争为虑，倾向退让（如谓二十九军冯治安军队不妨南调至保定）外，其余则均谓战争恐非如此退让所可避免，且政府立场如不明白坚定，对内亦殊可虑。李宗仁今日已电蒋院长，请速定抵抗大计。

宋哲元今日自津返平。据铁道部报告，宋动身时，平津线上某桥上曾有一炸弹爆发，未伤人，当系日人所为。

**1937 年 7 月 21 日**

宋哲元倾向与日方妥协，张自忠和之。日方所忌者为廿九军之冯治安部队（即驻卢沟【桥】北平一带之第卅七师）。事变初起时，中央曾电嘱宋宜驻保定，勿往天津，以免为日军所围（威）胁，宋不听。其对人言辄云作民族英雄是易事，但不能不为国家利害打算（此其对钱新之所言）。自日昨日军大攻击，彼即应允日方要求将冯治安军队撤调他处，并电嘱中央军之到达保定者勿作阵地，以刺激日人。

本日中政会开会时，蒋院长虽已返京未出席，或即因宋哲元撤兵消息到京之故。当本月十三日行政院在牯岭蒋宅集议时，予即以（一）中央应切实充分动员；（二）一面勿以言语或外交文书刺激日本；（三）尽力把握住宋哲元等，使不违反中央意旨而与日方解决。蒋云最难者就是第三点。足见宋之动作乍原在蒋院长顾虑之中。

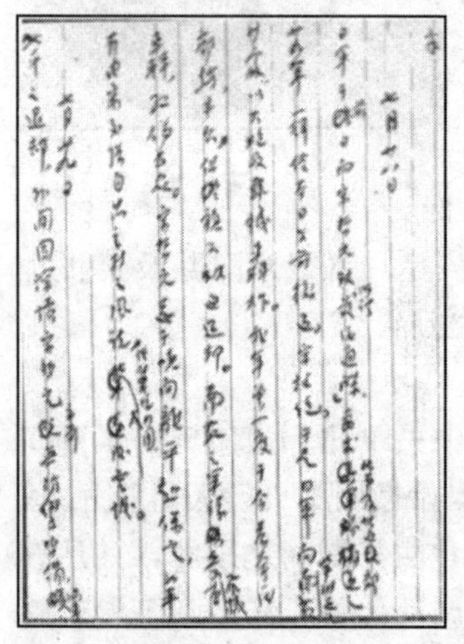

王世杰日记影印件

**1937 年 7 月 22 日**

宋哲元实行撤调冯治安军队，由日本派员监视。日兵则迄未撤动。一般人似以为此事或将因是了结，实则日军与中央派赴保定军队之敌对，今后将益严重化。

**1937 年 7 月 27 日**

日前宋哲元电告中央，谓十九日所接收日方之条件为：（一）道歉；（二）撤退宛平卢沟桥之卅七师而代以保安队；（三）防共与取缔排日。有无细目，电文未言及。

自日昨日方以飞机十余架前后轰炸廊坊中国军队，宋又来电谓，战争恐仍不可免，请中央速派庞炳勋军队往援。（实则庞军已抵沧州多日，宋尚不知，足见其毫无防御之布置。）……

**1937 年 7 月 28 日**

日军于前日向宋哲元致所谓“最后通牒”，要求北平及其近郊之廿九军一律尽本日午前撤退，宋拒绝，于是日军向北平附近之南苑等处以大炮及飞机轰炸。我军曾一度于今晨夺回廊坊、丰台，但旋又被迫退却。南苑之军队受飞机重轰，死伤甚众。宋哲元遂于晚间离平赴保定。北平有由宋交张自忠主持之风说，仅余军队四团，成空城。

**1937 年 7 月 29 日**

北平之退却，外间固深愤宋哲元事前无防御准备，临事后乏牺牲决心，亦有多人责备中央，谓中央军北上已多日，何以未加入作战。今晚余面询蒋院长，彼云直至廿六日宋犹托熊斌（中央派驻保定与宋接洽之代表）坚阻中央军由保定前进，以免刺激日人。

本日蒋两次召集行政院及军委会各长官，一则商作战新方略，一则商量发表对内对外宣言。对内宣言，仍代宋负责。宋有消极意，意欲解职归田（孙连仲自保定来之报告）。

天津方面，廿九军第卅八师攻日飞机场及其所占车站，甚激烈。

**1937 年 7 月 30 日**

日军在天津作战之首日（廿九日），即以飞机燃弹及重炮轰炸南开大学，今日复恐其不能全毁，持汽油往该校放火续烧。于此足见日方毫不惜为现代文明之敌。余于今晨往中央饭店（京）慰问张校长伯苓，并声明事平后政府必负责恢复该校。在津攻击日方之卅八师及李文田保安队，本极奋勇，闻因张自忠（兼卅八师师长）之命令撤退！

**1937 年 7 月 31 日**

日方在北平组治安维持会，其所指推之人为江朝宗等，张自忠亦有为日方所弃之趋势。

日方占领天津，并有以边守靖为市长之拟议。殷汝耕之保安队于廿九日反正，殷本人并有被其劫杀之说。日方今日改派他人为冀东傀儡。

一般社会因中央对北平、天津政治军事新局势尚乏具体表示，颇多浮议。……

**1937 年 8 月 1 日**

蒋院长今晨在中央军官学校召集各院部会简任以上人员讲话，表示抗战之决心，并谓中央同人对宋哲元之退却应宽恕，以彼在过去两年间处境甚窘，亦殊煞费苦心。……

（《王世杰日记》（全十册），台湾中央研究院近代史研究所 1990 年版，第 67—81 页）

# 王子壮[①]日记

王子壮

**1937 年 7 月 9 日—10 日 星期五、星期六**

日人又与冀察政委会接洽，使此事可和平了结。次日既约定两方撤兵，再行商洽。而日人于当晚又大肆进攻，察其行动，实具有一贯的计划，佯称撤兵，盖为缓兵之计耳。

庐山方面，蒋先生以下对其已抱有决心，不再使主权受丝毫之损失，决派兵北上，以为援助，同时令外交部长王宠惠，军政部长何应钦（何为四川整军事飞往重庆，开整军会议，甫有头绪即奉电直接飞京）昨日返京，调度一切。外部（指外交部）虽提严重抗议，在此时期，实亦无瞻顾及其效力，只作如此表示而已。日人之关东军已开始调入关内参加战争。日人此次对于平津有必得之决心，故亦不惜秣马厉兵，大动兵戈。吾人素知日人之用心在蚕食中国，此次卢沟桥事件，又为进一步之侵略，苟能得手，必使我方撤兵。平津孔道，又入彼掌握之中。不成，乃以万钧之力压迫宋哲元，使其屈服，为第二殷汝耕。此冲突之后尚在往返折冲，其宣示虽云挽救和平而实在系大作其拉拢之功夫。宋之左右本有多数之汉奸，如陈觉生、齐燮元辈均彰明较著，但日人犹以为未足，乃更拉拢天津市长张自忠。张本武人，原以血性自许，但今春赴日游历，日人用十余万以笼络之，结果此头脑简单之张氏又入其彀中，奉召返国已不若向之坚决态度，战事启后，宋哲元蛰居原籍乐陵以避日人之锋者，乃直接去天津，亦见此人态度之游移。天津乃日人势力之所在，欲与一拼，只有赴保或往平。今无端去津，汉奸丛集，欲不受熏染又何能得？此令人可惧之现象也。……

**1937 年 7 月 11 日—12 日　星期日、星期一**

……今日日阁宣言出兵华北，以保持和平，并指摘中央之派兵丁河北，一方面并征求海军之同意，以便取得共同之动作，是日本表示其重大之决心，

① 王子壮（1901—1948），名德本，字子壮，祖籍山西，后随祖父落户济南。济南德文学馆毕业，后入北京大学专攻法律。1923 年加入中国国民党。中央监察委员兼中央监察委员会秘书长，铨叙部政务次长、考试院副秘书长等职。

欲以威胁宋及其部属，使其屈服。中央军到时必感觉重大之困难，即以目前论，廿九军之内部显分为两派：一位主战派之秦德（纯）、冯治安、赵登禹等，时与日人起冲突而屡于报端表示绝不屈服者；次则宋本人与张自忠等，所发表之谈话，极不着边际，日与天津之汉奸日人鬼混，希图苟安妥协，但日人方面没有收获绝不肯把（罢）休，是以迄未得结果。闻日人向宋之要求为：撤兵、惩凶、道歉、根绝排日，所谓最重大之意义仍在末一项，如何"根绝排日"即须脱离中央政府，另成立华北之独立的组织，以为日人之傀儡。宋于此颇犹豫，只允撤兵，于是日人后行进攻。于此应注意者，宋之所以犹豫，非有若干之国家观念，乃其下级干部不之许耳。宋氏只知军队为其私产，以此见重于各方。今彼之军心因有长城战役之功绩，深得全国之赞许，故均认为极有荣誉。于此时际，欲其投顺日人，心有所未甘。故宋氏方面可以运用，望其能转变者，其唯一之原因亦似在此。此主战之空气虽在，宋氏态度暧昧之中，尤甚昌炽。宋氏之不敢签字于日人之要求，其顾虑亦全在此也。

**1937年7月17日　星期六**

……今日闻日本大使致我外交部一备忘录，其意认卢沟桥事为地方事件，应由地方政府就地解决，中央可以不问。次则以中央军不应北上，有违《何梅协定》，并望我政府迅速答复等语。外间传说纷纷，有谓日人已致最后通牒，限我国立即答复者，实即此备忘录之误传。同时阅东京方面之电报，对于中央军源源北上特别注意之。盖恐以此影响宋哲元之态度也。宋之在原籍乐陵，曾接蒋先生电报，嘱其往保定坐镇，以如此可以脱离乌烟瘴气之大包围。而彼不从，反趋天津，是其态度之不坚决而愿委曲求全，已属明甚。日人再予压迫恐又将步满洲国之后尘矣，可耻孰甚！

**1937年7月20日　星期二**

……日昨宋哲元离津赴平，然天津交涉依然由所谓亲日派之齐燮元、张自忠、张允荣负责进行，是宋之赴平具何意义，日前尚不明了，准备与日抗战乎？继续与日人求妥协乎？应视其将来。

**1937年7月21日　星期三**

今晨中政会，余列席旁听。外交部王部长、军政部何部长均有极详细之报告，对于卢沟桥事件与日人折冲之经过，惟最后关于宋哲元之态度实在不令人满意。至谓宋于十一日曾签停战协定①，截至昨晚又签停战施行细则（指《香月细目》）。故昨虽大战，今天起将撤兵。又何部长云：接冯治安电话，谓已签明协定，请中央军勿庸北上。问何人所签？答谓：张自忠。内容各何？

---

① 张自忠代表第二十九军于7月11日在北平签订停战协定，7月14日抵津。

则谓：不得知云。然则宋于中央军表示力争抗战之际，忽又表示屈服乎？不然此等重要协定何竟事前不始（使）中央得知？是其又中日人之计矣！揣宋人用心，无非欲保利禄、怕牺牲，故愿暂安以维目前。殊不知于日人将达大愿时，至所难免，若宋为甘心卖国，自愿成立华北国者，是又未尝不可以。目前敷衍以缓冲突，将来即明日人之计行事也。

**1937 年 7 月 23 日　星期五**

宋哲元既已答协定内容，若何中央方面迄未知晓？仅据日人宣传绝无损于中国之尊严，而冯治安之三十七师即以撤防闻，并已离北平而开长辛店，是则以冯之部队不应与日本挑衅，而示以惩处之意已明，此外有无其他更严重之屈服条件，目前尚不得知也。此事之由来，盖亦甚久。宋之不满中央久有此意，以为中央置彼于冀察，所以供牺牲，中日战争一启，无论谁之胜负，彼将归于淘汰。于是有汉奸之辈为之联络以接近日人，日本方面更作有计划之笼络。彼于目前之所以不敢公然为奸，此亦尚因全国舆论之力监督甚严耳！此次甫于中央宣布态度之际，遽与日人密成协定，且不但事前未得中央许可，事后且未将详情具报，是其不服从之态度已逐渐明了。吾人于此深感困难者，即中央处此时机，苟欲贯彻主张，必将先惩宋，是又目前之时势所不许也。

**1937 年 7 月 28 日　星期三**

宋既坚决拒绝日人之无理要求，今日乃发表通电，表示为保卫领土抗战之决心。于是夜间以奇兵袭廊坊与丰台，午间攻克之。全国各地闻此消息，莫（不）忭欣。且有通县已经克复之传说[①]，于是人心异常震（振）奋，但晚间以后消息逐渐恶劣。盖廊坊、丰台方面日人反攻甚急。日人即占有北平四郊，乃以飞机从事轰炸。石友三原属反复小人，其为宋用，早已隐伏不祥之端，其保安队之在沙河者果以叛变闻。张自忠又居中捣乱。今日各路战事以南苑为最激烈，闻牺牲士兵达五六千人。百卅二师长赵登禹及副军长佟麟阁均殉于此役，是征（证）战事之激烈。日人以飞机轰炸，故我军损失特多！中央飞机未闻有一架出动，闻者莫不引为憾事。殆事已至此，仍欲表示此次战事为局部，因而不欲出动中央之空军欤！

（《王子壮日记》第四册，台湾中央研究院近代史研究所编印，2001 年版，第 190—209 页）

① 1937 年 7 月 29 日凌晨通县保安队反正。

# 周佛海日记

**1943年7月5日 星期一**

周佛海

九时起。继续草《广州之行》，全文成。石井参事官来见。下午，戈定远来见，接洽事件。谈毕，闲谈事变[①]初起之情形，盖渠为当时冀察政委会委员兼秘书长也。据云：此次大祸实张自忠所惹成，盖芦〔卢〕沟桥经已平定，天津日军派十余人赴廊坊修理电线，其参谋长曾电告当时天津市长兼师长张自忠，并详告所带枪支，请通知该处张部，而该处张部竟将日军全行枪杀，因此冲突又起。张赴北京对宋哲元声称，如宋离北京，冲突可停，欲取而代之。宋遂即行，委张代理，而冲突已扩大，张亦无法矣。谈下不胜慨然。石渡顾问等三人先后来见。书城自沪来，约其晚饭，并谈金融上各重要问题。十一时辞去。批阅下半年国家概算初稿。一时始寝。

（选自蔡德金编注：《周佛海日记全编》（下编），中国文联出版社2003年版，第766页）

## 四、当事人的回忆

# 检查二十九路军各要人住宅

潘毓桂[②]

二十九路军虽退，要人住宅犹存。若不施行检查，深恐包藏祸心。爰会同日本宪兵队检查宋哲元、秦德纯、冯治安、陈继淹、雷嗣尚五处住宅。计宋宅检出往来信件书籍地图及无线电机；秦、陈二宅检出书籍信文各件；冯宅除书籍、信文外，尚检出猎枪四支、无线电机一具；雷宅检无重要文件，检查完毕均将各宅加以封锁，以免宵小偷窃而备公共之用。

（选自潘毓桂：《卢沟桥事变后北京治安纪要》，第14页）

---

① 指1937年7月7日卢沟桥事变。

② 潘毓桂时任冀察政务委员会政务处长，因代日方转交宋哲元一份《华北防共自治协定》文稿，被宋免职。该职代之以杨兆庚继任。

# 我所知道的张自忠

田春芳[1]

田春芳

张自忠字荩忱，山东人，参加西北军多年，一贯跟着宋哲元，宋对他很信任，因而成为西北军宋哲元体系中重要成员之一。西北军自韩复榘、石友三两部叛离冯玉祥后，又经过1930年讨蒋战役失败，冯即离开部队，蒋将所余各部，编为二十九军，宋哲元任军长。驻防察哈尔一带，宋兼察哈尔主席。

张学良离开军事委员会北平军分会后，军政部长何应钦即兼任北平军分会的事务，他专门负责与日本勾结接洽，签订过可耻的《何梅协定》。但是日本并不以此为满足。日本对何继续提出种种的无理要求，一方面军事压迫，在平津进行军事演习，军队开进山海关一带，横行挑衅；一方面进行百般侮辱，在中南海客厅内何应钦面前小便。何应钦感到无法应付，因而才请准许离开北平。蒋才任命宋哲元为冀察政务委员会的委员长。蒋一再指出宋哲元必须采取和平敷衍应付手段，拖延时日，以不发生冲突为目的，换句话说，就是对日本不要抵抗。宋对于这个任务，很伤脑筋，硬了恐怕发生冲突，不能完成任务；软了有伤国体，自己要带上汉奸帽子。他为了避免直接与日本亲自接洽，所以对一切交涉问题，交给萧振瀛负责。那时日本首相是近卫，驻中国大使是重葵光葵（重光葵），在平津最活跃的日本特务头子是土肥原。那时中国的大汉奸头子是陈觉生、齐燮元、潘毓桂。至于萧振瀛和张自忠常常与他们在一起勾勾搭搭，究竟进行什么事，我说不上来。

当宋哲元做冀察政务委员会的委员长时，在二十九军人事方面的情况如下：

北平市市长秦德纯。天津市市长萧振瀛，后期改为张自忠。二十九军军

---

① 田春芳（1893—1966），字冥庭，河南项城人。1913年入冯玉祥部。1926年任国民联军四十一旅旅长，1927—1928年任宋哲元部二十四师师师长，兼西安市城防司令。1930年任二十九军三十七师副师长、一一零旅旅长，兼二十九军手枪团团长。七七事变时任北平警察局保安总队队长。张自忠阵亡后，任七十七军副军长兼后防办事处主任。

长宋哲元，副军长佟麟阁。所辖部队三十七师师长冯治安，兼河北主席。三十八师师长张自忠兼天津市市长。六十八师[①]师长刘汝明兼察哈尔主席。一三二师师长王长海[②]。保安司令石友三，副司令高树勋。

天津因为有日本租界的关系，日本浪人横行无忌，到处滋事。自从日本军队开进山海关以来，不唯日本特务头子土肥原更行活跃，连中国的汉奸陈觉生、齐燮元、潘毓桂也更行猖狂，萧振瀛维持不下去，因而让张自忠继任了天津市市长。潘毓桂和宋哲元系属小同乡的关系，比较密切，走得近些。宋哲元为了与日本拉好关系起见，因而于 1937 年 5、6 月间同意张自忠去日本参观[③]，借表两国亲善。参观团的成员有二十九军的各师副师长、团长共计七八个人[④]，由张自忠率领。张自忠还携带他的女儿（年十九岁），到了日本参观的项目，有一部分是属于军事方面的，一部分是属于工厂方面的，还看了日本的军用仓库。张到日本究竟与日本谈了些什么问题，我不知道。在日本共住了十多天[⑤]。返时是乘轮船归来，到了天津（实为青岛）下船，在码头有许多人去接他，发现张自忠身旁跟着一个日本女子，穿着日本服装，完全日本打扮，引起大家注意。一般人都说这女子是日本送给他的，是监视张自忠行动的，社会上对张很不谅解，大有烦言，说他是大汉奸。其实那个女子并非日本女子，实为张自忠的女儿，去时着中服而去，返时穿日服而归，这完全是一种误会。张回国后对我说：“日本训练队伍，非常严肃，我们和他作战，恐怕不中。”

七七卢沟桥发生事变，是日本军队和西北军（即二十九军）吉星文团冲突的，紧接着在南苑发生战争，打了三天，副军长佟麟阁、师长赵登禹阵亡。当天晚上九时许，宋哲元召开紧急会议，张自忠本着那些汉奸陈觉生、齐燮元、潘毓桂的言论说：“现在情况紧张万分，到了最后关头，我们是失败了，宋先生（指宋哲元）倘能离开北平，尚可缓和一步，否则日本要派一百架飞机轰炸北平，那时人民的生命财产，几朝文物建设，都要毁灭殆尽，这点值得考虑。”宋哲元表示说：“我决定退出北平，由荩忱（即张自忠）代理冀察政务委员会委员长，维持北平局面。”当时即下命令二十九军连夜退出北平，宋哲元、冯治安、秦德纯、过之翰[⑥]、张维藩随即离开北平，往门头沟到保

---

① 实为一四三师，七七事变后扩为第六十八军。

② 先是赵登禹，赵牺牲后为王长海。

③ 《秦德纯回忆录》中记述：“……日本人坚邀张自忠访日。”

④ 军队方面主要是旅长何基沣、参谋处长徐廷矶等数人。没有师、团长参加。

⑤ 时间自 1937 年 4 月 23 日—5 月 26 日抵青岛止。

⑥ 时任冀察政务委员会财务处长。

定，最后到沧州。其他机关概未通知。城内只留石振纲[①]的一个旅，阮玄武的保安队两团，原先是让他随着二十九军走的，阮见张自忠不走，他也就不愿意离开北平了。

那时我任保安总队的总队长，在城内归北平警察局长陈继淹指挥，当宋哲元要退去北平后，张自忠指定潘毓桂任北平警察局局长。因此我在最后即归潘毓桂指挥。

当撤退后的第二天（7月29日），张自忠命令所有北平市各地所作的军事防御设备，一律拆除净尽。第三天（8月4日）日军进城。第四天我找张自忠说："我要走了。"张说："伙计，你怕死怎着。"晚间我找潘毓桂说："我是伤腿，不能走道，我要离开。"潘说："朱委员长曾对我说过，你是残废，你要走也好，因为日本提出你们保安队活埋他们好多人，他们要你呢，你走了也就完了。"第五天我就离开北平，到天津后，听说张自忠进入医院。

石振纲旅原来是留在北平的，后来情况变化，石振纲将队伍拉出北平，走在北苑附近，被日本军队打散了，石振纲就下来了。

张自忠的三十八师，系由他的副师长李文田率领离开平津到保定与二十九军集结一起。宋哲元由门头沟绕道抵保定，经马厂到达沧州。张自忠进了医院，日本对他监视很严，由他的退职老连长想了办法，张化装穿着孝衣孝帽混出，乘自行车出了城门往天津走。中途休息，遇着好多学生也在休息，他们正谈大汉奸张自忠，一个学生说："我们要遇到张自忠，一人咬他一口，也要将他咬死。"那时张自忠就在学生的附近，听得清清楚楚，这给张一个最大教训和刺激。因为张穿孝衣化装，学生们没有认出他。（这是韩希彦说的，那时高树勋派他接高的家眷，他也在那里休息）。张到了天津乘英国轮船到烟台，最后与宋哲元见面。宋电蒋报告张自忠逃出的经过。蒋令来南京见面，也见到冯玉祥。张返回沧州（实为新乡），升为五十九军军长。张参加徐州会战，取得胜利，杀敌很多，初步得到人民的谅解。台儿庄战役结束后，五十九军退住南宿州，再退到河南的光、潢、固、息、商一带，最后退到鄂西钟祥县。有一天张自忠说："伙计，我这个汉奸皮，什么时候才能脱掉，有人不谅解我。"我说："你在临沂打了胜仗，成了有名的战将，现在对你有了好评了。"张又说："我有日记本，将来我要质问他。"他又接着说："我厌生，我想死了好。"不久日寇进犯襄樊，张自忠说："我亲率一个团一个手枪营要追击日寇，我不成功要成名。"追到罐子口，被日军围住，炮火猛烈轰击围了一夜。参谋长

---

① 石振纲系第一三二师旅长，当时担当守卫北平城的重任。

李文田劝张单人逃走，张不肯，受伤四处随即殉国，李参谋长由小道逃出。张自忠在临沂取得胜利，在南瓜店抗日成仁，得到社会群众谅解，汉奸的帽子即不存在了。（1964年）

（《陕西文史资料精编》第十卷《人物拾遗》（上），陕西人民出版社2010年版，第55—57页）

## 细说张自忠将军的一生

刘振三口述

接了聘书怎能不上课？

当时五十九军的副军长名义是李文田。他原是三十八师的副师长，随张故上将到天津，任天津市公安局长。部队撤出平津之后，又回到部队，任副军长，宋先生（指宋哲元）并没有正式的委任他，只是要他在那里招呼着，就是传达命令。实际军队的行动是我同黄维纲商议着行动。

这时，队伍已经到了黄河南岸，到了东阿这个地方。张上将派了一个人叫周宝衡来找我，问我队伍收容得怎么样。我说队伍都收容齐了，到了黄河南岸，你什么时候回来？我要周宝衡去北平向市长报告，他什么时候回来，我亲带四百便衣队到北平城郊外接他。他回去向张市长报告之后，张上将就回我一封信，用暗语写道："我自接了聘书，怎么能不去上课呢？期满，我就要辞职回家，你不用来。"

太古洋行帮忙脱出平津

至于张上将怎么出北平呢？大家看《英烈千秋》的电影，那更是笑话了！电影上说他是装孝子混出来的。实际上日本人虽然已经占了北平，还没有严重到那个程度。那他是怎么出北平呢？他是坐太古洋行的汽车出来的。是谁替他办的呢？那时二十九军常买外国的枪炮，由一个洋行经手，有一人名叫赵子清，山西人，此人后来也来了台湾，他在洋行里当买办，他跟太古洋行接好了头，由太古洋行保险他到青岛。他坐上太古轮船公司的汽车，只带了一个随从，叫廖保祯，是他的临清老乡，长得很高大，外号"大个子"，仅他一人跟着张上将，从北平到天津。那天正好是一个雨天，汽车的玻璃窗上都涂上了泥，外面看不出来里面坐的人，于是直奔天津，到了太古公司，港内已有一艘太古轮船等着，这船等于是一条包船，正升火待发。

张上将还有一位太太，姓康，是他的如夫人，住在天津。李夫人是他的元配，住在北平。我们都常见面，我到天津，康夫人请我打么二铜元的小麻将，到北平李夫人也请我以小麻将消遣。张先生到了天津之后，就简单的写一个字条加上两万块钱，叫赵子清给送到康夫人那里去，他条子上说："留着吃饭，我到老家或者到刘那里去。"刘，他们都知道指的是我。他在天津连家都没有顾着去，就在太古公司等着，上了船，天没亮就开船出海了。

在济南遭韩复榘监视

他原先的计划是从天津直航青岛。到了青岛之后，恐怕学界和教育界会对他不利，于是又折返烟台，从烟台上岸，到了济南。时鲁省主席是韩复榘（向方）。他到了济南以后，韩复榘就有点害怕了，派人监视他。因为张先生到过日本，民国二十六年春日本人邀请宋先生去考察，宋先生没去，派他做代表访日，这也是他被目为亲日派的一个原因。后来又留在北平，更引起一些人的误会，视为汉奸，尤其是青年学生，更是激烈。所以他船到了青岛，韩复榘恐怕学生会侮辱他惹出麻烦，不敢叫他上岸，改在烟台登陆。他到了济南之后。韩复榘派一个人，叫做张樾，以前曾经当过韩复榘的参谋长，后来任过韩的省政府委员，来陪着他住，实际上等于是把他监视起来。

我那时已经到了济宁，宋先生留给我一师人在黄河南岸，预备将来大军南撤时在后面掩护，我就带了部队经过济南直奔济宁，在济南没见韩主席。那时候韩复榘的济南警备司令是手枪旅旅长吴化文，他是我的同学，民国九年张故上将学兵连的学生。这时吴化文就给我打电话，说："荩公已经到了济南"，把情形给我一说。我说："你看情形怎么样?"他说："现在还看不出来情势怎么样，不过有点不大对，韩先生已经派人监视他，中央的命令还没有来。"我说："好吧，你告诉韩主席，张先生没问题则已，要是出了问题，那咱们就在抱犊崮见!"抱犊崮形势险要，是一个土匪窠，刘桂堂在那里当土匪的根据地，多少年来韩复榘都不能把他解决。我说，"在抱犊崮见"这话，现在也不能算反叛了，我也不怕追究责任，我的意思是说，张先生要是有危险，出了事，那我就要保持自由行动，拉了部队上抱犊崮当土匪去了。我惟恐韩复榘以为张先生是汉奸，闹了起来，胡里胡涂把他杀了，那多冤枉！所以我告诉吴化文，叫他带话给韩复榘，命韩有所顾忌，不要鲁莽从事。那个时候如果真的对张先生不利，我真的就会到抱犊崮去当土匪了。

（《细说张自忠将军的一生》，台湾《传记文学》第31卷第3期，第16—18页）

# 通州事件及陆军省政务次官之实地调查

香月清司[①]

通县地处渤海湾至北平间的交通线之外，在条约上规定不能驻兵。但因由于是我驻屯军对北平方面作战上的一个支撑点，故而平时从北平派驻一个小队于通县城外。当时在通县城内住有我日本侨民近 400 人（其中半数为朝鲜人，日本人中多数属于冀政城府的职员及其家属），由北平我领事馆警察之分驻所及冀东政府军事顾问部予以保护。

事件发生的当时，驻屯军之驻屯小队为田村中尉以下约 60 人，并增加了前一天自天津到达的一个后勤摩托车中队。抑或是由于知晓 7 月 27 日大使馆区收容北平日本侨民之急迫状况，田村中尉与居于通县城内的军事顾问细木中佐[②]及领事馆警察分驻员进行了联系，就保护日本侨民的方法做了商讨，得出不必采取特殊手段的结论。但是在 29 日晨 3 时左右，意外地受到冀东保安总队的包围和攻击。田村小队及摩托车队队员共同死守兵营，田村中尉以下死伤多人，但在顽强抵御之下，终将敌人击退。然而处于通县城内之军事顾问部及警察分驻所、冀东政府顾问官员、满铁出张所、电话局、银行、会社等的职员及家属均遭叛变部队之袭击，日本人开设的“近水”旅馆兼餐馆也均罹此难。结果牺牲日本人约百人，朝鲜人约百人，共约 200 人（幸存者 200 余人）。

原来此次事件之发生，由于与冀东政府有关的军事顾问部、领事馆警察分驻所及其他机关，对此叛乱事先全无所知，谓保安总队发生叛变全属梦想不到之事。然而根据日后的调查，据称有迹象表明，保安总队在很早之前即已与二十九军保持有密切联系，此次叛变是根据二十九军军长宋哲元的命令和在殷汝耕的了解之下进行的。据此，本官在北平立即命令对殷汝耕进行监禁调查。然在尚未查明其罪状之前，因方面军即将组成，此事便由方面军司令官继续处理，但据闻旋即以无罪释放。

这一事件中，与冀东政府有关的 80 余名日本人悉遭叛变部队惨杀。然而同在通县的该政府的中方要人及其家属并未死伤一人，反而在叛变部队护送下，全部安然被送至北平城内。而且这些冀东政府要人居然发来通告，声称在北平设立冀东政府代理机构。此外，由于驻屯军于 28 日在北平周围的扫荡战，宋哲元于 7 月 28 日夜至 29 日，率领北平城内之全部二十九军逃往永定

---

① 时任日本华北驻屯军司令，驻天津日租界。

② 指细木繁，时任通州特务机关长，在此次事件中被击毙，死后晋为大佐。

河以南之际，冀察政府要人亦随之逃走，仅张自忠等若干人留在北平。张自忠通知本官称，宋哲元命其代理冀察政府长官。本官不禁愕然，立即下令加以逮捕。不知张某何以得知此事，彼先避至美国医院（德国医院），后即逃出城外，返归宋哲元处。

（孙祥澍译：《中日战争回忆录摘记》，节选《近代史资料》总 85 号，第 81—82 页）

## 伪治安维持会的出笼经过

王仕任[①]

1937 年 7 月 29 日，天津被日寇占领，8 月 1 日，汉奸傀儡组织天津治安维持会宣布成立。为什么如此迅速？因为日寇在天津的驻军在事先早就作了充分的准备，是早有预谋的。

早在 7 月 25 日，即由天津日本驻屯军的特务头目茂川秀和少佐主持，由老牌亲日派张弧出面召集，在日租界福岛街张弧的姻亲方若的家里，召开了一次筹划建立伪组织的预备会议。参加者都是由茂川指名邀集的老牌亲日汉奸，其中有：高凌霨、钮传善、刘玉书、沈同午、孙润宇等。我也出席会议担任翻译。在这次预备会议上，茂川暗示日本即将占领天津，“希望大家对中日之间的问题多做努力”。虽然会上没有涉及如何组织的具体问题，但参加会的人都意识到“升官发财”的机会到来了。又过了两天，即 7 月 27 日，茂川再次去找张弧，因张患病不能担任召集人，茂川派我将高凌霨接到日本特务机关“茂川公馆”，和高具体研究了组织治安维持会的事情。高凌霨向茂川献计说：“天津是个大商埠，如果成立组织，除了前天的几个人，还应多邀请天津的各方面人士参加才好。”茂川采纳了高的意见，并责成高考虑具体人选。28 日，治安维持会的组成人员确定为 10 个委员，计有：高凌霨、钮传善、刘玉书、沈同午、孙润宇、王竹林、赵聘卿、王晓岩、邸玉堂、方若。另外尚有几个不是委员但也参与此事的，如：刘绍琨、张志澄、侯毓汶、傅汝勤等。……

天津被日军占领后两天，7 月 31 日，茂川用汽车把已确定的所有委员都接到“茂川公馆”开会。茂川在谈话开始时，还假惺惺地对中日已经开始敌对行动表示“惋惜”，并装作落了几滴眼泪，然后就讨论正式成立治安维持会的问题。会上，这些汉奸曾就委员长和秘书长的人选发生了争执：高凌霨和钮传善争夺委员长的职位，刘绍琨和孙润宇争夺秘书长的职位。最后，经日本特务机关裁决，由高凌霨任委员长，刘绍琨任秘书长，才平息了这一场争

① 时担任日本驻天津陆军特务机关同治安维持会间的事务联系及翻译工作。

夺伪职的丑剧。

8月1日，天津治安维持会在日本驻屯军、日本特务机关的监视和主持下，正式宣布了成立。2日，又由茂川指令全体委员到日本驻屯军司令官香月清司的官邸去“晋谒请训”。这群汉奸一清早就齐集香月官邸院内，屏息肃立，等候接见，连客厅也没有让进。等了好久，香月才出现在二楼的阳台上。这群汉奸赶紧鞠躬如仪，由刘绍琨以日语说明“晋谒请训”的来意。这个占领军的司令官，傲慢地挥了挥手，连一句话也没有说，转身就进屋里去了。汉奸们乘兴而来，败兴而返，表现很丧气。于此也可看出汉奸傀儡在日寇心目中的地位了。

治安维持会的组成人员：

委员长 高凌霨（在北洋政府时期，曾代理过国务总理，任过农商部总长）

委　员 钮传善（在北洋政府时期，任过财政总长）

刘玉书（在北洋政府时期，任过孙传芳的参谋长）

沈同午（在北洋政府时期，任过孙传芳的师长）

孙润宇（在北洋政府时期，任过国务院秘书长，后曾任天津市政府秘书长）

王竹林（在北洋政府时期，任过盐务督办，天津市商会会长）

赵聘卿（天津市商会委员）

王晓岩（天津银钱业公会会长）

邸玉堂（天津市商会委员）

方　若（借日本驻天津总领事的势力而发财的资本家）

秘书长　刘绍琨（当时是国家主义青年党的天津市负责人，也是日本特务）

治安维持会下属行政机构及人选：

总务局　局长孙润宇（兼）

财政局　局长张志澄

社会局　局长钮传善（兼）

教育局　局长沈同午（兼）

警察局　局长刘玉书（兼）

卫生局　局长侯毓汶

盐务管理局　局长王竹林（兼）

商品检验局　局长吴季光

法院　院长方若（兼）

（《天津沦陷后的汉奸组织治安维持会》，《天津文史资料选辑》第20辑1982年版，第214—217页）

## 第八节　张自忠去职

### 冀察政务委员会会务由常务委员负责处理<br>张代委员长因病赴医院就医

1937 年 8 月 6 日《北平晨报》第三版

冀察政务委员会张代委员长，顷因病赴医院就医，会务现由该会驻会常委齐燮元、贾德耀、李思浩、张允荣、张璧等负责处理，兹将张代委员长致各常委原函，照录如次：

径（敬）启者，七月二十八日晚奉委员长宋令开，本委员长赴保，所有会内一切事务，由张委员自忠代理等因奉此，遵即于二十九日就职视事，业经分别公布在案，当时军情紧迫，受命于危难之际，为国为民，义不敢辞，是以不避艰危挺身担任，现在北平附近军事停止，秩序恢复，爱护和平之夙愿，逐渐实现，此后可由政治方面解决一切，唯自忠患病月余，同人共悉，近更身体精神益感不支，际此时事艰难，设有贻

冀察政務委員會會務
由常務委員負責處理
張代委員長因病赴醫院就醫
當局對地方參議會決定召集

張代委員長
所有職務一併辭去
冀察綏靖主任——由富參謀長代拆代行
北平市長——由政委會暫爲兼理

误，将何以对地方，踌躇再四，唯有速让贤能，以免愆尤，而维大局，查本会从前原有驻会常委之规定，代委员长负责处理政务，自忠现已辞去代理职务，即赴医院调治，所有本会事务，仍应沿用前制，由各常委共同负责，处理一切，贵委员原系驻会常委（致齐、贾二委），学优识远众望所归（致李、张、张三委），为此函请查照即日到会，办事（致齐、贾二委）、担任常委负责办事（致李、张、张三委），是所企祷。

## 张自忠被迫去职　齐燮元等粉墨登场（略）

1937年8月7日上海《申报》第三版

## 张代委员长所有职务一并辞去
## 冀察绥靖主任——由富参谋长代拆代行
## 北平市长——由政委会暂为兼理

1937年8月7日《北平晨报》第三版

顷闻确讯，张代委员长辞职就医，已于昨午将冀察政委会职务，交由齐、李等五委员共同负责处理，同时并将冀察绥靖主任职务，交由富参谋长星桥（即富占魁）暂为代拆代行，北平市长职务，呈请由政委会暂为兼理，藉免贻误云。

## 冀察政委会将召开全体委会
## 该会常委昨讨论会务　陈中孚今日由津来平

1937年8月7日北平《竞报》

【本市消息】冀察致（政）务委员会代理委员长张自忠，自上月二十九日就职后，曾于当日下午四时召开临时会议，讨论维持地方治安，稳定金融及储备食粮诸问题。数日以来，一切会务即本此原则照常进行。迨本月三日秦德纯等八委员开缺，同时发表张允荣、张璧、杨兆庚、潘毓桂、江朝宗、冷家骥、邹泉荪、陈中孚等为新聘八委员后，该会即拟定期开会一次，俾便讨论一切，并举行新聘委员就职式。现代理委员长张自忠氏业于五日因病辞职，入医院休养。会务已函请五常委员负责处理，同时新聘委员江朝宗亦谦辞不就。该会以会务诸端亟待磋商解决，特于昨日上午十时，在大楼召开常委会议，驻会办事常委委员贾德耀、齐燮元、李思浩、张允荣、张璧等五人均出席，讨论会务进行事宜，并商定召开全体委员会议日期等问题。闻各新聘委员将于全体委员开会时，同时就职云。又该会新委员陈中孚，原定昨日来平，嗣因有公，须留津接洽，故临时展缓成行，今日可来平云。

## 贾德耀辞政委职
## 齐燮元等昨到会办公　陈中孚来平探视张疾

1937年8月8日北平《竞报》

【本市消息】冀察政委会常务委员贾德耀，患病数日，近益瘦弱，且患咳血之症，昨致政委会函云：“德耀自夏初即患气管炎，兼喘咳之症，当经请假在西山疗养，近复咳血益感不支，已遵医嘱移院治疗，顷阅报载本会事务由常委委员共同负责云云，德耀以久病之躯，实难到会处理公事，特此函达即希察照，此致冀察政务委员会。”又该会新聘委员于昨日下午六时乘津平试行客车由津抵平，闻陈来除探视张代委员长（自忠）之病况外，并将分访政会各常委，有所商谈云。

【本市消息】冀察政委会代理委员长张自忠辞职后，关于会务已由驻会常委齐燮元、李思浩等五人负责处理，齐等均于昨晨到会开始办公，政务处长杨兆庚亦于昨晨到会照常办公，致新就之七位委员，亦将于日内到会就职，并不举行任何仪式云。

## 地方维持会主席江朝宗坚辞
## 邹泉荪等往谒无结果　该会昨招待文化机关

1937年8月7日北平《竞报》

【本市消息】平市地方维持会主席江朝宗，自经辞职后，该会已函复，一致挽留。并于昨日上午九时推常委邹泉荪、吕习恒、王毓霖等三人，前往南湾子江私邸晋谒，面致慰意。据江表示，以年老力衰，且患湿气下注甚重，实无力再任其他，至将来虽将主席名义辞去，但从旁仍可尽力协助云。虽经三代表极力挽说，令江氏辞意甚坚，致无结果。三代表遂于十时辞去。闻江氏拟定明日将再致函该会，请辞主席职务。……

编者按：江朝宗三辞维持会主席并非不想当汉奸，而是不愿当二号汉奸，所以在张自忠辞去三个代理之后，江的一切疾病立即消失，走马上任了。

## 东郊冀东保安队遣散出境
## 平市治安益趋巩固　北郊阮旅正解决中

1937 年 8 月 8 日北平《竞报》

【本市消息】平市警察局长潘毓桂，顷以冀东保安队逗留东北郊一带，对于地方治安秩序，颇多防（妨）碍，特于昨日（七日）派警队出城，协同区署，将全部解决。当发给遣散费二千元左右之数，分别押送出境遣散，各回原籍。平市地方治安此后益趋巩固。又北苑阮旅亦正在解决中，在未全部解决前，该部给养，暂由地方供给云。

## 冀东保安队六百余名遣散
## 平郊已无保安队踪迹　警察局派警仍搜查中

1937 年 8 月 9 日北平《竞报》

【本市消息】此次冀东保安队异动后，除逃散者外，余均麇集东直、安定各门外，各约数百人，纷欲入城，经连日分头派员说谕，势极顽横，迄未解散，人心颇感不安。嗣经派遣大部警察前往，迫令聚集东直门一隅，陆续强制遣散，最后在本月七日复遣去六百四十四人，一律离去平市，每人当给资二元，官长三四元不等，计共用一千三百十八元。所持枪支，除大部均由日本军解（接）受外，复经警察由各处搜得机关枪三支，步枪十四支，小枪一支，仍派警在郊外各处搜查，已无冀东保安队踪迹云。

## 日军前方部队昨午入城集合训话后分三处休息
## 当日并发布告及声明书

1937 年 8 月 9 日北平《竞报》

【本报特讯】日军前方部队，原规定于昨日上午十一时分由永定、朝阳、广安三门入城，惟届时因人数过多，郊外雨后行军不便，致延至正午十二时许始由三门分别进城，并出示安民及发表告市民及声明书等。二时许集合东长安街检阅，四时许分返拟定处所休息，兹录详情如次：

日军入城后发布告示及声明书

入城情形 日军昨日共分三路入城，计进广安门之一路，系于十二时四十分进城。首为载重汽车，次为步兵八队。经广安门大街骡马市、西珠市口、前门大街，进公安街至东长安街。进永定门之部队，约五六百人，均乘载重汽车共百余辆，于下午一时入城。由永定门过前门大街，进正阳门往东，至东长安街集合。进朝阳门部队于下午一时十分进城，亦均乘载重汽车七十余辆全部武装，并有骑兵数百，经东四牌楼往南往东（长）安街。

本報已依法呈請內政部及中宣會備案

# 日軍前方部隊 昨午入城

一集合訓話後分三處休息

當日並發布告及聲明書

【本報特訊】日軍前方部隊，原規定于昨日上午十一時分由永定，朝陽，廣安三門入城，惟碍時因人數過多，郊外門後行軍不便，致延至正午十二時許始由三門分別進城，並出示安民，及發表告市民及聲明書，二時許集合東長安街檢閱，四時許分區擬定處所休息，茲錄詳情如次：

入城情形 日軍昨日共分三路入城，計進廣安門之一路，係于十二時四十分進城，首爲載重汽車，次爲步兵八隊，經廣安門大街騾馬市，西珠市口，前門大街，進公安街至東長安街，進永定門之部隊，約五六百人，均乘載重汽車共百餘輛，于下午一時入城，由永定門過前門大街，進正陽門往東，至東長安街集合，進朝陽門部隊于下午一時十分進城，亦均乘載重汽車七十餘輛全部武裝，並有騎兵數百，經東四牌樓往南至東安街。

集中東長安街之日軍 【本報記者攝】

1937 年 8 月 9 日北平《竞报》

集合训话　日军通过各街道时，均临时断绝交通，男女日侨多人，持国旗站立沿路表示欢迎。此次入城者据闻均系河边旅团之部队，二时许全部集合后即由河边旅团长及松井特务机关长，召集各联队长大佐等训话，训话毕稍息后，即返原规定之三个处所休息。

安民布告　又日军入城后，由北平入城司令于昨日发出安民布告，及声明书，告平市市民，告日侨书等，原文如下：（一）安居布告，大日本军北平入城司令布告：为布告事，照得本司令入城伊始，其目的端在援助维持治安，确保内外人士之安宁，所有城区官民，务须照常安居乐业，勿得故意造谣，或煽惑流言，倘有非法团体及各类不逞之徒，妨碍本军该项目的及行动者，定即依法从严惩办，决不姑宽，事关全市治安，特此郑重明，咸使闻知，其各遵守切切此布，日本军入城司令，昭和十二年，八月八日。

官方声明　（二）日军入城司令，对于平市华方声明书：（一）今日本军入城，对于市内维持治安确保安宁，仰各界人士勿生惊恐，宣一致信赖为要，如有自起猜疑，道听途说甚或有轻率之盲动者，不谅解我军之正义观念，当不认为共同维持治安之责。（二）本军对于和平之民众，暨理解我军之真义，以诚意协力之各级机关，我方并无他意，自不惜慰抚善导之劳，倘有不肖之徒，对我军之作战行动，出于抵抗，或故意妨害之举动者，不论个人，或团体，定以公法从事，决无宽假。若有援助我军事行动者，定当分别从丰奖赏，以励有功。（三）我军专为作战上直接必要之行动设施，关于政治事项，另有日军机关（即北平特务机关）负责担任。凡有右例接洽时，要知上述之区别是为至要。（四）总之，我军认为敌者目无道义之中国军队，决起覆灭之，以冀促进东亚永远之和平安乐，仰各界人士，谅解我军真义，暂忍一时之不安，力持镇静，以待此圣战之胜利，特此郑重声明。……

## 江朝宗昨就新职
## 政会委员维持会主席　江氏定今日到会办公

1937年8月10日北平《竞报》

【本市消息】新任冀察政务委员会委员及平市地方维持会主席江朝宗，前以病在寓休养，迄未就职，顷以健康已复，地方事务复极重要，特于昨日上午九时赴中南海丰泽园地方维持会，就任主席职，同时并往冀察政务委员会就任委员新职。闻江氏定自今日（十日）起逐日到维持会办公。又本市地方维持会成立以来，对于维持地方治安工件（作）无不积极进行，该处组设伊始，原系由警察局派员筹划，成立以后，所有办事职员亦均系由警察局派员担任，关于特别事作（件），并由祝专员惺元办理，故进行颇称顺利云。

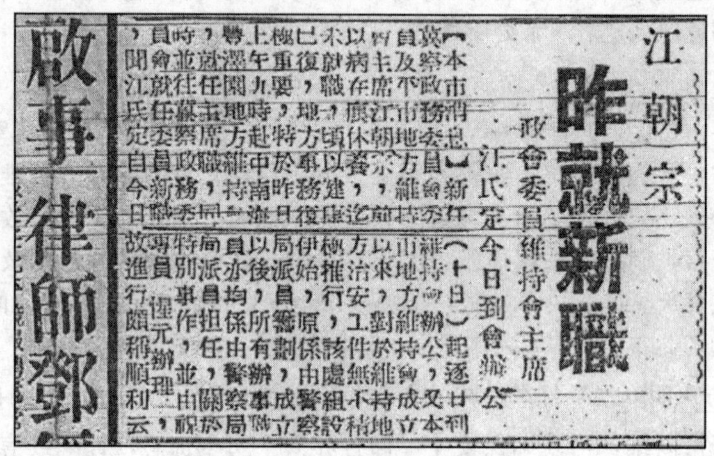

江朝宗昨就新職

政會委員維持會主席 江氏定今日到會辦公

〔本市消息〕新任冀察政務委員會委員及平市地方維持會主席江朝宗，前以病在家休養，迄未就職，頃以健康已復，現方事務復極重要，特於昨日上午九時赴中南海懷仁堂地方維持會，就任主席職，同時並往冀察政務委員會就任委員新職，聞江氏定自今日（十日）起逐日到維持會辦公，又本市地方維持會成立以來，對於維持地方治安工作無不積極進行，該處組設伊始，原係由警察局派員籌劃，成立以後，所有辦事職員亦均係由警察局派員担任，關於特別事作，並由祝專員惺元辦理，故進行頗稱順利云。

**1937 年 8 月 10 日北平《竞报》**

## 冀察政委会增聘常委

## 江朝宗陈中孚二人　两氏今日到会办公

1937 年 8 月 12 日北平《竞报》

【本市消息】冀察政会为谋集思广益，昨（十一）特函骋（聘）政委江朝宗、陈中孚为常务委员。江、陈二氏已接受聘书。今（十二）日起均到会办公。按政会常委原为齐爕元、贾德耀、潘毓桂、张璧、李思浩五人，兹增聘江、陈二氏，共为七人云。

## 城外死亡军士尸体即掩埋竣事

1937 年 8 月 11 日北平《竞报》

【本市消息】卢沟桥事变后，所有城外，因作战死亡之尸体，经本市各慈善团体，连日出城掩埋结果，现已殆尽，惟高粱地内，日前难以搜索。

## 警察局成立联络室办理与日方接洽事项 已派周思靖兼任主任

1937 年 8 月 14 日北平《竞报》

【本市消息】平市警察局长潘毓桂就任以来，力谋安定地方，安抚人民。该局顷以与日方军宪各处接洽事项日多，为谋便利迅速起见，特在该局设立联络室，并派定熟悉日方情形，富有办事经验之外四署长周思靖并任该室主任。日本驻平宪兵分队长安野兵造及熟悉日情之关晓村、林世惠等为联络员，负责办理各项联络事宜。现该室前已筹组就绪，当于昨日开始办公。该室电话为东局□一二〇号，嗣后各方有关日方之接洽事项即可径电该室接洽，以资敏捷。安野兵造努力中日间一切联络，预料将来事务之进行当更便利，获益地方当非浅显。又平市警察局外四区署长李经栋调局办事，遗职周思靖接充，周氏奉命后昨已到署就职云。

## 江朝宗谈出山原因　如不出山有四种不安

1937 年 8 月 15 日北平《竞报》

【本市消息】记者昨晨赴冀察政委会，请谒常委江朝宗，比蒙接见。江翁年高德劭，态度慈祥，接见记者时频以和蔼语词慰问。实则江翁此次为地方人民出任艰巨，其辛劳功业尤足多者。据江翁对记者谈，本人年老力衰，自倦游官材后，即谢问时事。北平地方维持会成立时，本人正患足疾，不良于行，原拟入山休养，嗣因各方敦促之殷，暨本人深感如不出山，有四种不安，所谓四不安者：（一）国际不安，（二）国家不安，（三）人民不安，（四）本身不安。职是之故，唯有勉为其难，殊愿风雨早霁，俾鄙仔肩，同时更切望全市商民安居乐业，毋相自扰。谈至此，有客来谒，记者遂兴辞而去云。

## 河边昨晨访潘毓桂晤谈甚久

1937 年 8 月 16 日北平《竞报》

【本市消息】河边旅团长昨晨十时赴警察局拜访局长潘毓桂，双方晤谈甚久，极尽欢洽。河边对潘氏日来努力维持市内治安，使商民各安其业，极为赞佩。该局联络室主任周思靖就职后，昨往访河边旅团长，作到任后首次拜会，晤谈良久始辞去云。

### 江朝宗兼任平市长　地方维持会昨开会公推

1937 年 8 月 19 日《世界日报》第三版

【本市消息】北平地方维持会昨（十八）日开常务会议，讨论会务进行事宜，至十二时散会。据闻该会以平市长一缺虚悬已久，席间公推主席江朝宗氏兼任市长云。

【本市消息】北平卫生局长谢振平，现因病离职，市府顷已令由该局第一科科长李宝维暂行代理局长职务云。

### 首都高院公审潘逆毓桂
### 潘逆仍力图脱罪　延期两周再审讯

1946 年 7 月 7 日《华北日报》第二版

【中央社南京六日电】华北巨奸之一潘毓桂，六日在首都高院受鞫。潘逆为二十六年引导敌军进入平津之第一人，其后历任警察厅长及伪天津市长，但今日当庭仍力图脱罪，声称渠之任伪平市警察厅长系受已故张自忠将军之嘱，在任内并庇护宋哲元军队之退出平津。被告律师叶在杭亦申请庭上再行调查证据，当经庭论延期两周，至七月二十日再讯。

## 第九节　辨析张自忠留平

1937 年 7 月 28 日夜间，北平形势突变，宋哲元率二十九军主要将领撤出北平，张自忠全面接管平津军政要务。随后在北平期间，为巩固他的地位，张采取了一系列措施，想要有所作为，但由于日军方的不信任、二十九军广大官兵的反对及汉奸的争权使其不得不黯然下台。现将张自忠政变的因果及在平执政期间加以分析。

### 一、张自忠与宋哲元的矛盾

（一）矛盾根源

在二十九军成立之初，由于当时条件艰苦，所以没有什么纷争。冀察政委会成立后，随着地盘的扩大，因利益纷争，内部出现了一系列矛盾，原先商定好的权力排序（宋哲元、张自忠、冯治安、赵登禹、刘汝明）被打乱，宋、张矛盾露出端倪。这表现在：1. 军队编制方面，二十九军原拟每师编六个团，但张自忠一直以“二头儿”自居，主张他的师要多编两个团，这就引起了宋哲元和其他师长的不满；2. 宋哲元回津探母或去山东乐陵时，让冯治安代理二十九军军长，张自忠认为这明显是嫡系吃香，军长应由自己代理，因此对宋不满；3. 宋哲元将河北省主席让给冯治安，因为当时河北省较天津市地盘大，从此张更为不满[①]，产生代宋之意。

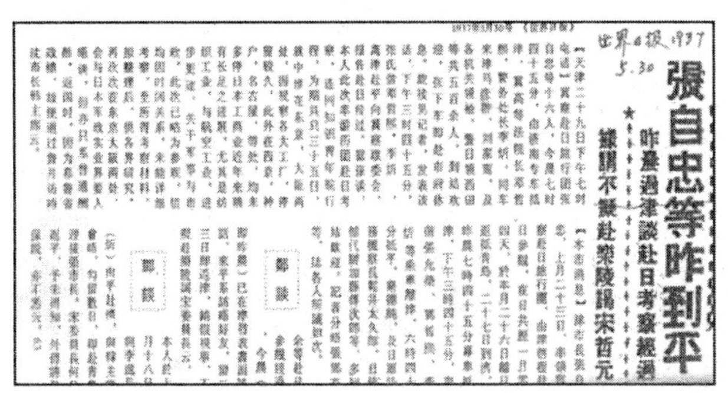

世界日报 1937
5.30

張自忠等昨到平

昨晨過津談赴日考察經過

據謂不擬赴樂陵謁宋哲元

1937 年 5 月 30 日《世界日报》

此时一小撮汉奸亲日派，如齐燮元、张允荣、潘毓桂、张璧等在日寇的嗾使下，极力挑拨宋、张关系，分化二十九军内部。“他们窥伺到张自忠在一些名义、地位、权力等问题上对宋有所不满，于是乘机包围张自忠，并且为张与日寇之间拉上了关系，这就使得张自忠一步一步地陷入了他们的圈套，成了被他们利用的工具。”[②] 如察哈尔抗日同盟军解散后，张允荣失去权力成为闲职人员，随把兄弟张自忠到天津，主动和日本各方面取得联系，共同筹办了惠通航空公司，后以西北军老资格的身份找宋哲元批准，成为张自忠与日方联系的牵线人，并陪同张自忠访问日本。日军方和华北的汉奸们想要以张代宋，让宋在名义上当冀察的负责人，实际上由张自忠主持一切，总揽大权。齐燮元、张璧曾借机试探宋哲元，宋置之不理[③]。

时张自忠的三十八师主要驻防在天津周围，在北平北苑有阮玄武的独立第三十九旅，南苑、团河和北平城内也有一些部队。这几支部队绝对听命于张。由于张自忠本不是宋哲元的嫡系，所以宋哲元对他一直比较“客气”。张

① 戈定远：《二十九军和冀察政权》，《文史资料选辑》第 1 辑，中华书局 1960 年版，第 42—43 页。

② 何基沣等：《七七事变纪实》，《文史资料选辑》第 1 辑，中华书局 1960 年版，第 10 页。

③ 戈定远：《二十九军和冀察政权》，《文史资料选辑》第 1 辑，中华书局 1960 年版，第 43—44 页。

每有要求，宋总是敷衍照办[①]。日军方对张自忠的支持使张更加有恃无恐。尤其是1937年春夏之交，张自忠访问了日本，与日军方有了直接联系，认为自己具备了代宋的政治资本，更加挟兵自重。这些内外因素都影响了张自忠，使得他“取宋代之”的野心逐步膨胀。

（二）矛盾表面化

当张自忠出发去日本后，宋哲元却到张家口检阅刘汝明部队，宋此举与张自忠访日态度截然相反。1937年5月，宋哲元为了躲避日方纠缠，借机回山东乐陵老家，行前命秦德纯（因秦没有兵权）负责对日谈判，并令冯治安代二十九军军长。张访日归来后，宋哲元派邓哲熙、李炘到青岛接张自忠到乐陵共商军事，张以仰慕山东韩复榘的政绩为名，不去见宋哲元，而是去济南会见了韩。

沙河保安隊附敵
今晨北平形勢突變
宋哲元率部隊午夜赴保定
馮治安秦德純陳繼淹偕行
張自忠兼代冀察委員長職
日軍圖佔津市

1937年7月29日《申报》

卢沟桥事变爆发后，日军见进攻受阻，转而以和谈迷惑冀察当局，虽然宋哲元从乐陵下令剿灭当前敌人，但张自忠却通过军部下令停止反击[②]。日方因在谈判中，感觉秦德纯、冯治安态度强硬，转而到张允荣家中与张自忠、张允荣谈判。张自忠未向中央和宋哲元请示就插手谈判，并在7月11日的停战协定上签字[③]。

到了7月15日，二十九军主要将领在天津宋哲元的寓所开会，在对日战、和问题上意见完全不同：张自忠等主和，而冯治安等主战。[④] 7月19日深夜，张自忠、张允荣僭越职权与日方秘密签订了《香月细目》。至此，二十九军内部矛盾公开化。

① 戈定远：《二十九军和冀察政权》，《文史资料选辑》第1辑，中华书局1960年版，第43页。
② 何基沣等：《七七事变纪实》，《文史资料选辑》第1辑，中华书局1960年版，第20—21页。
③ 〔日〕今井武夫：《今井武夫回忆录》，上海译文出版社1978年版，第40页。
④ 秦孝仪主编：《卢沟桥事变史料》（上册），台湾中央文物供应社1986年版，第145页。

## 二、黑色的7月28日

張自忠電飭
邊守靖代理津市長
李景陽就任津警局長
派黑衣警察分處値崗
津市擬組地方維持會
將推高淩霨主持一切

達三千人

獨流靜海間
火車失事
漢奸扒道洞
現獲犯四人

1937年8月1日《申报》

由于二十九军将领中主战与主和意见不一致，使军长宋哲元左右为难，坐失反攻良机。等到大批日军陆续从其本土及关外开到平津附近后，形势已经是万分危急。宋哲元终于忍无可忍，7月27日拒绝了香月清司的最后通牒，并发出自卫守土通电，下令二十九军全体守土抵抗。酉时接到蒋介石给宋哲元的密电：稳打三日……务望严令各部，加深壕沟，固守毋退，中央必星夜兼程，全力增援也，[①] 更加坚定了宋的抗战的决心。虽然，蒋介石自7月8日后接二连三致宋哲元密电，督促他及时赴保定坐镇，但蒋介石的本意是让别人替代宋坚守北平，之所以多次劝宋离平赴保是基于三点原因：一是怕主帅宋哲元在天津被害，而打乱全盘计划；二是怕宋被汉奸或日方加害；三是更怕二十九军群龙无首，失去对日反击的指挥者。

7月28日晨，日军向北平南苑、北苑、西苑、黄寺、团河等驻军发动总进攻[②]。驻平绥线“沙河保安队（该保安队属石友三部）附敌”[③]，日军切断平绥铁路线，北平变为孤城。二十九军官兵不畏强敌，英勇抗战。佟麟阁、赵登禹于中午先后殉国，官兵伤亡惨重。下午三时许，正当宋哲元、秦德纯、冯治安、张维藩召开紧急会议，研究如何固守北平三日的问题时，张自忠突然闯到会场（张自忠自7月25日晚由天津到北平参加会议[④]后，一直留在北平[⑤]），与宋哲元发生争吵，威胁宋哲元离平，说他有办法[⑥]。并对宋表示，如果宋暂时离开北平，大局仍有转圜的希望[⑦]。同时，张自忠的把兄弟张允荣已经抵达平绥铁路进行控制。

---

① 秦孝仪主编：《卢沟桥事变史料》（上册），台湾中央文物供应社1986年版，第233页。

② 《军政部参事严宽呈何应钦部长报告日军对平郊总攻战况及军情电》，选自秦孝仪主编：《卢沟桥事变史料》（上册），台湾中央文物供应社1986年版，第191—192页。

③ 《沙河保安队附敌》，1937年7月29日《申报》。

④ 《张自忠昨谒宋》，1937年7月26日《益世报》第1张第3版。

⑤ 1937年7月28日《中央日报》第1张第3版。

⑥ 秦寄云、赵钟璞：《秦德纯的一生》，《文史资料选辑》第52辑，文史资料出版社1964年版，第241—243页。

⑦ 何基沣等：《七七事变纪实》，《文史资料选辑》第1辑，中华书局1960年版，第29页。

28日晚，奉军事委员会委员长蒋介石之命的刘健群和戈定远秘密来平，见到了宋哲元、秦德纯及张自忠。宋哲元答应坚守北平三日后必到保定[①]。可此时的张自忠已经不容宋哲元拖延三日了，刘健群、戈定远离平仅仅过了三小时左右，宋哲元就带领秦德纯、冯治安、陈继淹等匆匆乘车离平赴保。使人怀疑的是，宋哲元等若是正常撤离应该上报中央请示，或得到中央指令，而陪同刘健群的戈定远曾于当晚致电二十九军驻上海办事处代表李广安："宋委员长决心极大，决坚守北平与城共存亡"[②]，而宋哲元刚刚答应了刘健群，怎么会突然弃城离平赴保呢？前后对比宋哲元言行矛盾，这与张自忠的逼迫不无关系。

被迫撤走的第三十七师官兵沿途仍受到了日军飞机的跟踪轰炸。"冯部伤亡极惨……自忠、燮元、允荣、毓桂、张壁（璧）、仲（中）孚、觉生将主要政，汉奸全获胜利。"[③] 实际上北平已于29日凌晨沦陷（国家规定7月29日为北平沦陷日）。

## 三、张自忠上台后的重要举措

张自忠上台后采取了一系列措施。7月29日晨7时，张首先会见了日本驻平特务机关长松井太久郎，商谈"善后办法"[④]。当得到松井"该国军队，决不进城"[⑤] 的许诺后即下令北平各城门大开[⑥]。"各处岗警均一律换三角符号，未带枪械，指挥交通"[⑦]。接着张自忠给香月清司打电话，报告他已任冀察政务委员会委员长。[⑧] 午后又通电到军事委员会派驻保定办事处，报告平津军政由他完全负责[⑨]。

为了更有力地巩固自己的政权，张自忠实行了人事大变动。首先以冀察政委会名义委任潘毓桂为北平市警察局长，张允荣为平绥铁路局局长。潘毓桂一上任就完全站在日军方立场，召见新闻媒体，宣布一切抗日、排日言论为非法。又抄了宋哲元、秦德纯、冯治安等五军政要人的家；遣散了阮玄武

---

① 刘健群：《银河忆往》，台湾传记文学出版社1978年版，第100页。

② 《今晨北平形势突变》，1937年7月29日《申报》。

③ 秦孝仪主编：《卢沟桥事变史料》（上册），台湾中央文物供应社1986年版，第194页。

④ 《张自忠接见松井后北平城门大开》，1937年7月29日《大美晚报》。

⑤ 《张自忠昨已就新职》，1937年7月30日《世界日报》第3版。

⑥ 《平市昨解严》，1937年7月30日《世界日报》第4版。

⑦ 《平市昨解严》，1937年7月30日《世界日报》第4版。

⑧ 香月清司，孙祥澍译：《香月清司手记》，《近代史资料》，中国社会科学出版社1994年版，第82页。

⑨ 1937年7月31日上海《大公报》第3版。

冀政會八委員開缺
張代委員長現已脫離軍籍
滬傳寧方昨有重要決議

1937 年 8 月 3 日
《北平晨报》

留下的保安队[①]。7 月 31 日，张任命天津市府首席参事边守靖为代理天津市长，边氏于午后在进德社非正式就职[②]。亲日的李景阳随之就职天津警察局长，警察一律改穿黑制服（国民政府规定警察夏季制服是黄色）。李立即召开各分局长、特区主任会议，派着黑衣警察值岗，甚至帮助日军将零星保安队缴械[③]。8 月 3 日，冀察政务委员会以“长期不到会”为名，将秦德纯、戈定远、刘哲、门致中、石敬亭、周作民、萧振瀛、石友三八人一律开缺[④]，聘张允荣、张壁、杨兆庚、潘毓桂、江朝宗、冷家骥、邹泉荪、陈中孚为委员[⑤]。随之下属各部门进行了一系列变动，汉奸或亲日派控制了冀察政委会、平津市府各要害部门[⑥]。

## 四、张自忠的尴尬处境及黯然下台

正当张自忠志得意满时，由天津方面传来了令他震惊的消息——他手下的第三十八师在副师长李文田和天津警备司令刘家鸾的率领下，未经他的命令，就向驻防天津市区的日军发起了反击战。这突然的变故，令张自忠十分尴尬，他急忙向天津市府发电报，称“和平有望”[⑦]，“令停战，并谓再受压迫即撤退”。[⑧] 但此时天津各战斗点都处于激战中，已无法制止。此时的张自忠为争取北平维持会长职务，宁可辞去军职[⑨]，向日军方表示自己与天津反击战毫无关系，以保留自己刚掌握的政权，但他的愿望已不可能实现。

张自忠下台是必然的，主要有三方面原因。

首先，香月清司在利用张自忠将宋哲元及二十九军赶出北平后，即对其失去兴趣，置之不理，并直接指使其身边的汉奸，以架空张的权力。

天津反击战的同时，冀东伪保安队张庆余、张砚田两部在通县反正，将通县的日本间谍、特务、走私贩一扫而光，并抓住了大汉奸殷汝耕，准备送

① 潘毓桂：《卢沟桥事变后北京治安纪要》，第 9、10、14、15 页。
② 《边守靖前日已担任津市长职务》，1937 年 8 月 2 日《世界日报》第 3 版。
③ 《李景阳就任津警局长 派黑衣警察分处值岗》，1937 年 8 月 1 日《申报》第 2 张。
④ 《冀政会八委员开缺，张代委员长现已脱离军籍》，1937 年 8 月 3 日《北平晨报》第 3 版。
⑤ 《冀察政委会新聘委员八人》，1937 年 8 月 4 日《北平晨报》第 3 版。
⑥ 详见本书《7 月 28 日前后主要官职变动表》。
⑦ 《七七事变纪实》，选自《文史资料选辑》第 1 辑，中华书局 1960 年版，第 28 页。
⑧ 1937 年 8 月 1 日上海《大公报》第 3 版。
⑨ 《张代理委员长现已脱离军籍》，1937 年 8 月 3 日《北平晨报》。

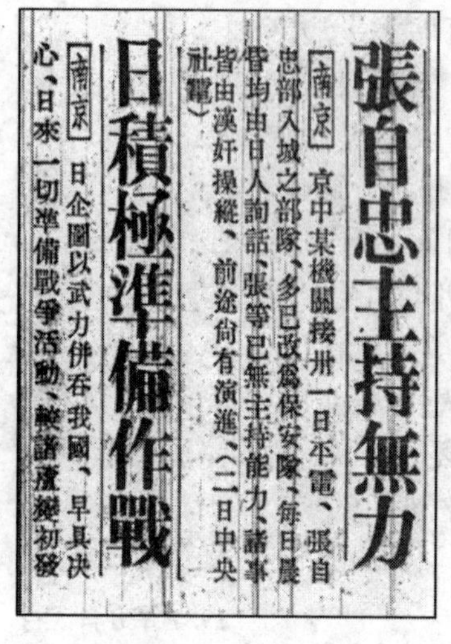

张自忠主持无力

〔南京〕京中某機關接卅一日平電、張自忠部入城之部隊、多已改爲保安隊、每日晨晉均由日人詢話、張等已無主持能力、諸事皆由漢奸操縱、前途尙有演進、（二日中央社電）

日積極準備作戰

〔南京〕日企圖以武力併吞我國、早具決心、日來一切準備戰爭活動、較諸蘆溝初發

1937 年 8 月 3 日《申报》

交宋哲元处请功，但宋已赴保，张等未见到宋。后这支军队纷纷转入到抗日队伍中。

天津反击战和通县反正使日军方十分震惊。日军方一直以为张自忠在访日归来后，已经慑于日本帝国的武力强大，不愿意轻易与日作战。更何况日方于 7 月 19 日深夜刚与张秘密签署了《香月细目》，没想到这么一位“知日人士”[①]，在他刚上任的第一天（7 月 29 日），天津即爆发了一场大出击。因为天津抗战的部队主要是第三十八师，日军方认为一个军事长官怎能控制不了自己的属下，从此开始怀疑张自忠是否真心合作了。特别是通县反正后，日军方对有兵权的汉奸更加不信任。7 月 31 日晨 7 时，张自忠“即到进德社办公，张允荣、张璧、潘毓桂、李思浩等均往谒晤，就时局善后，有所谈商”。[②] 但到 8 月 2 日后，日军方开始操纵分别成立的平、津地方维持会，直接指使汉奸办事，“张等已无主持能力，诸事皆由汉奸操纵”[③] 张自忠所谓的施政措施也无从实施。

其次，虽然阮玄武部已对日投降，自愿变为保安队以表示效忠，但二十九军的广大官兵不支持其“和平”政策。如李文田领导三十八师进行了天津反击战，后率部向军部报到；刘汝珍带兵突围、弃他而去等，这些都使张处境艰难。

张自忠原来的西北军老上级、老同事也对他的“和平”政策进行了谴责，例如韩复榘称张自忠为“搞卖国勾当的人”[④]，鹿钟麟说张自忠的耻辱“只有以血来洗”[⑤]。广大群众包括学生追赶、谩骂，甚至有人说要是遇见张自忠要一人一口，将他咬死[⑥]。这期间，许多不甘附逆的故人（如贾德耀、刘郁芬、田春芳、过之翰等）多以患病、工作结束等理由纷纷辞职或不辞而别，以表示对张自忠的不支持。

最后，日军方也直接支持汉奸筹建伪组织，汉奸与他争权，张的权力被

---

① 〔日〕寺平忠辅：《卢沟桥事件》，读卖新闻社 1970 年版，第 224 页。

②《李思浩等谒张自忠 对时局善后有所谈商》，1937 年 8 月 1 日《世界日报》第 3 版。

③《张自忠主持无力》，1937 年 8 月 3 日《申报》第 3 版。

④ 苗培萌：《我所知道的张自忠》，选自《文史资料存稿选编·军政人物》（上），第 916 页。

⑤ 高继高：《鹿钟麟将军的一生》，选自《内蒙古文史资料》第 27 辑，1987 年版，第 82 页。

⑥ 田春芳：《我所知道的张自忠》，选自《陕西文史资料精编》第 10 卷《人物拾遗》（上），陕西人民出版社 2010 年版，第 56 页。

架空。

在宋哲元等离平仅仅数小时后，北平就有“北平奸民组维持会”[①] 消息传出，同时，《世界日报》和北平《竞报》在 7 月 30 日均有报道，谓江朝宗将要出任委员长。张自忠在得到治安维持会筹备的消息后，“谋取委员长一席，运动甚力，但为各方所反对”。[②] 最主要的原因是，日方认为如果二十九军与冀察政务委员会要人仍在该维持会中任职，那么平津时局很难明朗化。也就是说，日方需要一个过去地位较高（在北洋时期或国民政府中做过国务总理级以上的高官，甚至下野后仍有一定号召力）、对日恭顺且没有军权的傀儡，而张自忠的条件不够（张仅是天津市长、三十八师师长）。所以北平的伪组织——北平地方维持会成立后，张自忠反而更没有了实权。

8 月 3 日，张自忠聘请江朝宗为冀察政委会委员，想将北平地方维持会掌握在自己手中，可惜老奸巨猾的江氏不甘居张之下，以患病为由不买账。

8 月 4 日晨 9 时半，日军开入北平城，经长安街开入市区[③]。至此，日方特务机关长松井太久郎对张自忠的许诺完全落空。当日，万般无奈的张自忠已从新闻视野中消失。

8 月 5 日，张自忠“因病”躲进德国医院[④]。8 月 7 日，《北平晨报》上登载了张自忠的声明，已于 6 日将所有三职务一并辞去[⑤]。至此，张自忠的“和平”美梦完全破灭！自张自忠 7 月 29 日就职上台到 8 月 4 日晨失踪止[⑥]仅 6 天，张自忠发动的这场短暂的预谋政变以失败告终，平津从此进入漫长的 8 年沦陷期。

张自忠自 1936 年 8 月，就任日方独资的天津电业股份有限公司董事长，1937 年 1 月，又任惠通航空公司董事长后，逐步被日方利用。他从 1937 年 4 月 23 日登船赴日考察时即上了日方的贼船，直到他 8 月 6 日卸职止，完全陷入了日方的“和平”陷阱而无法自拔。七七事变后，平津地区的迅速沦陷与张自忠的坚持主和、醉心谈判及宋哲元的犹豫不定密不可分，故宋哲元、张自忠备受舆论指责，张自忠更是一度声名狼藉，背负汉奸恶名。本想取宋而代之，继续维持平、津、冀、察“和平”局面，未想被日寇及汉奸愚弄一番，仅 6 日内即失去一生所经营的军权与政权。张自忠得知上当后，悲愤交加，他多年的战友李文田、刘振三等伸出援助之手，他们用民族气节激励张自忠，

---

① 《北平奸民组维持会》，1937 年 7 月 30 日上海《大公报》第 1 张第 3 版。

② 《“治安维持会”成立》，1937 年 7 月 31 日《中央日报》第 1 张第 3 版。

③ 《日军开入北平城》，1937 年 8 月 5 日《申报》第 4 版。

④ 《冀察政委会将召开全体委会》，1937 年 8 月 7 日北平《竞报》。

⑤ 《张代委员长所有职务一并辞去》，1937 年 8 月 7 日《北平晨报》第 3 版。

⑥ 《日军入北平张自忠他去》，1937 年 8 月 5 日上海《大公报》第 1 张第 3 版。

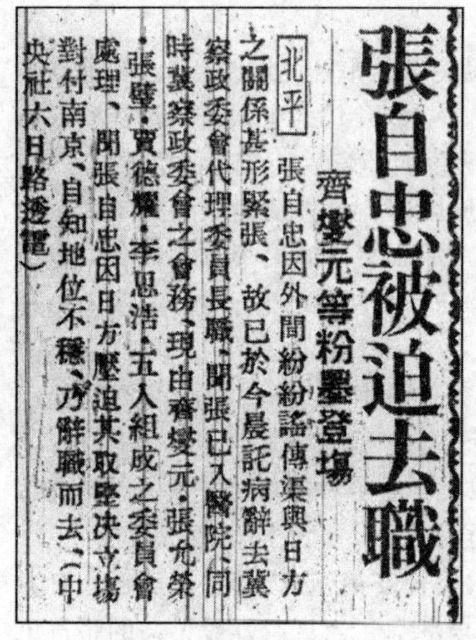

張自忠被迫去職

齊燮元等粉墨登場

（北平）張自忠因外間紛紛謠傳渠與日方之關係甚形緊張、故已於今晨託病辭去冀察政委會代理委員長職、聞張已入醫院、同時冀察政委會之會務、現由齊燮元·張允榮·張璧·賈德耀·李思浩·五人組成之委員會處理、聞張自忠因日方壓迫其取堅決立場對付南京、自知地位不穩、乃辭職而去、（中央社六日路透電）

1937 年 8 月 7 日上海《申报》

促使他毅然回到抗日队伍。张自忠在走投无路的情况下，于 9 月 7 日只身逃离北平。因无颜去见宋哲元，而改投山东韩复榘……两年后，张自忠毅然血洒襄东南瓜店，以自己的实际行动洗刷了背负的汉奸污名。从此，赞扬、溢美之词完全掩盖了怀疑、指责、讽刺与谩骂。直到 20 世纪 90 年代，张自忠甚至被某些人捧为“高·大·全”式的人物。第二次世界大战结束后，通过日方提前解密的档案得知，张自忠、张允荣于 1937 年 7 月 19 日深夜已秘密和日本签订了《香月细目》，7 月 28 日的政变及张自忠匆忙捐躯的缘由真相始大白于众。

（作者：王勇）

# 第五章　张自忠归队

## 第一节　国民政府撤职查办张自忠

### 国民政府关于撤职查办张自忠的明令

（1937 年 10 月 8 日）

中华民国二十六年十月七、八日国民政府公报二四七九号

八日　国民政府明令：张自忠撤职查办、刘汝明撤职留任、陈参撤职讯办，以肃军纪。

国民政府据军委会呈称：天津市长兼第三十八师长张自忠放弃责任，迭失平、津守地；察哈尔省主席兼一四三师长刘汝明于张垣、蔚县抗战不力；陆军第六十一师第三百六十　团团长陈参贻误军机。本日明令张自忠撤职查办；刘汝明撤职留任，戴罪图功；陈参先行撤职，从严讯办，以肃军纪。全文云：

此次抗敌用兵，关系重大，全赖前方将领，忠诚为国，不避艰危，庶能遏止侵陵，保我疆土，如有违律失职，自难曲予优容。兹据军事委员会呈称：天津市市长兼陆军第三十八师师长张自忠放弃责任，迭失守地；察哈尔省政府主席兼陆军第一百四十三师师长刘汝明抗战不力，致受损失；陆军第六十一师第三百六十一团团长陈参贻误军机，均请从严惩处，以振纲纪等情。张自忠著撤职查办；刘汝明著撤职留任，陈参著先行撤职，从严实办；以肃军纪。而儆效尤。此令。

（摘自《中华民国史事纪要（1937 年 7—12 月）》）

### 张自忠撤职查办　刘汝明戴罪图功　国府昨下明令

1937 年 10 月 9 日 上海《大公报》（第二版）

【中央社南京八日电】国府八日令：此次抗敌用兵关系重大，全赖前方将领忠诚为国，不避艰危，庶能遏止侵凌，保我疆土，如有违律失职，自难曲予优容。兹据军事委员会呈称，天津市市长兼陆军第三十八师师长张自忠放弃责任，迭失守地，察哈尔省政府主席兼陆军第一百四十三师师长刘汝明抗

战不力，致受损失，陆军第六十一师第三百六十一团团长陈参贻误军机，均请从严惩处，以振纲纪等情。张自忠著撤职查办，刘汝明著撤职留任，戴罪图功，陈参著先行撤职，从严讯办，以肃军纪，而儆效尤，此令。

## 冀察绥靖主任宋哲元呈蒋委员长为代主任张自忠离平归来报告

（1937年10月9日）

一、宋哲元十月九日报告：张自忠抵济、曾经电陈，谅蒙钧览。张自忠此次转道南来，外间对之多抱怀疑态度，兹特令其晋京觐谒钧前，面陈经过，职对其平日之为人，知之甚切，决不至如外间之所传，以负国家数十年培养之厚也。兹并派秦德纯与之偕行，报告此间近况，伏乞钧座赐予指示，是所至祷。

二、张自忠十月九日报告：窃自忠于七月二十八日奉宋委员长命令留守北平，代理冀察军政事宜。奉命之下，诚恐材具弗胜，一再坚辞，经宋委员长责以大义，不得已泣涕受命，允为维持十日，由宋委员长自保率队来平接应，以解北平危急。自宋委员长离平赴保后，职一面令驻城内石旅确保北平秩序，阻止日军入城；一面派员与宋委员长妥取连络，并电令在津李副师长文田督率所部，努力杀敌，并诰诫官兵勿忘为中国国民，不必以交通梗阻为虑。嗣以平保连系断绝，而日军大部逼迫城郊，职当令石旅突围赴察，职亦率手枪队出城，不意石旅甫出得胜门，敌人预设伏兵，三面袭击，以致石旅长与其部队失却连络，职亦中途折回城内，从此职困处孤城，一日数迁，居处被日人查封，形同囚虏，屡次冒险出城，均未办到；迟至九月三日，职不得已化装只身离平赴津，在途三日，始抵天津，寓于英籍友人家中，至十日乘英商海口船赴烟台转济南来京。此经过之大概情形也。

自忠受国家培植与钧座训诲，誓以至诚効命国家，倘有丝毫不忠实于国家及钧座之处，甘受最严厉之处分。至于自忠有负任务，贻误大局一节，应如何惩处之处，敬惟钧座之命是听。披沥陈情，恭候钧裁。

（录自总统府机要档案）

（选自秦孝仪主编：《卢沟桥事变史料》（上册），台湾中央文物供应社1986年版，第207—208页）

编者按：为了扩编后部队保持完整，也为了给张自忠一个赎罪的机会，更为了张自忠免受军法处分，宋哲元与秦德纯不计个人恩怨而编出了这一有违事实的报告，它对张自忠归队及制止张旧部哗变起到了重要作用。宋、秦为团结抗日力量立下了不朽功勋，但他们未能医治张自忠心灵上的创伤，张最后还是死于战场。

## 第二节 悔过自新

### 宋哲元望张自忠归队

吴锡祺、王式九

宋最担心的是五十九军的指挥问题[①]，自己既不可能亲在前方，而以参谋出身的李文田暂代军长指挥刘振三、黄维纲两个师长，确有困难，尤其是刘振三更不把李文田看在眼里。李文田也有自知之明，所以在宋找他谈话时，他当面表示希望将张自忠找回来，以加强五十九军的团结和战斗力。宋同意他的意见，李便将派人赴北平见张的经过叙说了一遍，并将去人带回张亲笔写的小纸条拿出给宋看。这个纸条上写道："学校既已开学，岂有不前往上课之理。"宋看罢说："很好，还是把他找回来的好。"宋当日回到沧州，旋又移驻连镇，积极整顿后方部队。……

10月中旬，七十七军的部队陆续到达大名附近，沿卫河南岸之小滩、龙王庙之线布防。五十九军退过黄河南岸，到达长清一带。李文田在撤退中仍和韩复榘有所勾搭，可是他的两个师长刘振三和黄维纲都不同意投韩，并把李文田的投韩活动直接向宋哲元密报。宋即分别电复刘振三和黄维纲，要他们好好招呼队伍，对李文田的破坏活动严加防范，并且告诉他们，现正设法使张自忠回到部队，不日即可实现，最后指示他们尽速设法向大名附近移动，以便集结力量，相机出击。……

（《宋哲元及其所部在抗战初期的活动》，选自《文史资料选辑》第54辑，文史资料出版社1962年版，第57—58、62页）

### 七七事变南苑抗战及撤退以后

刘增祺、孙家骥[②]

1937年12月间，军长宋哲元曾集合部队官兵讲过话，在旁站着的有张自忠将军，他穿着灰布棉袍，面色苍白，始终一言未发。宋哲元说：张师长脱险回到部队，大家不要胡言乱语（当时官兵间流传张师长当了汉奸，尤以第

① 此时大致在1937年9月前后。

② 刘增祺、孙家骥为原第三十七师（即扩编之七十七军）人。

孙家骥

三十七师官兵说的最严重，以此来笑话三十八师），当时为对付日寇，我和张师长两人总得留下一个，张师长留下了，我好脱身整顿部队[①]，等等。……

（选自《天津文史资料选辑》第39辑，天津人民出版社1987年版，第48页）

## 张自忠南京请罪

秦德纯

7月29、30两日，张将军接收冀察政务委员会等三机关，但他的精神沮丧，意志消沉。当时二十九军大部已离平南调，日方对他已渐渐认识清楚。三十八师参谋长李文田将军，复于此际督率部队向天津日本兵营进攻，未能得手。日方对张将军亦认为是积极抗日分子，已决定进军北平，另行制造傀儡组织，供他们利用。张在北平已无法施行军政职权，悲愤之余，决计秘密离平南下。此时全国舆论对他更是一致痛诋，不遗余力。张便不动声色，秘密骑一辆脚踏车，由北平，出朝阳门直驶天津。乘英轮转赴青岛（实为烟台），前往济南。

此时，我正随宋将军驻津浦线的泊头镇督战前方，宋将军即派我到济南，偕同张将军先行到京，恭请蒋委员长训示，并坚嘱万不可先到前线部队，招致非议。我到济南与韩复榘及张将军分别晤洽，见韩对张采取秘密监视态度[②]，便嘱告张万不可随便他去。张在此时，已处于极为困窘的境地。

我当即电呈何部长应钦，大意以我奉宋将军令，偕同张自忠市长赴中央报告请罪，惟各方谣诼纷传，对张似有不利，可否前往，请电示等语。旋得复电："即同张市长来京，弟可一切负责。"我即与张将军会同赴京。韩派其省府委员张樾负监视任务，共同前往。

到徐州站，突有学生30余人要到车上搜查汉奸张自忠，来势颇为凶猛。我一面安排张将军暂避，一面请学生派代表四人到车上谈话，并到各房间查看，代表等未见张在车上，始下车而去。我们到京后，张住韩的驻京办事处，我住二十九军办事处[③]，静候委员长召见。

① 宋此话，是为维护张自忠的威信，以便带军。

② 韩复榘执行的是中央密令。

③ 张自忠是二十九军的师长，却住在韩复榘驻京办事处，羁押身份明显。

我们到京的第二天，我陪着他到四方城晋谒委员长。张将军首先起立请罪说："自忠在北方失地丧师辱国，罪有应得，请委员长严予惩办。"

委员长训示："你在北方一切情形，我均明了①，我是全国军事委员会委员长，一切统由我负责，你要安心保养身体，避免与外人往来，稍迟再约你详谈。"

到第三天，我接侍从室钱大钧主任电话云，委员长要再接见张自忠将军，要我陪同在明早九时到四方城晋见。晋谒时适逢日机轰炸，委员长镇静如常，对张慰勉有加，询问健康情形及所读书籍，张答以阅读郭沫若的日记，委员长说："应阅读有益身心的书籍，郭的日记不要阅读。"最后对他说："等你身体恢复，我决令你重回部队，让你再有机会报效国家，并且到前方看看你的长官、同僚及部下。"态度诚恳温和，俨如家人骨肉的亲切。张将军深受感动。由四方城回寓时，他在车上泪流满面的对我说："如果委员长令我回部队，我一定誓死以报领袖，誓死以报国家。"

27年春，随战事的进展，中央拟将第二十九军扩编为七十七军及五十九军两军②，五十九军军长一职，何部长应钦一再征我同意，令我担任，我认为该军干部多系张将军所训练的学兵营出身，张将军对他们也知之甚深。为发挥作战威力，五十九军军长似应由张将军出任。不久中央任命张将军为五十九军军长，返部队那天，他对部众痛哭失声地说："今天回军，除共司杀敌报国外，是和大家一同寻找死的地方。"全体官兵誓死效命，泣不成声。……

（选自《秦德纯回忆录》，台湾传记文学出版社1967年版，第182—184页）

## 回忆张自忠南下话别情景

潘玉书

日本帝国主义占领北平、天津以后，自忠于八月初（1937年）由平化装来津，秘居在现在开封道起士林后楼上的一间小屋子里。有一天晚上，康敏芳夫人领我到这里与张自忠话别，一直谈到天快亮了。当时，张自忠写了三张便条：一张是给他的独生子的，另一张是给他的女儿的，内容都是叮嘱他们在父亲为国捐躯之后，要听七叔的话；第三张是给他胞弟老七的，也是托妻寄子的一些话。三张纸条写完后，当着我的面交给了康敏芳。然后对我说："你不必作走的准备了，留在天津给我作联络工作。"又对康敏芳说："随后我派刘处长（三十八师处长）给你们送生活费，有关日方的情况，你告诉刘处

---

① 参考军政部参事严宽的密电及蒋介石日记。

② 扩编时间实际在1937年10月间。

长即可。”言毕送我出屋，握手而别。这是一九三七年八月十八日清晨的事情。

过了两天，康夫人夜晚来我家，对我说：“市长就是在那天你走后离开天津的，现在由烟台起身过济南去南京见冯先生（冯玉祥）去了。”

（引自《天津文史资料选辑》第21辑，天津人民出版社1982年版，第92页）

**1937年5月，宋哲元夫人宴请众夫人后合影。**
**右起过之翰夫人、赵登禹夫人、冯治安夫人、刘汝明夫人、**
**秦德纯夫人、宋哲元夫人、张自忠夫人、杨镇南夫人、陈继淹夫人**

## 我所知道的张自忠

苗培萌[①]

七七事变之时，我供职五十五军，驻防胶济路线的潍县。某日上午，途遇二连冯连长，他说：“汉奸来了”，我问是谁？他说：“张扒皮嘛，还有谁？”我问：“他怎么会到这里来？”他说张扒皮是便衣潜出北平，走天津，以20万元买英轮保险，到青岛[②]登岸，搭胶济车到此，身着深灰色袄袍，手提小木

① 曾任第五十五军第二十九师人事科长。

② 实际是在烟台登岸。

箱，好像剃头匠模样。下车问岗兵："你们连长是谁?"我恰好走到，他指名问："你不是冯金章吗?"岗兵代答"这就是我们连长"。他说："报告你们军长说我来了。"我即电话报告军部，军部副官长曹筱盘回电话叫我同他到潍县饭店，他随后就到。我请他同到潍县饭店，曹副官长却已先到，开好房间在等候着。我由饭店出来，走回团部给刘团长报告这位汉奸到来的消息。刘团长说："谁还买汉奸的账哩。"时过不久，军部电话通知，团长以上官长应抽暇到潍县饭店看看老长官……但是有去的有不去的，横竖这不是命令，可从可不从嘛，曹副官长是奉命招待，各师旅团长前往叙旧者当不乏人，但无人问及其卖国经过。曹军长[①]派副官长招待后，自己却姗姗来迟，当亦具有避免与他多谈之意吧。当日夜间张自忠向曹军长说："我不拟久停，明日就赴济南见韩主席，请你先给报告一下。"曹回军部电告韩复榘，韩复榘说："你管汉奸的事干吗？我跟他没啥话谈。"砰然放下耳机。曹福林碰了钉子，无词回复张自忠，迟迟不往饭店。各师旅团长来者已去，未来者不复来了，就这样把张自忠冷落起来。副官长曹筱盘虽未远离，但亦怕张自忠问话，无所对答，避在其他房间而不敢照面。凡此种种，张自忠心中自然明白，便留一便条："请向军长报告，我急于赴济，不暇告辞了。"就径赴车站，搭上火车赴济南了。

（《我所知道的张自忠》，引自《文史资料存稿选编·军政人物》（上），第 915—916 页）

## 津　浦　前　线

冯玉祥[②]

有一天白健生[③]来对我说，宋哲元的队伍退到马厂，蒋先生叫他跟我商量，问我到河北去，指挥他这一路的队伍好不好。我说：

"在抗战的时候，只有唯命是听，统帅有什么命令，我都是遵从。"

后来，我接到命令，调我到第六战区去。那是很紧急的时候，我马上乘汽车到南京，见了蒋先生，我说：

"为了打仗，到哪里去都可以。只是有一句话，王聘卿[④]和段芝泉[⑤]他们

---

① 曹福林（1894—1964），系西北军旧部，1929 年随韩复榘叛冯投蒋，后一直率部驻防山东省。

② 冯玉祥（1882—1948），近代著名爱国将领。西北军创始人，军事委员会副委员长，时任第六战区司令长官，奉调北上抗日。

③ 白崇禧（1889—1966），字健生。时任军事委员会副总参谋长。

④ 王士珍（1861—1930），字聘卿，北洋三杰之首。

⑤ 段祺瑞（1865—1936），字芝泉，北洋三杰之一。

冯玉祥

两人是好朋友。王当国务总理，段接他的事，当中必须有一个人接替一会儿，他才能接。况且，宋哲元是我的旧部，无论如何，我不能接他的事，若命我指挥他几天，倒无不可，这是我预先要声明的。”

蒋先生很以为然。我预备了火车，马上就走。日本鬼子散布侦探间谍太多了，我由浦口开车，出去不过四站，鹿瑞伯①的车子在后方还没开车，当中有一列车，铁路坏了，车也歪倒了，可见日本鬼子是怎样暗中对付我了。我很高兴，日本人总算看得起我，他能这么用功夫对付我。去蚌埠一路上都是轰炸，日本人的飞机，不在前便在后，用机关枪扫射。走到两下店，这个车站上树木很多，很茂盛，我把车停在这里，跟着我的人都下车出去离开铁路几里路。日本的飞机来往轰炸，把从南边新来的车炸坏了，我这个车呢？到底没有炸着，就是占了树林子茂盛的好处。

到了济南府，我对韩复榘说：

“你要用所有的力量来听政府的命令，对日本作战就是最正大最光明的道路，千万不可听坏人的话。”

正在这个时候，张自忠来见我，在车站上，韩复榘说：

“求先生为张自忠写一封信给蒋先生。”

我说：“很好，你们的事要我帮忙，凡我能做的，我都愿意做。”

我马上给蒋先生写了一封亲笔信，主要是说赦免人的罪过到多少次，圣经上说，七十个七次。

…………

（选自《我的抗战生活》，黑龙江人民出版社 1987 年版，第 19—20、24—25 页）

## 张自忠到济南

宋一到保定就给张自忠打电话，询问和谈情况。宋哲元离开北平后，日军更缩小包围圈，北平危在旦夕。张自忠见和已无望，走也不能，只好躲进东交民巷德国医院（现在北京医院）。当时不明真象（相）的人，都说张已投

---

① 鹿钟麟（1884—1966），字瑞伯，冯玉祥的老部下，西北军五虎将之一。曾任南京军事委员会委员，此次随冯北上抗日。

敌，众口纷纭，莫衷一是。张自忠感到敌人耳目众多，在德国医院难以久居，暗中与美国人福开森联系，到福开森家伪装家庭教师，暂时居住。

张见平津沦陷，敌人继续向中原侵略，全面抗战的形势已经形成。而自己身陷敌区，无异在虎口之中，他认为自己还是早日脱离虎口，到抗日前线去。经过反复考虑，遂派廖保贞秘密赴津，找赵子青商议脱险之计。

赵子青是个商人，年纪虽轻，但颇干练。他为二十九军由外国买进相当数量的军火，所以和二十九军的高级将领很熟，他结交面广，认识外国人多，廖到津找到赵子青，他慨然答应下来。赵子青找到一个美国商人姓甘（公懋洋行的），甘表示愿意尽力，经向该国领事请示后，把这事定了下来。

一切按原计划布置就绪，张自忠在福开森家换了一身工作服，9月7日早4时徒步从大烟筒胡同至朝阳门的马路旁边，一会甘先生果然开汽车到预定地点，张坐在汽车的司机台，伪装司机助手，趁天色未明，到了朝阳门，经过了日军检查，便放他们通过。

汽车开出了北平，沿着大道经通县直驶天津大沽路，汽车开到意租界改乘赵子青的汽车，开到英租界赵子青家，9月10日会同英国人乘驳轮到塘沽，换英国的“海口轮”南下，由烟台登陆。

张自忠到了烟台，山东省主席韩复榘派某师长往迎，张到济南，韩本想将张扣留，解往南京邀功。惟见宋哲元派秦德纯携带万元，到济南慰问。迫于当时的形势，韩未敢轻举。

后张自忠在山东见到鹿钟麟，说：“这次由北平逃出，外人不知详情，都说我作了汉奸。现在名誉扫地，真是跳到黄河也洗不净。”鹿答：“只有以血来洗。”鹿钟麟当即致电蒋介石，以身家性命担保，请其起用张自忠。后由秦德纯陪同见蒋，汇报北平和谈经过。蒋当即委张为军政部中将部副。

南京危急时，张随宋哲元驻京办事处的专车，到达郑州，8月[①]见到宋哲元。（当时宋是第一战区副长官）。当年故旧，均愿张统帅抗日，遂由鹿钟麟出面向蒋保荐，蒋使张戴罪立功，准如所请。……

（作者：高继高）

（《鹿钟麟将军的一生》，选自《内蒙古文史资料》第27辑，1987年版，第81—82页）

---

① 张自忠与宋哲元在1937年7月28日夜分手后，直到12月始见面。

## 七七后我与宋张冯诸将领的相会

萧振瀛

萧振瀛

余于泊头镇与宋哲元相晤，二人握手相对而泣；经传达蒋委员长对战局之部署，军队之整顿以及人事安排原则等后，余曰："临行前，蒋特嘱转告，以往不咎，唯在今后望好自为之。"宋闻而感慰曰："一定效死疆场，以报国家。"又曰："责在自己。闻汝受命，略感安慰。""如此巨变，非所逆料，本正与日方谈判中，潘毓桂、齐协民二贼忽然变脸恫吓，云日寇松井令其等转告，由张自忠代余，可了此局，我斥之。""不料下午3点荩臣（张自忠）突然来平至余处，威胁要我离开，他有办法。余与绍文遂即出走，家人均未得携带一同离平。幸仰之归拢部队南下。"叹曰："荩臣何至如是。"言下痛楚。秦德纯言同宋语。因将领对秦有意见，军总参议改由张维藩继任。

冯治安、李文田、何基沣等与余相聚，皆痛哭。为赵登禹、佟麟阁之忠勇牺牲，已永别也。冯曰："彼坚持下令抵抗，燃此民族抗战圣火，虽死无憾。"又曰："不在北平，张至平事不详。"何曰："彼率部队在卢沟桥坚决迎战，完成大家及全国之共愿矣。"李文田云："正在天津指挥三十八师与日激战，冀东殷逆之部队在张庆余、张韵楼率领下，即时起义，杀日人数百，生擒殷逆送平，而北平突然生变。现所说各异，惟荩臣之不满已非一日矣。"

…………

张自忠离北平至济南。余即乘专车赶往相见。张抱余大哭曰："对不起团体，对不起大哥。"余询事之究竟。张曰："宋一昧图与日本妥协，七七战起，军队已与日血战，宋竟接受日本条件，故急至北平制之。"又曰："潘毓桂明告，宋已接受日所有条件，日本认为军队不听从宋命令，故要余代之。余在问清谈判情况后，方赶往北平，代之以控制局势，不意演变如是。"余责之曰："此汉奸之计也，宋并未接受，其错在汝。"张痛哭曰："此心可对天日。现百口莫辩矣。唯求蒋委员长容余死在战场，有以自白。"余哭曰："余当向委员长力陈，同进退，共生死。"二人相抱而哭。张在济南，中央有令，已受软禁待解中。故余即赶赴南京面蒋委员长陈请张事。蒋听取之后，允予考虑。余遂即往见魏道明、郑毓秀，谓之曰："张自忠昔日在华北危机动荡之时，与冯治安及余曾两次向中央表态：张垣长城，北平香山均赤诚誓言服从蒋委员长之命令，人在华北在。今日张血誓请求容其死在战场，以报领袖之大恩。敢请贤夫妇伸手相助，成其死志。”郑慨然曰：“此应为也。当全力成之。”后蒋赦张并派回部队，此诚乃领袖之见也。张践其言，一直与敌死战，屡立勋功，终舍身成仁。此期间不断与余书信电报紧密联系。29 年 5 月 28 日余迎其灵榇于嘉陵江畔，哭不能禁也。

当余自京返前线，向宋哲元详述张自忠之自责及求死之志，望予谅之，宋感动。宋在前线奋力指挥作战，然全国舆论仍纷纷不谅。精神受迫甚重。在部队撤过黄河上，略有延误，钱大钧持军令来严限时刻。宋一时紧张，几乎不起。余向钱曰：“如部队违时，由余负责，承受军法。”并即电蒋，详呈情况，事方解。宋身体不支，要余报蒋，请予病假。余遂专程向蒋面陈，蒋批准。宋于 27 年初去衡山疗养，后转至四川绵阳。29 年 4 月初病逝。余心哀伤。

（选自《萧振瀛先生纪念文集》，台湾世界书局 1990 年版，第 192—195 页）

## 张自忠的懊悔

张俊声①

张俊声

萧振瀛提出四大口号，当时认做谣言，事实发展，居然实现其三。拒冯（玉祥）、倒宋（哲元）、拥冯（治安）已如上述，唯有排张（自忠）一项没有做到。这里面的情况，也有一些曲折必须揭出。萧振瀛投宋伊始，与张自忠、冯治安、赵登禹等，皆以患难相依，结为兄弟，义气情感，亲同骨肉。因张带来的部队较为完整，隐然倚为重心。萧在南京奔走权要，到处为张吹嘘，称为杰出将才，因此孔祥熙曾至阳泉检阅二十九军，对张自忠特致嘉勉，实萧游扬之力。迨二十九军回到冀察地带，局面扩大，张自忠颇为自负，常觉二十九军之有今日，主要凭借他的力量，总想翘出同侪之上。于是张对宋之倚重子萧，和萧之揽权怙势甚感不平，因此对萧常给以难堪，对宋亦傲然强就。萧则与冯治安、赵登禹接近，一致戴宋而制张。萧曾私语所亲：“张自忠如敢叛宋，我即起而杀张。”然宋哲元对张故示优容，安其反侧。例

① 张俊声（1893—1979），字子英，系张自忠的老上级。早年参加西北军，受冯玉祥信任和提拔，曾任冯的副官长，在二十九军中做过参议。曾在冯面前力保张自忠，对张有知遇之恩。

如别人请款一万，宋只批八千；张自忠若请款八千，宋即批给一万。故张对宋，亦不过为已甚。及萧振瀛被张攻击而失天津市长[①]，萧、张交恶，遂成不解之仇。七七事变，张自忠被汉奸包围，逼宋下台。萧振瀛假公济私，当然振振有辞，挥之门外。而冯治安亦因张在二十九军中声望高出己上，现在自己当了前敌总指挥，张的旧部已拨归其节制，如张回任，颇觉难于相处，因此张之被排，势所必然。

我同张自忠相知颇稔，知其终必不甘堕落，故在前方访问李文田时，劝其设法把张救出。李等三十八师将领共写一信，派副官周保衡潜赴北平，见张致意。张亦自悔失策，旋即逃出平津，浮海南下。张经由烟台到达济南，即电宋哲元、冯治安告其脱险。宋派秦德纯，冯即派我同到济南慰问，并各携赠万元，慰其羁旅。张一见我，极感痛悔，自言："想不到闹了这么一下，好像被鬼所迷。现在唯愿一死，身边常带安眠药，随时想吃下去。"言下潸然流泪。我说："你如此时死去，一切无以自明，跳下大海也洗不清，必须再干一次，然后再死不迟，方能表明心迹。"他亦颇以为然。后来宋哲元去世时，张自忠捶胸大恸，对人说："宋先我而死，是天不许我有赎罪机会了。"从此死心益决，后遂殉国。

张自忠归来后，欲上前线与敌一拼。经宋哲元、冯治安会商决定，派秦德纯陪同张自忠先到南京请示蒋介石。蒋只叫他暂且休息。张到郑州，遇见旧部三十八师的将领刘振三等，都盼张再回师领导。他们联名要求鹿钟麟与蒋去电，说张自忠尚为旧部爱戴，宜令戴罪立功。蒋介石在"使功不如使过"的政策下，采纳了鹿之申请，命张回任三十八师师长[②]。萧振瀛、冯治安虽不满意，但对蒋命不能不勉强服从，故而排张口号不能实现。

（《蒋介石派萧振瀛破坏抗战的内幕》，选自《文史资料选辑》第 54 辑，中华书局 1965 年版，第 93—94 页）

## 七七事变后初次相遇

鲍毓麟[③]

七七事变爆发，萧在欧洲，乘飞机赶回南京参加抗战。任第一战区上将总参议，去华北前线督师，在德州与宋相见，二人抱头大哭，宋说："我中了

---

① 参见戈定远《冀察政权的内讧》一文。

② 实际是扩编后的第五十九军代军长。

③ 鲍毓麟（1897—1995），辽宁海龙县人。东北军元老鲍贵卿之侄，1930 年任北平公安局局长，兼警官高等学校校长。1933 年 9 月被委任为军事委员会北平分会委员。1935 年被国民政府授予少将。

日本和齐燮元等奸计，绍文误我。我对不起诸兄弟，对不起死者。”时全国舆论对宋指责甚重。宋失地丢兵精神受打击之下，得了高血压和肝病。在军队退到黄河之时，二十九军有一部分队伍拖延过河。蒋派侍从室主任钱大钧持手令至宋处，限宋在二十四小时将全部队伍撤过黄河，否则，军法从事。宋当时看令后，要由坐椅上站起而不能，萧在旁，忙扶宋坐下。萧向钱说：“一切由我负责，请先回向委员长禀报。”事方解。后韩复榘被蒋处决，宋更自危，病亦沉重。托萧请何应钦，程潜（程接蒋继任第一战区司令长官，萧仍留任总参议）二人帮同一齐向蒋陈其无辜，给予适当安置。这样，蒋调宋为第一战区副司令长官，去后方治病。张自忠潜离北平转抵山东。在济南往见萧，跪地大哭，说：“对不起大哥，对不起团体。”当面以刀刺手指写血书。求蒋给其自赎之机，请萧呈蒋，为其说解。萧向蒋说项后，语：蒋见血书，有感动云。后蒋赦张复用。……

鲍毓麟

（选自《萧振瀛先生纪念文集》，台湾世界书局1990年版，第43—44页）

## 张自忠的安排问题

李世军[①]

张自忠在汉奸怂恿拨弄下，逼走了宋哲元，当上了“冀察政务委员会”的“委员长”。正在梦想着仿效宋哲元当年与日本的“合作”以造成自己的局面，而其部下三十八师官兵却不听他的停火命令，仍在天津继续作战，包围敌军，斩获甚众。日寇利用张自忠的企图失败了，便把他一脚踢开。张自忠的幻想变为一场噩梦，他只好化装逃到济南，经韩复榘向蒋说情后，于十月初来到南京。当时南京学生成群结队地到廿九军驻京办事处，声言要打死汉奸张自忠。我把他安顿在汽车房的小阁楼上隐藏起来，才算了事。

张自忠到南京后的安排问题，蒋介石宋哲元之间也有过一段尔诈我虞的微妙经过。这里需要插叙一下。

---

① 时任第二十九军驻南京办事处处长，是蒋介石与宋哲元之间的联络人。新中国成立后，任国务院参事。

宋哲元得悉张自忠也是被迫离开北平来到南京，也随之从前方来京，表示要向蒋介石替张自忠说情，但宋与张在南京始终没有见面。

张自忠向来以廿九军“二头儿”自居，冀察政务委员会成立后，张对各师补充兵员及地盘分配问题上，对宋早怀不满，宋对张亦有戒心。宋、张之间的矛盾，蒋是知道的。张在汉奸怂恿下逼走了宋哲元，他却又被日本赶走来到南京，在蒋介石看来，张自忠还有很多用处。张在应蒋召见时，自度凶多吉少，临上汽车时，神色仓皇，把随身携带的几万元银行存折托秦德纯转交他的妻子。蒋介石看见张自忠，第一句话是：“噢，噢，你能够回来就很好!”

在讲了一通“以死卫国，是军人光荣天职”的官话之外，嘱他暂时休养休养，并顺手给他一部“总理遗教”，叫他好好阅读。张向蒋请罪后，提出愿回“军前效力”，立功赎罪。蒋说：“你先到军政部报到（发表张为军政部部副），有机会，我再派你去。”以上这些是蒋介石侍从室人员对我谈的。

张自忠见蒋介石在前，宋哲元见蒋介石在后。宋偕秦德纯见蒋时，曾以请求准许张自忠仍回部队的话，刺探蒋对张的态度。宋的用意，当然玩不过奸猾的蒋介石。蒋对宋故作严肃地说：“张自忠再不能让他回部队去!”宋、秦曾将蒋对张的态度，对二十九军许多同事一再谈及。宋回前防（方），张留南京。十二月初，日寇逼近南京，宋派他的专用列车，来接二十九军在京人员，我们和张自忠同车到了郑州。宋派邓哲熙由道口到郑州，向张自忠表示慰问之意。其时，张的部属三十八师军官联名向宋请愿，要求张回部队。宋据此一面电蒋请示，一面约张来前防会晤。宋的请示，蒋介石马上通知第一战区司令长官程潜，复电照准，并令张自忠以三十八师师长原职兼代五十九军军长。随即调往临沂一带参加台、枣会战。在台儿庄战役后不久，蒋介石认为张自忠“军前立功”，便下令将第一集团军分割开来，交由张自忠、冯治安、刘汝明分别统率。从此，宋哲元便成为光杆将军。

（《宋哲元和蒋介石关系的始末》，选自《江苏文史资料选辑》第 4 辑，江苏人民出版社 1980 年版，第 138—140 页）

## 对张自忠的初次印象

李宗仁[1]口述

此次临沂之捷，张自忠的第五十九军奋勇赴战之功，实不可没。张自忠

① 李宗仁（1890—1969），字德邻，广西桂林人。时任第 5 战区司令长官。

部也在“杂牌”之列，他所以能造出这样赫赫的战功，其中也有很多有趣的故事：

李宗仁

张自忠原为宋哲元第二十九军中的师长，嗣由宋氏保荐中央，委为北平市长。七七事变前，敌人一意使华北特殊化，张以北平市长身份，奉宋氏密令，与敌周旋，忍辱负重，外界不明真相，均误以张氏为卖国求荣的汉奸。七七事变后，张氏仍在北平城内与敌交涉，因此舆论界对其攻击尤力，大有“国人皆曰可杀”之慨。迨华北战事爆发，我军失利，一部分国军北撤南口、张垣，张部则随大军向南撤退。时自忠被困北平城内，缒城脱逃，来京请罪。唯京、沪舆论界指责张自忠擅离职守，不事抵抗，吁请中央严予惩办，以儆效尤。南京街上，竟有张贴标语，骂他为汉奸的。群情汹汹，张氏百喙莫辩。军委会中，也有主张组织军法会审。更有不逞之徒，想乘机收编张的部队，而在中央推波助澜。那时我刚抵南京，闻及此事，乃就西北军自忠的旧同事中调查张氏的为人。他们，尤其是张的旧同事黄建平，便力为辩护说，自忠为人侠义，治军严明，指挥作战，尤不愧为西北军中一员勇将，断不会当汉奸。我听到这些报告，私衷颇为张氏惋惜。一次，我特地令黄君去请他前来一叙，孰知张君为人老实，竟不敢来，只回答说，待罪之人，有何面目见李长官。后经我诚恳邀请，他才来见我。当张氏抵达之时，简直不敢抬头。平剧中，常见犯人上堂见官，总是低着头说：“犯人有罪，不敢抬头。”对方则说：“恕你无罪，抬起头来。”我以为这不过是扮戏而已，殊不知抗战时期，北方军人中尚有此遗风。

我说：“荩忱兄，我知道你是受委屈了。但是我想中央是明白的，你自己也明白的。我们更是谅解你。现在舆论界责备你，我希望你原谅他们。群众是没有理智的，他们不知底蕴才骂你，你应该原谅他们动机是纯洁的……”

张在一旁默坐，只说：“个人冒险来京。戴罪投案，等候中央治罪。”

我说：“我希望你不要灰心，将来将功折罪。我预备向委员长进言，让你回去，继续带你的部队！”

张说：“如蒙李长官缓颊，中央能恕我罪过，让我戴罪图功，我当以我的生命报答国家。”

自忠陈述时，他那种燕赵慷慨悲歌之士的忠荩之忱，溢于言表。张去后，我便访何部长一谈此事。何应钦似有意成全。我乃进一步去见委员长，为自忠剖白。我说，张自忠是一员忠诚的战将，决不是想当汉奸的人。现在他的部队尚全师在豫，中央应该让他回去带他的部队。听说有人想瓜分他的部队，如中央留张不放，他的部队又不接受瓜分，结果受激成变，真去当汉奸，那就糟了。我的意思，倒不如放他回去，戴罪图功。

委员长沉思片刻，遂说："好罢，让他回去!"说毕，立刻拿起笔来，批了一个条子，要张自忠即刻回至其本军中，并编入第一战区战斗序列。

自忠在离京返任前，特来我处辞行，并谢我帮忙，说，要不是李长官一言九鼎，我张某纵不被枪毙，也当长陷缧绁之中，为民族罪人。今蒙长官成全，恩同再造，我张某有生之日，当以热血生命以报国家，以报知遇。言出至诚，说来至为激动而凄婉。我们互道珍重而别。

（唐德刚：《李宗仁回忆录》（下），广西人民出版社 1980 年版，第 721—723 页）

## 佩剑将军张克侠军中日记

1937 年 11 月 18 日

昨日戴君[①]来，告余谓明日将移居芦蓆营。晚告辞侠父[②]，谈甚欢，相约后会。又往见紫封及荩忱师长，张貌憔悴，心绪不佳，闻嗜好甚深，不知然否？宴安鸩毒真不虚也。余勉以自珍自重，彼有惜别之意。良将难求，余当鼎力相助。

天仍雨，搬家者络绎不绝，车马一空，许久始得一车而行。凄风惨雨，国破家碎，行人宜断魂也。

（张克侠：《佩剑将军张克侠军中日记》，解放军出版社 2007 年版，第 14—15 页）

## 张自忠归队前后

吴锡祺、王式九

约在 12 月下旬[③]，总部驻郑办事处处长傅正舜电话报告张自忠到了郑州。张是由南京乘火车转陇海路经郑州去汉口的。原来张自忠由北平化装逃到天津，又由天津乘船到了烟台，准备再由济南回到部队。当他到了济南的时候，韩复榘已接到南京的电令，命韩派人押解张自忠前往南京。宋哲元得到张抵

① 戴树勋，为冯玉祥驻南京办事处副官。

② 宣侠父，浙江省诸暨县人。1922 年参加中国共产党，曾在西北军及白区长期从事兵运工作及地下工作。抗日战争期间，为国民党反动派特务杀害，弃尸井中。

③ 实为 1937 年 12 月上旬。

济南的消息，立即派秦德纯前往济南，表示慰问，并且陪他一同到南京见了蒋介石，还替他说了不少的好话。蒋介石鉴于当时的舆论，给了他一个军政部中将部副的名义留在南京，不准他回到部队。这次南京政府各机关都向汉口迁移，张也搭乘第一集团军驻京办事处的搬迁专车到了郑州。他所以没有立即随车赴汉而在郑州停下来，是抱有乘机回到部队的希望的。宋接到傅正舜的电话，立即派车把他接到了新乡，随即将五十九军内部人事情况面向程潜作了汇报（时程亦驻新乡），并且强调五十九军非张自忠不能带好，为了有利于抗战，希望能设法叫张尽快回到部队。程表示完全支持宋的意见。宋回到总部，马上给程上了一个签呈，程即据呈转电蒋介石，蒋复电准张自忠以部副代宋整训部队的名义回到五十九军。不久蒋介石便把五十九军全部调赴第五战区参加徐州会战。

（《宋哲元及其所部在抗战初期的活动》，选自《文史资料选辑》第 54 辑，中华书局 1965 年版，第 69 页）

## 在七七事变的硝烟中

董升堂[①]

董升堂

……在南京期间，部下不断派人来促请他回师领导抗战。他总是令来人传语部属：严肃军纪，服从命令，努力抗战。并说："我现在有过。日寇气焰高涨，无论什么部队都可以打败仗，独我张自忠的部队，是不能打败仗的。我的冤枉，只有一拼与死，拿真实的战绩，才能洗白干净。"全师听罢，人人奋发，咸抱歼灭寇仇的决心。

南京政府念张自忠忍辱含垢与敌周旋，又深得军心，乃任他为军政部中将部副，代理五十九军军长，回原部队。当时三十八师已扩编为五十九军，由津浦铁路北段转移到豫北新乡县附近。

我与张自忠晤面时，百感交集，不禁痛哭一场。他对我说："我这次回来，是准备为国家而死的！"

（选自《抗日名将张自忠》，中国文史出版社 1987 年版，第 16 页）

---

① 张自忠将军的部将。1933 年长城抗战时立过战功，抗日战争后随张自忠驰骋疆场。

## 回军的训话为大家找死路

谭世麟[①]

我还记得张先生回军的情形。那时五十九军的军部是在李元屯，他是在26年12月7号夜里回来的。他回来之后，在深夜里把所有部队都集合了，张先生他只说了一句话，他说："今日回军，就是要带着大家去找死路，看将来为国家我们死在什么地方！"大家听到这句话，全军都哭了，事先我们因为很久没有看到老师长，他今日回军，部队里准备了一些饭，听他讲了这句话，全军痛哭，饭也没有吃。

（《张将军的生前与死后》，选自台湾《传记文学》第31卷第3期，第31—32页）

# 第三节　驰 骋 疆 场

## 一、当事人的回忆

## 张自忠将军生平概述

董升堂

淮 北 告 捷

张自忠既回原部队代理五十九军军长，归第五战区指挥。1938年2月，津浦铁路蚌埠车站附近战事吃紧，扼守淮河北岸的部队转移阵地，张自忠奉命率部增援。11日拂晓，敌人气势汹汹，向北窜扰。我军先敌展开于淝水之南，给敌人以迎头痛击。敌人死伤枕藉，急向淮河以南回窜。我军遂即克复小蚌埠、曹老集一带原有的阵地，与敌隔淮河对战。这是他回军后打的第一次胜仗。在与敌人拼到你死我活的紧急关头，我与营长以上的主官誓约："我军长在平津蒙不白之冤，强敌当前，正是我辈以胜利为他洗白的时候。我们是有进无退，要奋勇杀敌！倘有不明大义的官兵，畏缩不前，一律就地枪决！"因此，全旅官兵争先恐后，勇猛杀敌，很快就恢复了淮河原有的阵地，并与友军牟中珩、周光烈两师取得联系，共同坚守阵地，阻止了敌寇的北窜。

---

① 张自忠旧部，后去台湾。

## 临沂歼敌

1937年冬，我放弃济南、泰安后，日军矶谷、板垣两师团分头沿津浦铁路和台（儿庄）潍（县）公路南侵。

1938年，庞炳勋军被围于临沂城，告急。3月，我五十九军奉命增援，由峄县下火车后，一昼夜急行军180里。全军在临沂城西北榆香铺地区集结完毕后，张自忠召开团长以上的军官会议，讨论研究对敌攻击的战法。当时我任一一四旅旅长，本着知无不言的原则说："现在敌人在临沂城与庞军激战，我军不宜参加临沂城的正面战斗，应采用古人'围魏救赵'的战法，直捣敌后方策源地汤头镇（这是临沂城东北70里沂河左岸上台潍公路的重镇），使敌人腹背受敌，临沂之围自解。"经再三研究，他采纳了这个建议。3月14日拂晓前，着黄、刘两师分别从茶叶山和刘家湖迤东地区徒涉沂河，攻击汤头镇之敌。我一一四旅为军预备队，置于茶叶山西南地区。适值连日大雨，河水暴涨，徒涉渡河发生困难。敌乘我半渡而击，黄师在沂河岸上没站稳阵地，退至茶叶山、刘家湖以西地区。敌借优势的炮空掩护，追击很紧，势危情急。张自忠命我率一一四旅飞速驰援。当时，大批敌机轰炸，阻止增援。我一一四旅乃从麦田地里隐蔽行动，冒着敌人炮火疾进。黄昏，我到达黄师师部的时候，各旅纷纷要求接防。我当向黄师长提出了三项建议：一、一一四旅是生力军，不应用它接替各旅的防线固守阵地，而应利用它的优势乘敌渡河过来站脚未稳，迎头痛击之。二、一一四旅绕至敌后，截断敌渡河后的交通线，各旅奋勇反攻，共同夹击，把渡河的敌寇聚而歼灭于沂河右岸。三、若是全军退却，一一四旅可作掩护队，用以保卫全军的安全。黄师长说："很好！电话请示军长。"张自忠在电话中答复说："采用第一项建议，迎头痛击渡河之敌。"于是，我们决定在当夜24时开始攻击刘家湖之敌。

奉命后，一一四旅计划乘黑夜，主力迂回攻击敌之左侧后，相机占领刘家湖；一部待主力占领刘家湖后，由正面攻击。两部密切协同将刘家湖之敌聚而歼之。15日早2时，旅主力攻占刘家湖核心后，敌据守村缘阵地顽抗，我正面攻击部队亦与敌白刃交锋。因敌我混战一团，敌人炮火失去作用，我军士气更加振奋起来了，激战一昼夜。23时，残敌向沂河东岸溃逃，遗尸遍野。未及跑掉的一中队之敌，被我徐照栋营包围。当时曾悬赏：俘虏日兵一名，赏洋一百元。我士兵与日兵打得仇深似海，一见日本鬼子就红眼。官长说："捉活的！捉一个赏一百元。"士兵说："一千元一个也不要！刺死几个鬼子解解恨。"后来在魏连长竭力阻挡下，总算捉了一名活的。据该俘虏供称："已五天没有吃饭，实在不能支持了。同伍七八十人，都被你们刺死啦，你看，我腿上也被刺了几刀。”在这以前，第五战区尚没有活捉过日本兵，所以很快就用汽车把他接走了。是役计获山炮 2 门，重机枪 4 挺，轻机枪、步枪 129 支，战刀 36 把，还有弹药、皮背包、雨衣、军毯、工作器具、防毒面具、医药器具和饼干等战利品，整整往指挥部运了 27 车。一一四旅追击到沂河西岸，占领阵地，待命渡河进攻汤头镇之敌。

17 日，我军把渡河点侦察完毕后，就立即予以封锁，并把沿河村中的狗驱逐净尽。夜半鸦雀无声，我军冒雨徒涉沂河。汤头镇的敌人正在酣睡中，都作了我军的刀下之鬼。敌人装好子弹带的重机关枪，全被我们架回来了。我军横冲直闯，把汤头镇之敌打了个落花流水。残敌向沂水县溃退，临沂城之围遂解。我军正准备乘胜追击，19 日夜，张自忠着一一四旅退回沂河西岸。

20 日，张自忠奉命率部进抵费县，准备侧击沿津浦铁路南下之敌，以策应我正面大军作战。当时，日军又增援，猛攻临沂。庞炳勋部再度告急；张自忠又奉命回师应援，星夜行进。这时，敌人已窜抵临沂城郊。张自忠三渡沂河，攻击该敌，鏖战七昼夜，卒将敌号称铁军的板垣师团击溃。我军伤亡也很多，各级干部的伤亡之达八百余员，士兵二万余名。这个代价是值得的。因为我们给了敌人一个教训：我中华民族的军队不但是能够抵抗敌人的，而且具备战胜攻取的伟大力量。自此，张自忠用战绩消除了国人对他的一切疑虑。张自忠擢升为二十七军团长，拨巨款劳军。这是张自忠回军后第二次的胜利，开台儿庄大捷之先声。

在徐州会战中

1938 年夏，沿津浦路南窜的敌人侵占了炮车、贾汪、丰县和沛县；沿津浦路北窜的敌人侵占了三铺、萧县和砀山，切断了陇海铁路，形成包围徐州之势。我第五战区大军向豫皖边区转移，张自忠奉命率部执行掩护任务。他白昼占领阵地，对抗强敌，以掩护我大军退却安全；夜晚急行军，争取脱离敌人。因为有当地的爱国群众帮助，得以熟悉敌人驻地详情。我军经常黑夜绕过敌区。凡遇有敌驻扎的村庄，他都先遣部队乘黑夜包围监视起来，然后使我大军安全通过。倘被发觉，我监视部队就首先袭击敌人，以炽盛的火力压倒它，俾我军安全通过。敌人不明真相，经常打出许多照明弹来，窥察我军的行动。张自忠命部队一面卧倒隐蔽，一面迅速扑灭敌照明弹，再使部队迅速通过。有一次距离敌人追击的坦克不过百公尺，我大军已全部绕过，而张自忠却仍在公路壕沟中指挥手枪队，准备用手榴弹炸毁坦克。可惜时已黄昏，敌坦克未敢续进。一直到天黑之后，敌坦克退走了，他才怏怏地率手枪队跟上大军的队尾。当时军纪肃然，大军所过，闾里安谧，鸡犬不惊。他一再重申："擅取民间一草一木者，一律严惩"。军民关系良好。因此，得以迅速完成掩护大军转移的任务，得到通令嘉奖。

潢川之战

1938年秋，武汉会战开始后，张自忠奉命率部进入潢川，掩护我保卫武汉大军的左侧背。他令三十八师在潢川城东郊布防，一八零师担任守城；指挥部设在城南郊。敌人向我军正面猛攻，以两联队以上的兵力，沿淮河南岸迂回，把城西的公路切断，一直攻到指挥部附近，眼看就要将潢川城包围了。这时候，一般幕僚都主张将指挥部向南移动。张自忠毅然决然进入城中，指挥城外的三十八师与守城的一八零师内外夹击，与敌鏖战11个昼夜。战斗紧急的时候，敌人施放了毒气，我守城部队冒着敌人的毒气攻击，顽强抵抗，予敌以重创。连敌人的广播也不得不承认"在潢川曾遭遇到从来没有的劲敌"。

此后，他转战豫南鄂北，胜利完成了掩护大军转移鄂西的任务。第一期抗战总结的时候，因他劳苦功高，被任命为三十三集团军总司令，节制五十九军与七十七军两个军，同时兼五十九军军长，驻节鄂西荆门县。

襄东大捷

1939年，张自忠被任命为第五战区右翼集团军总司令，指挥右翼各军，肩负起了保卫鄂西的使命。2月24日，襄河东岸京（山）钟（祥）公路上的敌人向我窜犯。张自忠命五十九军三十八师和五十五军七十四师，予敌以迎头痛击。敌受重创而退。同年4月29日，豫南鄂北的敌人，分头向我窜犯。襄河东岸之敌十三与十六两个师团和骑兵二旅团同我军展开了激烈战斗。张自忠于5月8日率部渡河进击北窜之敌，在亭子山耗子岗等地区连战连捷，毙敌很多，俘虏松井部百余名，战马百余匹，焚毁敌橡皮船二百余只，截断了敌人的增援和后方补给线，协同第五战区各方面大军，完成了对敌包围，造成了襄河东岸的大捷。当战斗进行得最激烈的时候，有一处电话报告："顶不住了!"

张自忠手握耳机，大声说：

"是谁顶不住啦？官顶不住，枪决官；兵顶不住，枪决兵；你顶不住，枪决你!"于是电话里没回声了。又有一处报告说：

"都死伤完了，没有人啦，怎么办?"

张自忠却斥责说："没有人了？打电话的是什么东西？不是人吗？打到没有打电话的人再说!"电话也不响了。接着就是七十四师郑师长报告与请示："现在伤亡太大了，有的地方阵地空隙太多、太大了，前方很紊乱……可否稍向后移动，以便整顿战线?”

张自忠怒气冲冲地说：“只准前进，不准后退！阵地就是我们的坟墓，后退者死!”接着三十八师黄师长又用电话报告：

“阵地一处已被敌人突破，请速派援军。”张自忠用坚定的语气安慰他说：“等着！两点钟以后，大批援军就赶到。你即刻带人去反攻，我马上到你那里去!”遂即告诉参谋长说：“命令全线积极准备反攻，2点钟以后主力军就要赶到。现在6点45分，令各师对表，8点45分总反攻!”他下达完命令，就带幕僚们向被敌突破处前进。到达黄师长的指挥所时，敌人的炮弹正纷纷在附近爆炸，飞机正低飞扫射。张自忠命令随从人员利用地物隐蔽。苏联顾问说：“欧战那样激烈，总司令到山炮射程内，尚无所闻。”黄师长见总司令来了，就要求到前方去督战反攻。张自忠又下命令：

“时间一到，全线尽全力反攻!”官兵们见总司令亲临前线，斗志倍增。我援军按时赶到，立即参加了总反攻。当时，敌我炮火，震耳欲聋。过了一段时间，枪炮声渐渐稀疏。张总司令拿着望远镜守在电话机旁边，有了笑容。他拿起电话机来说：“狠追！狠追！多捉俘虏，不准抢东西!”强敌终于被打退了。

（选自《抗日名将张自忠》，中国文史出版社1987年版，第16—22页）

## 张自忠部戒烟

李宗仁口述

……如张自忠的第三十三集团军积习亦深，军中烟赌，习以为常。甚至张总司令本人及其部下师长刘振三等均有烟癖。他们沾染于旧社会的传统恶习，受毒已深，戒除不易，我也不愿当面训斥，使其难堪。一次，我亲赴襄河西岸荆门张部防地检阅，集合部队训话。略谓，我们军人在此国难期间，为国家、民族图生存，个人的生命均随时准备牺牲，难道我们还没有勇气与决心来维持军纪吗？但是烟、赌两项，实是军中的大忌。这两项如不能戒绝，我们还说什么杀敌报国呢？训话检阅之后，我便离开张军他去，只望其闻言内疚，逐渐改正。

孰知张自忠是个血性汉子，他听了我谆谆开导，自觉惭愧万分。我离去的翌日，自忠便集合他的部队训话，以革除恶习，誓死报国的大义勖全军将士。最后，自忠大声问：“昨天李司令长官对我们的训话，你们听到了没有?”

全军将士大声回答：“听到了!”

自忠又问：“戒除烟、赌嗜好，你们做得到，做不到?”

将士又大声回答：“我们做得到!”

自忠说，我们要做，应先自我总司令和军、师长做起。便命副官将他的烟具拿出来，当众捣毁。并宣布，此后军中官兵有烟癖的，若不自动戒除，即依军法惩治。因而第三十三集团军中原已发展至无可救药的烟、赌两项恶习，数日之内，竟根绝无遗。而戒烟后的张自忠，未几竟身先士卒，战死沙场。凡此均可见中国军人坦率、忠诚的可敬可爱，以及“师克在和”一语意义的重大。

（唐德刚：《李宗仁回忆录》（下），广西人民出版社 1980 年版，第 779—780 页）

## 二、相关史料

### 有关临沂保卫战的密电

#### 李宗仁致蒋介石密电

（1938 年 3 月 5 日）

(1)

即二小时到。武昌委员长蒋钧鉴：05∶17 密。

据天津确报，敌放弃直接打通津浦线之计划，由鲁南及济宁双方会攻徐州。现在敌板垣师团由莒县向临沂压迫，情势显然。庞军[①]五团苦战经周，损失颇巨。兹拟移张自忠军于临沂接庞军之防，庞军则东向日照移动，兼可侧击莒县之侧背。是否有当，请即示遵。

职李宗仁。05∶13。印。

（选自中国第二历史档案馆编：《抗日战争正面战场》，江苏古籍出版社 1987 年版，第 563—564 页）

#### 李宗仁致蒋介石等密电

（1938 年 3 月 21 日）

武昌委员长蒋、何总长、徐部长：中密。

据张军长 19∶14 电称：本军自 14 至 19 日止，连日在沂河两岸激战。计我 38D 官长阵亡 36 员，受伤 80 员，士兵阵亡 680 名，受伤 1057 名。180D 官长阵亡 39 员，受伤 54 员，士兵阵亡 341 名，受伤 1195 名，共计阵亡官兵 3474 名，敌伤亡达四千余名等语。谨闻。

李宗仁。21∶22。参二。印。

（选自中国第二历史档案馆编：《抗日战争正面战场》，江苏古籍出版社 1987 年版，第 582 页）

---

① 指庞炳勋的第四十军。杂牌部队，装备比第五十八军更差，人员较少。

## 张自忠致蒋介石密电

（1938 年 3 月 22 日）

特急。武昌委员长蒋：中密。

职部哿晚奉司令长官李电令后，除黄师（指黄维纲师）之一一二旅归庞军指挥外，其余于箇日由现地向滕县前进。22：05 到达费县附近，适奉庞军团长转来李司令电话，着职军在原地集结待命。等因。除饬属遵照外，谨闻。

职张自忠叩。22：13。参。印。

（选自中国第二历史档案馆编：《抗日战争正面战场》，江苏古籍出版社 1987 年版，第 584 页）

## 张自忠致熊斌密电

（1938 年 3 月 24 日）

限即刻到。武昌军委会熊次长哲公：05：17 密。

奉委员长蒋 23：09 令一元电，饬职军务必赴泗水、滕县，以整个军协力庞军击灭临沂方面死灰复燃之敌。等因。遵由费县即出动，业于 24：07 到达临沂附近。现正积极侦察布置，并与庞军团长协商歼灭该敌。谨闻。

张自忠叩。24：12。参。印。

（选自中国第二历史档案馆编：《抗日战争正面战场》，江苏古籍出版社 1987 年版，第 586 页）

## 张自忠致蒋介石密电

（1938 年 3 月 25—26 日）

（1）3 月 25 日电

武昌委员长蒋：柱密。

本军黄师，本日占领古城村前后明王坡一带后，敌增加部队到达，猛攻我冉家屯，并将我古城包围，激战终日，我刘师逐渐增加，卒将该敌击退，在我冉家屯、古城村与敌激战时，适庞军阵地，极形危急。为确保临沂击灭当面之敌起见，急令黄师抽调三团兵力，于 25：20 经由七沟朱皋渡河向三官庙、桃园、独树头一带袭击。以期解除庞军之围，并相机歼灭该敌，我沂河西岸部队，刻仍与东西城子、官庄一带之敌激战中。谨闻。

职张自忠叩。25：24。参沂。印。

(2) 3月26日电

即到。武昌委员长蒋：柱密。

本部（250D）由朱阜、七沟渡河，部队向敌猛烈袭击，彻夜激战，当经占领桃园，并将三官庙之敌包围，毙敌甚众，我受伤营长、营副各三员，官兵伤亡五六百名，敌调大部向我桃园及三官庙反攻，激战甚烈，现庞部之围已解，我正继续扩张战果，以期击灭该敌。（二）敌一部经由船流渡河，向我左翼扰击，我已派队迎击。（三）我挑选游击队一队，25日出动向莒沂公路之汤头、白塔一带扰击，以期断敌归路。谨闻。

张自忠叩。26∶08。参沂。印。

（选自中国第二历史档案馆编：《抗日战争正面战场》，江苏古籍出版社1987年版，第589—590页）

## 李宗仁致蒋介石等密电

（1938年3月26日）

武昌委员长蒋、何总长、白副总长、徐部长：00∶22密。

徐参谋长26∶15自临沂电称：（1）庞军兵力损失过巨。现虽勉守九曲店、小李家庄、石埠岭，黄山之线，但敌如再攻击，河东难支。（2）张军占朱高、古城村、南曲坊之线。昨天下午以数团兵力渡河占领桃园。今早攻三官庙，损害极大，遂停进展。下午独檠头方面反攻桃园极烈，又同时营子乾、沂庄、沙埠庄亦发现步炮联合约千名之敌（临费公路上距临沂约廿里），不得不以一部应付。正面过大，已无攻击能力。(3) 敌似又有增加，实数未详。约不下四五千，兵器及弹药似均充足。现在临沂城在敌炮有效射界内，军团部虽拟后移，但恐摇动前方意志及影响于守城部（张里元二团），张之军部尚在古城，亦受义堂集方面威胁。(4) 总之，此方兵力庞军已失战斗力，张军实力虽剩半数，而士气较前甚差，非有生力援军，临沂难守。祈早决定。等情。谨闻。

职李宗仁。26∶24。参二。印。

（选自中国第二历史档案馆编：《抗日战争正面战场》，江苏古籍出版社1987年版，第591—592页）

## 李宗仁致军令部密电

（1938年3月31日）

(4)

急。武昌军令部：中密。荩〔张自忠〕30∶02电：

当面之敌连日与我激战，损失甚巨，疲敝已极，已呈动摇模样。我军于29：22全线猛烈出击。我官兵全日接战，义愤莫遏，均勇跃猛扑。当面之敌，被我击退，已向北退却。我正猛烈追击，并令缪军王旅沿沂河、汤部骑兵向艾山、义堂集一带追击中。

德、鹤。31：15。参谍。徐。印。

（选自中国第二历史档案馆编：《抗日战争正面战场》，江苏古籍出版社 1987 年版，第 603 页）

## 李宗仁致蒋介石密电

（1938 年 4 月 21 日）

武昌委员长蒋钧鉴：岱密。

张军团长自忠胥酉参战电已于马辰参一电转呈钧阅。查张军团长协守临沂两次，与敌苦战月余伤亡已重，此次适在峄县敌我主力决战之间，敌突增兵猛攻，该军仍在沂城西北地区激烈反攻以图挽回战势，以增援部队沿途受敌迟滞不能适时到达，致兵力单薄应援不及，尚非作战不力之咎。拟恳免予置议以示宽大。至于沂城重镇未能事先妥予布置，致令在峄枣会战激烈之时突告陷落，指挥未适机宜，请即予职以严厉处分，以振纲纪。谨电呈察。

职李宗仁。马未。印。

（选自中国第二历史档案馆编：《抗日战争正面战场》，江苏古籍出版社 1987 年版，第 622 页）

## 张自忠致熊斌密电

（1938 年 4 月 21 日）

限即刻到。武昌熊次长哲公：○密。

职部此次转战临沂，为时月余，激战四次，逐次伤亡，力量减削，而敌人陆续增加，志在报复。职部以兵员疲惫，器械残缺之余，当生力增援机械化之敌，预料必危。今日徒以国势至此，分属军人，义无反顾，是以激励部属，奋斗到底，而在援军未赶到前，守城庞军退出临沂城垣，战局顿挫，是所痛心。兹查职部黄师伤亡殆尽，刘师（指刘振三师）伤亡达三分之二，两师现以战斗员并编一旅，尚觉不敷。职忝绾军符，以身许国，救国有心，杀敌无力，殊觉俯仰疚心，素蒙庇佑。谨电奉闻。

职张自忠叩。箇申。参。印。

（选自中国第二历史档案馆编：《抗日战争正面战场》，江苏古籍出版社 1987 年版，第 622—623 页）

## 张自忠被解除处分

国民政府公报令　渝字第三十六号

国民政府令（二十七年三月三十日）张自忠前经明令撤职查办，兹据军事委员会呈称，此次临沂之役，该员奋勇歼敌，树立奇功，拟请撤销前令，以资鼓励等情。张自忠撤职查办处分应准撤销，用昭激劝。此令。

主席林森、行政院院长孔祥熙

（摘自《国民政府公报》）

## 第一次随枣战役的密电

### 张自忠致蒋介石密电

（1939 年 4 月 29 日）

限即到。重庆委员长蒋：稔密。

报告：（一）据五十五、六十七军报称：敌机连日在荆钟路沿线轰炸，并以大批飞机狂炸荆门、沈家集、十里铺各处。艳日拂晓，又以敌机二十五架狂炸我中埠头一带河防阵地及冷水铺，并以重炮四门、山野炮十余门。

### 张自忠致蒋介石密电

（1939 年 5 月 1 日）

限四小时到。重庆委员长蒋：玉密。

东辰令一元梧电奉悉。连日敌在襄河东岸虽续有增加，而兵力大部北移，测其用意，似将主力先攻我长寿店、丰乐河，再北进，以拊我枣阳之背，并由丰乐河一带强渡，直犯襄、宜。另以一部在钟祥方面助渡，一面在旧口等处施行扰乱。近据报，我吉、刘两师当面之敌，已增至步兵五千余人，炮二十余门，坦克车十余辆，自昨日起，即开始向我攻击，似此敌北进企图已愈明显。现除已【令】五十五、六十七两军以主力严守河防，并迅速抽调部队向河东侧击，以牵制敌之北进外，已令五十九、七十七两军主力悉数增加河东，以迎击北犯之敌，并以一部严守宜城、转斗湾一带河防，以备不虞，谨电奉闻。

职张自忠。叩东戌。参战。印。〔荆门〕

〔5 月 5 日敌从钟祥大举进攻，我丰乐河、长寿店阵地被突破，张自患留下临阵遗书（胜利归来后，收回销毁了。）并致电蒋介石“如任务不能达到，决一

死以报钧座”。率三十八师两个团过了襄河。三十八师共三个团，任务是守转斗湾至宜城40公里的河防。战役开始后，抽调一一三团至流水沟增援，张自忠于8日中午亲带一一二团从茅草洲渡河到雅口，（留一一四团在河西守河防）〕

## 张自忠致蒋介石密电

（1939年5月8日）

提前。渝委员长蒋：物密。报告：（一）据一八零师刘师长（指刘振三）报称：当前之敌以优势兵力，五昼夜以来，向我猛攻未停。因飞机、炮火轰炸过烈，致阵地悉为摧毁，赖我官兵舍死争夺，往复血战，致迄今尚阻该敌于马服集以南地区，惟伤亡颇重，虞早后敌复增加战车六辆，向我猛攻猛扑，刻尚在激战中。（二）据吉师长（指吉星文）报称：连日与步炮联合之敌约两千余人彻夜激战，双方伤亡奇重，我干部牺牲尤多，刻尚在姚家集以东与敌血战中。刻我一三二师之张团，现正由贺家集向洋梓、长寿店攻击，我五五军即派两团，由沿山头方面渡河北进。职现亲率三八师之两团渡河，攻击北窜之敌，如任务不能达到，决一死以报钧座。职张自忠叩。齐巳。印。

（从5月1日至5月10日，敌主力分进合击，锥形贯入，随枣战局形势严峻。大本营和战区官部都作了下步打算——放弃随枣及汉水以东地区，退守襄河西岸。若汉水被敌突破，则退至南漳、保康山地打游击。长官部已由樊城退往谷城石花街。）

## 蒋介石致程潜李宗仁等密电稿

（1939年5月12日）

限三小时到。（联衔）西安程主任，老河口李司令长官、南阳李副长官、孙副长官，唐河汤总司令：4457密。（一）张自忠刻亲在襄河东岸指挥二神庙、丰乐河、陈家集、亭子山、方家集、峪山之线我军，猛力侧击向北突进之敌，叠有斩获，战况顺利。（二）已令郭忏分别派遣有力部队，向汉宜路、京钟路之敌侧击……

〔敌襄东会战计划，乃冈村宁次亲自制订，被日本参谋部称为奇谋，战线也是冈村宁次亲自指挥，结果是兴师动众，损兵折将徒劳而返。20日后敌我恢复到战前势态。〕

（选自《钟祥文史资料》第11辑，《抗日名将张自忠在钟祥》1991年版，第43—46页）

# 第三篇

# 中华四名将之死

# 第一章　南苑抗战与佟麟阁、赵登禹两将军殉国

## 二十九军军事训练团简史

郭孟龙[①]

### 一、风云集华北　军训团诞生

郭孟龙

1931年9月18日开始，日本侵占东北三省。又于1933年3月侵占热河，随即大举进攻长城各口，节节进逼，狂妄已极。

前国民政府对日继续实行妥协政策，派何应钦、黄郛等要员于1933年5月签订了丧权辱国的《塘沽协定》。同年11月汉奸殷汝耕在通县成立伪冀东防共自治政府。这一系列损害主权的事件，给中华民族带来深重的灾难。在这严重时刻全国抗日运动已达高潮，华北尤甚。北平、天津就有学生救国联合会和华北、东北救国会出现。

当时冀察两省驻军为西北军冯玉祥的基本部队——二十九军宋哲元部。这个部队有着抗日的光荣历史。1933年春在长城喜峰口、罗文峪等隘口，以古老的装备——大刀、手榴弹，首挫日寇凶锋。这个胜利，震惊中外。斯时中共北方局发出了“拥护二十九军抗日”、“拥护宋哲元将军保卫华北”等鲜明口号。也唤醒了中国人民只要有抗日决心，一定能取得抗战胜利。

东北四省沦陷后，华北处于生死存亡之秋，也是抗日救国运动发展到了高潮的时候。在这种形势的促动中，二十九军高级领导层中，感到有很大的

---

① 郭孟龙，河北高阳人，高中毕业后入军事训练团，在南苑受训，参加南苑战斗，后随过家芳转战各地，任文书8年。抗战胜利后，随过家芳参加淮海起义。后分配在南京市任某中学教师，曾是南京市玄武区政协委员。其书法精湛。

压力，遂密使延安，探求抗日策略。

1936年8月14日，毛泽东主席曾函宋哲元将军："刘子青先生来，知先生情殷抗日，曷胜仰佩。曩者日寇入关，先生奋力边陲，慨然御侮，义声所播，中外同钦，况今日寇得寸进尺，军事政治经济同时进攻。先生独立支撑，不为强寇与汉奸之环迫而丧所守……果然确立抗日决心。一面联合华北人民群众作实力之准备，一面恢复1925年至1927年西北军光荣历史时期曾经实行之联俄联共政策。一俟时机成熟，实行发动大规模之抗日战争，则不但苏维埃红军愿以全力为先生及二十九军助，全国民众及一切抗日力量均将拥护先生及贵军全体为真正之抗日英雄……"毛主席的鼓励和启迪，增强了二十九军抗日的决心和信心。

当时二十九军高级将领们，对自己的处境也作了详细分析，北有日寇重兵压境，东临大海，西有晋军封闭势力所阻，南有国民党嫡系部队扼守黄河两岸，二十九军如不作好充分准备，战必亡，不战亦亡。只有坚决抗日，争取全国人民拥护，以求生存。

为了作好抗日准备，必先充实干部力量，便在平津、保定、沧州等地区招考大批学生。于1936年冬，集训北平南苑，军事训练团由此诞生。该团还编有一个爱国华侨中队。他们均为来自东南亚各国的爱国青年。因受二十九军长城抗日英勇事迹的感召，不远千里来到北平，参加二十九军阵营。

## 二、挑选全军精华　编成团队组织

二十九军军事训练团于1936年冬编成。这个团的干部是该军的精华，其阵容如下：

团　长　佟麟阁　陆军中将　二十九军副军长

教育长　张寿龄　陆军少将

第一大队大队长　李克昌　陆军上校

大队副　刘又生　陆军中校

第二大队大队长　张自创　陆军中校

大队副　丁在贵　陆军中校

第三大队大队长　冯洪国　陆军少校[①]

大队副　朱大鹏　陆军少校[②]

军事训练团辖3个大队，每个大队下辖3个中队。第一、第二大队为步科。第三大队为骑、炮、工、防化各科。中队长和分队长多是抗日同盟军

① 冯玉祥将军的长子，曾赴日学习军事，中共党员。

② 后改名朱军，中共党员，曾任南京海军学院院长。

及西北军军校毕业的骨干。其中中共党员很多。该团教育除军事基本训练外，根据华北形势着重加强爱国主义教育，为以后坚持长期抗战打下良好基础。

团部的教官很多，大多数都是进步的。如张友渔同志也在这个团任教。他们讲课，深受学生们的欢迎。

## 三、声声雪国耻　团歌振国魂

张寿龄（二十九军军训团少将教育长）

学生入团后，由教育长张寿龄（鹤舫）亲自集合全团师生教唱团歌，这个歌的词曲，是他亲自谱写成的。言简意赅，字字句句都有很大的力量。它好似警钟，好似动力，好似号角，它是学生们思想的指导，增强了学生们抗日救亡的决心，也是学生们的誓言，很受学生们的喜爱，歌词如下：

风云恶，陆将沉，狂澜挽转在军人。
扶正气，砺精神，诚真正平树本根。
锻炼体魄，涵养学问，胸中热血，掌中利刃。
同心同德，报国雪恨，复兴民族振国魂！

团歌歌词集中表现出爱国爱民的主旨。其中“诚真正平”四个字，是二十九军官兵的训条。佟麟阁、张寿龄两将军不止一次教导学生们：诚以修身，不骗人，不欺己。即诚而后身修，身修而后家齐，家齐而后国治，国治而后天下平古训的借用；真是要真以究理，勿鲁莽勿浮虚之意；正是要求正以处事，要光明磊落，大公无私，勿苟言，勿苟行；平是（时）要求平等待人，必忠恕，必谦和，誓雪国耻，忠诚为国之意，着重提出建团的要求和主旨。

## 四、爱国思想基础教育

入伍后刚穿上军装，先进行西北军的传统教育——不要忘本，爱人民、爱国家的教育。简单的几句问答和歌词，看来很通俗，但是做到很不容易。直到今天我们还有深刻的印象。因为它是我们爱国爱民的精神上的动力。在平时战时都鼓励我们发挥巨大的力量。简述如下：

1. 回答。天天在起床后，熄灯前或在吃饭前，由值星官或值日班长来贯彻的。

问：你当兵前是什么人？

答：是老百姓。

问：你的父母、兄弟姐妹、亲戚朋友都是什么人？

答：是老百姓。

问：你吃的、穿的是什么人供给的？

答：也是老百姓。

问：你们是什么人的军队？

答：是老百姓的军队。

有时还在大部队集合和官长训话时也提问。

2. 军歌。歌词也都是以爱国爱民为主题的。例如《吃饭歌》，在吃饭前以班为单位，唱毕再吃，官兵一样，要求严格。在军官宴会上亦不例外。歌词如下：

"这些饮食，人民供给，我们应该为人民努力。帝国主义，国民之敌，救国救民，吾辈天职。"

又如《起床歌》、《睡觉歌》，每天在起床后和睡觉前集合队伍集体唱的。两首歌词简述如下：

《起床歌》："黑夜过天破晓，朝日上升人起早……精神休养好，国耻莫忘了。将来练得学术高，复兴民族显英豪。"（"复兴民族句"，在抗战爆发后，改为"抗日复仇显英豪"。）

《睡觉歌》："今日工作又完了，平安快乐去睡觉……外患方多，卧薪枕戈，人人振刷奋勉，努力工作，不可懒惰，救我中华民国。"

除上述歌曲外，还有三大军歌，大、小八德歌，卫兵歌等。大、小八德，虽属孔孟之道，但也蕴育着爱国爱民的思想。

总之，所唱的歌，教育我们这些入伍青年学生时时刻刻不要忘记国家和老百姓。

## 五、劳我筋骨　壮我军容

入伍后开始了紧张的体力锻炼，部队的官长都以先哲孟子的话来训练我们："天将降大任于斯人也，必先苦其心志，劳其筋骨，饿其体肤。"还教导我们，今天下多变，匹夫有责，要救国必先吃大苦、耐大劳。平时不下苦工夫，战时就不能打仗。如果我们不锻炼成钢铁般的军队，就不可能实现救国救民的愿望。

劳动训练先从整理内务入手。所以我们先整理宿舍，把室内以前的旧土炕拆除。重新找砖抬土另砌。规定尺寸，检查严格，凡不按规定的重新另做，限期完成。劳动都是正副班长，示范带头，军官参加不及格班的劳动。队长队副及班长们都是参加过喜峰口、罗文峪浴血的长城抗战及抗日同盟军察省抗战的，处处以身作则。因此大家同心协力，渡过了两周日夜劳动的大关。

宿舍整毕，虽不华丽，每块泥土都有大家的汗水，因此大家都兴高采烈。

接着修整教室，要求课桌、凳都用旧砖砌成。队长带领各班去找砖。大家才体会到，是让大家进一步体验艰苦奋斗的生活和自力更生的精神。

在天寒地冻大雪纷飞的日子里，同学们两人一副箩筐在南苑内外废墟中，寻找旧砖。有的跑出 10 余里外，才拾得一筐。团里事先要求大家，不准拆老百姓破垣残壁，违者军纪从事。就这样我们战寒斗雪，从无间断，兴致勃勃地完成建设教室的任务。

最后的任务是平院子、修道路和建操场，倏忽两月，营房在军训团全体学生的洋溢歌声中面目一新。当时我们编了一个顺口溜："咳！白变红，瘦变胖，手能提，肩能扛，粗茶淡饭吃的香，骨头硬，耐风霜，书生习气一扫光。练好真本领，再找鬼子算总账。"不难看出，当时学生们是抱着什么理想来参加军训团的。

## 六、缓和局势　更改团名

1937 年初，华北局势紧张，全国抗日救亡运动高涨，平津地区二十九军与日寇摩擦不断，学生们更为激愤。肩负华北重任的宋哲元将军，为了拖延战争时间作好备战准备，还令南苑驻军旅长何基沣，对北平在校的大专院校学生，集中轮流施行军训。

南苑军事训练团规模，类似国民党中央军校，有 1500 余名爱国青年学生，3 年毕业后充任二十九军下级军官，提高军队素质和战斗力，声势极为浩大。学生大批集训，也是宋哲元准备抗日决心的表现。他常说："学生救国心切，其志可嘉。当前国难深重，应加紧学些军事技术，必要时放下笔杆拿起枪杆，以应急变。"诚哉斯言。日本华北驻屯军岂能坐视这种新生力量成长，竟向宋哲元提出口头和书面责难。宋哲元为缓和矛盾，遂将军事训练团的"事"字改为士兵的"士"字，这场风波才告平息。

当宣布更改名称时，引起全团学生的不满，经过团长、教育长解释，才平息了争论。但在每个学生们的心灵上，打上更加仇视日本帝国主义的烙印。

## 七、开始军训　坚持不懈

军训开始，先学单兵、班、排、连制式教练。最感吃力的是单兵，天天练慢步。一个正步要分四个慢动作。还有跑步的慢动作最难。学生们在业余时间，面对墙壁原地练习换腿。开始大家的膝盖碰的青一块，紫一块。严格的训练不仅锻炼了人的技艺，也增强了人的意志。除制式教练外，还要练习武术、劈刀和刺枪。因为当时没有教练枪，暂以木棍代替。那时二十九军重武器缺乏，就连机枪也不多，所以注重部队士兵体力锻炼，然后在这个基础上发扬以近战、夜战或突击夜袭来克敌制胜，补我重武器之不足。

学生们的刺枪是二十九军式的，它从中国武术中刺、挑、拨、撞等动作精选出来，姿势活泼，动作敏捷。

劈刀，刀的形状近似古代沿用的鬼头刀，也是采用我国的武术刀法。刀法是宋哲元将军家乡山东乐陵尚云祥老先生传授的“五行刀”等武技。尚云祥曾任过二十九军的武术教练。他自幼跟河北省形意拳大师李存义学艺，武技超群。他曾走遍13个省，切磋武技，击败过许多武林高手，被誉为“铁佛脚”。他曾擒获过通州（县）大盗康八爷（康天熙），为民除害，还为梁启超创办的“尚武学社”出过力。二十九军的武术教官们，总喜欢讲一讲该军利用大刀在长城线上痛歼日寇大显军威，取得胜利这一段光荣历史，提高同学们学习劈刀的兴趣。

## 八、课堂内外　虎跃龙腾

军训团的学科以典、范、令为主，典是步兵操典，范是射击教范，令是野外勤务。值日官还利用早晚点名集合的时间，讲些古代战斗故事。如唐朝李明（愬）乘雪夜三更夺蔡州，隋末窦建德乘浓雾破敌军，岳飞谈笑胜李成，狄青夜夺昆仑关等以丰富同学们的军事常识。

课外空隙学机械操。练铁杠是西北军官兵锻炼身体最重要的项目之一。学生都是以班为单位，利用课余或操后，或起早摸黑苦练。为了应付不定期的考试，有时班长带着学生在夜半黎明前偷着练。铁杠动作分为三部：一是“屈身上”，二是“转回”，三是“倒立”，列为术科考试项目。一个士兵不会三套，不能升班长。所以西北军的官兵都会铁杠，有的技术特别过硬。

其次是跳高、跳远等练习。这些动作稍为熟练后，就跑木城、走天桥，按徒手、半武装、全武装进行训练。

军训团还进行适应气候的训练。往往是利用大风雪、酷暑、暴雨进行，以防惰气。团长佟麟阁常以冯玉祥治军格言来教导学生：“早上为朝气，中午为惰气，晚上为暮气。我们要把惰气、暮气变为朝气，就要利用中午、晚上加紧训练。”所以同学们在活泼紧张气氛中度过一天，真是龙腾虎跃。

## 九、戴月披星　加紧夜训

夜间教育也是西北军的传统教育。因为当时我国空军落后，一旦中日战争爆发，不会有飞机来支援。兼以二十九军装备又差，对付现代化优势敌人实非易事。只有避其白天之锐，扬我夜战之长，这样才能弥补我军劣势。当时军训团也提倡古时战史的教育，如韩世忠的因风用计，岳武穆的因地用兵，李靖的乘洪速战，东晋王镇恶的奇袭制胜以及明于谦的力挽狂澜等例。

夜间教育，先熟练夜间起床武装集合等动作，并利用星辰在野外演习，识别方向、地形地物，识别灯火音响信号以及筑城等演习。要求速而不乱，秩序井然，肃静无音，反复演习，达到收效为止。

西北军过去援陕、北伐都取得了辉煌的胜利，与这样艰苦演练是分不开的，通过实践证明，的确提高了学生们的战斗素质。

## 十、纪念国耻 五月阅兵

西北军还有一个老传统，每年 5 月总要大规模阅一次兵。检阅部队战斗力，教育官兵，勿忘国耻。溯其源，是 1914 年 5 月 9 日，日本帝国主义向袁世凯提出《二十一条》的“五九国耻纪念日”。还有 1933 年 5 月 31 日，是签订《塘沽协定》的日子。所以 1937 年宋哲元将军也决定 5 月在南苑举行阅兵。参加阅兵的除军事训练团外，还有驻南苑的其他部队。阅兵完毕，宋哲元打发冀察政务委员会的日本顾问及其他来宾到招待处休息后。他对部队发表了热情洋溢的讲话。

他先讲阅兵情况，再讲二十九军所奉行诚真正平的道理。然后大声发问：“我们的敌人是谁?”部队里一阵激昂雄壮异口同声地回答：“是日本帝国主义!”宋哲元马上语重心长地说：“啊！不要明讲，咱们心中有数。”最后又说：“咱们枪口不对内，中国人不打中国人……”

这场检阅，最重要的是一问一答。话虽两句却表达了上下抗日一致的决心。同学们心情多么舒畅。在这之前，听说宋哲元说过这样的话，我们要加紧扩充实力，把军队训练好，等待时机，打出长城，打出山海关收复东北。当时将信将疑，通过此次讲话，充分体现了宋哲元坚决抗日的决心。

《塘沽协定》签订后，宋哲元曾勉励全军将士，勿以停战协定签订而馁其气，愿以《塘沽协定》全文作为国耻纪念品，而思所以雪之，兼慰抗日捐躯之烈士。

不久传来令人颓丧的消息，说宋哲元 5 月 17 日请假回原籍山东乐陵。同学们对宋的评价是用他自己的话来说明其人。宋哲元常说：“不说硬话，不做软事。”对日“表面亲善，绝不屈服。”也许是因为国民政府抗日决心不坚定，又受到日寇的压力，不得已借养疴之名，暂回原籍，来消极抵制，考虑对策。

## 十一、恶云密布 战训提前

1937 年 5 月下旬，军训团提前发了枪。这时华北人民抗日救亡呼声已形成最高潮，形势也一天比一天严重。军训团同时也开始了极为紧张的战斗训练，教唱三大军歌：《战斗动作歌》、《射击军纪歌》、《利用地形地物歌》，这三首歌是典、范、令的精华，包括了最主要的内容。兹举《利用地形地物歌》如下：

战斗时，重射击，杀敌为第一。选择地场遮蔽身体，最忌是蚁聚。留神小排，指挥地域不可擅离。射击之时，切莫占据难超之地，发扬火力能歼敌。

对射击训练抓的更紧，紧张中又很活泼。队长、班长要求同学爱护武器。操作归来，先擦枪，检查子弹有无遗失。根据《射击军纪歌》的要求："一粒子弹要消灭一个敌人。""一粒子弹要当作全军性命看。"来告诫同学们，还练习端枪增强臂力，瞄三角及日测距离等科目。

除上述外，还练习对空射击，用集束手榴弹爆破战车等战斗训练。

白天紧张训练，夜间实施夜间教育。同学们情绪虽紧张、劳累，但是没有一个人叫苦。始终牢记："平时多流汗，战时少流血"这句西北军历年在战斗实践中的经验总结。

## 十二、七七事变　请缨杀敌

1937年7月7日，卢沟桥炮声突起，立刻从团部传来消息，日寇企图抢占宛平，被我守军三十七师一一零旅吉星文团的金振中营迎头痛击。是夜全团同学情绪激昂，枕戈待命。

7月8日通报，卢沟桥战斗激烈。同时得知日寇一度占领大井村等要点，企图切断宛平与北平的联系，但均未得逞。随着紧张的战局，团的政治教育大大加强。由暗转明，让大家更进一步认识日寇的凶狠面目，列举了不少人所未知的事例。平津危急！华北危急！有的同学大声疾呼："宁为战死鬼，不作亡国奴！"当时南苑备战气氛十分浓厚。各队学生纷纷请缨杀敌，以偿夙愿，决心与敌血战到底。

大刀全部开了口，整个营房磨刀霍霍，同仇敌忾。队上还发了布，每人自制一个干粮袋，还在南苑外围构筑简易工事，以防突变。大家都磨（摩）拳擦掌，准备迎战。旺盛的士气，实非区区笔墨所能形容。

## 十三、血战南苑　终赴殉国

七七事变后，宋哲元将军于7月中旬返平，接着发了一个通电，谓和平解决有可能，并谢绝各地劳军捐款。但是军训团的学生在团长佟麟阁将军的指挥下，丝毫没有受到外界和平烟幕的影响，积极备战，下令各队继续加强工事，强化战斗训练。

不久日本首相近卫文麿通过7月17日五相会议，又动员日军40万侵华，北宁铁路不断运兵，热河方面日军由古北口开进北平近郊，日军飞机天天在北平及四郊上空侦察。

7月21日宛平战争又起，25日廊坊激战。26日北平广安门、永定门、丰台均有战斗。是日夜我一三二师由冀中北上，其先头一个营在团河被优势之敌围攻，伤亡甚多，只有零星部队于27日到达南苑。战鼓频催，全团同学进入阵地，严阵以待。团长佟麟阁、教育长张寿龄均亲临阵地视察，鼓舞士气。

7月27日上午敌人搜索骑兵，利用青纱幕帐掩护进入我阵地南端，被我团第一大队步哨击退，遗尸一具。全体同学预感大战即临。

我团担任南苑南面阵地防守任务，正是敌人主攻方向。7月28日晨，敌机数十架在南苑低空轮番轰炸，继以大炮盖射，坦克数十辆协助步兵猛攻。同学们奋勇迎战，前仆后继，激战至午，打退敌多次进攻，敌我伤亡均重，阵地前尸体纵横，硝烟弥漫。我同学伤亡过半，午后奉命北撤。是役第一大队副刘又生壮烈牺牲。

午后，战况更加恶化，南苑东西两面阵地均易敌手。我团腹背受敌，无法撤出。一部同学开始突围南下。

奉令北撤我团主力，由佟麟阁、张寿龄两将军亲率分两路向北平转移。在大红门附近与敌遭遇，展开激战。以一敌十，奋勇无前。佟麟阁将军英勇指挥，受伤不退，最后壮烈殉国。赵登禹师长在北撤途中，也遭敌截，血染大红门。

军训团突围到北平的学生约300余人。南下突围学生在朱大鹏大队副率领下，到达固安。陆续收容亦有300余人。

29日《北平日报》报道：佟麟阁、赵登禹两将军殉国。冯洪国（注：负伤后归队）、段长仁（注：段祺瑞的长孙，学生）相继殉国。不久两路同学集中河间，重振旗鼓，由过家芳[①]上校继任团长，继承先烈遗志，边训练边参加抗战。

（选自《佟麟阁将军》，北京燕山出版社1995年版，第68—80页）

## 二十九军学生军训团南苑抗战纪事

郭孟龙

自长城抗战以后，华北已成多事之秋，灾难深重的神州大地，面临异族入侵的危险。在中国共产党的号召下，抗日救亡运动一浪高过一浪，许多爱国学生争相寻找报国之路。驻守冀察的二十九军军长宋哲元将军为了抵抗日本侵略者，充实抗日力量，于1936年冬在北平、天津、沧州、保定等地，招考了一批中学以上青年学生，在北平南苑第七营房开办了军事训练团。许多大、中学生闻讯后，纷纷投笔从戎，投考训练团，我便是有幸被录取的一个。

---

① 过家芳，安徽蒙城人。1927年在北平今是中学时，经彭修道（彭雪枫）介绍参加中共。1937年7月离开南京陆大13期回到二十九军参加抗战。

该团于 1936 年底编组完毕，由二十九军副军长佟麟阁兼任团长，其办学人员均为二十九军精华。教育长由张寿龄中将充任，团部下设三个大队，每个大队辖四个中队，共十二个中队，其中有一个是东南亚华侨学生中队，共计有学生一千五百余人。第一大队长李克昌上校，大队副刘又生中校；第二大队长张自创中校，大队副丁在贵中校；第三大队长冯洪国中校（冯玉祥将军长子；中共党员），大队副朱大鹏少校（中共党员）。

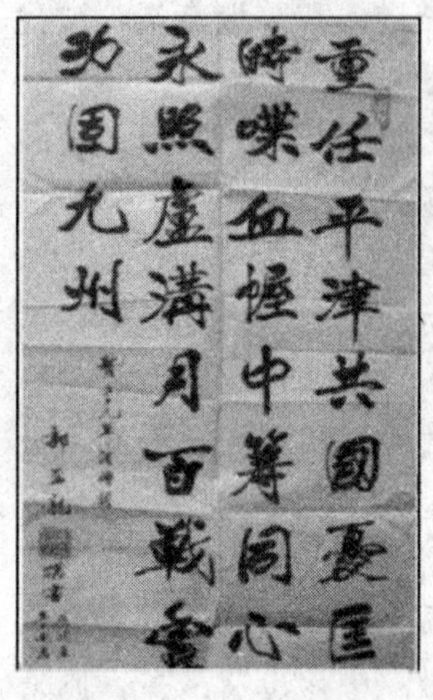

郭孟龙赞二十九军诸将领

七七事变爆发时，军训团的学生才完成基本训练，枪还未发。被日军暴行所激怒的学生们，纷纷呈递“杀敌请缨书”，要求赴前线杀敌。我所在的第二中队，也是群情激愤，在我们中队的“请缨书”上，第一句写的就是：“宁为战死鬼，不做亡国奴。”军训团团长、教育长分别接见了学生代表；并请他们转告全体学生：“你们已是军人，军人应当服从命令，请缨杀敌，志堪嘉许，报国日长，大家勿虑。”

两天以后，各队开始发枪，并从各地请来五名磨刀师傅，把学生们的大刀全部开口。晚上又接到命令，让大家缝干粮袋，每人发给一个针线包。班长还教大家做鞋码，整个营房，一片磨刀霍霍之声，临战前的气氛，令人既紧张又激动。随着形势的日益紧迫，训练团的战斗训练也日夜加紧进行，并在南苑以南构筑工事，做好参战准备。

7 月 26 日，二十九军军部及特务旅主力转移北平城内，其余部队也准备陆续转移。为了临时应变，宋哲元军长以一三二师师长赵登禹为南苑临时总指挥官，并以骑兵第九师师长郑大章为副总指挥官。27 日下午，赵登禹师长到达南苑。当时南苑的驻军，计有军事训练团、特务旅的军官教导团，以及各师的学兵营，还有骑九师的一个骑兵团，共约四个团的兵力，约五六千人。以上这些部队除军官教导团和骑九师一部外，其余均无战斗力。为此，赵登禹师长急调一三二师各旅由冀中各地向北平集中，并把总指挥部暂设在第九营房军部内。

27 日傍晚，佟麟阁和张寿龄到南苑看望赵登禹，并了解战备布防情况。在研究防御部署时，赵登禹说：估计敌人先头部队最快要在 28 日晚到达，南苑防御，事关重大，需与骑九师郑大章师长商讨后再定；在南苑四周，已派出大批武装侦察人员及骑兵游动哨进行警戒巡逻。佟麟阁认为，南苑防御部署如不及早落实，后果令人十分担心。另外，军训团未经过严格的战斗训练，应抓紧时间搞一次临战演习。

军训团的阵地，部署在南苑南边土围墙的外边。时值盛夏，阵地附近的各种农作物，生长茂盛，整个南苑被青纱帐包围着。因此，我们的阵地的视野和射界被农作物遮住，阵地前的开阔地有二百米左右，最多的是四百米。于是有人建议把阵地前方的庄稼砍光，但佟麟阁不同意。他认为，我军不会在此做持久战，部队会向南移动，把这么多庄稼都砍掉，老百姓吃什么？即使给些赔偿费，农民仍是得不偿失。

7 月 27 日上午，日军一小股骑兵部队，窜至我们阵地前方三岔路口碉堡处，被我二中队前哨击毙日军一名，其余日军并未还枪即急驰而去。我们大家都去看日军尸体和被缴获的一支马枪，很是兴奋，大家议论纷纷："日本人是草包，一见我们的人，尸体不要就逃跑了，有什么可紧张的？"一种轻敌思想在同学中迅速蔓延。

为了加强临战训练，团部决定于 28 日进行一次演习。28 日凌晨 2 时许，全体同学紧急集合，然后按部署迅速进入阵地。团部也出营房迁到营垣外的一个破铁皮列车里。一切就绪后，佟麟阁和张寿龄立即巡视了阵地。这时，有两架日军飞机由东南方向飞来，绕南苑一周，然后飞去。团部立即意识到战争即将爆发，立刻通知各中队马上做好战斗准备；并通知尚在营房里的人员，迅速撤出营房到阵地掩蔽部来，不得违令。对此安排，同学中许多人认为是小题大做，指挥人员是胆小鬼。

敌侦察机飞走后不久，九架轰炸机即飞临南苑上空，大肆轰炸。接着第二批、第三批轰炸机接踵而来。我军没有防空武器，我只看到我队阵地后边葡萄架下，有一挺高射机关枪在对空射击，虽连续发射，但未见效果。原因是机枪太旧，口径大于子弹，气的高射机枪手扔下机枪，索性用步枪对空射击。

28 日晨 6 时，日军第二十师团及一个炮兵联队（约有炮四十余门），战车数十辆，分由黄村、丰台、团河、大红门以北地区，向我南面西南阵地发起进攻。同时，以第四混成旅团挺进到海慧寺、大红门附近地区，强占要路，企图切断我军与北平、南苑之间的联系。

军训团的学生们进入阵地后，精神十分振奋，大家总算盼到杀敌报国的一天。然而我们这些青年学生既没有任何战斗经验，更不知战争之残酷。各队队长以及各班长十分认真地检查了每个人的武器。纠正战斗位置，对大家讲解射击注意要领，甚至干粮袋的口札（扎）的紧不紧，都亲自查看一遍。这对我们这些还未正式打过靶的人来说，是十分重要的。

7 时许，敌机开始轰炸我军阵地，一时黑烟冲天，弹片四溅，血肉横飞。继而大炮齐发，密如雨点，敌战斗机沿阵地低空扫射。在敌人强大火力下，学生们伤亡惨重，仅我们队就伤亡二十余人。各队除抽调一部分同学向后方抢救伤员外，主力仍坚守阵地，监视敌人。透过硝烟，我们目不转睛地注意着前方青纱帐中的动静。

不久，敌人从青纱帐中向我们阵地猛扑过来。“打!”一声令下，枪声四起，步枪、机枪、手榴弹响成一片。左右友邻，杀声亦起，同学们跃出阵地，挥舞看（着）大刀向敌人扑去。就这样，打退了敌人一次又一次的冲锋。阵地面前，敌我尸体纵横交错。

当时，敌机、大炮都在向我阵地后方的南苑猛轰，南苑营房大都为废墟，所有电话线路被炸断，指挥系统亦中断，战局已趋恶化。

上午10时左右，南苑战局继续恶化。军训团左右友军全部突围。在突围时，骑九师的一团被炸得人仰马翻。这时，有人目睹日军在南苑操场空降伞兵，伞兵利用南苑残墙残璧（壁），向我阵地夹击。这时赵登禹师长的命令口头传达到军训团团部，通知军训团火速向北平转移。

军训团各大队接到撤退命令后，利用敌炮火摧毁的围墙缺口，逐次掩护向南苑围墙内撤退。在敌人密集封锁道路的情况下，各中队一批一批的后撤，途中许多同学牺牲。第一大队副刘又生（河北盐山县人）指挥并掩护大家后撤，身中数弹，血流不止，仍英姿挺立，指挥若定，直至壮烈牺牲。

正面敌人见我阵地混乱，全力发起进攻。同学们奋不顾身，与敌人血肉相拼，又将敌人击退。敌人受挫的原因是，坦克不能在这里发挥作用，因双方距离较近，飞机、大炮也用不上。中午，坚守阵地掩护大家转移的同学们，忽然听到“准备冲锋”的口令。“冲锋”这个词，使我们既兴奋，又激动，我们每个人前都有阵亡同学的尸体，同学们的血使我们的仇恨心情达到了极点，每个人都杀红了眼，根本考虑不到自已的生死。大家一齐呐喊着冲出阵地，向对面的敌人猛扑过去，真如猛虎下山一般，三人一群，五人一伙，冲破敌人的封锁，利用青纱帐掩护向南突围。黄昏时，我们越过黄村至廊坊的铁路。29日，在大队副朱大鹏的带领下，边前进，边收容，向固安县前进。

撤到南苑的同学分两路，一路由佟麟阁亲自率领，沿大红门公路以东小路北上；另一路由教育长张寿龄率领，向红庙方向前进。这时，南苑营房已全部被日军占领。

佟麟阁北进时遭敌人重兵包围，与敌人展开激战，最后壮烈殉国。赵登禹也在大红门御河桥附近壮烈牺牲。

退入北平的同学约二百余人，时虽半夜，仍受到北平各界夹道欢迎和慰问。有的同学大刀上血迹斑斑，被群众发现后，都喊：“你们看，大刀上是鬼子的血!”是日夜，大家在怀仁堂集合，张克侠副参谋长做了简单的讲话，大意是：为了抗日，全军向保定转移，你们马上出发，从门头沟到良乡，那里有车等你们，北平由张师长（张自忠）和我维持。讲话完毕，立即整以（队）

出发。

这次南苑抗战，军训团伤亡过半。后该团在河间诗经村整训，团长由特务旅孙玉田旅长暂代。不久，过家芳接任团长，继续边战斗，边训练。1939年春，军训团毕业，我们这些同学以后在各个方面都作了贡献。

（选自《保定文史资料选辑》第4辑，1987年版，第55—59页）

## 佟麟阁将军生平

### 一

佟麟阁（1892—1937），原名凌阁[①]，字捷三，1892年10月29日（清光绪十八年九月九日）出生于河北省高阳县边家坞村的一个农民家庭里，父佟焕文，母胡氏，共生二子，麟阁居长。

佟麟阁

1907年麟阁15岁时，由父母作主，与本县农民之女彭静智结婚。麟阁自幼拜在舅父胡老先生门下攻读经史。

高阳县在庚子之变后，曾惨遭八国联军中的日本军队烧杀抢掠。当地人民流离失所，生活困苦不堪的黑暗现实对佟麟阁的爱国救民思想产生了很深的影响。

1908年，佟麟阁16岁，经人介绍到县公署当缮写，亲眼看到许多不平事。善良、忠厚的佟麟阁对百姓们寄予深切的同情，他怀着抑郁的心情，不断地寻找时机，准备脱离这令人窒息的环境。

### 二

民国元年，陆建章命令冯玉祥在河北省景县自行招募新兵，成立前营，因佟麟阁仰慕冯玉祥之名，便在他20岁时，毅然投笔从戎，入伍于冯玉祥麾下。先当哨兵，不久升为哨长。

冯玉祥把基督教引入军中，以此作为军中的精神食粮，他以博爱、平等、讲卫生、妇女放足、禁吸鸦片等主张来教育官兵，人称冯为基督将军。

冯玉祥任备补军左翼第一旅旅长兼第一团长时，佟麟阁在其部下任排长，

① 因卢沟桥事变殉国后报纸误登为麟阁，其弟原名麟阁，为此更名禄阁。从此世人称烈士为麟阁。

在冯玉祥的影响下，他也深受基督教义之影响，被耶稣的为救世人而甘愿受苦致死的精神所感召，于是在1913年8月接受洗礼，从此笃信基督教，成为一名虔诚的基督徒。

1913年，陆建章任剿匪督办，率军入陇，冯玉祥因剿匪有功，升任第十六混成旅旅长。佟麟阁任该旅第一团第三营第二连连长时，正好是赵登禹和他的哥哥登尧以及同乡好友赵学礼、赵会德来报名参军，佟麟阁从招兵处将赵登禹收在了自己的二连，对他进行了基本的新兵训练，他发现赵登禹聪明伶俐，不但很快学会了军事技术，并有一身很好的武功根底，当冯玉祥需要补充卫兵马弁时，佟麟阁将赵登禹推荐给冯玉祥。

1915年，袁世凯称帝，冯玉祥正驻防四川，积极参加了讨袁的护国军行列，改称护国军第五师，佟麟阁随冯参加了这次护国战争。

1917年7月，张勋复辟，当时佟麟阁在十六混成旅担任连长，参加了冯玉祥领导的廊坊誓师讨逆。他受命破坏津浦铁路，切断了张勋在徐州的援军进京之路。张勋的复辟阴谋被粉碎后，十六混成旅调驻武穴，佟麟阁升任第一团第一营副营长。

1920年，佟麟阁任第十六混成旅第四团的营长，驻防湖北。

转年，冯玉祥率军入陕，十六混成旅扩编为陆军第十一师，冯玉祥任师长，佟麟阁在该师二十二混成旅第一团任营长。

冯玉祥为了积聚力量，在张垣设立模范村，积极进行军事教育，并设置了干部学校，军官补习所，教导团等机构，抽调在职军官参加培训，以提高军官的素质，佟麟阁也被调出进修学习。于此期间，佟麟阁除了学习一些现代化军事知识外，还研究了《孙子兵法》、《战国策》、《春秋》等古典名著，实践证明，他不但能学以致用，并且在军事理论知识的掌握上，较前有了较大的进步。他经常回到部队，将所学的理论用诸实践，以总结实战经验。

1922年，第一次直奉战争开始，冯玉祥进一步扩充和整顿军队，招募新兵，扩编了三个混成旅，佟麟阁在宋哲元的第二十五混成旅中任第一团团长。在团长任职期间，曾在南苑设立的陆军检阅使署高级教导团带职受训一年，学习成绩优良，考核结果名列前茅。

1924年第二次直奉战争时，佟麟阁在宋哲元的十一师任第二十五混成旅旅长，于10月23日回师北京，参加北京政变，囚禁了贿选总统的曹锟。宋哲元命令佟麟阁率一个加强营狙击吴佩孚部下曹世杰军，保证了北京政变成功。

1925年5月上海发生了“五卅惨案”，举国悲愤。冯玉祥给上海的工人、学生们汇款2万元，以资助其正义的斗争；并通电全球，要求主持公理，伸张正义。佟麟阁在国民军全体将士声讨会上，慷慨激昂，痛陈帝国主义侵华暴行，全体将士同仇敌忾，义愤填膺。12 月，佟麟阁又参加了天津战役，消灭河北军阀李景林。

1926 年，直、奉、晋等军阀勾结，以冯玉祥军中容纳了三四十名苏联顾问[①]，军队已经赤化为借口，纠集四五十万人组成“讨赤军”，向国民军发动进攻。为此，冯玉祥重新组织军队，佟麟阁升任陆军第十一师师长。佟师和第十师师长刘汝明共同抵御“讨赤军”。佟麟阁在占领滦河后，冯玉祥任命他为滦河防守副司令（司令为郑金声）。

1926 年 4 月 15 日，国民军被迫撤出北京，主力退守南口附近，冯玉祥赴苏联考察。西北军与奉直军阀在南口大战，西北军日久失利，经西北军主要将领张之江、鹿钟麟、宋哲元等人决议：为保全实力，自行退出防守达 4 个月的南口。佟麟阁率军撤至五原。

## 三

1926 年 9 月，冯玉祥由苏联回国，他任命共产党员刘伯坚为政治部主任，聘请苏联顾问训练军队，他响应革命军的北伐而在绥远的五原举行誓师大会，接受国民党旗，就任国民军总司令职务，佟麟阁亦成为国民党党员。因这一天正值 9 月 17 日，故称为“九一七新生命”。会后决定了“固甘援陕，联晋图豫”的方针，先遣佟麟阁率十一师深入甘肃，然后兵分七路，由孙良诚任总指挥，方振武为副总指挥，以肃清吴佩孚对北伐所设的阻力。

1927 年，佟麟阁驻军天水，兼任甘肃省陇南镇守使，他致力于刷新政治，兴办地区福利，厉行禁烟禁毒，提倡妇女放足，创建学校和孤儿院等慈善事业。甘陕一带民间有吸食鸦片的恶习，佟麟阁发现军中其族弟佟振清染上了吸鸦片的嗜好时，亲手责打振清数十军棍，然后又关入禁闭室，强令戒烟。佟麟阁深得民心，在他离去之时竟有成千上万百姓夹道相送。

当北伐军抵达长江下游，取得节节胜利之际，蒋介石发动了四一二事变，宁汉分裂，武昌国民政府，继续主持北伐，西北军被改编为国民革命军第二集团军，任命冯玉祥为总司令。冯于 5 月 1 日宣誓就职，制定“援鄂攻豫”的方针，分 5 路出师，佟麟阁率第十一师，任第五路副司令（司令是石友三），负责攻敌之左翼，支援郑州。在与直系军阀吴佩孚决战中直打得吴佩孚丢盔弃甲，只身仓皇逃命。

1928 年 1 月，蒋、桂、冯、阎组成新北伐军，佟麟阁在国民革命军第二集团军司令冯玉祥的指挥下，战斗于南口、滦州、津沽各地，屡奏成功，此役打败了张宗昌、孙传芳，迫使张作霖退至山海关以外，7 月宣告北伐完成。

---

① 冯玉祥：《我的生活》，黑龙江人民出版社 1981 年版，第 421 页。

同年10月3日，南京政府改组，任命冯玉祥为国民政府委员，行政院副院长兼军政部长，阎锡山为委员兼内政部长，李宗仁为委员兼军事参议院院长，共同和蒋介石研讨军队编遣问题。最后，冯玉祥的第二集团军原有的9个方面军缩编为12个师，佟麟阁任暂编第十一师师长。

编遣会议之后，蒋介石并未按照协议发放编遣费，冯玉祥回北方养病，阎锡山亦回到山西。此时佟麟阁率十一师驻扎甘肃河州。当时有回民武装马仲英匿居贺兰山内，不断制造事端与佟为难，而佟麟阁为避免民族争端处处退让，不料，马仲英突于4月18日拂晓率七八千人猛攻宁夏城，当时该城仅有门致中手枪队四五百人守卫，众寡悬殊，致使马军攻入城内，烧杀掠夺，其景状惨不忍睹，佟麟阁率十一师救援遭伏击，损失极大，为此而引咎辞职。冯玉祥令吉鸿昌接替第十一师师长职务。10月佟麟阁离军赴兰州休养，后曾一度解甲归田，回高阳边家坞村居住。

…………

1930年，爆发了中原大战。佟麟阁奉冯玉祥之命，在西安筹建新军，佟为第二十七师师长，负责收容西北军旧部及招募新兵。佟虽竭尽全力，但兵源仍不足一师，武器亦奇缺。在反蒋战争失利之时，代陕西省主席刘郁芬下令佟麟阁军退出西安至三原集中，佟奉命行军至草滩时，骤降暴雨，彻夜不停，河水暴涨，桥梁冲垮，因而被阻于蒲城。眼看束手待毙之时，原西北军旧部，降蒋将领赵寿山与刘郁芬联系，刘郁芬令佟交出27师，只身随刘郁芬到了山西阳泉。

冯玉祥经营了20年的西北军从此结束，40万大军分化瓦解。……

## 四

中原大战失败后，西北军所余4万人缩编为一个军，由宋哲元任军长。佟麟阁任军官教导团团长。

1932年8月，国民政府任命宋哲元为察哈尔省主席，宋任佟麟阁为察省警务处长兼张家口警察局长①。由于察省屡经兵变，地方长官经常调动，以致警察机关往往不按法令，滥行罚款，隐匿肥己，或拘捕百姓，任意拷打敲诈，为此佟处长制定规章制度招考外事警官4名。又将历届所设立的警官补习所加以整顿，造就人才，并亲自考察政令执行情况，察省警界恶习为之一肃，治安良好。1933年1月，二十九军军长兼察哈尔省主席宋哲元接到中国军事委员会北平分会负责人张学良的命令，调赴长城接防喜峰口抗日阵地之时，即将察哈尔省主席职交由佟麟阁代理。此前冯玉祥移居察哈尔省首府张家口

① 孙湘德、宋景宪：《宋哲元遗集》，台湾传记文学出版社1985年版，第419页。

(即张垣)，适亲访佟麟阁，经与佟麟阁反复磋商，冯玉祥决定组织抗日同盟军。

5月24日，冯玉祥召集部属会议。在佟麟阁及西北军部分将领的支持下，经共产党员柯庆施、宣侠父的协助，由张家口各界代表集议，召开了察哈尔省民众御侮救亡大会。大会决议组织察哈尔民主抗日同盟军，公推冯玉祥为总司令。决定领导对日作战，保卫察省，收复失地。26日，冯玉祥发出通电，就任民众抗日同盟军总司令。

同日，佟麟阁、高树勋等14名将领在张家口联名通电，响应冯玉祥的号召，参加抗日同盟军。抗日同盟军共成立6个军，冯玉祥任命佟麟阁为抗日同盟军第一军军长，仍兼代理察哈尔省主席职务。

抗日同盟军的义旗一举，震动全国，各地武装力量纷纷赶来参加抗日同盟军，加民众武装共聚集了8万多人。

冯玉祥为了加强抗日同盟军的军政设施和同盟军的内部团结，于6月15日召开了"抗日同盟军第一次代表大会"，通过同盟军的纲领、决议。同时成立了抗日同盟军军事委员会，选举委员35人，常委11人。佟麟阁被选为委员，并是11名常委之一。

1933年是中华民族多灾多难的一年，日军不断继续侵占我国领土，多伦、沽源、康保、宝昌相继失陷。为了保卫祖国领土，收复失地，抗日同盟军总司令冯玉祥于6月20日任命吉鸿昌为北路前敌总指挥，邓文为副总指挥，李忠义为右副指挥，率部北进，收复察东。于6月22日，克复康保城。南方知名人士马良、章炳麟、李烈钧及上海各团体如：抗日救国同志联合会、上海学界抗日促进会等，为抗日同盟军收复康保发来了祝捷电。

7月3日，蒋介石给汪精卫发了密电，部署围剿抗日同盟军。7月12日吉鸿昌将军率领敢死队收复多伦。7月17日，日本关东军向冯玉祥将军提出限3日内，抗日同盟军退出多伦，否则全力进攻察哈尔。7月20日，蒋介石调集钢甲车6列，共12万兵力，何应钦亲至前方指挥，准备进攻察哈尔。内战有一触即发之势，为此，方振武、孙良诚、吉鸿昌、佟麟阁、阮玄武等19位高级将领发出通电，表明追随冯玉祥抗日的坚决态度。

蒋军于7月下旬包围察哈尔，日本军配以飞机2队扫射，轰炸抗日同盟军。同盟军处于日蒋联合夹击的形势下，内部不断有人被收买，伺机叛变。蒋介石正式任命西北军叛将庞炳勋为察哈尔省剿匪司令，抗日同盟军处于被消灭的严重局势。冯玉祥向蒋介石提出条件由宋哲元及二十九军回察接收有关部队，保障抗日同盟军一切人员的安全，张垣、宣化一带过渡期间的治安由佟麟阁暂时维持[①]。

几经磋商，在蒋介石初步答应冯玉祥的条件之后，8 月 4 日，冯玉祥正式表示下野。佟麟阁致电察哈尔省主席宋哲元："自奉命代理以来，察省政务一切如常，现予交代手续，均已万全完妥，盼早日回察，以卸责任。"8 月 5 日，冯玉祥发表通电："自即日起，忍痛收束军事，政权归诸政府，复土期诸国人，并请政府即令原任察省主席宋哲元克日回察，接收一切"。在宋哲元抵沙城后，冯玉祥派佟麟阁、邱山宁、孙良诚至沙城迎接，当晚即与宋哲元，庞炳勋等会商，决定自 6 日起，所有察省军政事宜统由佟麟阁负责，邱山宁协助。9 月 1 日宋哲元回察主政后，佟麟阁深感抗日志未酬而山河破碎、他怀着悲愤的心情回到北平香山寓所，以研读圣经、习字、摄影、打猎自娱。

## 五

1935 年张北事件后，国民政府在日本人的压力下，撤除了宋哲元的察哈尔省主席职务。不久，宋哲元改任平津卫戍司令。其二十九军驻扎于冀、察两省及平津重镇，面临抗日最前哨。宋哲元为了作好抗日的准备，于 1936 年在天津、保定、沧州等地区招考大批学生参加军事训练，因而军事训练团诞生，宋哲元敦请佟麟阁出山负责。

1936 年秋，正是华北危急时刻，平津大学生的抗日救亡运动高涨，许多有志青年纷纷报名参加"军训团"，团址即设在南苑第 9 营房，团长由宋哲元自兼，佟麟阁权代。该团废除了老传统"四书五经"教育，根据华北形势，始以爱国主义与军事训练相结合的方法对学员们进行有效的军事教育。

佟麟阁是一位久经沙场的老将。他在军事上有极丰富的经验，在训练部队中不遗余力，到职不久就能从背面或侧面喊出学员的名字，他特别强调士兵要熟练掌握军事技术，他认为只凭勇敢和热情并不一定能打胜仗。

1937 年 5 月下旬，军训团的政治思想工作大为加强，学员们正式发了枪。此时，日本军国主义凶狠面目日益暴露，大批日本军队由朝鲜、东北开往华北。为适应当前的政治局势，佟麟阁亲自给学员们讲二十九军抗日杀敌的传统，和自己愿以生命保卫国土的决心，为二十九军培养了抗日的火种，使"宁为战死鬼，不做亡国奴"口号成为每一名学员的座右铭。

## 六

《何梅协定》后，日本更加肆无忌惮地增兵、驻屯，为进一步发动侵华战争做了充分的准备，华北形势日益危急。当时古都北平处于日寇三面包围之

---

① 《国闻周报》，第 10 卷第 31 期。

中，北宁铁路沿线，从山海关到丰台由日军占领。西北面是日伪军控制，仅有北平西南面仍在二十九军的控制之下①。

当时二十九军共辖 4 个师，驻扎于平津冀察一带维持治安。二十九军的两位副军长，秦德纯兼北平市市长，佟麟阁任南苑军部军事训练团团长。

七七事变后，宋哲元下令任命赵登禹为南苑方面指挥官②。

赵登禹当晚在南苑营房下榻时，曾和老战友佟麟阁作了彻夜长谈，两人对于抗日战争都表示了共同态度，“坚决抵抗，死拼到底”。佟麟阁并提醒赵登禹，对南苑的统一部署宜早不宜迟。不料，7 月 28 日凌晨，日本军队展开了对北平二十九军的总攻，主要目标是南苑。日军主攻部队第二十师团由南苑东南角和西南角攻击，并配以空军协助轰炸。由于二十九军没有防空武器，以致南苑守军完全处于被动挨打的地位。南苑战斗一打响，佟麟阁亲自指挥作战，但由于通讯设备被炮火炸毁，联络中断，指挥失灵，部队各自为战，秩序混乱。正在焦急中，佟麟阁遇到了军部传令兵，才知军部已下令，南苑各部队立即撤回城内。他立即决定自己到大红门附近掩护收容，以阻止部队毫无秩序的后撤。至中午 1 时左右，当他确信后面已没有自己的部队时才和几个随从向北平方向撤退。此时军训团教育长张寿龄由红庙方向入城，佟麟阁由大红门方向入城，没走多远，就和日军遭遇，他们一边冲杀一边继续沿青纱帐前进，突然一颗敌弹射中了他的腿部，部下劝他稍退裹伤，他刚毅地说：“情况紧急，抗战事大，个人安危事小。”③ 他毅然继续带伤镇定地指挥大家转移。此时日机不断在南苑一带狂轰滥炸，佟麟阁被炸弹击中头部，壮烈殉国，终年 45 岁。

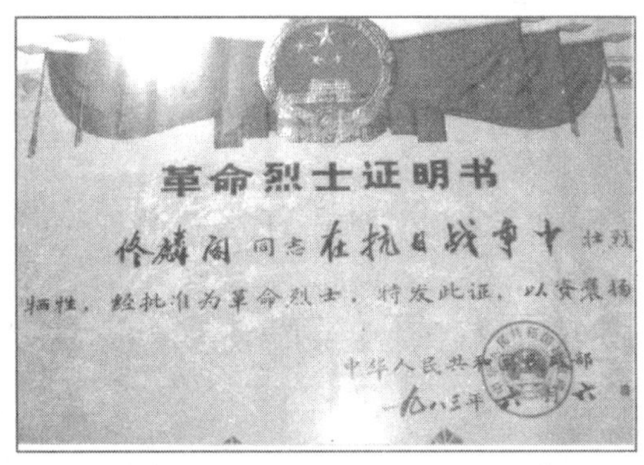
革命烈士证明书
佟麟阁 同志在抗日战争中 壮烈
牺牲，经批准为革命烈士，特发此证，以资褒扬

佟麟阁的革命烈士证书

① 王冷斋：《七七回忆录》，台湾《传记文学》第 71 卷第 1 期。

② 马仲廉：《卢沟桥事变》，刊于《军事史林》1986 年第 2 期。

③ 1985 年 8 月 16 日《北京日报》。

佟将军是抗日战争中牺牲的第一位高级将领。遗体寄厝于雍和宫附近柏林寺，直至抗日胜利。

## 七

1937 年 7 月 31 日，国民政府发布褒扬令，追赠佟麟阁将军为陆军上将，生平事迹宣付史馆以彰忠烈。

1937 年 8 月 1 日，原西北军领袖冯玉祥将军惊悉佟麟阁、赵登禹两将军为国捐躯，作《吊佟赵》诗一首，以志哀悼。

1937 年 8 月 5 日，中国共产党领导人吴玉章同志，在法国巴黎主编的《救国时报》115 期发表社论《悼赵登禹、佟麟阁诸烈士》称赞佟、赵两将军坚决抗战，以身殉国。

1938 年 3 月 12 日，中国共产党主席毛泽东在纪念孙中山总理逝世 13 周年及追悼抗敌阵亡将士大会上，对佟麟阁将军为国家民族的献身精神给以很高评价。

1938 年 8 月，宋哲元将军在湖南衡山观音桥侧为佟麟阁、赵登禹两烈士建立双忠亭，并亲题碑铭。

1943 年 1 月 1 日，国民政府在重庆举行表忠盛典，宣布抗日殉国将领，佟麟阁、赵登禹等应一体入祀首都忠烈祠。

1946 年 4 月 5 日，国民政府为佟、赵两将军在北平八宝山忠烈祠隆重举行入祀大典，供奉两将军灵位，并将北平西城南沟沿命名为“佟麟阁路”。通州亦有一条街命名佟麟阁路。

1946 年 7 月 28 日，国民政府为纪念佟、赵两将军殉国 9 周年，在北平中山公园举行追悼大会。

佟麟阁烈士忠骸亦于同日移葬于北平西郊风景区，香山南兰涧沟山上，永受中国人民的悼念。

1978 年 8 月 1 日，中华人民共和国政府发出通知，定佟麟阁为抗日阵亡烈士，北京市政府并重修香山烈士墓。

1985 年为纪念抗日胜利 40 周年，北京军事博物馆为佟麟阁将军塑烈士像。

（作者：李惠兰）

# 回忆佟麟阁将军南苑殉国

高洪锡

我叫高洪锡，今年 76 岁，菏泽市辛集镇高庄村人，1930 年参加西北军，1933 年起任佟麟阁将军的贴身副官。1937 年 7 月 28 日，我跟随二十九军副军长兼军官教导团团长的佟麟阁将军参加了保卫南苑的战斗，亲眼目睹了他英勇抗击日寇，以身殉国的悲壮情景。虽时过50余年，但现在回忆起来，仍历历在目。

1937年7月初，日本帝国主义者无事生端，一手制造了震惊中外的七七事变，并在之后的20天里，日日增兵，处处挑衅，企图扩大事端，以挑起全面的侵华战争，实现其迅速灭亡中国的狂妄野心。

7月27日，南苑的局势已十分危机，日军飞机几次轰炸南苑南部的小镇——团河。下午，二十九军军部从南苑匆匆迁到北平城内。当时，二十九军在南苑有4个步兵团和一个骑兵团，兵力约7000余人。二十九军军长宋哲元急调驻防河北省河间、任丘一带的一三二师赶来增援，并委任一三二师师长赵登禹为南苑方面的指挥官。傍晚，赵登禹率先头部队赶到南苑。晚上，二十九军副军长兼军官教导团团长佟麟阁会同赵登禹、骑兵第九师师长郑大章等将领在南苑南部九营房自己的办公室研究部署南苑的防务。佟麟阁认为形势危急，构筑坚固的防御工事已经来不及，各部可以自己的营体做掩体就地布防；赵登禹认为日军袭击南苑还不会那么快，主张等一三二师后续部队全部到达后再做变更部署；佟麟阁、赵登禹还主张先增援团河，在团河阻击日军；郑大章则认为南苑兵力不足，应保存实力。就这样讨论了很久也未达成一致意见。散会后，各自回自己的营房了，只有佟麟阁还在地图前苦苦地思索。很晚了他又带我和另一位副官王树勋去各营房、阵地巡察守备情况。每到一处，他都告诉官兵要做好战斗准备，丝毫不能麻痹，严防敌人偷袭。

午夜以后，枪声不断从南苑的四面传来。28日拂晓，日军两架侦察机出现在南苑上空，佟麟阁闻声立即带领卫队离开营房，进入南部董升堂手枪旅守卫的阵地。敌机临空盘旋两周，向东北方向飞去。佟麟阁命令官兵立即做好迎击敌机的准备，并鼓励大家要沉着应战。少顷，日军5架轰炸机往东北方向骑兵师师部上空出现，接着沿营房阵地的排列线疯狂地轰炸起来，继而是远程炮击。我军无防空武器，火力很弱，只能消极防空，稍被敌机发现火力还击目标，即遭集中轰炸，伤亡惨重。佟麟阁先是给赵登禹打电话询问情况，电话不通。又给郑大章打电话，也不通。派人去赵登禹守卫的西部阵地，那里已空无一人。佟麟阁感到意外，决定先到郑大章那里，调兵增援南部阵地，于是带领我们30多人冒着炮火前进。10时许，我们赶到南苑东北部骑兵师师部，营房里空无一人，在防空洞里找到一个士兵，那个士兵说，郑大章早在黎明前就把队伍撤走了。佟麟阁闻此非常气愤，说："彩庭（郑大章的号）做得太绝了。"最后我们又在营房里察看了一遍，才跨出营门。这时，迎面匆匆跑来一个赵登禹的传令兵，他说赵师长很早就离开南苑了，临走时传来北平城里军部的命令，要求南苑所有队伍立即撤退北平。佟麟阁听后如惊雷震耳，气愤异常，他不同意撤退，于是率领我们再次赶到南部阵地。只见日军在坦克的掩护下，正向我军阵地步步逼进。我军已停止抵抗，纷纷沿堑壕后撤，全线溃退。由于没有统一指挥，秩序混乱，失守的局势已定。为了减少撤退中的伤亡，佟麟阁决定在南苑通往北平的要道大红门附近掩护收容队伍。敌机还在不断地沿公路轰炸，我们撇开公路循小路分散行进。抵达大红门后，佟麟阁立即下令：不论哪个部队撤退的士兵，都要统一编组，凡是军官都出来指挥，组织起来，统一撤退；并在大红门东边的土山上设置了瞭望哨，观察各部队的行动。午后1时许，我们正准备起身去北平，两架敌机突然飞来，向我们疯狂扫射，佟麟阁及10多名官兵被射中。我和王树勋赶忙上前扶住佟麟阁，只见他腹部鲜血直流，额头大汗淋漓，双眼紧闭，一句话也说不出。我打算扶他到附近的青纱帐里包扎一下，然后再去北平，可是只走了大约十几步，他就停止了呼吸。一时间，我们幸存的10多名青年官兵个个悲愤交集。我跟随佟将军4年，平时受他的教诲和关怀，如今眼睁睁地看着他被日军打死，心如刀绞，忍不住抱着他的尸体失声痛哭起来。王树勋年龄比我大几岁，劝我说："现在不是哭的时候，南苑已被日军占领，还是设法把佟副军长的尸体送回北平吧。"于是，我们抬起佟麟阁的尸体，刚要行动，几架敌机又一次飞来，一阵子轰炸扫射把我们打散了。没办法，我们只好把佟麟阁的尸体暂时隐藏起来。稍后我只身一人钻进青纱帐，跑向北平。约是晚上8点钟，赶到北平西四排（牌）楼铁狮子胡同十条40号佟麟阁的家中，报告了佟副军长壮烈殉国的时间、地点及经过。佟麟阁夫人悲痛之余，去找北平市市长张自忠。张自忠当晚派红十字会出车，第二天一早佟麟阁的尸体被运回家中。7月30日上午8时许，在佟麟阁的内兄彭炳功的主持下，把佟麟阁的尸体秘密葬在了北新桥百灵（柏林）寺内。此时，日军已进入北平城内。

安葬完佟麟阁将军的遗体之后，佟夫人及其子女即移居到东交民巷，我和另外两人留在佟家住下。过了月余，我听说在北平养伤的二十九军某团团副宋长泰准备南下追赶队伍，便决定和他一起走。佟夫人知道后，让管家王守贤捎给我150元钱，我也未能与佟夫人告别，便离开了北平。六七天后，我们在德州赶上了二十九军，我被安排在副官处。9月，二十九军行至山东东平县，家父赶到军部找我，劝我退伍回家。10月，我离开二十九军，回到了家乡。当时鲁西南一带有许多国民党地方武装，于是又通过一些旧关系，先后在鄄城吕秀文部、定陶陈炳军部、范县刘耀亭部和鲁西张里元领导的郝运起支队充任排长、连长等职，直到1941年春，才回家定居下来。……（1991年）

（汤传彬、郭舟、高为民整理）

（选自《菏泽文史资料》第3辑，1991年版，第156—159页）

# 在佟麟阁身边工作的日子里

王慎之[①]

佟麟阁将军调任二十九军副军长未久，离张去南苑，我随往，任牟（军）部上尉副官。后来成立军士（官）训练团，佟充任团长，我升为团少校军械。

1935 年夏，日军在《塘沽协定》的幌子下，公开从关外向关内尤其是津、平郊区调集大批驻军，日日寻衅，节节逼紧，制造事端，施加侮辱，甚至竟敢在津、平地方政府门前架枪休息，随地便溺。我曾在永定门外看到，日军在通向南苑的大道上铺设横穿马路的电话线，如果把线弄断的话，即是个事件，他们便提出蛮横无理的抗议和要求，真是骑在人的脖子上拉屎，欺侮到家啦！我军士兵目睹如此情况，把肺都气炸了，便顾不得上级不准乱动的命令，拔出砍刀干干脆脆把鬼子铺在路上的电线一律斩断，来了个反寻衅。说也奇怪，鬼子兵看见怒不可遏的我军士兵，却乖乖地把砍断的电线默默地拾起。聪明不过东洋鬼子没有忘记喜峰口二十九军士兵大刀的教训。在当时，他们如果敢于向愤怒的中国兵无礼的话，后果怎样？肯定是不会讨得便宜的。我在当时确有这样的想法。

七七事变的前一天[②]，我军训练团士兵在南苑围墙上值勤，见一骑由西向东疾驰而来，距围墙不远时才认出系一寇骑。于是我士兵制止其前进，他不听，士兵便开枪，该寇倒于马下，马扭头飞奔而去。值勤官报告佟将军，佟指示将衣剥下交我检查，尸体掩埋。我检查并无武器，有日产手表一只，钢种硬币几枚，裤带上有二寸长、一寸五宽黄布包一个，打开一瞧，好几层，上面却印的是观音菩萨和其他佛像、咒语七字真言等，是鬼子的护身佛，此外再无他物。

第二天（7 月 27 日）凌晨，日机数架飞到南苑低空轰炸、扫射，反复多次。佟在营房外指挥我们士兵向其射击，因无高射炮，因而也无效果。参谋长张鹤舫[③]屡次劝佟离开险地，佟却镇如泰山，“嗨嗨”一笑，不为所动。我在旁仿佛有所仗恃似的，也不感觉有什么害怕。飞机轰炸多时后向东飞去，佟方始回营。营房遭到破坏，人员略有伤亡，但士气高昂，同仇敌忾之心油然而生，深恨当局置大好河山任日军宰割，人民生命财产任敌寇蹂躏，将士徒具爱国之忱，却无由伸张，这便是当时的真实情景。

---

① 曾在佟麟阁部队任军需官、副官等职。

② 时间似有误，疑为 1937 年 7 月 26 日。

③ 即张寿龄，时任第二十九军官训练团教育长，参谋长是张樾亭。

下午，我去见佟，把我多年积攒下的几百元和存在北平城内中南银行的存折交给他，并说："我身为军械官，在战争一触即发的情况下，是不会离开部队而进城的，倘随军进退不及而阵亡，请将军将折带去给我妻子（当时在将军宅住），省得丢失。"佟接过存折略为一看，恰巧有某队长进来报告敌情，便将存折捂在膝盖上。他们说完话后，某队长辞出，佟站起身来，在他的一个小皮箱中取出一物，包的很严，连我给他的存折一并又给了我，并说："你暂都拿上，若你进城就连我给你的一块儿带去，交给萱他妈（萱是佟长公子名，佟为人十分谦虚，对待我们下人，从不称呼他夫人为太太），如果我进城再与你要。"我只好接着退出。

约 6 点多，我接到命令，带一辆满载武器（系军士素日练习的旧步枪）的大卡车，运到城内东门军械库，再领一批新枪弹连夜回营。啊！我真的要进城啦，于是我又去见将军，说明情况，并请示另有什么吩咐。佟说："见了萱他妈，将我给你的东西交给她，就说没有事。军人是打仗的，过去打的不叫仗，那叫内乱，现在才叫真正打仗呢，因为现在打的是外国人。若见到老太爷和老太太，就请他们二老放心，千万别挂念，等把鬼子打跑后我就回家来啦。"随后我跑出装车，收拾完毕，天已 7 点，于是匆匆出发。

南苑距城只有数里，由于日军在路的东西两侧不时骚扰，说不定在什么地点发生遭遇。我们实弹戒备，一路平安，约半小时到达永定门下。把入城证展示，门卫看后才开门。不巧，车到东四十一条南小街时抛了锚，到 9 点还没修好。我心颇急，于是命令士兵轮流就近在小饭馆吃饭，我先去十条佟宅办事。车什么时候修好什么时候叫我，万勿耽误。我到宅已 10 点，南城一带照明弹此落彼起，把天照得通明，枪声炮声一连串地响，显然已经交火了。宅内所有的人都表现出焦急不安的神情。

南苑整整打了一夜，天方黎明（7 月 28 日），跟我的士兵来说："车已修好。"我进见佟夫人说："车已修好，我要去了，问夫人有什么话？"佟夫人惊恐不安地说："打了一夜，可知道先生怎样？你现在要出城是不是能走的了？看吧，如果走得了的话，先生怎么样我很惦记，如果有可能的话，千万给我个信。"

我辞别夫人，到东门军械库领取了弹药，就往南苑走。我何尝不知道昨夜整整打了一宿，但任务在身，在未等到任何命令前，明知前面是火坑，也只得往里闯，这是军人的天职，于是命令出城回南苑。

车走到东单南青年会门前，路被挖断了，我问交通警，哪儿可以过去？答云："东至东城墙根，西至西城墙根都挖断了，哪儿也过不去。我听了疑信参半，令车绕到王府井大街，看看是否能过。但到东安市场一看，同样中断了。这可怎么办。我正在出神，砰！砰！枪声响起，街上人们乱跑起来，只听人们嚷嚷说："东交民巷出来了日本鬼子便衣队。"据此情况我只好到军部城内办事处请示再定，便急令将车开到铁狮子胡同办事处。到了办事处，我将车和弹药交给值星官，去请示首长。就在此时，军、师各位首长正在开会，且不准随便进入会议室，我只好坐在会议室外甬道中等着，不一会儿，甬道中电话请冯治安师长接。师长一出会议室即看见我，等他接完电话后，我迎上去，还未说弹药的事，就先问副军长情况。冯师长直截了当地对我说："业已阵亡。"跟着吩咐我，回家可别说阵亡，就说受伤，已送到医院去了，说罢又匆匆进了会议室。

我乍一听，副军长"阵亡"，不胜震惊，也没有了主意，呆坐了良久，于是急回公馆。车和所带的4名武装士兵，都交给了办事处的值星官，责任卸除，现在只有去办副军长的事情了。

怎么告诉宅内这个噩耗呢？我边走边想，打算先单独告诉佟的长女佟凤华。

佟子女多人，长女内韧外朴，庄静持重，无纨绔小姐习气。我到宅找到她，小声对她说："副军长阵亡了。"她一听，如五雷轰顶，呆住了，半晌儿说不出话来，跟着眼泪如断线珍珠，簌簌一连串往下流，却未哭出声来。果不出我所料，她反而嘱咐我；"先别告诉太太，老太爷、老太太跟前更要保密。"随即她找到老谢（谢飞凯，河南扶沟人，曾跟将军多年，没有文化，但很讲义气），告诉了这一情况，并拿出200元钱交给我俩，让出城寻觅将军遗体，设法弄进城来。我俩立即出发，见城门紧闭，佟的副官蒲华轩等四五人都在永定门内呆着。我俩看见他们，老谢说："城出不去，咱们大家先到公馆，想好办法再出城去找。"这些人也无主意，随即跟着我俩一块儿到了公馆。

一进大门，劈头迎着佟的二女佟凤琴。她对这些副官哭着说："你们回来了，我爸爸呢？"这些人一听，未发一言，都扭头出门走了。大女儿佟凤华还不知道刚才的情况，待我俩见到她说明后，她十分伤感地对我们说："现在只有你们俩了，希望你俩想尽一切办法把我父亲遗骸找回来。"另方面深嗔她妹妹说话太不考虑，处事过于幼稚，这样一来，觅尸的人手更少了。再说他们每个人身上都带着副军长生前心爱之物，如照相机（我给将军在北平买的，系德国产品，名叫"莱卡"，速度为千分之一秒）、望远镜、墨镜、金项链等物，如果没有凤琴这样说话，是不会让他们带走的，乃深为一叹！

老谢对我说："咱们走吧！"于是我俩又离开公馆，边走边合计。老谢说："咱们先到办事处看看，是否有人？如果有的话，可请他们帮助。"出十条西口，往北拐路西，便是铁狮子胡同。到了办事处，天已不早，抬头一看，门前广场辎重堆积如山，办事处已无一人。我对老谢说："撤退了啊！"老谢说：

“这可怎么办?”我说:“看来寻尸今天无望了，军队撤退，城内免不了敌特骚扰，现在急务莫如先把公馆主要人员和贵重可带物品分别疏散到城内各亲友家，把活人安顿好，然后看情况设法再找尸体。”老谢认为很对，于是我们急急到宅，不容耽误，从速行动。

却没料到佟夫人业已知道将军阵亡，此时坚不离公馆，意在偕亡。这可把我俩急坏了，佟凤华一看，即对她妈说:“别固执了，把他俩再逼跑，家里不是更没人了吗?”佟夫人听大女儿这样说，哭着动弹开了，于是翻箱倒柜，大家忙了一阵，分成两批行动。此时快近 10 点左右，出了门，街上静悄悄的，连一个人也没有，可上哪儿去雇车呢?没有车，只好步行。出了胡同西口，大街上警宪制止前进，原来是已戒严。我跑上去对警宪说明情况后，方放行。从此每逢岗卡，我便向前，等把他们护送完毕，天已亮了(7 月 29 日晨)。

我们将佟夫人等一个一个安置各处，然后又合计怎样去觅尸。老谢说:“听说城防司令田春芳和三十八师张师长没走，咱俩分别去找他俩看看，请他俩协助，不比咱俩盲目地瞎碰好吗?”我说:“可上哪儿去找?”老谢说:“城防司令部原先在中南海，现在是否还在那儿?我去碰碰。你可到西城张师长的公馆找他，如见着的话，就请他无论如何设法帮助。”说完，我俩分头去找。

我到了张师长公馆，说明来意，门卫传令答复我说:“师长不在家，等师长回来再说。”于是我决定单身出城去寻。此时城门已开，我就打听到将军的阵亡地点，到永定门外大红门东侧麦地一带去寻。等我走到大红门，忽听到“站住”的叫声，抬头一望，大吃一惊，六七个日本鬼子兵在那儿站着岗呢!我愣住了，鬼子翻译招手示意让我向前，我走到离鬼子兵不远处站住。翻译问我:“去哪儿?你是干什么的?”我答:“去南苑北小街，我是北小街菜铺的，我们掌柜的叫我进城，向短我们柜上菜钱的队伍去要钱。现在要回柜。”说着，我把身上带着的钱掏出来让鬼子兵看。翻译听了，叽里咕噜地讲了一阵，看样子好像是个鬼子兵小头目模样。别的鬼子兵都是大枪，唯独他带着一个王八盒子。这头目听了，啾啾咕咕和鬼子翻译又说又比划，然后由翻译说:“把你的双手展开。”我展开后，鬼子们仔细地看我手掌，跟着又把我上下打量一番，见我身体瘦小，不像个军人，衣着不合体且又褴褛(这是我事先穿的破衣服)不堪，颇像个菜铺穷伙计。他们把我端详一阵后，翻译告诉我:“你回城里去吧!”我于是鞠了一个躬，回头便往城里走。走到距离鬼子百米左右的地方，听一位老者小声的说:“别跑!”此老是路西茶棚住的卖茶人。我再往前走，见到路侧躺着两个死人。我明白了，这两位死难同胞，可能是要去南苑，不让过去，返回城时沉不住气，要跑，致使鬼子疑惑而开枪打死的。老者叫我别跑即此之意。我心领神会，于是压着脚步故意缓行。走到一个拐弯处，鬼子看不见了，就一口气跑进城。

七七事变，二十九军奋起抗战，北平城内人民一股爱国热情，真是令人感泣。不管是电车、汽车、人力车，大饭庄、小饭馆、街头卖零星吃喝的，各阶层各个角落，只要军人所到，一律不收费。我在南城珠市中大街见一部分队伍由东往西，就看见街道两边字号主动排列茶点桌，队伍过处，无不热情接待，那份同仇敌忾的爱国热情着实令我终生难忘。我略为休息后，即强打精神坐电车回到公馆，见了大小姐。小姐说："老谢在中南海已见到田司令，他答应帮忙，他现在可能还在中南海，你这会也去那，和老谢一块找。"我又到了中南海。果不出大小姐所料，田司令业已与日本领事馆、北平红十字会联络好了。后日本领事馆派了一名翻译，红十字会派了一辆卡车，田司令派了几个人，会同我和老谢前往永定门外，终于在大红门东麦地里[①]找见了佟将军尸体。北京阴历六月的天气热得不得了，尸体经过两天两夜的时间，皮肤已腐烂，腐气逼人。大家把尸体抬到车上（车上带着一领苇席），半铺半苫的运进了城。

一到家，我们把佟将军尸体停在西花园北厅。帮忙的人手走了，剩下我和老谢，还有几位将军的亲戚。大家合计，请一位大夫来，让他用碘酒把将军尸体洗一下，清除秽虫，好换寿衣。请来的大夫一看，勉勉强强用酒精在面部擦了擦，即算了事，要了十元出诊费一溜烟跑啦。我们计划落了空，再有啥办法？也只有我和老谢亲自动手。将军的戎装是脱不下来了，只好用剪刀划开，腐气逼得我俩呕吐窒息，于是让人赶快打来几斤烧酒，买了几条新毛巾，把毛巾浸入酒中，再捞出来捂着鼻子和嘴进行洗身换寿衣的工作，其他的孝子亲友站在花园边。将军负伤两处，一系胸部，一个腿部。寿衣是没法儿穿了，只好铺垫裹严后即入棺。

往哪儿葬呢？我说莫如先就近厝于雍和宫以东的柏林寺好，大家同意。于是我去寺内租灵房，化名胡宅（因将军姥姥家姓胡）。我用的名叫王思源，意取饮水思源。

把将军灵柩安置妥当后，我即留在寺宿，请了寺僧念经，以超度亡魂，并防止敌特来破坏将军忠骨，正如俗话所云："修行谁无人见，存心自有天知"的两句话。经日，我虽没有碰到什么坏人来寺骚扰，但心上总不大放心，于是在取得佟夫人合家的同意后，在寺的东跨小院内租了一块地皮，把将军灵柩移到地下掩埋，未留坟冢，却设一花池，安顿完毕，我方离寺回公馆。

---

① 佟麟阁将军阵亡地于2005年7月确认为北京丰台区时村一带，现时村地处大红门东北，在南三环赵公口桥南的光彩路中段路西，已经开发楼盘。

佟夫人接着我，哭着说："慎之，你就哪儿也别去啦！只要有我佟家吃的，就有你吃的，现在就跟着我们度难，等把鬼子打跑，光复了失地，咱们再好重见天日。"说罢，放声大哭，我也伤感地流了不少眼泪。从此，我就留了下来，一心一意跟着他们度难。

（《在佟麟阁身边工作的日子里》，选自《文史资料存稿选编·军政人物》（上），第854—857页）

## 英勇殉国的赵登禹将军

过家芳①

过家芳

赵登禹将军字舜城，山东菏泽县赵楼人。1898年出生于农民家庭。少时体魄魁梧，臂力过人，少数人不能近其身。他弱冠从军，投陆军第十六混成旅旅长冯玉祥将军麾下。驻防常德时，日本领事馆常有欺凌乡民事。赵捕其肇事者送旅部，经冯将军与日方据理交涉，日领事赔礼道歉，保证不再犯。1926年第一次国共合作，冯玉祥将军率西北军在五原誓师北伐，赵登禹任梁冠英师的旅长，在孙良诚援陕军总指挥下，参加西安解围战役。西安解围后，赵率部至陕西凤翔剿匪（党拐子），围凤翔城三日。赵率领敢死队于夜间登城，城破守匪惊溃。赵打开粮库，救济饥民，将匪抢劫的财物登册招领，亲临监督，放回匪徒抢去的妇女，重与家人团聚。至今凤翔一带耆老谈论此事，犹啧啧感念。

1930年，阎、冯讨蒋，赵登禹任第四路军第二十五师师长。是年秋，赵部缩编为一〇九旅，属第二十九军第三十七师（师长冯治安），驻山西猗县、辽县（现左权县）一带练兵。

九一八事变后，全国爱国学生和各界爱国人士纷纷举行游行示威，要求打倒日本侵略者，恢复国土。第二十九军官兵积极响应，表示誓死保卫祖国，恪尽军人天职。一〇九旅官兵排演抗日救国戏剧，邀请东北流亡学生到部队作报告。会上，赵旅长以"宁为战死鬼，不作亡国奴"为题，号召全旅五千健儿，激起全军抗日救国的义愤，秣马厉兵，枕戈待命，抗日情绪，十分高

① 作者时任赵登禹部第二一八团第二营副营长。

涨，五千健儿群情激愤。“誓死保卫祖国，收复失地！”“战死沙场，不当偷生怕死的孬种”！“打倒日本帝国主义！”的口号响彻云霄。甚至有咬破手指，血书明志，誓死报国者。

1933年初，第二十九军驻防张家口，要求开赴东北抗日，后奉命在河北三河、蓟县一带集结。东北半壁沦陷后，日军进攻山海关，二十九军奉命向长城一线前进。赵登禹率一〇九旅（辖二一七团、二一八团），由蓟县出发为先遣部队。到遵化县即发现东北军万福麟部的散兵，赵立即令全军急行军驰赴长城喜峰口。先头部队经过三屯营，只见万福麟部队已由长城口外溃退下来。二一七团奉命抢占喜峰口两翼长城一线，与日本关东军第八师团展开激烈的遭遇战。日军乘胜长驱直入，以炮空联合的炽盛火力，疯狂地争夺长城山岭一线。这一段地形，北面（敌攻的一面）较为平坦，日军不顾伤亡向我阵地连续冲锋。我军充分发挥阵地优势，以猛烈的近战火力，迭次歼敌于阵地前，并发挥官兵的刺杀本领，与敌肉搏。敌伤亡甚众，迫退一千多公尺，后又重新整理和部署。双方相持整整一夜。第二天拂晓，敌寇又开始进攻，先是三架敌机轮回俯冲扫射，轰炸我长城一线和潵河桥之间的二线阵地，而后敌炮又集中火力摧毁我营用麻包堵塞的工事约20米。我营九连刘世昌连长率该连战士与敌冲锋部队展开肉搏，刘世昌连长在拼刺敌寇中受重伤（刘于1937年任十七团三营营长时，参加津浦铁路北段子牙河战役与敌寇肉搏，重伤后滚入子牙河壮烈殉国），官兵伤亡过半。我军阵地虽居高临下，但地形为陡峭悬崖，增援不易，遂转入预备阵地，与敌对击。全线先经敌寇的炮火轰击，继以步兵冲锋，我伤亡惨重，被炮弹炸伤者较多，而敌则多在阵前被歼。其时一营营长石振纲调升二一八团团长，营副王（忘其名）代；王牺牲，少校团副冯庆远代；冯牺牲，一连王连长代；王牺牲后，由少校参谋耿德量调任。二营营长苏东亢牺牲，由营副张仁珍升任。三营营长王子亮负伤，由我（时任三营少校营副）调任。三营的连长重伤五人，班排长伤亡尤多。但在这极端困难情况下，官兵表现很高的民族气节，斗志异常高昂。营长牺牲，营副挺身而上，营副牺牲，第一连连长挺身指挥，继续战斗。其余连、排、班长一有伤亡，则由继任者高呼归我指挥，前仆后继，个个奋勇杀敌。战斗到中午，特务营也增援上阵，营长王宝良壮烈牺牲。至下午3点敌势稍煞，敌机侦察后，战场暂呈静寂状态。我军立即打扫战场，运救伤亡员兵，重新部署，严阵以待。其时，赵登禹旅长腿部中弹负伤，他裹扎好伤口后，立即在阵地召集营以上干部会议。赵旅长简要地分析了两日战况后，提出出敌不意，于当夜绕至敌后袭击的方案，并沉痛地说：“抗日救国，军人天职，养兵千日，报国时至。只有不怕牺牲，才能救亡，要求大家保持我西北军的优良传统，为先我牺牲的官兵复仇！”与会者经过两昼夜苦战，均已极度困乏，但听了赵旅长的动员后，顿时振作起来，大家都举手含泪表决心，坚决执行袭敌方案，给敌寇以歼灭性打击。会后，由一一〇旅（旅长王治邦）接替喜峰口正面防地，我一〇九旅利用夜间将全旅主力由潘家口、蓝旗等地绕至敌后，袭敌炮阵地。战斗打响后，喜峰口正面的一一〇旅立即出击，打通正面，两面夹攻敌寇。随即发给敌寇阵地位置、夜袭路线绘图，每连一份。赵旅长命令立即准备，轮流争取稍事休息，以备夜战。各营受命后，稍息即入睡。十几个人挤在一个小土坑上，互相迭压，亦不知觉，其困乏可见一斑。

当夜 8 时①，赵旅长扶杖在前，率全旅约两千人，沿滦河岸衔枚疾走，间闻冰嚓嚓声。渡过滦河桥，先头部队到达指定地点，点燃火光（点火堆为号）。我军如天兵下降，直扑敌营，大刀挥出，敌身首异处。三营官兵首刃敌炮兵大佐于酣梦中，我取其图囊和自卫手枪，搜出日军侵略我长城一带兵力配备详图一份，详载日军兵力、进军路线、时间等，当即派王子一营长送二十九军军部，并通报各部队。这对以后友军在罗文峪口、古北口等地歼灭日军，起了不少的作用。夜战打响后，敌寇仓皇应战。一名日军利用墙孔，用歪把（三八式机枪）向我官兵狂射，妄图阻止我军进击。我九连战士外号老毛子者（甘肃人），匍匐近敌，力夺敌寇机枪。墙孔小，枪身粗，本不能出，但在激愤之际，老毛子尽力一拉，机枪竟脱身而出，反枪毙敌，真是神力！另有班长杨秃子，因拉枪管用力过火，两臂肿痛月余始愈。二营本来是炮兵团缩编的，见了大炮，更是眼红，他们调转炮口，向敌后方连打三炮。黑夜当中，敌寇竟不知弹从何处飞来。后以正面喜峰口未打通，只得将炮栓卸下带回，炮口炸毁而归。

此役除缴获敌部机枪外，破坏日军一个野炮营，毙敌约 300 余人，并焚毁其弹药汽车等，于拂晓前完成战斗任务，然后分两路返回潘家口阵地。在这次夜袭中，我军伤亡 200 余人，中校团副胡蟠牺牲，连、排、班干部伤亡 40 余人。接着，赵登禹旅长以一部在潘家口长城一线布防，与敌对峙，一部在后方休整。从此日军不敢越喜峰口一步。敌寇原定侵略计划，意图向罗文峪口的一四三师刘汝明部及三十八师张自忠部和建昌营、义院口等处大举进攻，由于我防军早有准备，这次给敌以大量杀伤，未能得逞。日军又从外交上施其奸计，迫使国民政府先后签订《塘沽停战协定》和《何梅协定》，二十九军离开长城一线，开赴河北石家庄、正定、获鹿、井陉一带。至此，长城抗日战役，告一段落。

1933 年秋，二十九军入察，宋哲元军长为察省主席，赵登禹擢升为一三二师师长，驻张北县。赵将军令二一七团向独石口、沽源进军，驱逐伪蒙李

---

① 实际是 3 月 11 日夜 11 时出发。

守信的骑兵部队，并驻守该地。当时日军把察哈尔省视为囊中物，经常派特务窜扰独石口、东栅子、小厂、张北县等地，制造所谓“第一次、第二次张北事件”和“第二次热河事件”，无理挑衅。这就更加激起二十九军全体官兵抗日复仇的义愤，更坚定了杀敌报国的决心。

1935 年，一三二师驻防南苑，所属二一七团驻十四营房，其一营负责警卫武装库，内有日机并驻有日军一个排。日军恃强，不准我军民通过该地，引起一营官兵的义愤。赵师长乃派一个连包围日军机库，不许日军出入。经过几次谈判，直到日军守军排长道歉，保证不再发生无理拦阻军民通过始止。

1936 年，二十九军驻平津一带。根据《何梅协定》，日军要求派顾问到二十九军监督，军长宋哲元将日本顾问安置在指定的楼房内，派兵监护，局势异常紧张。国民政府派孙连仲到保定，多次命令驻北平的二十九军撤到保定，宋哲元军长正感处境困难，犹豫未定，这时刘少奇同志起草主张抗日救国的三条意见，通过二十九军的一位参谋处长作为自己的意见提出给宋。宋军长认为很好，乃未执行撤退命令。在全国人民抗日救亡运动的推动下，宋哲元为了表示二十九军的抗日立场，曾邀请平、津各界人士和爱国学生代表，到南苑飞机场参观二十九军阅兵。北大校长刘哲、东北流亡在北平的高级军政人员、各国驻平使节，日本顾问等均应邀参加。首先由一三二师二一七团（曾参加喜峰口作战的部队）分别表演了全团的劈刀、刺枪、拳击三项技术；接着宋哲元讲话，大意是南京有飞机、大炮、坦克等部队，北平只有一辆装甲车。我的主张：第一是坚决服从中央命令；第二是“一头碰在南墙上不回头”！他连声声呼三次，全军万余人，一齐奋臂高呼：“一头碰在南墙上不回头”①！呼声响彻云霄。日军顾问和外国使节不解其意，但全体官兵和到会的爱国学生、知名人士都深知其义。这次阅兵式表达了二十九军的抗日决心，只等中央一声令下，立即杀敌救国，恢复失地。

当时二十九军保卫平、津的军事布防，是以第三十七师冯治安部驻北平；第三十八师张自忠部驻天津附近；第一四三师刘汝明部驻察哈尔、张家口、宣化一带；第一三二师赵登禹部驻河北的河间、南宫、大名一带。分三线布防，修建工事，积极准备抗战。日军则日夜运送关东军和中国驻屯军进驻天津、廊房、塘沽、北平、丰台、唐山、滦州等地，与我军对峙，局势十分紧张。

1937 年 7 月 7 日，日军借演习为名，冲入我宛平城内驻军三十七师营房，挑起战争序幕。第三十七师一一〇旅何基沣驻军的吉星文团（吉当时在南京中央军校高教班学习，由中校团副三营营长金振中代理）奋起应战。日军顾

① 隐语，意为“抗日到底！”，宋哲元因身旁有日方顾问，不便明言，以隐语喊出心声。

问樱井少佐与北平冀察委员会外交委员林耕宇、宛平县县长王冷斋到实地视察，名为交涉停战，实则日军借此拖延时间，以便集结日军，发动更大的攻势，进击我军。第二十九军的官兵，久已忍无可忍，他们誓死保卫国土，收复失地的激愤，无法制止。宋哲元通电全国，“卢沟桥是二十九军的坟墓，誓死保卫祖国”！一场抗日救国的民族战争，以排山倒海之势，澎湃地向前发展起来了。

赵登禹

当时华北有宋哲元的二十九军，由四个师、两个独立混成旅，一个特务旅和一个骑兵师编成，此外还有华北地区的保安部队，东北军的万福麟、冯占海的部队和山西军的一部，总兵力约有十五万三千人。日军正在运输行军过程中。日本陆海空军的作战计划是集结平、津兵力，进攻二十九军，尔后进攻华中。他们与国民政府外交谈判，拖延时间，大量集中兵力到廊坊、通县、丰台等地。到7月20日，日军向二十九军驻军防地发动进攻。当时，南苑驻军有二十九军卫队旅孙玉田部和正在集训的平津爱国学生军训团，骑兵第九师和二十九军军部及各师留守办公人员，由副军长佟麟阁负责指挥。宋哲元令赵登禹到南苑统一指挥，各部立即应战，并急电驻河间，南宫、大名等地的一三二师部队星夜急行军向南苑集结，包围日军以歼灭之。7月27日，团河失守；28日上午，日军飞机三架狂炸南苑营房，俯冲扫射；敌炮二十余门，集中向南苑机场轰击。赵登禹亲率卫士三十余人，指挥卫队旅和军训团学生队反复冲杀。一时机场硝烟弥漫，血肉横飞，双方伤亡都很大。我军在赵登禹的指挥下，重整部队向大红门一带冲杀。日军机枪架在公路两侧，以猛烈的火力，封锁附近通道。赵登禹将军在率领部队经过大红门时，被敌弹穿胸，壮烈殉国；同时牺牲的还有副官李先池等人，司机程振芳腹部中弹负重伤。下午6时，由冀察政务委员会派参议田春芳协同北平红十字会到大红门将殉国将士就地掩埋。抗日胜利后，何基沣奉冯治安命，到北平将赵登禹将军和二十九军抗日阵亡将士忠骸，迁葬于卢沟桥畔，实践了“卢沟桥是二十九军的坟墓”的誓言。（1985年）

（《英勇殉国的赵登禹将军》，选自《文史资料存稿选编·军政人物》（下），第363—366页）

## 赵登禹将军南苑殉国的实况[①]

1937年，日军方加紧了侵华的步伐，更加重视谍报工作，其中二十九军一三二师师长赵登禹是他们重点侦察的对象之一。日本特务机关经过仔细调查，得知赵登禹就是1933年喜峰口战役中夜袭日营的指挥官及“张北事件”中扣押日人的抗日将领，因此对赵恨之入骨。

为了更好地控制赵登禹，日军方采取了在二十九军内部安插眼线的办法。周思靖就是日本在二十九军南苑军部安插的一个重要眼线。他是日本陆军士官学校第22期骑科毕业生，和冯玉祥的长子冯洪国、盛世才之弟盛世骐是同学，能讲一口流利的日语。正因为如此，回国后他才得以进入二十九军任少校参谋，专门负责翻译工作，实际上是一个汉奸。在此期间他和日本驻二十九军顾问樱井在一个办公室里办公，因此有优越的办公环境，办公室里配有电话，可以直通二十九军领导人和日本特务机关。

殉国时的赵登禹将军

七七事变爆发前，赵登禹在河间、大名驻防，任河北省保安司令。后奉宋哲元的命令赴北平南苑，加入对日作战的行列。27日，赵登禹带领先行部队赶至南苑，并在南苑的柳营向属下部队下达了准备抗战的指令。赵登禹刚来到南苑，周思靖就对其严加侦察，并把赵的一举一动秘密向日本特务机关汇报。28日拂晓，日本对宋哲元的最后通牒期限已过，宋哲元命赵登禹将军进北平城开会，但赵还没来得及回北平，日军就展开了对二十九军的军事攻击。日军轰炸机在柳营上空轰炸十分钟，大地震动，火光冲天，浓烟滚滚。士兵们散至旁边的高粱地内，朝空中射击，但浓烟使他们无法确定目标的准确位置，影响了射击的准确性。许多士兵被炸弹炸伤，兵营也接连起火。面对严峻的形势，赵登禹将军立刻命人把军用电话搬到洋槐树底下，向部队下达了作战命令。此时日军的地面部队也对南苑展开攻击，日本山下奉文少将的第四十旅团从北宁线的南面，萱岛高大佐指挥天津步兵

---

① 本文参考〔日〕寺平忠辅：《卢沟桥事件》，读卖新闻社1970年版。

第二联队经通州从南苑东面一带，河边旅团牟田口联队从丰台方向向南苑包抄开火。日军先以强烈炮火猛攻我守军阵地，随后以一个联队的兵力向我军阵地推进。南苑最终被敌人的三面重兵包围，形势异常危急。由于南苑一带全是平原，无险可依，再加上日军炮火十分猛烈，为了避免无谓的牺牲，赵登禹指挥部队且战且退。在战斗中，部下劝他退出战斗，赶快赴平，他却说："汝从速返平，向余母言，忠孝不能两全，设余不幸，请嘱母勿悲！"[①] 于是仍坚持战斗。后来赵登禹在宋哲元再三催促其回北平共商军事的严令下，踏上了前往北平的行程。回北平之前，赵登禹将军在南苑作了最后的军事部署，然后安排士兵用网和树叶伪装汽车。一切安排妥当后，赵登禹将军与参谋冯洪国握手告别，嘱咐其领导学兵撤退。当时周思靖就站在一旁，听到了他们全部的谈话。他立刻回到办公室，用电话通知敌人：12 点 50 分赵登禹在前后各一辆满载卫兵的卡车护卫下，乘黑色的小汽车向南苑北部的天罗庄方向驶去。

在上午 11 点，埋伏在的天罗庄三岔路附近的一木大队，曾经和路过此地的郑大章领导的二十九军的骑兵队（400 余人）发生过战斗，所以地上还残留着军人和马匹的尸体。

此时，赵登禹乘坐的小汽车向天罗庄方向急速驶来，日军早已知道车内是二十九军的将领。埋伏在此地的日军便携重机关枪进行猛射，汽车在枪林弹雨中艰难前行，不幸前后两辆卡车上的士兵几乎全被射杀。子弹将小汽车打成了蜂窝状，车上的司机大腿上中了很多枪，好不容易从车里爬出来，但因失血过多，很快死了。赵登禹将军靠在车的后座上，手掌放在膝盖上，全身中弹无数，像睡着一样断了气。身边的副官头靠在横窗上，从头到脚已中数弹，场面惨不忍睹。随后，日军从副官身上搜出了赵登禹的名片，从座椅上发现了蒋介石给宋哲元的电报、宋哲元给赵登禹的命令状、一三二师将校勤务表等其他重要文件，证实了旁边身穿将军服的就是赵登禹将军。此时赵将军已经殉国了，日军如获至宝，立刻将赵将军的尸体拉出来放在汽车旁上的地上拍了照片，向上级邀功去了。到下午，北平城防副司令田春芳和几位国际红十字会会员寻来，将赵将军的尸体装殓入棺，抬到北平外城先农坛边的古刹龙潭寺。

---

① 郭雄：《抗日战争时期国民党正面战场》，四川人民出版社 2005 年版，第 165 页。

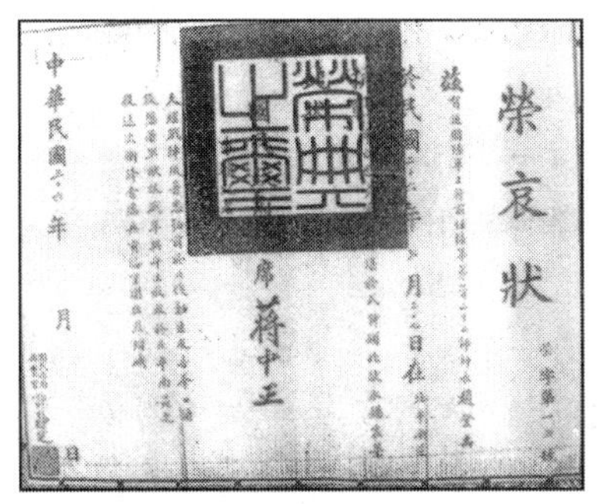
榮哀狀

蔣中正

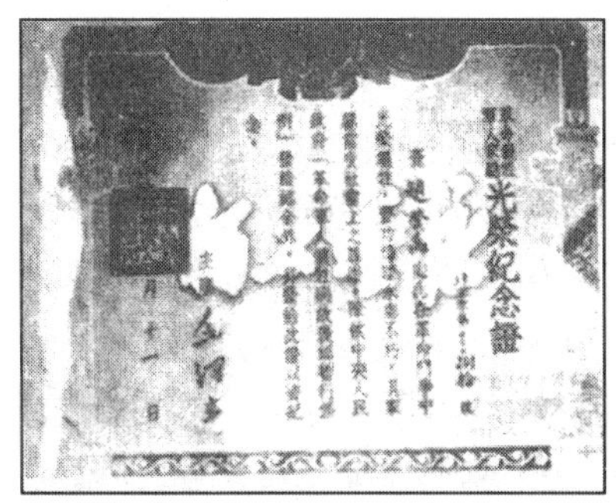
光榮紀念證

毛泽东

赵登禹将军牺牲时年仅 39 岁，国民政府于 7 月 31 日发布命令追赠他为陆军上将，发给荣哀状。赵登禹将军因此永远存活在了人民的心中，1946 年国民政府为他举行了隆重的国葬，北平市政府将西城区崇元观至太平桥路段命名为“赵登禹路”，将通县古运河西岸的东大街更名为“赵登禹大街”，以示纪念，并将其忠骨迁葬于卢沟桥畔的西道口。1950 年 6 月 11 日，毛泽东主席亲自为其家属签署革命烈士证书，由此可见，赵登禹是国共两党共同褒奖的抗日爱国将领。至今海峡两岸的教科书中都记载了赵将军的抗战事迹。

（作者：陈政祥、薛凤）

## 南苑抗战中壮烈牺牲的刘又生烈士

刘又生，字锡璋，河北省盐山县刘洪庙村人。1903 年生于农家，幼年在原籍读过几年书。后来到天津读书，毕业于天津警官学校。

1922 年底，经亲友介绍，19 岁的刘又生到北京投冯玉祥北洋陆军第十一师学兵团入伍，学兵团团长由冯兼任，十一师参谋长石敬亭代理，学兵团营长是张自忠。

爱国将领冯玉祥为提高本部 3 万官兵的军事素质，增强战斗力，第二年（1923）5 月引进大批陆大、日本士官和保定军校毕业生到北京南苑兵营当教官，请著名军事专家蒋百里、段其澎等为高级军官讲课。保定军校第九期毕业生：何基沣、张克侠、董振堂、季振同、边章五、张寿龄、何章海、傅同善等都是此时进入冯军的。

冯军从河南移驻北京后，1922 年 11 月，中共北方局领导人李大钊等多次到南苑会见冯玉祥，传播革命理论。1924 年 10 月，在当时国共两党合作的形式下，冯玉祥受孙中山，李大钊爱国反帝、反封的影响，联合孙岳、胡景翼发动北京政变，推翻了北洋直系军阀政权，把满清逊帝溥仪驱出故宫，冯部由北洋军改称“国民军”。

1925年1月，冯玉祥任西北边防督办，国民军又改为西北边防军，简称“西北军”。为了给6万西北军培养大批军事干部，1925年7月在李大钊和苏联的支持下，冯玉祥在张家口成立西北陆军干部学校，首批招收学员600名。刘又生在学兵团完成军、术两科学习后，被保送到陆军干部学校步兵科第三队学习。

1925年底，冯玉祥联合郭松龄反奉。为支持郭军会师东北，在学校步兵大队长何正权带领下，刘又生同干校学员从张家口乘火车赴天津的杨村、北仓等地，攻打李景林。攻克杨村、打下天津后，李景林逃亡塘沽从海上转山东向张宗昌求救。1926年1月，干校学员回校复课。

从1925年1月到1926年4月，李大钊三次赴张家口对西北军开展政治工作，并把宣侠父、钱清泉等一批中共党员派到张家口指导工作。苏联军事顾问也到西北军干部学校讲课。直、奉军阀吴佩孚、张作霖都惊呼：“国民军赤化了，孙中山是南派，冯玉祥是北派。”

1926年4月中旬，北方爆发了南口大战。直、奉、晋、鲁军阀纠集60万大军以“联合讨赤”的名义，从北、东、南三个方向围攻冯玉祥的西北军，当时交战双方出动的总兵力达80万人。西北军十几万人坚守南口、多伦和晋北，刘又生同干部学校的师生们都参加了保卫南口的战役。当时南口一线集中了全国80%以上的兵力。7月国共两党正是趁军阀在南方的兵力薄弱的形势下，从广东出师北伐的。8万人马能顺利地打到武汉，同南口之战有直接关系。西北军坚守南口整整4个月，实际上西北军是同南方北伐军在南口两线分头同军阀武装作战，已在客观上参加了北伐，其历史功绩早已被国共两党肯定。1926年8月15日，多伦和南口先后被攻陷，西北军向西千里大撤退。在何正权带领下刘又生同剩余的400多名学员撤到包头后，张之江给他们发了毕业证书。

冯玉祥、于右任、刘伯坚同苏联顾问团回国后，于9月17日，冯率5万西北军余部举行了“五原誓师”宣布全军参加国共合作的国民党，加入北伐阵营改称“国民联军”。刘又生同干校毕业生参加了“五原誓师”，为北伐做政治宣传工作。“五原誓师”后，国民联军按照李大钊和中共中央制定的“固甘援陕，联晋图豫”战略，从五原挥师南下，巩固了甘肃后方又解围西安。1927年6月，同南方北伐军会师河南。蒋介石、冯玉祥率两个集团军沿京浦、京汉两铁路沿线北上，在打垮了孙传芳、张宗昌和张作霖的联军后，于1928年6月，占领了北平和天津。冯玉祥的第二集团军已发展到40万人马的武装，自西向东控制着青海、甘肃、宁夏、陕西、河南、山东六省。冯玉祥为加强铁路运输线，成立了陇海路警务处，委刘又生任郑州铁路警察训练所中校所长。1929年春因表现突出获冯玉祥署名颁发的立功奖章和证书。

由于蒋介石奉行独裁，排除异己的政策，在加紧培植嫡系势力的同时又遣散其他武装力量，讨伐桂系和西北军。1930年3月冯、阎、桂联合反蒋，中原大战爆发。半年后，在蒋介石的拉拢下，张学良带10万东北军入关助蒋。西北军全面瓦解，冯玉祥宣布下野。刘又生随师长张印湘改编为隶属吉鸿昌第二十二路军，刘任该军第三十一师上校参谋处长。

1932年9月，张学良调第二十九军从山西移驻察哈尔，军长宋哲元任察省主席。10月冯玉祥从泰山也来到张家口，在共产党的支持下同原西北军旧部方振武、吉鸿昌筹建察北抗日同盟军。

1933年5月，刘又生来到张家口，在老长官冯玉祥、吉鸿昌、佟麟阁等指挥下参加察北抗日，8月，同盟军失败，刘又生同李克昌仍坚守在察北的宝昌、沽源，坚持抗日。

察北沦陷后，1936年刘、李二人来到北平，当时老长官佟麟阁任二十九军副军长兼南苑军训团团长和大学生训练部主任，为抗日培养后备兵源，张寿龄任军训团教育长。李克昌担任了南苑军训团第一大队（军官大队）上校大队长，刘又生任中校副大队长，加紧训练抗日战士。

1937年7月7日卢沟桥事变爆发后，日军增兵至10万人马进攻北平[①]。7月28日凌晨，日军从通县、丰台出重兵从地面、空中两路攻打南苑兵营，总兵力是3个步兵联队（团）、1个炮兵联队、飞机30余架。佟麟阁感到形势严重，命令教育长张寿龄把没有枪支（每人只有一把大刀）、缺乏实战经验的学生带出重围，以庄稼地为掩护由大红门突围，佟麟阁和刘又生率军官大队向北狙击敌人。佟指挥右翼，刘带领左翼，但敌人已涌到眼前，虽经奋力搏击仍寡不敌众，最后陷入日军重围。刘又生毫不畏惧，虽身受重伤仍从容指挥。不久，他腹部中弹，

革命烈士证明书

刘又生 同志 在抗日战争中 壮烈牺牲，经批准为革命烈士，特发此证，以资褒扬。

中华人民共和国民政部

一九八五年 月 一 日

刘又生的烈士证书

---

① 北京自1928年6月到1937年10月，称北平；1937年10月到1945年8月，称北京；1945年到1949年，称北平；新中国成立后，又称北京。

弹片炸破肚皮，肠子流出，但他临危不惧，把流出的肠子塞进肚内仍指挥部下冲杀，最后因流血过多壮烈牺牲。

1983 年河北省盐山县民政局追认刘又生为烈士。

（作者：邓俊昇、韩明）

## 我在南苑抗战中失去了一条腿

傅锡庆口述

我自幼家道贫寒，十几岁时父母先后病逝，成为孤儿。后由外祖父和舅母抚养成人，17 岁时从官立学校毕业。在一家茶食店学做生意，后弃商投军。

20 岁那年，我怀着“不怕日本，不怕打仗，报效国家”的豪情，报考了北京南苑军事训练团，但因学历不够未被录取。稍后经三十八师翟紫封介绍考入三十八师教导队学兵第四中队，于 1937 年 2 月 1 日正式成为一名学员兵，还清楚记得当时考题是一篇《兵贵精不贵多论》的文章。当时四中队驻扎在十六营房，和三中队相隔一墙，师长是张自忠，教导主任是马文田，我所在一班班长是齐福尧。当时每日学、术两科非常紧张。上午早操学习军事科目，我是机枪射手，每天学习操作机枪；下午讲堂里学习操典、战斗法则、内务规则、应用文、地理和自然等学科；晚饭后上自习，9 点吹熄灯号。

在南苑抗战中失去一条腿的傅锡庆（方军供稿）

1937 年夏天在南苑大检阅时，我见到了军长宋哲元和其他一些将领，宋哲元在演武厅向全体官兵训话，勉励大家学好本领抗日救国，收复失地，以雪国耻。

七七卢沟桥战争打响后，全军投入紧张备战，我教导队停止一切课程，每天在西北围墙上修堡筑垒，东北部分挖掩体、交通壕等战事，白天忙碌了一天，夜间全副武装怀抱机枪和衣睡觉。7 月 27 日，日寇突袭位于南苑西南方向 12 华里的团河，团河住着一营骑兵和喜峰口退伍的伤残兵，在敌众我寡的情势下我军伤亡惨重，仅突围出 36 名官兵来至南苑。

7 月 28 日，日寇继而侵犯南苑，天刚拂晓时敌机两架掠过南苑上空进行侦察，同时在西北方向日寇由远而近朝我南苑开炮，天亮后日寇出动 30 多架飞机对我各营房、演武厅、飞机场等目标进行狂轰乱炸，爆炸声、机炮声响彻云霄、震耳欲聋，南苑各建筑物的一切设施惨遭破坏。我军在副师长王锡町的指挥下，集中兵力，每个中队都配置了6挺轻机枪、3个掷弹筒。在东南方向的围墙上，战壕里居高临下进行了一场恶斗，轻机枪、掷弹筒同时向鬼子们扫去，打退了鬼子们的数次进犯。当战斗到最激烈时，侵华日军已经在飞机的掩护下打进东门，敌我双方展开激烈的白刃战，我们都亮出了大刀和鬼子们拼杀。这时，有一个鬼子由我身后用刺刀向我刺来，当时我正用左手提着手枪，右手握着大刀。忽听后面有风声，我猛回头和鬼子碰了个正面，只见白光一闪，他的刺刀已经扎进我的左肋一侧，幸亏刺空了，仅刺破一点皮肉。说时迟那时快，我鼓足劲抡起大刀将鬼子斜肩代背砍死在地上，溅了我一身血。

南苑一战，我大过了枪瘾，平素不准放一枪，这次把枪身都打得火热了，换了备份枪接着打。我当时没有负伤，可是我战友们死伤过半，我班战友王洪鹏就在这次战斗中右臂被打成重伤。在撤退中我大部队沿着京苑公路往北平方向急行，与此同时，敌机跟踪我军来回轰炸，同时也遭到早已埋伏在公路两旁的日寇突击队的伏击，我军在极其不利的情势下伤亡惨重。我走过的公路及两旁的水沟里死伤的官兵比比皆是，东一堆、西一堆的尸体中完整得很少。血肉模糊的尸首染红了整条公路，沟里的流水也被血水染成了红色。血肉狼藉的惨状让我目不忍睹，万恶至极的日寇见到有喘气的伤员就用刺刀捅死，这更激发了我对日寇的深仇大恨。

作为掩护撤退的机枪手，我是最后撤出的。在变换阵地时，日本的“歪把子”一梭子扫过来，我的腿连中数弹，当时就疼得昏死过去。苏醒后天已经黑了，发现我的副手李序亭在我身旁，由他帮我简单包扎一下伤口后，就强迫他带机枪撤离。当时天上正下着蒙蒙细雨，后来我挣扎着爬行了一天一宿，终于爬到了京苑公路旁的水沟里。29日下午5点左右，由美国红十字会用担架将我抬到大红门集中。大约8点，有人用汽车将我们送到卫戍医院，我住进医院转天检查，右腿已开始感染腐烂。此后几天内每天都有群众团体来慰问，如《实报》慰问团。此时北平沦陷了，危机四伏。

之后，几乎每隔几天就有全副武装的侵华日军来医院“视察”，来搜查抗日伤员。幸有美国官兵跟随，使日寇没有得逞阴谋。没过多久，卫戍医院被日军强占，我们这批伤员被转移到帅府园由协和医院接管。当时协和医院不但有美国医生，还有美国军人，所以我们的生命暂且有了短期保障。但这时我的右腿已经腐烂不堪，第二次生蛆，到了非截肢不可的程度。唯恐继续腐烂，到8月中旬，协和医院将我的右小腿截掉，但当时不能缝合，之后我的身体每况愈下，病情恶化、气息奄奄。我当时就想，我还能活着回家吗？我自己从小孤苦伶仃压根儿就没有家，而现在日寇占领中国，国将不国，家又何存？可以说当时是难过之极啊！

后又转进红十字会医院，在医护人员精心照料下，又做了一次手术，病情大为好转。1938 年 9 月由协和医院社会部于主任发给我路费，到中秋节那天，在蒙蒙细雨中，乘坐人力车到北京东站乘火车回天津老家了。

由于身体残疾，我一直生活在贫困之中。解放后，我基本在天津葛沽镇工作，当过葛沽镇人民政府秘书，后在清洁队、修路委员会工作，到 1989 年退休。

（傅克贞供稿、陈政祥整理）

## 南苑保卫战的回忆

孙麟口述[①]

孙 麟

1937 年，我在二十九军任军官教导团少将战术教官，驻南苑。每天执教的军官教导团和学生军训团都在大操场出操。一天，突然听到西边传来枪炮声。南苑部队当即投入了紧张艰苦的备战。那时，日本鬼子的飞机不断地在头上飞鸣侦察。7 月 16 日，宋哲元颁布（战字第一号）命令对敌抗战，其中部署军官教导团为右地区队，该团团长是徐以智。17 日开始，我率军官教导团所有成员和原特务旅的两个连，在大红门一带构筑防御工事。副军长佟麟阁还带军官教育团进行军事演习并埋下了无数的地雷。19 日，又接到命令，将防御工事拆除。因为局势一日三变，地雷没有来得及拆除，仅仅在地图上标出了雷区，却不料日后发挥了奇效。

南苑的守军，包括三十七师一部（这里本来是三十八师的防地，后转交三十七师）、佟麟阁副军长率领的军部机关人员和军官教导团、特务旅孙玉田部两个团、骑九师郑大章部的一个骑兵团，还有一二九运动之后，热血学生组成的一个学兵团（还没有发枪）。此时日军在华北平津一带频繁的调兵遣将，为防不测，7 月 20 日，佟副军长令南苑营园外挖掘战壕，清理营园外

---

① 孙麟（1894—1966），字伯坚，晚年用名寿仁，黑龙江呼兰人。国民党陆军中将。曾为东北抗日义勇军少将参谋处长，兴安防守司令。陆军第二十九军军官教导团少将教官。第一战区第九十六军第一七七师参谋长。

400米以内的高粱、玉米，令我率军官教导团和特务旅担任南苑的正面防务，阻止由黄村向此进犯的日军。

当日军于27日开始进攻南苑的时候，也正是南苑的防守最薄弱的时候。当时宋哲元已经认识到南苑的防御不足，因此命令预备队赵登禹的一三二师迅速进驻南苑。急于赴战的赵登禹到达南苑时，身边只带了一个团。一三二师的另两个团刚到团河，主力尚在涿州，而三十七师原驻防南苑的主力兵员已经离去。正在此时，日军的攻击打响了。南苑本质上是一个兵营，兵营的外墙在日军第一批炮弹的打击下就轰然倒塌，守军的阵地，就在院墙外面的战壕里。一木清直所部的日军冲进南苑守军的阵地，就在南苑守军阵地前极近的地方，日军纷纷踩上了地雷，损失惨重。训练有素的日军虽然受到重创，依然嗥叫着向前猛冲，跃进战壕和迎上来的学兵团展开了肉搏，一部分日军冲进了南苑兵营。在突然的地雷爆炸与肉搏中，冲入南苑的日军昏了头各自为战，失去了统一的指挥。佟麟阁率领军官教导团和特务旅一部及时赶来反击，身为军官教导团的战术教官的我更是义不容辞地战斗在最前线。在白刃战中，抗日情绪高涨的二十九军用最擅长的大刀夜战把一木清直大队砍了出去。二十九军的老兵都专门练就破日军刺刀的刀法，每人一口后背鬼头刀近身格斗极有威力（包括学兵队都人手一口大刀）。28日凌晨4点时，日军的第一次攻击失败了。

日军第一次攻击失败后，有些意外的第二十师团师团长川岸文三郎赶到前线接替指挥。8点，日军在猛烈炮火的掩护下，发动了第二次进攻。日本方面的资料后来记叙，南苑之战中国军队的防御工事堪称教范。日军认为换了自己，也不能比二十九军在工事方面做得更好。二十九军的防御工事是双层布设的，第二线阵地比第一线阵地地势稍高，火力配备几乎没有死角。南苑守军抵抗十分猛烈，他们英勇壮烈，前仆后继的战斗着，日军寸步难进，但是南苑还是丢了。清晨，日军飞机也赶来助战，南苑在炸弹爆炸声中变成了一片火海。没有防空经验的守军损失惨重，通讯系统完全被摧毁。攻击的日军迅速攻占了二十九军的第一线阵地，南苑阵地的外壕外墙被日军多处突破。

下午4时，南苑撤退下来的守军在大红门一带落入日军伏击圈，在公路上行军的二十九军部队遭到萱岛联队用机枪和迫击炮等各种兵器的猛烈攻击，日军飞机也于此时投入轰炸。由于缺乏遮蔽，又没有组织，战斗很快演变成了单方面的屠杀。南苑守军七千多名，最后伤亡五千，大部分就是在这里损失的。我率领着部分教导团员们且战且退相互掩护着。他们终于随着残部以郑大章为首突出重围退回北平。学兵团1700人中，活着回到北平的，仅仅剩只有600人，战死在南苑这块土地上的学生，没有多少留下姓名。这是二十九军平津抗战最为惨烈的一幕！

7月28日，宋哲元让位给张自忠，那一小撮汉奸并没有就此罢手。他们为日军提供了详细的名单，要把二十九军的有生力量一网打尽。当我随残部退回北平到家后，已是晚上7时许。当时我家住在白米斜街西口（旧门牌11号），小院里有棵大枣树。我的三女儿是1934年中秋节后三天出生在这里的。自从我在二十九军就任军官教导团战术教官后，每个星期回家一次，可是七七事变以来忙于战事一直没回家。7月30日一大早，当地派出所有良知的所长就匆匆赶来，叫我赶快离开北平，说日军正在全城搜捕我。我即刻来到前门火车站，在铁路工人帮助下乘火车或间步行来到天津。随后，怀孕的妻子带着三个孩子也撤往天津。她们刚刚撤离，日本人就到家中搜捕了，在路上她们受到层层盘查。由于过度紧张，刚刚到天津她就流产了。我把妻儿匆忙安排在法租界住下，又投入到抗日的行列去了。我的妻儿在天津生活很困难，只靠妻子织毛衣维持生活。后来，一位抗日救国军的赵同志每月给她们送去一些生活费，直到第二年的六七月份才得与我联系上。这时，国民政府军事委员会参谋本部又将我安排到陆军大学（已迁往长沙）当了教官。

（孙幼菊整理）

## 【新闻报道】

### 1937年7月30日，赵登禹、佟麟阁忠骸已寻获

趙登禹佟麟閣

忠骸已尋獲

昨日在北平入殮

趙氏陣亡之悲壯情形

趙登禹略歷

注：佟麟阁忠骸暂厝雍和宫附近柏林寺，而非龙泉寺。

### 国府明令褒恤佟麟阁赵登禹

1937年7月31日上海《大公报》第三版

南京国府三十一日发表明令，陆军第二十九军副军长佟麟阁、陆军第一百三十二师师长赵登禹，精娴武略，久领师干。前于北伐剿匪，及喜峰口诸

役，均能克敌制胜，懋著勋猷。此次在平应战，咸以捍卫国家保守疆土为职志，迭次冲锋，奋厉无前，论其忠勇，洵足发扬士气，表率戎行，不幸深陷重围，死于战阵。追怀壮烈，痛悼良深。佟麟阁、赵登禹均著追赠陆军上将并交行政院转行从优议恤，生平事迹存备宣付史馆，以彰忠烈，而励来兹。此令。（三十一日中央社电）

國府明令
褒卹佟麟閣趙登禹
追贈陸軍上將從優議卹
生平事蹟存備宣付史館

# 第二章　宋哲元将军客逝绵阳

## 第一节　宋哲元将军的最后岁月

宋哲元

1937年7月28日，宋哲元从北平撤到保定。报到后，宋哲元被任命为第一战区（正、副司令长官是蒋介石、程潜）第一集团军司令，二十九军各师也随之升格（三十七师升格为七十七军，冯治安为军长；三十八师升格为五十九军，宋哲元兼任军长，由李文田代理；一四三师升格为六十八军，刘汝明任军长）。宋又到马厂收拢二十九军撤出的部队，此时他已经出现头昏、站立不稳的情况，只好坐着，召见各旅旅长点名，当点到阮玄武没来报到时，宋哲元说了一声“丢人哪”，[①]后来由冯治安代为完成此项任务。不久，宋哲元发表《告二十九军官兵书》，指出“我不杀敌，敌必杀我”，鼓舞全军将士奋勇杀敌，对全国人民表示了抗日的决心。后宋率领二十九军与日军矶谷师团战斗，撤至桑园（今吴桥县城），抵山东地界，韩复榘部八十一师师长兼鲁北专员展书堂以“保境安民”为由拒绝二十九军入境。后部队转入山东临清管界，韩复榘部六十旅旅长赵仁泉不许二十九军借道，这时又出现了三十八师个别旅可能哗变的情况。[②]后宋撤退到大名，又遇上了大名失守，负责守城的何基沣自戕受伤，这使已抱病的宋哲元心力交瘁，病情加重，但他仍拖着带病之躯，带领二十九军由道口、新乡、焦作、获嘉，最后退到豫晋边境。

1938年正月，宋哲元转到河南信阳，后又退至山西境内。随行的多是高级幕僚，有秘书长王式九、前北平市长秦德纯、前河北高等法院院长邓哲熙等。刚离开信阳，日机跟踪而来，一天早上，又遇日机多架来袭，宋哲元穿着睡衣，被人从床上拉出来，霎时间连他刚睡过的床也被炸飞了。宋哲元身

---

① 根据参加过马厂集合的卢沟桥老兵孙敬生的回忆。

② 根据刘振三：《细说张自忠将军的一生》，台湾《传记文学》第31卷第3期，第17—18页。

体愈来愈差，血压升高，又因他不信西医只吃中药，治疗效果不明显，此时已不能长时间站立着说话。在得到第一战区司令长官程潜同意后，宋哲元将军队指挥权交由冯治安负责，由其带领二十九军继续抗战。宋率领幕僚渡河到了郑州。

宋哲元到郑州后，军事委员会就明令取消了第一集团军的番号，任命宋为第一战区副司令长官。在郑州住了几个月后，俞飞鹏来郑，宋哲元遂同俞一块儿到汉口见蒋介石。蒋介石请宋哲元吃饭，宋哲元到了之后坐在椅子上，说自己不能吃饭，蒋介石以为宋哲元吃不惯米饭，吩咐换馒头，但宋说馒头也不能吃了。这时蒋介石才发现宋哲元的舌头僵直，嘴也歪了，于是安慰他，同意他离军养病。

宋哲元到南岳休养。虽身在后方，却心系抗日前线，纵不能到前线与敌厮杀，唯撰写抗日文字抒发未酬壮志。他曾在衡山麻姑桥边的石壁上刻“不教胡马度衡山”一行大字，表达自己对日寇疯狂入侵的无比愤慨。并在旁边刻“卧虎”二字，其寓意为卧虎藏林，他以“卧虎”自比，养精蓄锐，期待重返战场，逞威有日。

另外，他又念起昔日的战友佟麟阁和赵登禹。为了纪念两位在南苑抗战牺牲的亲密战友，1938 年 10 月，宋哲元在南岳修建“双忠亭”，用毛笔亲手撰写碑铭，并立碑。

夫正气之存废，国家盛衰之所关也。然不极其运而其数不尽，不遇其时而其理不显，岂天地故示人以不测哉，抑未得其人，而终无以彰阐云耳。读史至文信国传，其临难致身，从容就义，正气一歌，忠义懔然，诚足以感天地泣鬼神矣。于佟、赵两将军之抗战殉国，益信正气之在天地间，为不可忽焉。溯民国二十六年七月七日，倭寇无故挑衅，突向我宛平县城轰击，因酿成卢沟桥之事变，我全国人心鼎沸，忍无可忍，陈师鞠旅，誓与周旋，无他，谋领土主权之完整，求公理正谊之伸张也。战端既起，佟将军凌阁、赵将军登禹，同拜固守南苑之命，尝愤而言曰：倭寇蛮横如此，真我辈军人以死报国之时至矣。而倭寇节节进逼，冀达其压迫屈服之计，诡谋种种，无所不用其极。果于七月二十八日晨，向我南苑猛攻，并以飞机六十余架，肆行轰炸，我佟、赵两将军，沉着应战，奋踔无前，血战经日，伤亡殆尽，顾仍不稍却，其坚贞非独能为国家扶正气，曷克臻此。竟不幸于是日晚十时，两将军同时殉国矣。呜呼伤哉！哲元患难夙共，国事萦怀，听鼓鼙而思将帅，赋袍泽以念国殇，出师未捷，干城遽殒，人亡国瘁之感，岂能已乎。翌年秋，养疴南岳，爰在观音桥侧，为两将军建亭立石，以彰忠烈，并为文以哭之。置碑既莫，庸可无铭，铭曰：国运艰迍，倭寇披猖，狼奔豕突，侵我金汤。惟兹忠勇，效命疆场，保民捍患，明耻知方。式遏寇虐，挞伐用张，壮怀烈烈，英气堂堂。南苑喋血，痛深国殇，出师未捷，竟丧元良。吁嗟将军，魂归上苍，人孰不死，死有荣光。功垂竹帛，勋著旗常，金石永寿，万古流芳。

中华民国二十七年十月。宋哲元撰。[①]

1938年秋，宋哲元到广西阳朔，派秦德纯到重庆见蒋介石，辞去第一战区副司令长官，蒋任命宋为军事委员会委员，设一秘书、一参谋、一副官和四个卫士，每月经费3000多元。此时的宋哲元已经没有实际的政治权力，而且病情加重，但他仍能分辨是非。如石友三在濮阳一带盘踞，不听从中央指挥，且与日军方勾勾搭搭，宋作为其老上级，打电报劝他服从中央，不可自作主张，更不能与日本军方勾结。再如汪精卫由重庆到上海，投降日本，沦为汉奸时，宋哲元打电报给蒋介石，极为愤慨，说这是叛国投敌。

宋哲元侍母至孝，1939年春，他搬至灌县养病，十分想念远在天津沦陷区的老母亲。游青城山时，他在山下买了一根拐棍，刻上一首诗："前岁辞亲日，中原板荡秋。敢轻离老母，无奈赋同仇。但愿常服侍，羞看此杖头。待儿归去后，常伴我娘游。"[②] 并刻上自己的乳名"湿"，托人带给母亲。宋母见后，知道是儿子送来的，非常珍爱，从此这根拐棍从未离开过宋母身边，直至死后随葬。

宋哲元到四川后，想要重返战场，继续抗日，但蒋介石对他态度极为冷淡，只是让其安心养病。后来，蒋介石在成都召开军事会议，所有的军事首长都参加，却没邀请住在灌县的宋哲元参加。宋因蒋的冷落很受刺激，病情加重。家人请中医针灸，给他服中药，但是并未治好，他的病已经入肝脏。

## 客逝绵阳

山东乐陵宋哲元铜像

1940年灯节后，宋哲元带领家人、部下到绵阳，此时宋的身体、精神都大不如从前。阳历二月的绵阳，仍然十分寒冷。一天宋哲元腹泻，半夜起身到外面如厕，受了风寒，引发旧病吐血，之后身体状况越来越差。在病重期间，他仍不忘抗战，发出的呓语也是抗战。1940年4月5日，病逝绵阳，终年55岁。

宋哲元死后，各方吊唁，国民政府追赠他为一级上将。

---

① 熊先煜、张承钧主编：《佟麟阁将军》，北京出版社1990年版，第62—63页。

② 王海林主编：《乐陵春秋》，中国文联出版社2010年版，第144页。

蒋介石以军事委员会主席的名义亲笔题写了挽联：

砥柱峙中流终仗威稜慑骄虏；

星芒寒五丈不堪殄瘁恸元良。

冯玉祥为他亲题墓碑，并抚棺大恸说："明轩身后太萧条，他真正做到了岳武穆所说的文官不爱钱，武官不怕死……"并赠送"乾坤正气"挽幛：

共患难三十年直如左右手自长城战役挫敌峰铁铮铮同服有胆；

抱疾疢一二载曾作奋斗思闻西蜀电函告噩耗天梦梦莫名伤心。

卅载故交相期报国；一生革命未尝后人。

中共中央副主席周恩来亦亲笔题写挽联：

失地收未回虎威昭垂卢沟月；

绵阳惊不起鹃声啼破锦江春。

第十八集团军总司令朱德、副总司令彭德怀亦题挽联：

一战一和当年变生瞬间能大白于天下；

再接再厉后起大有人在应无忧乎九泉。

2002 年，宋哲元的故乡山东省乐陵市为他立了铜像。2005 年 9 月 3 日，国家主席胡锦涛在人民大会堂赠予宋哲元亲属抗日英雄纪念章。

## 历 史 留 痕

宋哲元为后人留下了两份遗产：一份是 1937 年宋哲元用给母亲作寿的三万元交给北平市政府，在天桥附近购买土地，盖了一百四十间平民住宅，廉价租给穷苦人居住，创地方官员给穷苦百姓建廉租房之始①；另一份是宋在 1933 年在河北省遵化石门镇买了五十八亩半土地，为长城抗战烈士修筑了烈士陵园并立碑纪念，现为唐山市管文物保护单位。

后人对宋哲元的评价不一，现将台湾著名七七事变史专家李云汉教授在《宋哲元与七七抗战》一书序言中对宋哲元将军的评价摘录如下：

自日本于民国二十年（一九三一年）发动九一八事变强占中国东北后，有识之士已预知中日两国间的一次摊牌性的全面战争，已属不可避免。然而战争并未立即爆发，九一八事变发生后六年，才爆发了七七事变。这是由于中国政府鉴于国力之不足与抗日时机的尚未成熟，在"攘外必先安内"的原则下，有计划的对日本所采取的缓兵之计。为延缓日本的侵略行动，同时又要保全国家的领土主权，中国政府不能不迁就现实，迎合日人的愿望，在华北设立冀察政

① 《宋哲元留下的平民住宅》，1999 年 3 月 1 日《人民政协报》。

务委员会的特殊行政组织，任命第二十九军军长宋哲元为委员长，负责与日人周旋。冀察两省当时是国防的最前线，是日本军阀所欲侵占的直接目标。中国政府授予宋哲元冀察政治外交的全权，以应付日本军方的挑衅，日本军事当局却又威迫利诱，千方百计的想利用宋氏为其傀儡。所以宋哲元在当时的各省疆吏中，权力最高，责任最重，地位最特殊，处境最困难。宋哲元主持冀察两年又半，诚然有许多难为国人谅解的地方，但他在政府领袖的充分信任下，任劳任怨的支撑着华北危局，不但未曾出卖国家的领土与主权，最后仍是首先奋起抵抗的先锋，在民族大节与爱国情操方面，宋哲元与其二十九军的全体将士们，是经得起考验的。

遵化长城抗战烈士陵园中葬有36麻袋骸骨的合冢

宋哲元是位质朴的军人，在治军、作战方面所表现的忠恳、朴实、勇毅、用命等优良品性，加上他爱国的热诚，拥护国家统一的志节，以及喜峰口血战杀敌的辉煌战绩，构成了获得政府最高当局的充分信任，而畀以主持冀察军政重责的基本因素。因为一个具有这些优良品性与抗日历史的人，大众相信他是不会背叛国家民族的！

宋哲元主持华北危局的一段时期内，在对日关系与国内政局的变化方面，他都处于举足轻重的地位。在对日关系方面，中国政府赋予宋守土保民的责任，要求他奉行中央的决策，日本军阀却同时选中他作为建立傀儡政权的首领，千方百计的压迫他宣布自治，脱离中央。实在说来，当时冀察的前途实系于宋哲元的转念之间。宋能坚持国家立场，冀察当然仍是中国领土，倘宋昧于大义向日本军方低头，或是对中央携贰希图自立局面，则华北恐将为东北之续。事实已证明宋哲元忠于国家，拥护中央。但当他不时表现暧昧的态度，发表闪烁的言辞，与日人不断接触并显示其特殊地位时，却曾受到国人的怀疑、非难与责骂。另一方面，当他敷衍拖拉，若即若离，终不肯向日人屈服时，日本军阀却又不断的想以武力驱逐他，代之以王克敏、齐燮元甚至韩复榘之流。[①] 宋实处于夹缝中间，居难两全，退亦无路。但他对国人的责难从未作公开的答辩，他愿让事实证明一切。日本驻华大使川樾茂曾向东京报告："今日日本陆军以为宋已为日本收买，实则宋亦支那人也，决不愿日本夺

① 《桥本群中将回想应答录》，引自日本现代史资料⑨《日中战争》②，第318—367页。

取支那领土，观其态度之暧昧可知也。”[①] 这足可说明宋当时的立场。对国内政情方面，由于宋哲元并非出自中央的嫡系，又兼处于特殊重要的地位，所以凡是企图反抗中央政府与蒋中正委员长的集团与个人，无不想法拉拢宋氏。西南方面的代表任援道常川驻平是公开的事实。张学良于发动西安事变之日也曾电邀宋氏本人或派遣全权代表往商“国是”。宋于此际如稍有不慎，势必为政府带来无穷忧戚。然则宋于西南异动时，通电呼吁和平，西安事变后，首电中央主张讨伐。宋这种拥护中央，明辨是非的态度，于促进国内的团结与统一，实具重大的影响。

七七事变的基本原因是日本军阀不停息的对华侵逼，中国方面忍无可忍始奋起抵抗。这一点，日本人自己也不否认。重光葵即曾说过：“日本军人对中国的态度是不妥协的，参谋官员在前线上挥舞着刀尖……军人在华北的行动创造了一种情势，非发动两国间的全面战争，不能解决两国间的问题。”[②] 惟宋哲元于二十五年十一月绥东战争后逐步采取了“中央化”的政策，确也是促使日本军事当局早日发动事变的一项主因。对宋哲元来说，卢沟桥事变是一个难得的，可以使他成为民族英雄的机会。可是由于宋对日方的军事计划缺乏了解，对中国政府所持的强硬立场亦不甚明悉，以致误认卢沟桥事变为一普通的局部事件，想用和平谈判的方式谋取局部性的解决。等到日军开始进驻廊坊，威胁北平，并对他致送最后通牒要他退出北平城时，宋才晓得“我不杀敌，敌必杀我”，[③] 于是下令二十九军奋起抵抗，但时间上已经过迟了。7月28日日军发动陆空联合攻击，一日以内，二十九军有5000人以上之伤亡，副军长佟麟阁、师长赵登禹同时殉难，宋哲元、秦德纯遂亦不得不离平赴保。宋在事变初起时所表现的犹豫态度，自然使国人深感失望。及宋仓猝离平，中央社记者也曾向军事委员会蒋委员长询问关于宋的责任问题。惟蒋委员长仍充分信任宋氏，愿意代宋负责，并发表宋为第一集团军总司令，使他有机会为国效力。国人于目睹二十六年秋冬之季，宋以抱病之躯，率疲敝之众，

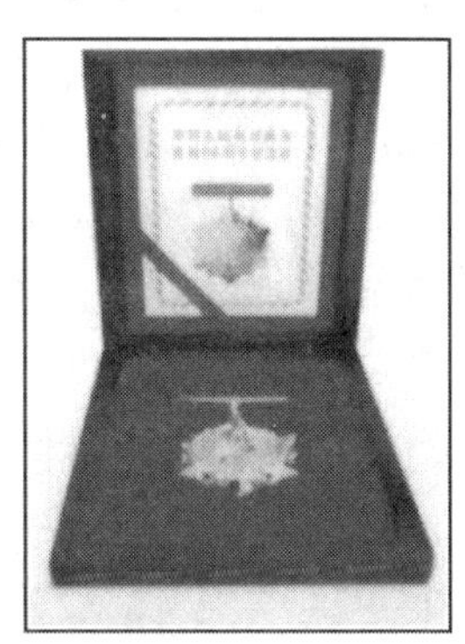

中共中央主席胡锦涛授予宋哲元亲属的抗日英雄纪念章

① 《日本制造伪组织与国联的制裁侵略》，引自《中日外交史料丛编》（五），中华民国外交问题研究会印1966年版，第338页。

② 重光葵著、奥斯瓦德·怀特译：《日本和她的命运》，纽约杜登出版社1958年版，第136—137页。

③ 宋哲元：《告二十九军官兵书》，载《中央日报》1937年8月15日。

浴血奋战于平汉、津浦前线，以致积劳成疾时，对宋亦不再有任何微辞，宋的忠爱国家是无可置疑的！

七七事变以前的两年，宋哲元为国家负守卫北疆的责任，七七事变以后的一年，宋是华北前线主要的一名战地指挥官。在整个民族对日抗战的艰巨任务中，宋所担任的是个前卫尖兵的角色，尽管宋在主持冀察军政时期，若干措施不为国人所谅解，对事变初起的应付也难辞措置失当之咎，但以维护国家民族的长久利益之立场，来评论宋哲元的功过，吾人不难发现宋哲元功多于过。因为宋至少对国家作过三重要的贡献：一、宋在七七事变前支撑华北危局，不避怨谤，为国家保存了冀察两省的领土与主权，也为政府争取了两年备战的时间；二、宋自十九年冬以后，坚守拥护统一，服从中央，不参加任何内战的立场，于促进国家的团结与统一，实具重大的意义；三、宋替国家训练了一支极为优良的军队——二十九军，在抗日战争中创造了极为辉煌的战绩，宋的几位将领，如佟麟阁、赵登禹、张自忠等为国捐躯，冯治安、刘汝明、吉星文等恪尽忠勤，都是国军将领中之楷范，为国人所景仰效法。①

（作者：李惠兰）

## 第二节　相关史料

### 挽宋哲元

张自忠

敢继执干戈卫社稷之志；

决不苟富贵惜生命而存。

（选自高子厚《宋哲元最后的日子》，《文史资料存稿选编·军政人物》（上），第517页）

### 遗　言

民国二十九年四月四日

（衔略）哲元自长城战役，待罪平津，忍辱负重，委曲因应，以不丧权、不辱国自矢，以不说硬话、不作软事自信，处特殊形势之下，受各方责难之

① 李云汉：《宋哲元与七七抗战》，台湾传记文学出版社1973年版，第1—6页。

中。七七变起，奋然应战，师长赵登禹、副军长佟凌（麟）阁均在南苑殉国。是月二十八日，奉电令赴保定指挥，旋命移师津浦，扼守沧州，保定陷落，回师平汉，转战冀豫，亘时将年。二十七年夏，奉第一战区副司令长官之命驻防郑州，感受重病，莅汉入请优给假期，易地疗治。复拜军事委员会委员之命，荏苒至今，时冀病体康复，得偿报国素志，乃医药罔效，势将不起。伏念抗战为我民族生存不受侵略之坚决主义，则军事第一，胜利第一，应以练兵筹饷决策定谋为要着；有力出力，有钱出钱，应以推行善政培养民生为要着；人才集中，力量集中，应以精诚团结意致一途为要着。合我全民之智力、人力、物力与暴敌争生命，则一切军事无关之事应缓应急，可并可省。尤应奖励廉耻，激扬忠孝，推任贤能，显拔幽微，亲平等待我之友邦，灭武力横暴之寇仇。现抗战已将三年，敌方势穷力绌，我则愈职战愈强，最后胜利已操左券。旧部诸将追随有年，集各地方之智力，经数十战之实习，皆诚朴忠实，尽心报国，当能在领袖领导之下努力破敌。哲元分属军人，生受名教，事不求易，遇竟违心。当兹国难，适值数穷，吾知勉夫，从此别矣。家有老母，年已古稀，未获侍养，恐致丧明，此心耿耿，他无念虑。但愿还我山河之时，有人酹酒相告，则哲元虽死之日，犹生之年。伏枕告言，不知择词。宋哲元。二十九年四月四日。

（录自党史会藏，宋故上将哀荣录，成都，永利印刷局，民国三十年编印，遗言，第1—2页）

（选自《宋哲元先生文集》，台湾中央文物供应社1985年版，第213—214页）

## 讣　告

中华民国二十九年四月九日《中央日报》第一版

军事委员会委员宋明轩先生于四月五日午时在四川绵阳县城逝世，谨此报闻

宋委员明轩治丧处启

通讯处：四川绵阳城内永安公寓　重庆菜园□正街七十七号第三十三集团军办事处　西安立风桥启新巷二号第三十三集团军办事处

## 国民政府褒扬令

陆军二级上将、军事委员会委员宋哲元，久绾军符，精娴韬略。往岁长城之役，率师御侮，声绩炳然。嗣膺冀察疆圻重任，时际艰虞，竭诚搘拄。此次抗战军兴，在前方指挥将士，屡奏肤功。近以积劳致疾，政府正殷廑念，

遽闻溘逝，轸悼良深，应予明命褒扬，发给治丧费五千元，交军事委员会从优议恤，并将生平事迹存备宣付史馆，用彰勋勩而慰英灵。此令。国民政府主席林森。中华民国二十九年四月十七日。

（选自《宋哲元先生文集》，台湾中央文物供应社 1985 年版，第 215 页）

# 第三章　张自忠将军血洒襄东

## 第一节　张自忠自传

### 张自忠自传

张自忠

我是山东临清县人。家住在临清乡间。那个地方，叫做唐园。民国纪元前十七年（1891年）七月七日上午8时，我就是在那个地方诞生的。先世是耕读传家，也有从政的；在军介（界）的就很少。家中人口众多，薄有田产，生活尚可自给。辛亥革命后，我在天津肄习法政，当时国际帝国主义，侵华日亟，我在那时就加入了同盟会。自己觉得，要想革命救国，还是到军队里去。

民国二年我到关外，投入陆军第二十师当兵。我对于学习军事，比学习法律更有兴趣，但是因为我是学过法律的人，对于军纪是特别的注重。我觉得这对于我以后治军都有很大的帮助。后来随冯玉祥将军充见习，依级递升，以至当师长。其间所有各级的带兵官，我都当过的。我又当过西北军学兵团团长，及军官学校校长。当时的学生，在现在有好多都是抗战的中坚干部。民国廿二年，日军陷热河后，进犯华北，参加喜峰口战役，我那时当三十八师师长。在当三十八师师长的时期，我曾兼办过政治，当过察哈尔省主席及天津市长。这些地方，都是国防的最前线，施政的方针，力求与军事互相配合。抗战军兴以后，于民国廿七年，我任五十九军军长，临沂之战以后，我又兼二十七军团长，以后徐州突围，掩护大军西移，坚守潢川，阻敌西犯。十一月后兼升第卅三集团军总司令，及第五战区右集团军总司令，指挥右翼各军在襄河东岸作战。京钟会战后，渡河侧击北犯之敌，日军败退，现又企图再逞，进犯宜沙，我又担任保卫宜沙任务。自己觉得，责任是愈加愈重，学识能力，均感不足。关于我的个性，我也可以说一说：我是一个不喜欢曲折绕弯的人，无论对长官，对朋友，对部下，有什么说什么，同我相处久的人都知道的。生平待人，一本恕道，就是“己所不欲，勿施于人”。有时宁可让自己多吃亏，而不愿意叫人家受委曲。可是我又是疾恶如仇的，只要大义所在，任何强暴，一定要与他周旋到底，我是决（绝）不畏惧的。生平的嗜好，就是喜欢买书，除军事书籍以外，什么政治经济以及文学的书籍我都喜欢买，也欢喜看，可以说是“杂而不精”，对于各种学术研究，都没有很好成绩，这要算是我的缺点。

我常觉得，世界上无论任何主义的国家，总要有个唯一的领袖。如苏俄的斯大林，如德国的希特勒，意大利的墨索里尼，而日本就没有，所以他的国内，常常闹乱子，政治发生动摇。我们中国有我们的□□□[①]委员长，是我们唯一的领袖，可以领导我们、完成革命，在五年前庐山受训时，我就有这种感觉。单凭这一点，我们的抗战建国也是有把握的。现在的中国，无论从哪一方面看，比从前都进步得多，尤其是这两年多的抗战过程中，更是加快的进步。关于政治机构的调整，经济基础的巩固，社会制度的改善，文化思想的集中都是在＃委员长的领导下，走向三民主义之路。这种进步的现象，就是最后胜利成功的保证。

中国革命，到现在已经走到最艰难困苦的阶段，正是如委员长所昭示我们的：“大凡事情愈到艰难的时候，也就是事情愈到成功的时候。”只要我们能有牺牲精神，就能克服困难，最后胜利是毫无疑问的。自抗战以来，我个人历经数十次大小战役，无时无地不是抱定必死的决心，并且以这决心，勉励我的部下，人生总是要死一回的，为国家死，为民族死，是难得的、是值得的。

最后我对于贵处的建议，我希望藉此机关，增进我们的情感，加紧我们的团结，共同携手、整齐步伐，向抗战建国的康庄大道而迈进。

（中华民国二十八年九月九日中央各军事学校毕业生调查处征求张将军自传，此篇全文皆系张将军亲口所述，此系其原稿也）

（选自《北碚文史》第2辑《张自忠将军陵园资料》，1987年版，第3—5页）

① 原文有空格，下同。编者按。

# 张自忠 1921 年 11 月的简历

| 官職 | 姓名 | 出身 | 賞 | 罰 |
| --- | --- | --- | --- | --- |
| 陸軍步兵中尉<br>陸軍第十一師騎兵第十一團第二營營副 | 張自忠 | | | |
| **年齡** | **籍貫** | **家族** | | |
| 現年二十八歲 | 山東省臨清縣人 | 祖父春琳 歿<br>祖母柳氏 歿<br>父樹桂 歿<br>母馮氏 | | |

經歷

於民國三年四月投入陸軍第二十師步兵第七十九團第一營三連五棚充當兵十月升本連一棚正兵十一月考補本師隨營學校四年七月升本師機關槍三連中士 十一月代理本連司務長 五年三月升到南武[illegible]司令部中尉副官 五月升湖南陸軍第一師上尉副官 八月奉令退伍 六年二月投効陸軍第十六混成旅充當差遣 十一月升本旅步三團二營五連排長 八年十二月升旅司令部三等副官 九年四月調湘西陸戰隊第三中隊中隊長 六月調補補充團二營五連連長 十年四月調學兵營第一大隊第三連長 八月改編陸軍第十一師升補騎兵十一團二營營副兼學兵隊隊長

中華民國十年十一月 日 營副張自忠 具

引自南京第二档案馆的西北军档案

注：张自忠出生年有多种记载：

(1) 2005 年 7 月 26 日《人民日报》，1890 年；

(2)《辞海历史分册：中国现代史》上海辞书出版社 1980 年版，1890 年；

(3) 王金铻、陈瑞云：《中国现代史词典》吉林文史出版社 1988 年版，1891 年；

(4) 徐友春主编，《民国人物大辞典》河北人民出版社 1991 年版，1891 年；

(5)《张上将自忠年谱简编》，中国传媒大学出版社 2011 年版，1891 年；

(6) 刘和平主编：《中国近现代史大辞典》中共党史出版社 1992 年版，1892 年；

(7) 南京第二档案馆的西北军档案收藏的张自忠 1921 年 11 月自填简历中，1894 年；

(8)《张自忠将军自传》，《北碚文史第 2 辑——张自忠将军陵园资料》，1987 年版，系 1895 年。

# 第二节　历史上的张自忠

## 一、解甲降晋（1926—1927 年）

### 张自忠投归晋军真相

李兆瑛[①]

1926 年秋，国民军与晋军在雁北作战的末期，张自忠率领部分部队投归晋军，当时我作为随同的一员，亲身经历了这一震惊中外的事件。

1926 年，国民军与晋军争战于雁北，当时宋哲元是西路军总司令，指挥韩复榘、石友三、石敬亭三个军和赵守钰、杨兆麟两个骑兵集团。经由大同、左云、右玉等处向雁门关长城之线进攻。石友三是第六军军长，指挥自兼师长的第六师和第五师的第十五混成旅张自忠部（第五师师长石敬亭兼，临时将张旅配属石友三军），任右翼，先攻左云。韩复榘是第八军军长，指挥其自兼师长的第一师，先攻大同。韩兼任前敌总指挥，石友三军归其节制。张自忠旅辖步兵两个团和一个特种兵团（由骑炮工各独立营合编的），团长张知行[②]，我当时是该团骑兵营营长（该营马匹尚未买到，作为步兵使用）。

国民军 5 月间开始进攻，随战况的发展，迨攻下怀仁、左云后，以大同尚未攻下，仍留韩军负责围攻，以石友三军向左靠拢，担任雁门关正面敌人阵地的攻击。由于地形的不利和兵力的不足，攻势顿挫，退守桑干河左岸（西岸）形成了对峙状态。我营留在桑干河右岸罗庄附近，占领警戒阵地，与敌保持接触，掩护后方主力部队占领阵地，构筑工事。对方晋军以商震为前敌总指挥，指挥晋军第一师、第三师等部队，当前晋军与我营接触者，是晋军第一师第一旅第二团芦丰年部。

1926 年 8 月某日的一个拂晓，张自忠突然带着少数随从和一个穿便衣的

---

① 李系张自忠部将，时任第十五混成旅特种兵团骑兵营营长。

② 张知行，原名骏，安徽桐城人。陆军大学特别班第 2 期毕业。早年在西北军中任职，1926 年任第十五混成旅四十五团团长。

谍报人员以及团长张知行渡河来到了我营阵地。他问我，“前边情况如何?”我回答说：“夜间敌人不断向我营进攻，但均未得逞。”他说：“我们到前边看看去。”我跟他到了第一线，当时仍有间断的枪声。稍停了一会儿，他让那个便衣谍报，带着一封信，手执白毛巾，摇摆着到了敌人的阵地，这时我们都莫名其妙，不知是怎样一回事。等了1个多小时，不见敌人有信回来，他着急地说：“我到那边去看看。”大家对他说：“不能去，前边就是敌人，敌人看见你，就要向你射击的。”他头两次要过去，都被我们拦阻了。等了一会儿，他又要过去，我们仍然拦阻他说：“不能去”，他坚决地说：“不怕，你们不要管，我必须到最前边去看看。”因为我和张知行坚决拦阻，不让他去冒险，他才不得不把张知行拉到一边，将冯玉祥、石敬亭已经去了苏联，石友三要杀他，只有去找商震才能脱离生命危险的话，秘密地告诉了张知行，张听到张自忠这番话以后，因为张旅长是他的知遇长官，而且感情又很好，既不能害他，又无法救他，只好同意他去找商震。最后张自忠硬把我的手甩开而走向敌方去了。他一面走，一面摇着手说：“不要打枪，不要打枪。”结果敌人并未向他射击，一直走进了敌人的阵地，到了晋军团部的指挥所，与晋军团长芦丰年见面了。

当张自忠去到晋方以后，我们真不知如何是好。这时张知行对我说：“你不知道怎么一回事吧?”我说：“不知道。”张说：“刚才张旅长对我说，现在全局战况很不利，南口也丢了，张家口也完了，看此情形，西北军大势已去，冯玉祥、石敬亭都已去了苏联，石友三要陷害他，为了他个人的生命安全，现在只有一条路，就是投靠商震去。商震在北洋军中镇当过团长，他正是他团的排长等……”张知行说完这番话以后，接着问我：“现在在这种情况之下，你看怎么办好呢?”当时问的我张口结舌，一时说不出话来。心里想，跟着走吧，是个丢人的事，平时教育部队常说：“只有断头将军，没有投降将军。”是一生的污点。对部队怎么讲呢?说了，部队官兵不肯接受，又怎么办呢?另一方面我和张自忠处的感情也不错，很同情他。但是，从我手里放走了他，其他长官能答应我吗?不能，一定要杀我的。心里正在七上八下地拿不定主意。我问张知行说：“团长看怎么办呢?”张说：“他既从我们手上跑去投敌，将来韩复榘、石友三一定要杀我们的，我看现在也只有一条路，跟着他走。”我们正在那里私下商议，忽然张自忠派人给张知行送来了一张纸条，叫张知行到晋军团部去，有要事相商。张看信后，对我说：“我去看一看，回头再作计划。”张知行去后，我找到我营营副段其昌（段其昌是我的老干部，我相信他是和我一心的），我将以上的种种情况告诉了他。正研究怎么办的时候，张自忠又派人给我送来了一张小纸条，叫我也到晋军团部去有要事面商，并将部队集结在第一线，听候处理。我对营副说："我去看看，你集合队伍，听我的信吧。"我到晋军团部后，见了张自忠和张知行，他们并将晋军团长芦丰年给我作了介绍。张自忠又把全军不利的情况，对我说了一遍，并说明他的决心，又对我说："你马上回去，集结部队，把队伍带到这边来。"为了快，芦丰年借给我一匹马，我骑马回到第一线，不料队伍没有在那里集结待命，而向后方撤走了。我一看这种情形，心里很奇怪，队伍怎么向后撤走了呢？我立刻骑着马，进行追赶，一直追到河岸，队伍早已过河了，我又渡过河去，到了后方的营郎，（全营炊爨地）队伍也在各连炊爨场附近。我见了营副段其昌，他对我说："当队伍在第一线集结后，说要投降山西的话，官兵全不愿意，便痛哭流涕地撤回来了。"我正和营副研究怎样措施的时候，传令兵忽然来报告说："总指挥来了。"（当时石友三在朔县方面距我营较远，韩复榘指挥部在岱岳附近，距我营尚近。他听到张自忠已投降山西，急忙赶来前方，直接来处理此事。）我听到这个报告后，心里非常着慌，暗自思量，怎么办呢？如果我不去见他，或者逃避，等他问清情况以后，他还不杀我吗？不能这样办。我必须主动，抢一个先入为主，给他一个措手不及，或者还比较好些。好了，就这样办吧。我马上跑到村边，去迎接他。正好，韩复榘也刚刚来到村口。我向他作了简单的报告，只说张旅长和张团长已经投到敌方去了。（我当然没敢说，我曾经去过敌人团部，并打算将带部队投降山西的话。）我营官兵都不肯投降，队伍撤回来了。韩当面夸奖我说："很好。"接着他又问我："你能不能把张旅长抓回来。"我灵机一动，认为好极了，正好借此脱身，立即回答说："能！敌我正在混乱之时，我可以以投降为名，率领全营进入敌人后方，找到张旅长和张团长，马上把他们抓回来。"（当时我这样说，一方面表示我的机智勇敢，一方面欺骗他，免得再追问下去，这也是我的脱身之计）韩说："好！这个办法很好！就照你的办法去做，你马上集合部队，回到你营原阵地，到黄昏时，照你的办法去做，如果成功，赏你全营官兵1万元。"

我即刻回到营部，召集各连连长讲话，说明韩对我营的指示，叫我营去把旅长找回来，马上命令各连，集合部队。仍然回到桑干河东岸的原阵地。这时天色已近黄昏，我又在阵地上召集各连连长开会，征询大家的意见，研究一个一致的办法。我先说明了当时的情况，并说明我个人的意见。我说："事已至此，旅长、团长已投降山西。我营就如同丧家之狗，无有父母的孤儿，谁还来照顾我们，爱护我们呢？再说西北军的大势已去，我即便回到西北军去，旁人看来，也不像一个东西了，我营已无光彩，简直不如跟他们走，与旅长、团长共同进退，还落一个旅长、团长的忠实部下呢！"我说完这话以后。第四连连长陈行先首先发言，他说："营长说得很对，我对这件事，也曾经考虑了，我觉得回西北军去，实在无有光彩，而且如同丧家之犬，失掉父母的孤儿，我同意营长的意见。”（陈连长行先，在抗日期间任一三九师七一五团团长，在安阳战役牺牲）接着别的连长也都纷纷发言，都同意我的意见。会议结束了。马上又令各连连长回连去，征询排长、班长的意见，万不可意见分歧，行动不一致，我们是生死与共的，连长们回连不久，就向我汇报说："排长、班长都愿意跟着营长走，生死与共，决不后悔。”这时天已黄昏，我马上命令各连集合，我仍然骑着晋军的马，走在部队的前边，浩浩荡荡地来到了晋军的团部，但队伍为了慎重起见，立刻采取备战状态，我叫营副指挥部队，我去见张自忠去了。

我见了张自忠、张知行，并说明了以上种种经过。晋军团长芦丰年，看到我营的戒备状态，他对张自忠说："队伍不要这样子，千万不可闹出误会，最好我们几个人一同出去和部队见见面，安慰安慰他们，使他们安住心，万一发生误会就不好了。”张说："好！我们去吧！”于是张自忠和张知行、芦丰年和我，一同来到部队面前，一面巡视，一面安慰部队，并说明改编的意义。大家见了旅长、团长，并对他们作了亲切的谈话，大家安心了，这才架上枪接受了晋军的改编。

听说我营未到晋军之前，张自忠、张知行和晋军团长芦丰年曾一同来到桑干河东岸，张自忠给第十五混成旅的团营长们写了很多的信件，叫他们将部队带过来，接受晋军的改编，但是第一团团长薛嘉宾已奉令升代第十五混成旅旅长，他当然不肯来了，其他团营长等，已受到暗中监视，也不便行动。因此，除旅部手枪队带到晋军之外，其余各团营都未过去。旅部手枪队相当于一个连的兵力，因人数不多，也编入我营之中，改编为晋军前敌总指挥部独立骑兵营，仍任我为营长。张自忠任命为山西督署参议，张知行为谘议。到 1927 年冯玉祥的国民军联军绕道陕甘、进出河南，又派人将张自忠唤回河南工作，不久张知行也回到西北军，我就在商震的部队里干下去了。

听说张自忠投降山西的主要原因，是因为国民军进攻雁门关失败后，石友三曾在电话中责骂张自忠，张亦在电话中反骂，二人在电话中冲突起来。后来张自忠又听说石友三已经打电报给西北边防督办张之江，说："这次进攻失败，均由张自忠一人负责，马邑失守，张按兵不救，其罪该诛。”张素知石友三阴险毒辣，怕被杀害，才决心投奔山西晋军，徐图以后发展。

（引自《张自忠投归晋军真相》，《山西文史资料》，2000 年第 2 期，第59—60 页）

# 1926年张自忠投晋经过

陈长捷[1]

陈长捷

1926年冯、阎两军混战于雁门关北，张自忠任冯军独立十五旅旅长，隶韩复榘指挥下，为韩所逼，阵前率部投晋军，促使冯军仓皇总退却。其时，笔者任晋军十八旅参谋长，正临前敌，亲接其事，兹详述经过，以存其实。

1926年春，以冯军为主体的国民军，在南口长城一带和张作霖、张宗昌的奉鲁军鏖战中，阎锡山晋军与奉军相勾结，突然于大同、天镇间截断冯军后方通过绥远的京绥铁道主要交通线。国民军乃转移主力向大同，围击晋军。阎锡山发觉危机，令晋军向雁门关线撤退固守。冯军以宋哲元指挥韩复榘第一师、张自忠独立第十五旅，向雁门关追击，韩复榘为前敌总指挥，张旅攻雁门关西，韩师攻雁门关正面及以东。

韩、张于冯军将领中素以骁勇为冯玉祥所识拔，而张的资历其先尚在韩上，曾以冯的亲近将弁，跟冯参与辛亥年的滦州起义[2]，失败后脱离部队，转习法政，以后再归冯部，致落韩次。

当冯军宋哲元部准备进攻大同、集中韩师于丰镇时，张旅先在丰镇，张自忠曾亲自化装为粮商，混进晋军防地，密察晋军得胜堡的强固堡垒情况，该旅即奋勇攻打得胜堡，仅一日夜即摧毁，解决晋军一个团。韩师继之进攻孤山，却被晋军所阻，晋军商震率第一师增援前来，韩师尚恃勇向之猛扑，被晋军逆击后溃退，经张旅支持，始夺回孤山。因之二人互为竞功，积怨日深。

晋军从大同大撤退，冯军向雁门关追击，宋哲元委韩以前敌指挥权，张旅置于韩的指挥下。进攻雁门关时，张自忠主张向西翼迂回，抄袭宁武关而入。韩粗疏自傲，无视晋军，以为得胜堡“一冲而下”，雁门关不外临时扼守，有何能为？并以张为怯，且谓纵晋军主力逃逸，于是韩师自任正面攻关，

---

① 时任晋军第一旅第二团团副、第十八旅参谋长。

② 经核实张自忠没有参与滦州起义，他青年习法政，后投笔从戎，直到1917年才投到冯玉祥的第十六混成旅；而韩复榘曾参与滦州起义，资历较张自忠深。

经三次攻扑，多招损伤，在晋军的强大炮火的钳制下，无法继续进攻。韩复榘于不得已时，约张自忠同到前线观察形势，看出晋军守雁门关的两翼所依托的草垛山、馒头山，山势虽极险峻，犹有小径可攀，山上晋军配备未严，均认为是可袭攻的弱点，乃相约各以不少于两营的兵力，秘密潜进，一举袭占两山峰顶，以摧毁晋军雁门关阵线。韩师更准备其主力待机冲关，直捣代县。

实践这一场艰难计划时，韩在暗拟抢得首功，特抽四个营，以一个旅长带着，先向水峪口方面，协同关正面作了佯攻以后，乘着夜雨，转向雁门关右翼高峰的馒头山小径上攀，一个一个士兵前后推着拉着爬上巉岩，约一个营在出敌不意中直登峰顶。晋军孱弱的两个营分布在高山点上阵地，避雨躲到掩蔽部里竟未察觉，尽被冯军以大刀砍杀几尽，冯军占领了馒头山高峰。但是山径狭窄，先登之部砍杀一阵后，就胶着于高峰上，向各方作无目的扫射，空耗弹药，没有积极继续冲下山去，反而阻滞了其后方部队的上攀，使其萎缩堆集在半山蹊径上，待天明，终被晋军多路围抄和山炮火力集中射杀而溃下去，被歼毙于山谷里将近两营。韩部的袭攻馒头山惨败。右翼张旅的潜袭草垛山，是张自忠自己率着两个营前进，路途比较远，他较慎重地布置几个据点以为倚托，已是天明。在草垛山峰的侧前被晋军所发觉，不及抢上山峰，一营多的部队无法在险径里应战，伤亡不少，尚赖在后路预有倚托，未致溃乱，得接应而退下。

韩、张两部这一碰壁所招致的危害，不仅伤亡近于一个团，并且颓丧动摇了军心，遂隔夜退于桑干河支流的黄水河北岸，以泥河村和马邑城为倚据，亘于山阴城之线，改取守势。

韩复榘把这一次失败的责任，完全归咎于张旅的迟缓失机，并以他的第一师受损过重，不能再负守备阵地任务，退到岱岳、山阴地区整理，命张旅占领西起马邑，东亘山阴城边间的广正面约 30 余里的据点阵地，以监视雁门关的晋军。宋哲元从大同调石友三师加入韩军序列，韩复榘仍将石师控制置于马邑后方的神头地区。韩、石是盟兄弟，他们相与计划，以张旅正面的弱势诱晋军对他进攻，而将韩、石两师置于两翼后，养精蓄锐，待机突起钳击，以收“奇功”。张自忠认为他以不完整的两个团，占领其兵力极不相称的广正面，显得处处薄弱已极，并认为马邑是重要地区，关系两师将来从神头的进出，遂请划该方归石师派部占领。韩坚持不许，以为马邑有城可守，一营守兵足可应付，不必分割石师作为野战准备的建制。

张自忠为韩、石所歧视，有所建议多被阻扼，冯玉祥不在军中，特感失所凭倚；又估计国民军的前途日趋黯淡，难再久撑。历来军阀混战，朝秦暮楚，当国民军攻晋未能得手时，为冯军奔走的政客，即在不断作联阎对奉的和解活动。张自忠的纵横捭阖思想，在冯军将领中比起韩、石成熟，并在辛亥滦州起义时和商震有过往来，遂以叙旧形式致函商震，为初步联系情感，函托村中闾长密送（村以25家为闾），闾长命村民递送。村民未辨南北相敌对的两总指挥，非送雁门关而辗转递到岱岳，致信落于韩手。韩即具报于宋哲元，请杀张，以镇压动摇者为词。宋察信的内容，只是普通叙旧，并未涉其他，并以张是冯玉祥所赏识的亲密部属，诫韩不得擅杀，而另谕张自忠远避，和韩和好共济。张已内心不安。韩则特别悻悻，亲率大刀队几十名未曾通知张，到张所住村，抓出为张设法送信的闾长，不作问讯，不宣“罪名”，就地斩首，并将头颅悬挂于张的旅部门前树上，不和张见面，作了这样示威而去。张自忠惊慌失措。不久晋军第一旅出击黄水河，攻击重点指向马邑，马邑只是残损的土城，其夹城两侧的隘口高地，经晋军杨效欧团以炮火猛轰占领。该团第三营营长张会诏再以夜袭切断城东临黄水河的山脚，阻止了张有限预备队的应援，冲垮了马邑城的防守。第一旅芦丰年团，则以广正面对黄水河为助攻，牵制住同样正面的一个多团守部，使不得抽调往援马邑。晋军攻占马邑城后，商震总指挥更增加第二旅于该方，以扩大战果，气势更为壮大。

原来韩复榘想待晋军进击黄水河于胶着形势之后，展开在山阴、岱岳的第一师和神头的石师起而从两翼钳击，但他却粗疏未审地形，拒绝张自忠的建议，一贯地藐视晋军，对马邑方面不作准备，不意晋军竟一举攻占马邑，紧扼着神头南出洪涛的隘口，且瞰制着黄水河阵地，使石师被压制在层山中无法展开。晋军第二旅增援到马邑的兵力占优势，缺乏炮兵和机枪的冯军仅靠冲杀猛干，在晋军的迫击炮和手掷弹的威力下受到重大损失。石师几度在山隘里狂冲，终未能夺回马邑。

韩复榘受到石友三的责难，又觉得晋军的反攻比起孤山战斗凶猛得多，他既踟蹰不敢展开第一师先于石师进出马邑，即开始反击晋军右侧，以挽回战局，亦不增援石师。冯军各部队将领都自存着保全实力意图。韩复榘转以严斥张旅作战不力，失守马邑，陷战局于困难境地，命令张自忠旅长从黄水河线上抽出四个营，亲自带领爬越洪涛山夺回马邑。张自忠审详地势，竟无通径可爬越洪涛山，强作攀援去联系石部终见失机，而从仅余的五营中抽出四营去，就等于几无守兵而负担着30里的阵地，如果本阵地失守，又是一重罪过，在进退两难中，觉得韩复榘故与为难，将藉故加诛。他决心来一转变，就利用韩的命令，强令其所部撤出黄水河阵地，抽了四个营，声称出击，命团长张骏带领过黄水河。据以后张骏团长对笔者说：前一夜，他的团守着泥河村前方阵地，经晋军三次袭攻，发现晋军突击队已逼近其阵前外壕沿上，他的预备队都尽投到第一线。他同士兵一块趟着沟垒的泥水，坚持抵抗，才把晋军逐出外壕，尚未退过黄水河对岸。正在调整战线防备拂晓再受攻击时，张旅长来令撤出阵地待命，颇为咤异（诧异）！天明勉强从命，集合起部队，张旅长即到来，喊几声出击，叫他带着已经集合好的四个营，向东方移动。渡过黄水河后，张又命部队在河南岸沙滩上集合，架枪休息，张旅长并叫张骏团长相随，带了当向导的几个村民，直向晋军前线走去。张临战以勇敢无畏见称，经常进出战线以察敌情，所以此时行动，并不为部属所疑。直至行近晋军战斗前哨面前，受到射击，始由袖中抽出白旗，叫村民持着摇晃，高喊是来联系的。张旅长此时才告他，受韩的逼迫，率部出来投附晋军。在晋军哨兵不继续射击时，他强要随从的人们前行。到已经进入晋军警戒线之内，就不再管蹲在河滩里的部队了。

当日清晨，夜雨初晴，晋军第一旅（出击时号称十二师）第二团（号称十八旅），其后翼营以广正面掩蔽旅的右侧。营长赵廷玉发现泥河北冯军部队渡河前进情况，以为是敌方大部出击，急报到团。团部于昨夜为协同左翼第一团攻占马邑后扩大战果，乘夜雨以主力越黄水河，攻袭泥河村敌阵地，几度进扑，未得成功，颇为紊乱，拂晓时退回黄水河南岸的攻击准备阵地，正事整理补充弹药中。其时笔者以旅参谋长名义兼该团团副，对此紧急情报，深加顾虑，怕山阴方面冯军可能乘机转移攻势，乃尽率仅有的两连预备队以急援右翼营。行在中途（相去约 10 里），又得赵营长报告云：“敌方旅长张自忠、团长张骏，由三个村民执白旗直到营指挥所，说明已经寄函给商总指挥作过联系，现在率了四个营前来投附，部队在河滩上架枪，等候处理。旅、团长各亲自将随身手枪交出，受了监视。但我营没有余力对大降部进行处理。”笔者乘骑急前，奔到赵营营部，先见到张骏团长。他详说在昨日下半夜，旅长命令抽出部队准备出击，拂晓率队向东绕行过河，部队在河滩架枪，招他同到前方。于接近晋军阵线时他抽出白旗联系，才对我说：韩总指挥强令我旅在严重受攻的敌前，抽出旅主力去越山接应石师，夺回马邑，而他的第一师竟不使用。形势如此，被迫去越山万无成功可能，30 里正面阵地，抽出大部兵力，眼看就要失守，再获咎又在意中，总指挥必陷我旅于死地。进退两难，他已给晋军商总去信联络，决定投附晋军，找一条活路吧！说着，已进到贵军阵地线内，事已到此，我亦愿和张旅长一致行动。随后，又见到张自忠旅长，他抢着问我，商总指挥来指示没有？说他在昨夜里定主意时，发了密信给商，或者此时才能送到。他对我表示率队前来投附，是出于真诚的，可是他的部属即使随来的张骏团长，尚是在途中才告诉的，其他各营长此刻还都不明白。所以，部队一时受约束在河滩静候命令，时间久了，怕有疑乱事变出现。他自己不便再到他的部队近前去。他知道商还没有指示到来后，要我速即派都处理，引他们到后方去。接着又说：韩复榘在注意他的行动，如果被发觉，部队可能会被他直接发令又招回去！我已理解他的心情，而我方只有两连兵，如何能压迫四个营的大部缴械。强加袭击，炸乱了，结果亦不敢想象！就指示赵营长：谨慎地布置扼守要点予以监视，一面以干粮（饼干、肉罐头等在晋军里尚优裕）交从张而来的随弁送去作为前敌休战交欢的赠予，一面急报商总指挥，请加派部队赶来处理。哪知商竟未得到张函，犹虑冯军多诈，严戒芦丰年旅，特加戒备，不使影响马邑方面的继续进攻。延宕近午，张异常着急，他亦窥出我方困难。从闲谈中，他知道我和赵营长都是保定军校出身的。他动了灵机说：那四营里，一个李兆瑛营长也是保定军校学生（在冯军的部队大多是行伍，保定军校的军官仅极少数），你们且以同学的名义招待他吧！可以从他进一步办理。张即写条交从弁送去，召李到来，示以实情，我们又重以同学情谊为他说明全局形势。李兆瑛对投晋表示同情，我们就让他回队先把该营带开，再拟逐步分别诱致其他。李兆瑛营长受命回河滩时，韩复榘已从岱岳赶来，率着执法手枪大刀各大队，于黄水河岸上喊叫那些在河滩上的冯军即回北岸去。李兆瑛营迟其行，受了晋军赵营向河北岸开火的掩护，乃得率队离开。张自忠看着所带出来的部队又被韩复榘召回去，仅留下一点点，感到进退失据，极为懊丧。晋军芦丰年旅长赶来邀他和张骏团长同到雁门关广武镇见了商震，就留在总指挥部受到优待，也提供了冯军内部情况的资料。

隔日，韩、石两部均北退，晋军即向大同追击，一路无阻，一直追到平地泉。韩复榘部虽在绥远城东的卓资山占领阵地，看到冯军的总崩溃，亦步张自忠的前尘，直接以阵前参谋长李树椿向晋军请降，经阎收缩韩部为晋军第十三师。张自忠随商震总部到丰镇，与韩复榘议降后，始同张骏团长经晋军旅长芦丰年伴送到太原见阎。为张带来投附的只李兆瑛营，已经商震以其河北周乡的关系编于第一军内。张自忠失尽其投靠的资本，就不引起阎的重视，仅委为阎督署的少将参议，张骏团长为上校谘议，置于闲散。

战后晋军扩军，不次地拔擢统兵官，但亦整饬“名节”，对战时动摇心志的张剑南镇守使和黄金桂、李服膺团长等严加查办，以肃风气。商震和芦丰年曾不断吹嘘张自忠的骁勇善治兵于阎，也未起作用。张自忠迟滞在太原，经卢丰年的招引和晋军一部分暴发的将领相过从于烟酒嫖赌，鬼混年许。以后张在平定县[①]和笔者相见面时，回顾前尘，曾叹为平生最堕落的一个时期。……

（选自《文史资料存稿选编》晚清·北洋（下），文史资料出版社2002年版，第241—244页）

① 在山西省阳泉东南部，时间大约为1931年9月—1934年春，引自张宗衡：《回忆张自忠将军》，《文史资料选辑》第94辑，第24、30页。

# 南口大战张自忠投晋前后补遗

1926年3月20日冯玉祥由平地泉出发取道库伦（今蒙古国首都乌兰巴托）赴苏访问，在冯访苏期间，国民军于4月15日撤出北京，退往南口，公推张之江为总司令。至4月下旬，国民军相继受到直鲁联军和奉军的进攻，爆发了“南口大战”。当时张自忠任第十五旅旅长，受第五军军长石友三指挥。南口大战后期，张自忠率部投降了晋军。在阎锡山手下过起赋闲生活，随后由晋军派人接管了他的队伍。

此时国民军完全处于直奉联军和晋军前后夹击的形势，张之江决定全线撤退。不久国民军韩复榘、石友三等部为了屯兵养势，自保实力，带领队伍都投降了晋军，接受商震改编，并得到了饷械补充。

国民军撤退后，阎锡山的晋军于9月1日占领包头，收复了晋北的失地，至此“南口大战”宣告结束。

1926年9月10日，冯玉祥又经库伦回国。16日到达五原后，国民军各部闻讯纷纷向五原集中，当日在五原布置一切，预备出师。午后开会讨论出师计划，其中第七项议事内容是：“联络韩复榘、石友三两人，促使反正，由石敬亭负责进行。”

9月17日，冯玉祥举行五原誓师，就任国民联军总司令，石敬亭任总参谋长。

石敬亭奉命召韩复榘、石友三所部。于19日先抵包头与石友三晤面。石友三曰：“上将军已回，应如何自处？”石敬亭云：“速亲往五原请示。”此时石犹带晋军之臂章，颇感忸怩，欲去之。石敬亭曰：“无伤也。”石即率骑兵四十名往迎冯公入包头[①]。石敬亭又乘专车前往归绥（今呼和浩特）面召韩复榘。自10月起，韩将部队陆续乘火车运往包头，韩本人则称病避居医院，一切由石敬亭与商震交涉办理。最末一次列车载送韩之卫队及司令部人员同赴包头和冯玉祥会师。

石友三和韩复榘各自带领部队相继脱离晋军重新回到冯玉祥国民联军后仍得到重用。

此时张自忠自知阵前投敌，罪责严重，难逃军法，况且他又把新率部队交给了晋军商震，故不敢妄自再回冯部见冯，仍留在太原阎锡山处赋闲度日。

再说冯玉祥五原誓师任总司令后，于1926年11月28日离开五原经宁夏抵平凉。于1927年1月26日到达西安。在四个多月期间，军队在不断战斗过程中，又进行了整顿和补充。国民联军已经扩编到近20万人。至1927年4月底，武汉国民政府任命冯玉祥为国民革命军第二集团军总司令，5月1日冯宣誓就职。

---

① 台湾中央研究院近代史研究所：《石敬亭将军口述年谱》，1997年版，第70—76页摘要。

当冯玉祥得知张自忠秘密叛逃投晋后，心情异常痛惜、愤恨。虽然张自忠在西北军里也算是一名勇猛干将，多年来同样受到冯的赏识和器重，但此次张在战场上带部队临阵叛逃，投降晋军，情节严重，军法难容。

可是后来张自忠又是怎样回到冯玉祥部并免受军法处置，甚至重新得到宽恕和任用呢？在《抗战军人之魂——张自忠将军传》书中第 38 页，只写明，“1927 年 4 月，武汉政府委冯玉祥为国民革命军第二集团军总司令。当他得知张自忠被迫出走的经过。即命参谋长石敬亭派人持函赴太原与商震接洽，请张归部。……”

寥寥几笔而未说明具体派什么人去太原接张回冯部。这是历史上的一笔空白点。据我所知，有一段从父辈流传下来的历史事实，父亲张俊峰（张俊声的亲胞弟，作者是张俊声的侄子）生前对我讲过：“张自忠参加‘南口大战’时，在西北战场上打了败仗，在前线投降了敌军，上级要枪毙他，是你伯父（张俊声）在冯玉祥面前拿全家性命作担保，带着上级的信函，去太原接救张自忠回到冯部，使其免受军法处置的，陪同你伯父去太原的还有张振德（当时也在西北军任职，是同族兄弟），所以你伯父是张自忠的救命恩人。”

另据我二姐张炳俭（是张俊声的次女，石敬亭的大儿媳）最近告诉我：张自忠因带着部队投降晋军，违犯军法，冯玉祥得知后要枪毙他，是你伯父（张俊声当时任团长）亲自写了担保书，决心以身家性命作保。当把担保书放在冯的办公桌上时，冯连看也不看，抬手将担保书扒拉到地上，表示不能宽容，然后你伯父又从地上捡起来，第二次把担保书双手呈放在冯的办公桌上，表示决心用性命做担保。在西北军内军官同僚间能有这样的袍泽之情、爱戴之心，肯牺牲自己性命去担保同事的生死之交，这种精神实属难能可贵。冯玉祥面对此情此景，也为之感动，这才答应张俊声的担保请求，使张自忠免受军法制裁，所以张俊声是张自忠的救命大恩人。这也说明冯玉祥对张俊声的信任和器重（所以 1927 年冯玉祥任河南省主席时委任张俊声为冯的少将副官长），同时也说明冯对张自忠的怜惜、宽宥和爱护。以后才有张自忠将军在抗战期间战死疆场、以身殉国、留得烈士英名永传后世。

再有，我父张俊峰还告诉我，1936 年张自忠任天津市长时，伯父任天津市特三区行署主任公安局分局长。早晨上班，各区官员都需到市政府处去报到，其他官员到市府报到时，张自忠照常办公，并不迎送，唯独伯父去市府报到或开会时，张自忠市长都亲自起身迎送，特别表示尊敬。就是因为张自忠对伯父终生铭记感念他救命大恩的缘故。

据有关资料可以证明张俊声和张自忠的关系，其相知之情，关爱之心，非同一般。张俊声从 1912 年在冯玉祥部队入伍当兵，到 1917 年在十六混成旅当连长时，张自忠在他连里当排长，是直接上下级关系。当时因张自忠术科欠佳，屡被同事们鄙视和排挤，张俊声连长对张自忠却特别关照和爱护。

据《将军忠勇震瀛寰——纪念张自忠殉国五十周年》，第 203 页记载：“张自忠在十六混成旅内，一时得不到别人的敬重。一则他来自外军，二则他是法政学校未毕业的文科生，对于新式军事演练并不熟悉。虽然在商震的部队中，他也是个军官，但是一到了被誉为‘官兵都会飞’的十六混成旅，他简直成了个新兵。而有不少资格较深的军官，便处处挑他的毛病，时时难为他，甚至认为他根本没有当排长的资格，因为他对各种技术性的操练差得太远了。……

“他的处境，幸而有一个人很清楚，他就是张自忠的连长张俊声。张连长在大伙都与张自忠为难时，常加以维护。知道他术科的课程负担太重，便尽量将连上的学科课程交由他去负责。这样，才使得他在十六混成旅，能略喘一口气，且保全军职而没被排挤掉。”

再根据西北军有关将领的生平简历和军史记载所证也可得知，1926 年张俊声时任刘汝明第十师二十八旅八十三团上校团长，跟随刘汝明师参加了“南口大战”。战争失利后，刘师西撤绥远。同年 9 月参加了冯玉祥的五原誓师后，刘师又奉命组成援陕军。急解西安之围，直驱西安市区。在这期间，张俊声以团长的身份出于对张自忠的深切关爱，在冯玉祥面前，以身家性命呈交担保书，在得到冯的宽宥和同意下，持石敬亭参谋长的信函，和张振德前往太原把张自忠从晋军方接回西安，回到冯部，最终使张自忠免受军法处置，重新得到冯的信任，当了副官处长。以后历史过程和我先父张俊峰及我二姐张炳俭所讲述的情况，与当时的历史环境是完全吻合的。我在这里也是对这段历史的空白点作了一点补遗。

（作者：张绍仲）

## 路遇荩忱公

傅瑞瑗

……我加入韩复榘部队后，由北河套辗转经西安出潼关又到洛阳，此时为民国十五六年。冯玉祥先生总部已迁至郑州福音堂，我随韩先生部队驻在洛阳。每礼拜两次我负责将机要公文送到总部。一天，我从洛阳坐着铁闷子车去郑州，在车上席地坐下，看到对面的一个先生很面熟，怎么也想不起是谁，因他戴着礼帽，遮着额头，车内光线很暗，也看不清楚。他也不断地瞧我。我忽然想到，会不会是荩忱公？虽然两三年不见，还有点印象。我走到他身边说：“你是不是张先生？”他说：“是呀，你也很面熟，你是哪一个我记不起来了。”我就对他说了以往的事情。他说：“你到哪里去呀？”我说：“我到郑州。”记得我们相见时火车行进到荥阳一带，郑州与洛阳之间，我就问他到哪里去？荩忱公未答复我的问题，反问我，你到郑州干什么去呀，我说是送公文。他从腰间拿张纸，随便写了几个字叠起来交给我说：“你不要看，到郑州总部福音堂，把条子交给冯玉祥将军。”我说没问题，又问荩忱公，你到郑州住在哪里？他也没答复。到了郑州，我和荩忱公分手后，去福音堂见到总参谋长，说：“报告参谋长，在火车上碰见荩忱公，他托我带一个条子。”总参谋长问我：“他住在什么地方？”我说他没有告诉我。我到台湾以后，曾把这段事情告诉石敬亭先生。他对我说：“冯玉祥先生与张将军的关系是很莫逆的，最要好的长官部下。”石先生是前清秀才出身，南苑练兵时，石先生主持学兵团工作兼冯先生的总参谋长。

从郑州返回后，我又跟着部队到漯河驻马店以南信阳打吴佩孚的残余部队叫靳云鹗的，靳云鹗的哥哥靳云鹏做过国务总理，山东人。打这个部队时，我在豫南区，还是负责送机密公文到郑州。又有一次到郑州总部，正下大雪，看见张将军棉裤挽着，打着赤脚，领着部队在扫雪，我向张将军敬了个礼，悄悄地问旁人，张将军现在做什么？旁人说，他现在是副官长[①]。……

（选自《永怀张自忠荩忱将军》，选自《将军忠勇震瀛寰》，山东人民出版社 1990 年版，第 69—70 页）

## 二、被迫改编（1930 年）

### 在西北军中从事党的地下工作的经历

张克侠[②]

张克侠

……进入山西的西北军宋哲元部已改编为二十九军，张自忠部改为三十八师，我仍担任该师的参谋长。当我去上海时，曾有人来找过我，留信一封，署名张简斋，至今不知是何人。很可能就是党派来的联络员。还有一人假充是我兄弟，在师部住了几天，这人向外面写信反映有关师长及师部腐败情形，信被张自忠察觉，我也不知他是何人。但他这样做，却使张自忠同我产生了隔阂。此外，在中原大战后，蒋介石为了进一步瓦解西北军，除收买和重用韩复榘、石友三之外，还策划冯玉祥的高级将领离开冯，任命孙连仲、

① 据核实是副官处长，副官长为张俊声。

② 张克侠（1900—1984），河北献县人，中共党员。1933 年参加民众抗日同盟军，七七事变前任第二十九军副参谋长，兼第三十八师参谋长。

梁冠英、吉鸿昌、张自忠为四个路军的总指挥。张自忠被任命为第廿三路军总指挥，委任状派人送到师内。我趁张自忠不在师中，便把队伍带进了山西（这是根据冯玉祥要西北军到山西集结整顿的指示来办的），这也使张自忠对我产生不满。……

（选自《文史资料选编》第 9 辑，北京出版社 1981 年版，第 112—113 页）

## 驻晋国民军改编经过

张文穆

国民军讨蒋失利，混入山西境内，散驻晋南一带，各自为政，不相统属。宋哲元和孙良诚虽然都曾任过方面重职，但是已经丧失实力，没有直接掌握的部队。其中以张自忠部枪械较全，人数较多，计有黄维纲和佟泽光两旅，共约 6000 余人，但张名微望浅，殊不足以号召。刘汝明资望次于宋哲元，1912 年冯玉祥任左路备补军前营营长时，刘汝明为该营前哨正目，冯治安尚是伙夫，而宋哲元已为中营前哨哨长。1922 年冯任陆军检阅使时，宋任第二十五混成旅旅长，刘任第三团团长，归宋节制。北伐时，宋任国民革命军第二集团军第四方面军总指挥兼陕西省主席，后又代冯为总司令，刘仅系国民革命军第二集团军第二军军长。讨蒋失利，刘汝明亲率所部，从河南宝丰绕道退入晋南后，刘部在名义上虽说是一个军，但实际只有 4000 多人，军队又少于张自忠。至于赵登禹、王治邦、吕秀文、汤传声、支应遴等，名微众寡，更不足道了。高桂滋、庞炳勋、孙殿英、鲍刚、阮玄武、张人杰诸部，当时虽然也都退入山西晋南一带，但因非冯玉祥嫡系，已由蒋中央政府任意改编，故不赘述。

这时，国民军将领欲请张学良改编的，必须具备以下三个条件即：第一，须拥有多数部队；第二，须得冯玉祥同意；第三，须经张学良核准。

当时在国民军将领中确实具备以上三个条件的，以宋哲元较有希望。宋为人不惜金钱，部下对宋多有好感。冯玉祥虽知宋不善应变，但深信宋莫予违，仍不妨寄以重任。而宋又与张学良早有联系，张学良亦颇属意于宋。那时，宋曾对笔者说："我本拟解甲归田，从此不再问政治，只因孙殿英在晋南欲乘危吸收本军的零星部队，我为维护团体起见，不得不出面收集旧部，接洽改编。"于是，宋哲元和不甘示弱的孙良诚凭借各人的旧关系，开始派遣代表，分赴各部队进行联系。赵登禹部夙隶宋哲元麾下，同宋的关系较深。吕秀文部从山东退入陕西后，每月的饷项由宋从优划拨。因此，赵、吕两部（赵部约 3000 人，吕部约 2000 人，计共 5000 余人）首先表示拥宋。同时，宋部王治邦和汤传声两部（王部约 2000 多人，汤部

1500多人）合计近4000人，再加冯玉祥手枪队四五百人，总计近万人，可以拼凑成一师。宋既有了基本队伍，于是，鼓起勇气，又派佟麟阁和刘自诚到张自忠部进行联系。可是，这时孙良诚为争取张自忠部，也不惜给张自忠馈金赠车。张自忠虽曾对人表示说："可惜孙绍云（孙良诚，字绍云）的汽车和洋钱送得晚了！"但张自忠同宋哲元也没有深切关系。所以，一时拥护谁颇难决定。为此，张自忠特亲赴天津旧英租界52号路平安里6号（即今天津市和平区长沙路83号），找老长官石敬亭商议。石对张自忠说："宋老成可依，孙轻佻难与共事。"宋曾对笔者说："这次张自忠率部归附，全系筱山大哥（石敬亭字筱山，行大。故宋呼为'筱山大哥'）之力。"同时，张自忠在天津还就此事请教过鹿钟麟。鹿也对张说"可与宋共事"。于是张自忠决意拥宋。宋得张自忠部拥戴，如虎添翼，兵员益多，军威大振。……

（选自赵政民主编：《中原大战内幕》，山西人民出版社1994年版，第518—519页）

## 西北军被收编的前前后后

刘振三[①]口述

刘振三

我上回在宋哲元将军的座谈会上，曾谈到留在晋南西北军的残余，后来改编为二十九军的经过。进入晋南的西北军残部，以张自忠的二十五师，以及刘子亮（汝明）和孙良诚（少云）的部队比较完整，其他都是一些零星的部队。上晋南的西北军的部队长的名字，我几乎都可以背得下来。其中以刘子亮、孙良诚以及刘骥（菊村）的资格最老，刘菊村在十六混成旅，冯上将当旅长时，他就当参谋长了，他那时是第三十军军长，却只剩了一团人进入晋南，驻在绛县。刘亮公刚驻在闻喜县和大青关。（按刘之回忆录曾说是运城、解县及虞乡三处，司令部设解县，以后移运城。驻阎喜的是过之纲。）还有一个鲍刚，原是方振武的第五军，他和张人杰他们驻在冀城县。赵登禹是师长下来的，还有两个团的番号，兵也

① 刘振三（1903—1971），系张自忠部将，曾先后任二十九军三十八师二二五团团长、三十八师一一三旅旅长、五十八军一八零师师长。

不多，他到了运城。张故上将带了二十五师一直到了曲沃县，也驻过运城，但驻曲沃较久。总计各部队的残部还有四五万人。

这时候孙长官连仲派人到过晋南，孙良诚也在那里活动，都有意来收拾这个残破的局面，都没成。孙良诚这个人骁勇善战，对西北军有功，可是学识上差一点儿。他首先去见张汉卿张少帅，想来收拾这个残局。张少帅没有同意，以后即把张故上将找了去，想把这个责任交给他。

我那时因为受伤，正在北平养病。我身中两枪，子弹从胸前贯通出来，到了晋南，里面的伤倒是好了，外面的伤老是不封口，于是张故上将就把我送到北平，进入首善医院治疗。张少帅找他去的时候，他只带了两个传令员，没有帮手，我那时已经好了，就帮着他，应付各方面来往的函电。张上将去见张少帅，汉卿先生要他负责晋南的残局，他当时未作肯定的承诺，回来后即与石敬亭（筱山）先生商议。石先生和张上将的感情最好，他就向张先生建议，说："这个烂摊子你收拾不了。孙良诚和刘汝明他们的资历都比你老，你带不了他们。为今之计，最好是把宋明轩给找回来。"张先生同意了。……

（《细说张自忠将军的一生》，选自台湾《传记文学》第 31 卷第 3 期，第 14—15 页）

## 第三节　张自忠将军实践诺言

### 一、舍生取义

#### 蒋委员长对参谋长会议训词

（出席军委会总理纪念周讲）

民国二十九年三月十一日

……此次会议曾经规定许多原则，现在再有两条新的规定，希望大家留心听住：

一、各级指挥部之位置，现在一般从前方回来的外国顾问，大家都认为我们各级指挥部距离前方部队太远，证明我们一般指挥官太没有胆量，这是我们革命军人最耻辱的一件事！必须切实改正！今天规定：以后作战时，师长的位置，至前线距离应在十至十五华里，平常最多亦不得超过十五华里，师司令部对前线下达的命令总要使徒步的传令兵以一小时至一小时半之内能往返一次为度。军长的位置，至前线距离应在十四至二十五华里，最多不得超过二十五华里，传令以半天可以往返一次为度。集团军指挥部至前线距离应为二十五至四十华里，传令以一天可往返一次为度。这个原则今天规定以后，各部队无论是否正在战斗，均应即刻遵行。各级指挥官如有违反，其部下任何人均得予以指责！尤其此后军令部派员检查部队时，前先应调查指挥部之位历是否适当！务要痛革从前一般指挥部安处后方、远离部队的恶习！

（秦孝仪主编：《中华民国重要史料初编——对日抗战时期》第2编作战经过（全四册），台湾中央文物供应社1981年版，第309页）

**【当事人追述历史】**

## 忆张荩忱将军

陈继淹[①]

陈继淹

记得七七事变发生之后，7月28日北平南苑血战，佟副军长麟阁，赵师长登禹两位将军殉国之后，宋公明轩为了整个战略计划，决定移军保定。同时将我个人也解除北平戒严司令和警察局长职务，随军同行。将军受命留平维持。在离别的一刹那间，将军满眼热泪，痛苦地对我说："仰之弟同你，都是抗日英雄，我为何……"说到这里，他潸然泪落，接着说："你们先去，我最大限度在此维持10天，到保定时再见吧！"当我俩分手时，将军所受的刺激，是无法形容的。

在将军乔装离平赴津，辗转到南京受命回军之后，抚伤问疾，严申纪律，昼夜不息，为时仅两个月，则率部到徐州，隶属第五战区。初战淮河，继援临沂。而临沂一战，将敌酋板垣所部杀伤殆尽，激发了全国胜利的信心。4月间我奉命赴临沂慰劳将军，相见悲喜交集，将军沉痛地对我说道："多年患难的弟兄们，为国家牺牲了，这心里的难过，比油煎还狠！长官远道慰劳能不惭愧！但相信我领导他们走的是光明大道，虽死犹荣！军人报国，此其实也！谨请转禀长

---

① 陈继淹（1897—1953），字希文，河北省阜平人。毕业于陆军大学，早年追随冯玉祥，西北军解体后留任宋哲元部，曾任北平市警察局局长，1937年7月28日随宋离平赴保，坚持8年抗战，张自忠殉国后，任第三十三集团军参谋长。

官，幸释远怀！”闻之使我肃然起敬。入夜后，敌人的炮火断续地射击，我俩在一张铺着地图的铺上，作终夜畅谈，他问我说：“我们受了国家多年的培养，值此大敌当前，国家民族存亡的关头，我们只有三条路：第一是逃，第二是当和尚，第三是死。但是一、二两条路，不是我们应当走的。那么只有走第三条路以死报国了！我的心愿如此，你以为怎么样？”我当时对他悲怆慷慨的言语，无限地钦佩。我说：“目标选的再好没有，只是当死再死。鸿毛泰山，全在时间与事实的选择。目前责任事大，生死事小。”我劝他珍重。当时他认为语重情长，得到不少安慰。在距敌六百公尺的红土岗，欢聚了两天一夜，徐州情势紧急之后，我回郑复命。沿途我回想他的豪语，担心的不是怕他死，而是怕他早死，给予国家的损失太大了！

…………

民国28年7月，委座召见将军，将军约我同行。进谒委座，应对恳切，丹心流露于言表。委座引作股肱指为同志，即命返防，移军当阳，遏制敌人乘“九一八”纪念西犯宜昌的企图。将军和我乘民政船东下，在观音滩遇礁，船只倾斜未沉。将军倾覆餐间内，我力行拔出。乘客争抢救生工具，吾等谈笑自若，不知大祸之将至，皆因视死生于度外者久矣。事后，相视而笑，至宜昌登岸。途中遇卜者，将军询之曰：“你能知我何日死否？”卜者诧异答曰：“人皆问富贵，君何自杀？”将军曰：“我乐死耳！请批之。”返旅舍后，我笑问将军曰：“求时与？求事与？”将军笑而置之。

斯年冬，大本营下达冬季出击命令，将军率部渡襄河与敌血战，歼敌逾万。敌反攻时，以战车冲将军的司令部，炮片破屋，不为所动，迫房屋塌，始率幕僚移至张家集。敌终未得逞，开襄河胜利之先声。

民国29年1月，将军慰劳七七军，将军与冯副总司令商讨抗战大计，以“统一思想健全干部”为主要着眼点。三日聚晤，未尝见他好好地睡觉。当时冬季攻击，官兵单衣赤足，处雪地中，与敌拼死；入夜则卧稻草以御寒。景况十分惨淡，将军素与士兵同甘苦，目击心伤，他说：“若无改善办法，只好个人早点死，以谢官兵！”他这样的呼声，一直念念不忘地喊到死。

4月间，我因事同何师长基澧有重庆之行，向将军辞行。将军在办公室内，亲自为我设榻，作长夜谈。他说：“敌人连续炮火，一冬未停，到天暖时定有向我发动激烈攻势的企图。希望你往返的时间不要过两个月！”我马上说：“事毕一定早回，请你休息吧！”他说：“这个年月，见一次少一次，总是在一起多谈谈好！”又谈到远在绵阳养病的宋明轩将军。他说：“近接电报，病势沉重，倘有不测，我更不愿再生！”[①] 第二天，当我上汽车的时候，他骑

---

① 参考本书张俊声《萧振瀛与张自忠的关系》一文。

白马来送我，紧紧地握着我的手说：“盼你早去早归，昨晚谈的话，千万请你注意。若是来晚了，也许不能相见！”我向将军郑重地行了军礼，共祝珍重。登车后，举首回顾，他还在擎着右臂，摇动不已。那种依恋的情态，使我几乎掉下泪来！

5月中旬，我料理宋将军丧事完毕，回到重庆之后，听到将军壮烈殉国的消息。读将军遗嘱，使我涕泗滂沱！拜将军遗榇，使我痛哭失声！不能偿者，将军厚望；不能见者，将军音容！三军失帅，国失元勋！……

(1946 年)

(选自《将军忠勇震瀛寰——纪念张自忠殉国五十周年》，山东人民出版社 1990 年版，第 55—58 页)

## 对宋哲元和张自忠两将军的临终回忆

冯炳瀛

1940 年春节，我和炳桐兄一起去绵阳看望宋哲元将军。宋当时住在一个大旅馆中，有卫队保护，他的病已很重，说话口齿不清。我们回到成都不久，闻宋哲元病故，时炳桐兄因与宋家三小姐有婚约，故炳桐兄便再次去绵阳，参加宋的葬礼。1940 年 2 月，我们兄妹几个都在成都分别进入小学和中学读书。

1940 年 4 月，日军为确保武汉安全，出动七个师发动宜枣战役，企图将中国军队围歼于枣阳附近。日军分三路西进，不久，枣阳陷落，襄阳告急，李宗仁令三十三集团军渡过襄河，狙击西犯之敌。张自忠在“七七”卢沟桥抗战后，曾受世人误解，自宋哲元在蒋介石面前保举他回五十八军任军长后，便痛下决心，抗日到底，以死报国。部队每遇日军作战，他总是亲临前线，指挥战斗。这次接到命令之后，他又决定亲自率领突击队渡河与日军作战，以阻滞日军攻势，争取时间发动反攻。父亲认为，主帅不宜亲率突击队作战，竭力劝张不要亲自出马，并提出由他率突击队截击日军，但张不听，执意要亲征，并说此事“不容更议”。出师前的晚上，我父亲和张自忠相对默坐，坐了好久，张自忠忽然说：“军人到了死的时候了！”父亲闻言顿时眼中充满热泪，紧紧抓住张自忠的手，好久没有说话。张回到住处后，连夜给我父亲和其他将领写了遗书，给我父亲的遗书说：“仰之我弟：因战区全面战事之关系及本身之责任，均须过河与敌一拼……无论作好作坏，一定求良心得到安慰，以后公私均得请我弟负责，由现在起，以后或暂别或永离均不得而知……”次日晨，张自忠率突击队东渡襄河，我父亲依依相送，并再次劝阻，张没有理会，策马而去。渡河后，经奋勇拼杀，部队连获胜利。不料后来部队陷入日军重围，张临危不惧，指挥部队与敌激战，终因寡不敌众，最后壮烈殉国。

父亲听说张自忠被围，曾命令黄维纲师急速前往救援，黄指挥部队与日军展开激烈战斗，终于将日军击退，但此时张自忠将军已牺牲，大家含泪将张自忠的遗体抬到宜昌，入殓后用轮船运到重庆。蒋介石、冯玉祥等亲自到朝天门码头迎灵，祭奠后厚葬在重庆的梅花山。

（选自《回忆我的父亲——冯治安将军》，选自《朝阳文史》第3辑，第240—241页）

## 许文庆的回忆

许文庆[①]

1940年5月上旬末，盘踞在信阳、应山、孝感、应城等地区之敌第三师团，纠集了大部兵力，附山炮多门，发动了所谓春季攻势，分数路向襄樊进犯，企图以速战战术，打击设在老河口的第五战区长官司令部，扰乱五战区的军队部署。敌军出动迅猛，沿途经过的村庄均被放火焚烧。我五战区各集团军在前线对敌军防守监视的部队，纷纷撤退，战火迅速逼近襄樊，威胁长官部驻地老河口。

此际，驻在荆门的张自忠为了确保五战区长官司令部安全，决心亲率部队急速东渡襄河，侧击进犯襄樊之敌。但他直辖的五十八军、七十七军均在襄河西岸驻守，难以全部集中，只能调动五十八军三十八师一一二旅。其时暂归三十三集团军指挥的五十五军七十四师（代师长马贯一），适在荆门以东的冷水铺地区集结整编，张自忠即令该师（欠一团）火速在宜城以南东渡襄河，由他亲自率领向北疾进，以策应襄樊作战。当七十四师按指定地点渡过襄河后，张自忠已于先一日率其总部作战人员渡过襄河在等待部队。

大约在5月13日，张自忠率上述各部在襄河东岸长山地区战备集结，并以总部及其警卫团（七十四师四四零团，团长郑万良）为前队，先行出发，以七十四师的主力为本队，在后跟选。我军行动被敌探侦知。因此部队刚从襄河东岸北进到达新集西南附近地区，即遭西犯敌军的左翼部队狙击，我前队警卫团就地占领有利地形，仓促应战，随后七十四师主力也赶到参加战斗。至午后五时许，渐趋沉寂，双方形成相持局面。

这天夜晚，张自忠接到李宗仁电报，告诫他既为数军指挥官，不可轻临第一线，要他速返原地，统率所属各军，张自忠未予采纳。

（选自《抗日名将张自忠》，中国文史出版社1987年版，第179—180页）

---

① 许文庆时任五十五军七十四师参谋主任。

## 民族英雄张自忠将军殉国纪略

张文海[①]

张将军在十里长山时，虽受敌三面包围，通讯断绝，但背后尚有曲道可通；总部顾问徐惟烈于万分紧急时劝将军撤退，将军不听，盖将军蓄死已久，必欲得一死而报国，故在临出发前作遗书数封，激励将士，以示牺牲决心。

（引自《将军忠勇震瀛寰——纪念张自忠殉国五十周年》，山东人民出版社 1990 年版，第 152 页）

## 痛忆荩忱公

傅瑞瑗

荩忱公牺牲了。在南瓜店，在前线，他本可以很安全地撤退，他的右翼川军王缵绪的部队就撤退了，但荩忱公孤军奋战，多少人包括卫士们劝他说，我们可以从日本人的炮火间隙中走，他一言不发，最后重创成仁。来到台湾后，我曾问过跟他的部队，他们说："人家都可以走，我们也可以突围，可荩忱公不走，在炮火连天中重创成仁。"……

（《永怀张自忠荩忱将军》，选自《将军忠勇震瀛寰——纪念张自忠殉国五十周年》，山东人民出版社 1990 年版，第 72 页）

## 张自忠将军殉国战役纪详[②]

徐惟烈[③]

……他（指张自忠将军）渡河是 5 月 7 日的晚上。这时候敌人正大部的汹汹北窜，我们河东的部队，本来防线太长，兵力太薄，又因为伤亡过重的关系，已经联络不上，而河防部队兵力也本不厚，无法再行抽调，不得已勉

① 张文海时系第三十三集团军五十八军三十八师一一二团团长。

② 文章中文字及标点时有错处，为保证原文真实性，除个别处更改，大致用原文。

③ 徐惟烈是国民党元老徐谦之侄。早年追随冯玉祥，后任张自忠的随行顾问。本文写作于 1941 年，是最早记述张自忠将军殉国经过的文字之一。当时战争正在进行，我军部队番号不便公开，故作者用"××"代替。另外，徐惟烈最后与苏联顾问撤退，并没有亲眼见张自忠牺牲。

强从第××师[1]抽调了三个团[2]，还带了一点手枪队。这样我们就在一个星月无光的夜间，从宜城的附近，一叶扁舟渡过彼岸了。渡过河的第一站，就是宜城的南瓜店。这就是将军至后来殉难的地方！我们当时在这个地方，仅仅吃了一顿早饭，就接到报告，说前面已发现敌情。将军立刻就下命令攻击前进。因为我们的目的，是进击北窜之敌。这时候敌人的主力，已窜到枣阳以西、枣阳以东的地道，所以我们对于这些敌人后续的小部队，以及敌人为保持联络而固守的小据点，我们除掉能很快的将他们消灭以外，我们也不愿和他们久战，而被他们牵制。我们一直就是攻击着前进。这样我们打到十号，就打到峪山，黄龙垱一带（襄枣之间）。

在峪山这天，我们的第××师和敌人打得非常激烈。因为这时北窜的敌人，已经感受到我们极大的威胁，非消灭我们不可，所以调回大部北进的兵力，分三路来反攻我们，而将军同时也奉到长官部电报，说敌人已经退却，务必猛力截击，勿令窜回。将军认为这是歼灭敌人的好机会，就一再激励第××师的将领，说敌人既已回窜，北面的友军，就一定向南进击，这样我们已成为对敌夹攻之势。虽然我们的兵力较小，但是我们原在襄河的三个师不久即可赶到。只要我们肯牺牲，这次一定可以将敌人消灭了。××师的将领，原来都是将军以往当营长时代的干部，所以也非常服从，一个个都亲自跑到火线，在一昼夜的时间，与敌人肉搏争夺了十余次。将军也不断地亲自上前督战。结果终于敌打败了。敌人伤亡好几千，其余大部的敌军，只好向东退窜了。

11 日的下午，将军奉到长官部的命令，说敌人已经东窜，务即率部向东截击。将军这时已经两昼夜未曾睡眠，但奉到命令，立刻就叫出发，并说兵贵神速，敌人稍纵即逝。因为××师已经赶到，所以就令××师在前，××师在后，自己带着手枪队居中，星夜就向枣阳方面进击。我记得这天晚上，还下着小雨，满天漆黑，路上很烂，走起来很困难。将军一面和我们步行着，一面老是嫌部队的行进速度不够。他说要赶到枣阳敌人还没有跑掉，这个仗就一定打好了。我们就这样边说边走，走了一夜。到了天亮，果然黄师长来报告说，前面已经截住敌人了。一部敌人约有七八千，正由北向南退窜。我们的部队，却正由西向东前进。敌人走的时候，没有看见我们，而我们却早已发现敌人了。所以我们的部队，当时就展成南北之线，正好打着敌人的侧面。这一下把敌人打得落花流水。那时候我们本来已经疲困极了，可是一听

---

① 指第七十四师。

② 实际两个团。张自忠夜渡襄河时只有两个团及一个特务营，人数大致三千人。且第七十四师基本是新兵，战斗力较弱。

见这个消息，都异常兴奋，将军更是急速地往前走着。一面走着，一面陆续地下命令，催调后面的部队。并且不时地说："歼灭了他！歼灭了他！"

这个地方是在枣阳县的附近，地名我记得是叫梅东高庙。这也是一个使我们不容易忘记的日子。因为那天敌人的苦头，固然吃的很不小，但我们也受了不少的罪。当黄师长派人来报告的时候，天上的雨已经越下越大。张将军一直往前走，我和几个高级幕僚，还有一个××顾问[①]都一齐跟着，一直走到我们第一线后面，我们才停止。这时候的敌人已经知道走不脱身，所以都转来散开，和我们对峙着，并且不断地向我们反攻。自然我们也不断向他们攻击。这样双方就成为激烈的冲杀。张将军不断地在散兵线后来回怒吼着："我们要消灭当面的敌人！弟兄们不要让敌人跑了！"雨越下的大，枪声越打的密，他的吼声也越发有力，敌人也就越发死的多。不过我们这天也疲劳极了，一天也没有吃到饭。因为那一带的老百姓，被敌人的烧杀全都跑光了。一直到天快黑的时候，才找到一点豆子，我们每人吃了一把。枪声也渐渐的比较沉寂了。我们十几个人连张将军及××顾问也在内，才找到一间牛棚，大家背靠背的休息了几个小时。

我们把当面的敌人解决了之后，本来是要继续向枣阳进击的，可是13号就又奉到命令，说"敌第十三师团企图南窜，该总司令应即速率部向南截击。"于是我们不得不放弃东窜的敌人，又折回头来截击南下之敌。那时候××师也赶到了，就分成两个纵队，由黄师长率领××师为左纵队，往田家集新街一带截击；张将军自己带着××师还有一部骑兵，为右纵队，往方家集南瓜店一带截击。这时候，我们最艰难的就是粮秣和弹药的缺乏。因为自从我们东进之后，北边的敌人除了一部（我××师所截击的是此部中之一部）向东又转向南以外，还有不少的陆续南窜。这南窜的敌人，已经将我们背后几个据点，如同方家集、新街等等地方全占据了。我们襄河东岸的渡口，也全被敌人占据了。那一片周围百余里的地方，真是烽烟四起（敌人到处放火），鸡犬不留。所以既无从采买，也无法输送。我们的目的是截击敌人，其实敌人的目的也是截击我们。不过我们的士气还是异常振奋。张将军不住地说："截住他们！消灭了他们！"他的斗志永远是旺盛的。

14号的拂晓，我们赶到方家集，老远的就听见前面发生了激烈的枪声。张将军是照例的一听开火就往前赶，我们也一同跟着走。果然走不多远，就接到报告，说方家集仍有一部敌人盘踞着，不过有大部的敌人似图向西南窜。将军就边走边下命令，叫××师立刻攻下方家集，叫骑兵绕至西南山口去截击敌人。于是方家集的争夺战就开始了。敌人起初是有一两门炮，大约他的

---

① 指苏联顾问。

炮兵已经开走了，所以在上午11点以前，他的炮声很稀。可是因为这个地方至关重要，他必须守住这个据点，才能掩护他们西边的进出，所以他们就不断拿着机关枪冲锋，企图以攻为守。可是我们的机关枪并不弱于敌人，我们的迫击炮也很能发挥威力。张将军又站在一个高坡上亲自督战，所以士气百倍，杀声震天，冲锋号是不断地吹着。官兵都冒着枪林弹雨的往前进。虽然敌人很顽强的抗拒，可是经不住我们官兵的奋勇冲杀，在几次肉搏之后，我们终于将方家集占领了。

战况在上午一直顺利的进行着，我们的官兵不住地往前进。一批一批的敌尸，躺在我们的脚下。敌人方面，也只有机关枪声，像新年爆竹一般地放着，并没有什么炮声，上面也没有飞机。可是一到正午以后，战况就不同了。因为大部敌人本来是向西南窜扰的（事后有人说，敌人在那时就是想渡河攻荆门和宜昌的），想不到我们的队伍蓦然由东边又折了回来。起初敌人是没有把我们这三千人（这时候××师还有千多人，骑兵有五六百人，连总部的手枪队，一共是三千人）看在眼里的。所以一部分和我们对敌着，大部还是向西南行进。我们在高坡上用望远镜曾望见约有七八千敌人的行列。可惜当时我们没有大炮，打不着他。后来我们冲杀的太厉害，大概他感觉着这部分队伍非同小可了，所以他大部队才折回来增援，并且又增加了二十几架飞机，十几门大炮。飞机是不断地在上空投弹，并且轧轧地不住用机关枪扫射，大炮是不停地轰着，敌人方面登时增了不少的威力。而我们这边除了枪和大刀、手榴弹以外，统靠着官兵视死如归的精神和不怕牺牲的血肉，与敌人一来一往地在战场争夺着。所以在正午以后，就变成苦战的状态。张将军好几次亲自带着手枪队到第一线。官兵看见了他，就好像我们也添无数飞机、大炮一样，无不精神百倍。几次敌人猛烈的反攻，都被我们杀退。到了下午三四点钟左右，敌人没有办法，只好拼命地用密集炮火来轰击。张将军的周围落了好几百炮弹。特务营的杜营长跑来，请将军换一个地方（这时候我们正在吃豆子，做这一天唯一的大餐），将军也没加可否，但对他笑了一笑："你来吃些豆子！"又说，"这豆子真好吃！"杜营长也不好再往下说，只好抓了一把豆子走了。

薄暮之后，战况稍为沉寂一点。××师黄师长来报告：敌人的左翼仍有向西南撤退模样。将军当时与几个高级幕僚商议，认为任务是截击敌人，决不能让敌人跑脱，所以就决定连夜向西南去截击，并派小部队夜间去袭击敌人。这天晚上，还有一件险事：就是我们往西南走的时候，我们自己领路的领错了路。本来应当靠东走一点，他们却往西边去了。所以竟误走到一个敌人占据的村庄附近。敌人以为我们去袭击他，一时步枪、机关枪、手榴弹一齐乱放。这时我们距敌最多不过二百公尺，幸而张将军预先就一再地训练过他的部队，夜间行进遇敌，立时卧倒，不许乱跑，不许随便放枪。所以这时我们和手枪队全都就地卧倒，一声也不响，一枪也不放。敌人浪费了无数子弹，而我们未伤一人一马，仍然从容不迫地到了我们的目的地——罐子口。

敌人在这天（5 月 15 日），果然除以一部在罐子口附近与我们对战之外，大部还是向西南窜，有沿着襄河东岸南窜之势。因为我们的部队把住许多山头，敌人通过很困难。所以他必须向我们部队攻击。而我们的部队因奉了将军的严令："要截击敌人，决不许他们逃脱！"所以也拼命向他们攻击。这样就在罐子口附近的山地，又继续恶战了一天。大约敌人是知道逃窜不易了吧，所以一面与我们恶抗，一面就由各方抽调部队来增援。而我们呢，本来也是想调××师或××师过来增援的，但因为他们正在新街附近与敌人打得很激烈，张将军不愿那一面的敌人逃脱了，所以不肯调他们过来。因此就演成了第二天（5 月 16 日）众寡过于悬殊的劣势，空前的惨剧就发生了。

这是一个阴霾的早晨。我们头一天晚上才从罐子口移到南瓜店附近一个小村子里。这村子一共不过两家人家。我们因为几夜未能睡眠，所以就在星幕的场地上睡着了。可是那黎明的时候，就为剧烈的枪炮声所惊醒。一会儿就有人来报告说："我们右翼一个山头被敌人攻陷了。"这个山头我记得好像叫鸡鸣山，距我们所在的地方还隔两个山头。张将军就叫××师赶紧派一部分人去增援第二个山头；一面说："我们到外面去看看！"我们就一同走到村子外面的山坡上。这时候敌人的大批飞机就来了，到处在投炸弹、打机关枪。敌人的炮火也密集地向我们这里轰击。在我们西边第二个山头，敌我争夺异常激烈。可是敌人始终未曾得手，几次冲到山顶上，都被我××师的郑团长亲自用机关枪打退了。不过敌人数目太多，从这一方面攻不上，他就从那一方面攻。到了 10 点左右，敌人在我们的西南已经形成了一个弧形的包围。张将军一面叫骑兵从我们的左翼出击绕击敌人的侧背；一面亲自跑上一个小山头去督战。这个山叫杏儿山，除了南面有一点接着别的山峰以外，其余都是平地。我们上这山的时候，敌人的炮火已经不断地打到山腰里。所以我们只能疏散开来，一个一个的上。本来南边敌人攻得最凶，而我们这面的部队，又是××师一个补充团，既多是新兵，子弹又缺乏，所以眼看就要维持不住。幸而张将军亲自上了山顶督战，又派了一连手枪队去增援，这才把南面的山头稳住了。可是敌人依然不断地向两翼延伸，我们的右翼不久也受到敌人的包围。所以张将军只好下山又赶到北边。这时敌人已攻到我们面前一个山头，距离我们最多不过八百公尺。我们身旁的子弹已经是飕飕地响着了。张将军派杜营长带了一连手枪队，舍生忘死地冲杀了好几次，才将这山头保住。就在这个时候，大约是正午 12 时左右，将军的左臂就中了步枪伤了。他并不肯裹扎，只时时的用右手按了几按，意思是不令它多流血。一面还在大声疾呼地督战。可是这时候我们的部队已经伤亡的很多很多，战况已经是更加惨烈艰难了。

张　敬

到了午后1点钟左右，敌人简直把山炮排列在距我们不到一千五百公尺的山上，向我们疯狂地发射。有一个炮弹在我们的身旁四五步的地方爆炸，当时张将军的一个随从副官阵亡了，代理参谋处长吴光辽两条腿也受了伤。以后炮弹就更像雨点一般地落在我们的前后左右，枪弹更是不住地在头上飞。我们都劝张将军往东北的山脚下移一移（因为这时敌人的包围已渐渐成为马蹄形，惟有东北方还未合着，不过是个高山），但他坚决不肯。他说："我奉命追截敌人，决不能自己退却！"所以他只命令左右的人们全散开，而他仍是带着高级参谋张敬①，来回着督战。张敬矫捷的像游龙一样，一面走着，一面高呼："总司令在此地，谁也不讲退！"将军则神色比平时更严肃，目光炯炯，显然有凛然不可犯的态度。他的神威确是增加了全线官兵不少的勇气，任凭敌人攻击得多么凶猛，我们这边很少有人退下来。除非这个山头上的官兵伤亡尽了，敌人是不能占据这个山的。所以在那个短短的时间中，敌人支付了空前的代价。不过到两点半钟以后，我们南面的一个最近山头，因为守兵的全数牺牲，而终于被敌人攻陷了。张将军听到这个消息，怒吼了一声，就跃过我们所在的一个土坡，冲上前去，谁也拉他不住。这时东西两面山头的敌人，距离我们不过五百公尺，机关枪不停地向我们射击。南面的敌人，在山脚下，与我仅余的一部手枪队肉搏着。战况是惨烈到万分。就在这十分钟以后，张将军全身中了六处机关枪伤，最致命的伤，是右胸洞穿。据后来他的随从副官马孝堂告诉我说，张将军临死之前，知道自己的伤已不治，就要拔领袖所赠的短剑自裁②，经一个随从副官朱增源抱住了。张将军还声嘶着说："我对国家，对民族，对领袖，良心都平安！"后来就气绝了。张高级参谋身上被敌砍伤好几处，还用手枪打死好几个敌人才死。这个马副官也受了三处重伤，在抬回来不多的时候也就死了。还有上校副官洪进田、少校副官贾玉彬等，也都一同殉难。总计随同殉难的官长卫士共三百多人。……

（选自《张上将自忠纪念集》卷十四（悼文），1948年版，第70—76页）

① 张敬，实为李宗仁派在张自忠身边的监军。

② 根据验尸报告，张自忠是拔枪自决。有两点原因：一、时间已不允许拔剑自决；二、后人有意宣扬杜撰，借以突出张个人英雄形象。

# 张自忠将军殉国经过

马孝堂[①]口述

这天是5月16日，总司令已有几天没有睡，也没吃好，昨天只吃了些煮豆子，夜晚才从罐子口到这里（南瓜店附近一个只有几间草房的小村）。总司令刚睡一小会儿，附近枪炮声震耳欲聋。有一报告说："鸡鸣山丢了!"因为这个山离这里最近，总司令马上起来，到一个小山坡上去指挥。这时敌人飞机有几十架，到处俯冲投弹和扫射，硝烟弥漫，情形非常紧张。争夺那个小山头时，敌人的尸体纵横，死的非常多。我们还捉住了几十个俘虏。总司令在这紧张形势下，还亲自颁发受伤官兵赏金，并以温语慰问。形势越来越紧，敌人越来越多，从四面八方包围上来。总司令指挥附近残余部队反攻，叫那仅有的骑兵向敌后抄袭，他自己上到一个小山头上去督战。这时候已成混战，眼看敌人如潮水往上涌。敌人将炮架上山头，向我们直接瞄准。我们受到了严重威胁，有二三人在一处，即遭敌人炮击。总司令为减少死伤，命一般幕僚及随员都向各处分散开，只剩我和贾副官两个人跟着总司令。总司令的黄色军装在没有遮蔽的情况下，在向敌方斜向的山坡上暴露着。于是，我们这里形成了一个被弹巢。在我们附近爆炸的火光，很快地吞去了我们几个同伴。总司令猛然前仆，旋又立起，右肩后流血了！显然是被炮弹碎片炸伤了。与此同时，参谋处吴处长也受了伤。到了十里长山，还在指挥，接着左臂也在流血！但是总司令仍然站在那里，怒目圆睁，大声地呼喊着，指挥。他的腿上也流了血，血湿透了袜脚。我见总司令突然向后一歪，右胸就往外喷血。总司令脱了上衣军装，让我给他裹伤。血如泉涌，溅上了我的脸和全身。我刚包扎完伤口，敌人就一窝蜂上来了！总司令命我快走开，还说："我这样死得好，死得光荣，对国家、对民族、对长官，心里都平安……"这时总司令面已苍白，但还有些笑容，接着眼睛就闭上了。此时，敌人步兵已到我跟前，即向我刺来。总司令眼睛一瞪，怒吼一声起来，一只手握住敌人枪身。一颗子弹忽由他小腹穿过，总司令向后一坐，又有一颗子弹从他右腮下射入……此时我已昏迷了。是死，是活，自己也不知道了。待神志清醒时，我已与同伴等候宰杀了！我只觉脖子一凉，就栽到沟里去了。敌人知道我未死，又重向我腹上连剁四刀，头上砍了两三刀。敌兵又向我肚子戳了两刺刀。我全身失去了知觉，脑子尚清醒，心里很清楚地记着总司令的

---

① 马孝堂，上尉副官，河南省淮阳县人，张自忠将军随从副官。他是跟到张自忠最后一刻的人。

殉难地……

（董升堂整理）

（选自《抗日名将张自忠》，中国文史出版社 1987 年版，第 197—199 页）

## 张自忠将军殉国与荣哀

李致远[①]口述

……5 月 16 日，黄师便衣队用担架将棺材抬回师部，我同黄师长等领导人当即令军医解开白布，发现总司令除右后肩胛骨炮弹伤外，还有三处枪伤，一处刺刀穿刺伤口。右小腹、左肋骨、右额骨各一枪弹穿孔，以右额一枪伤最重，颅脑塌陷变，几乎辨认不清本来面目。幸亏我们这些老同事还清楚地记得张将军右嘴角旁有一个小痣子，才确定是总司令的忠骸。然后，由野战医院的医务人员，用酒精棉花清洗，再用纱布包好。之后，部署战备行军序列；三十八师为前卫和左翼；五十九军军部、总部直属部队在中央；骑兵第九师为右卫；马贯一师为后卫；趁夜行军。18 日拂晓，安全到达宜城以南渡口时，后卫部队立即改为渡河掩护队。大家推选我为护灵队长，保护总司令的灵柩首先渡河，部队然后再渡。就在这样情况下，最后渡河掩护部队的一个营仍被日寇追到河边，未渡而被围俘。……

（熊顺义整理）

（选自《将军忠勇震瀛寰——纪念张自忠殉国五十周年》，山东人民出版社 1990 年版，第 126 页）

## 张将军殉国前后

王心角

**给张将军当向导**

民国二十九年农历四月初三，从南山里向张家集开过来中国军队，当时的年轻小伙子怕拉夫，都躲藏起来。我已是 50 出头的年纪，没有离开陈家集，被一个士兵发现，带我去见他们的长官。老百姓见大官，心里怦怦直跳，可是这位长官待我很客气，留座、递烟，一会儿我心里就平静下来。这位长官看我不害怕了，直截了当地对我说，他的军队要在这里跟日本人打仗，要我给他们当向导。我引他们北到吴河，西到霸王山看了一遍，他拿出地图对

---

① 李致远，张自忠部将。曾任第三十八师独立二十六旅旅长，后为第三十三集团军参军。与张自忠有连襟关系。

照着一一问我，我都照实作了回答。分手的时候，长官的随从副官告诉我："他就是张自忠将军。"我回到陈家集，看见这里到十里长山到处攀的是电话线，跟蜘蛛网一样，看来，真的要打仗了。

**死人堆里救出马副官**

几天之后，中国军队与日军在南山里打仗，炮声隆隆响，机枪嘎嘎叫，在陈家集看得见战火、硝烟，敌机像苍蝇嗡来嗡去，长山坪一带战事很紧，听说中国军队子弹打完了，跟日军拼起大刀片，展开肉搏战。

四月初十（5 月 16 日）中午过后，炮声息了，枪声也慢慢稀了，只见一队队中国军队往陈家集以西撤退，一队队日军在陈家集以东乱窜、骚扰。当时陈家集驻有日军，这一带的老百姓都躲起来了，我和王心福、尚礼堂、陈书元躲在陈家集附近一个渠沟里。后来，我悄悄地爬上袁湾后头一个古墓上，墓上长满蒿草杂树，以便观察日军的动静。大约后半晌四五点钟的时候，又从南山里来了日军，押着一队穿中国军队服装的官兵，大部分受了伤，相互搀扶着，还跟着一副担架，我一直盯着日军押着他们进了陈家集，看不见了，我才回到逃难的人们一起。

夜里下起了小雨，日军向东走了。

第二天早晨，我们 4 人从渠沟里出来往陈家集走，走到陈家集岗顶上，一眼望见岗坡下堰塘水沟里（现在已平整成稻场），横着 7 具我国军人尸体。陈书元是个十二三岁的小孩，在前面跑，刚走进堰塘边，一具"尸体"翘起头来，喊了一声："老乡！"陈书元吓得叽叽大哭，跑拐过来。我和王心福、尚礼堂问明情况，一同来到堰边。翘起头的军人，睁大眼睛，张着嘴喊："老乡，不用怕，我还活着啊，你们救救我吧！"我听见声音很熟，他盯着我，我辨认出来了，这不是前几天当向导时认识的张将军的随从马副官吗？我们 4 人连忙把压在他身上的尸体搬开，将他扶起来。为了防止意外，我们把马副官送到西洼里藏起来，并叫陈书元陪伴，我们 3 个先进街去探虚实。

**马副官说："他就是我们的总司令啊！"**

我们 3 人进街后，到处打探，空无一人。看到陈家祠堂南边放着一口棺材，前面插了块日本人的指路牌，背面写着："支那军张自忠之灵。"我们认出此棺是陈家集魏华山木匠铺给一户姓邱的财主做的预棺，还没做起，尚缺棺盖，用一块门板盖着。祠堂前院里有一摊血，日本人在农民杨启才屋里摆过酒席，杯盘狼藉，一片杂乱。

街上日本人已走，东边的日本人也走远了，尚礼堂回去弄饭，我去找到陈书元，这时马副官已经走不动了，我们把他架到祠堂里，让他睡在灶屋，地上垫了一层厚厚的稻草。尚礼堂盛来稀饭，一碟腌蒜薹，一口一口地喂马副官。

晚上挨黑的时候，马副官请求我们把他送到淳河店找他的部队去。我找到王心福、周洪发、周大旺，把麦笼编起来当担架，既轻又软和。临走前，马副官念念不忘张自忠将军遗体的下落，我们想起了祠堂南边那口棺材上，写有“张自忠”三个字。马副官叫我们抬他到放棺材处，我们撬开门板，天黑无法辨认，他就用手摸穿的鞋，因为鞋襟是他系的，证实是总司令的遗体后，他放声大哭说：“他就是我们的总司令啊!”他交代把门板盖上，要我们好好看管。我们抬着马副官往西走。

**运送张总司令遗体到襄河西**

当我们抬着担架走到王家湾附近时，遇到了三十八师便衣队，在他们的护送下，顺利地到达三十八师所在地张家沟。黄师长听了马副官的报告后，马上命令便衣队连夜赶到陈家祠堂，开棺用白布将张将军遗体包裹好，就朝襄河西护送。黄师长叫人搬出一皮箱钞票，要重奖我们。我们说，张将军已殉国，马副官也负了重伤，说句良心话，我们送他本是应该的，分文也不能取呀。我们随便吃了点东西，就往回走。

过了四五天，又来了一批中国军队，护送着由群众用两根竹竿抬来的一块石碑，上面刻着“张上将初葬处”，石碑树立在张将军遗体初葬处。

后来，国民党襄阳县政府为了纪念抗日将领张自忠殉国3周年，将方陈乡更名为自忠乡，陈家集更名为荩忱集。……

（王玉整理，襄阳县政协供稿）

（选自《尽忠报国——张自忠将军史料专辑》，中国文史出版社1991年版，第248—250页）

## 华安旅社祭忠骸

李复元①

1940年5月18日早晨，一位戴眼镜的国民党军官来到旅社，严肃认真地跟我讲：“老板，今天我们要在这里住一晚，所有房间不要接纳别的客人。”我听了不知为什么，只好答应“行”。于是，军官和几名军士就动手整理后厅堂屋。这时，我也参加打扫清洁。他们在堂屋正中放了一张乒乓球桌子，上面摆上香蜡纸表等祭品。

下午太阳刚平眼的时候（约4点钟左右），旅社外面来了一队官兵，抬进一副担架，停放在灵堂前。放好后，大家就烧纸，焚香，下跪磕头，泣不成声。这时我仍不知死的是谁，只晓得是从河东抬来的，是个阵亡的大官。

此后那位军官问我，街上有几家布店，几家裁缝铺，我一一作了回答。

---

① 李复元为华安旅社会计，时张自忠遗骸抬到小河街上后，在华安旅社停灵祭奠。

他转身上街，不久即买回一大捆黑市布，叫我找裁缝做“孝箍”。当时小河街上只有一家裁缝铺，一台缝纫机，时间紧迫，我怕他们扎不赢，又找来几名妇女，一针一针地缝，很快就做起两百多个。

当晚9点钟左右，开来7辆军用大卡车，运来几百名全副武装的官兵。首先进旅社的是一批军官，进门时一一佩戴黑纱，他们一进灵堂就放声大哭。有的脱帽致哀，有的施跪拜礼，焚香化纸，顿时，旅社前庭后院站满了人，一片哭声，阵阵抽泣。从哭声中有人喊总司令，我才知道是总司令战死了，我也哭起来。

在华安旅社停灵祭奠了一个多小时，那位戴眼镜的军官招呼几名军士，把忠骸抬上事先准备好的灵车上，街上老百姓得知后，不约而同地齐聚在公路两旁，号啕大哭。灵车向宜城方向总司令部驰去，人们挥泪目送，直到灵车走的老远了，人们才悲痛地离去。

（襄阳县政协供稿，王玉、毛明金整理）

（选自《尽忠报国——张自忠将军史料专辑》，中国文史出版社1991年版，第251—252页）

## 张自忠将军忠骸入殓目睹记

王修志口述

张自忠将军忠骸运返陪都，选自曹聚仁、舒宗侨编著：《中国抗战画史》

1940年阴历四月的一天，张自忠将军的遗骸护送到胡集夏家湾后经过沐浴、药物处理和换装，停放在尹家湾——国民党第三十三集团军总部的大礼堂里。

这天上午，总部一个副官通过快市街的头面人物邱三爷介绍来到我家，因我父亲是个漆匠，他们要我的父亲去给张将军的棺材封子口，我父亲二话没说，就一口答应下来。我和父亲一起跟着副官向尹家湾走去。因为平时我跟父亲学手艺，再加上是个十四五岁的孩子，副官也就没阻拦我。

一出快市街，就发现气氛跟平常不一样。看见通往尹家湾的路上有许多岗哨，不准人们从这里通行。快市街离尹家湾只有三华里路程，就有三四道岗哨。

由于我们跟着副官，岗哨也就没有盘问。走进尹家湾，就看见张将军总部的大礼堂。这个大礼堂是个大草屋，里面很简陋，能坐一千多人，墙是土垒成的，大礼堂正前面支起一块铺板，上面铺着白布，张将军的遗体就停放在上面，用白布盖着，面部露在外面，没戴帽子，从面部看不出有什么伤痕。由于天气比较热，张将军遗体两边有四个官兵正在轮换用扇子扇，闻不到有什么臭味。旁边停放着一口荫椿木棺材，有很多人拿着照相机围着张将军的遗体照相。

我们进去不久，几名官兵就开始将张将军的遗体往棺材里装，没让我们帮忙。我看见他们小心翼翼的捧着张将军的遗体往下放，可是由于张将军个子大，棺材短，腿脚伸不开，没有办法，又抬出来。这时，我看到许多长官非常着急。那位副官让我父亲等一等，一直到下午天快黑时，不知从哪里运来了一口楠木棺材，点着蜡烛才将张将军的遗体装进去。装时，棺材周围挤满了人，我和父亲不能靠近，在旁边只看到一个 20 多岁的妇女扒在棺材上痛哭，有几个人劝她不要哭。装好盖后，我父亲认真用漆封好，那位副官端来菜和酒让我父子吃喝，我们父子就坐在地上胡乱吃了一点就要走。副官说："先不要走，怕万一有什么事。找你们不方便，等到明天下午再走。"我和父亲就坐在墙边，观看来来往往的人，我发现凡进来的人都要三鞠躬。大约九点多钟，进来了一大帮样子威武的军人，屋里屋外的人立即整整齐齐地站在两边，只听到有人小声说："李长官，冯司令。"① 他们一进门就三鞠躬，然后绕棺材转三圈，才慢慢走出去。夜晚，进进出出的人连续不断。

第二天从早晨到晚上，洋鼓洋号不停地吹，人很多，有个长官还念了悼词。下午六七点钟，我和父亲还是在那位副官的带领下，离开礼堂回到家里。

第三天早晨，一辆大汽车将张将军的棺材运走了。

（汪景富整理）

（选自《抗日名将张自忠在钟祥》，《钟祥文史资料》第 11 辑，1991 年印刷，第 123—124 页）

## 历史上的一段记忆

李　燕②

公元 1940 年 5 月，张自忠将军在抗击日寇的一场激战中不幸以身殉国。

---

① 指李宗仁长官和冯治安副总司令。

② 作者系李文田次女。张自忠将军殉国后，李文田将军任三十三集团军副总司令。

获知噩耗，第三十三集团军上下为之震惊、悲痛。俟后，张将军遗体辗转运送回集团军总部，遂举行隆重、庄严的追悼仪式。

是时，正处公历 5 月下旬，气温逐渐升高，恐不宜停放灵柩时间过长，总部经研究决定，在尽可能短的时间内，将张将军遗体送往重庆安葬。

当时扶柩赴重庆的人约十余名，其中有一名焦姓年轻女士，人称焦先生（据称：专司张将军生前生活起居的），以及徐惟烈先生夫妇并我们母女三人，余者随从数名。

历经颠簸到达重庆后，有不少人迎接灵柩，他们表情凝重、哀伤，气氛肃穆。当时由于我不满九岁，且幼稚无知，有关安葬细节不了解，不清楚。

1940 年正值日寇疯狂轰炸重庆，每日空袭数次。为安全起见，三十三集团军驻渝办事处李显堂①将军安排我们暂住北碚郊区的曾家坝乡间以避险。我们大约住了四个多月，时间短促，却给人以冗长、郁闷的感觉，可能是处于情绪低潮的缘故。

同年 9 月，我们母女三人以及徐惟烈先生夫妇相继先后离开四川，回到三十三集团军驻地，而那位焦女士的去向，不得其详。

时过境迁，这段亲历的事实已成为七十余年前的历史往事，我所能记起的，仅是不完整的片段。

## 【相关史料】

## 张自忠将军的三封遗书

### （一）

1940 年 4 月，原二十九军军长宋哲元病逝于四川，在三十三集团军总部召开的追悼会上，张自忠抚今思昔，慷慨陈词，声泪俱下，号召全军与日军一拼。会后即修书两封，一封致副总司令冯治安：

佟、赵死于南苑，宋又死于四川，只余你我与刘、石矣。我等亦不知几时也要永别，我等应再下一决心，趁未死之先，决为国家民族尽最大努力，不死不已，如此就是死后相遇于冥途，也必欢欣鼓舞，毫无愧怍。②

（选自《尽忠报国——张自忠将军史料专辑》，中国文史出版社 1991 年版，第 222 页）

---

① 即李炘，字显堂，时任第三十三集团军驻渝办事处处长，负责与中央的联络工作。

② 赵指赵登禹，佟指佟麟阁，宋即宋哲元，皆二十九军将领。刘是刘汝明，时任六十八军军长；石乃石友三，时任六十九军军长。此信原文已不可寻，上一段是战区兵站副监闻承烈见将军作书，词旨悲壮而抄录其中的警句。

## （二）

**1940 年 5 月 1 日张自忠致萧振瀛的信**

仙阁大哥如晤：

灿轩带来之手示谨悉。当面之敌最近或有积极之企图，我部业已预备妥当，来则痛击之。弟们本久决之心，在不死之前未战则尽力整理，此战争开始就以必死之决心与倭寇周旋，以报国家民族及领袖之大恩大德。

专此布复

顺颂

近好　　　　　　　　　　　　　　　　　　　　　弟张自忠拜启

五・一

关于国际及国内之新闻请见告，并请诸多指示，卑（俾）有遵循，是所盼祷。

（《萧振瀛先生纪念文集》，台湾世界书局 1990 年版，第 14—16 页）

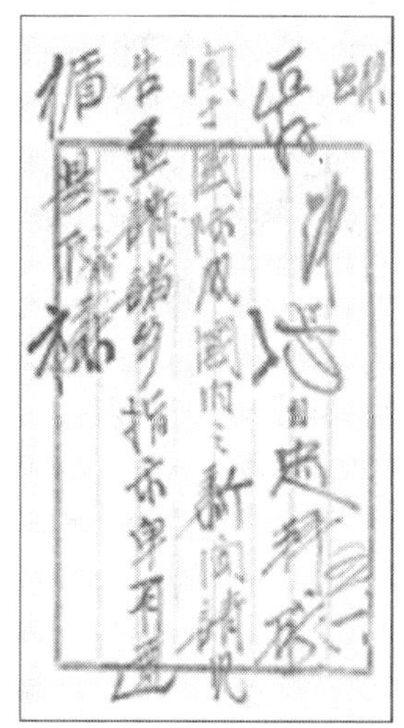
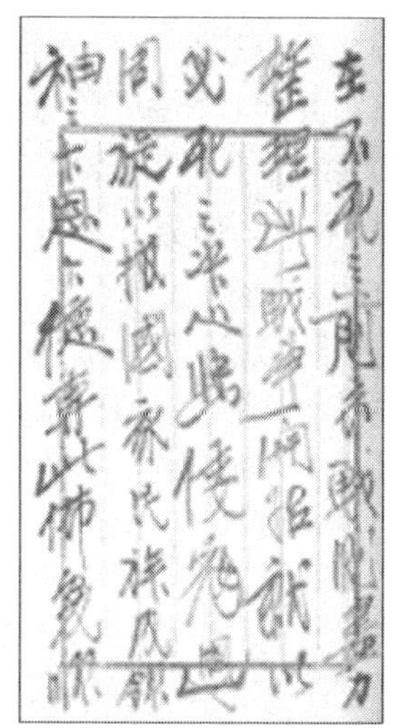
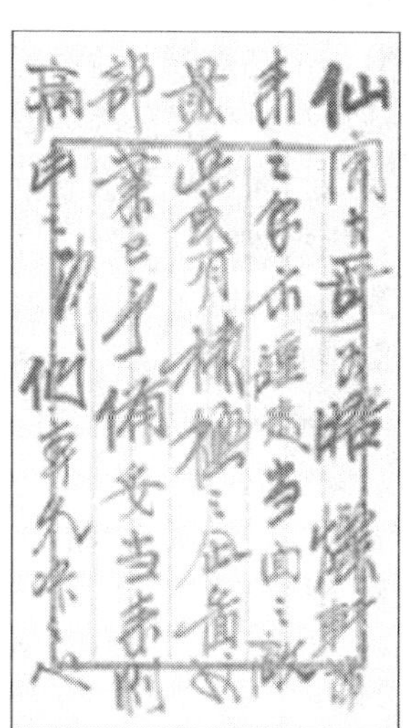

1940 年 5 月 1 日张自忠给萧振瀛的最后一封信

## （三）

5 月 5 日，中路敌陷随北之高城及随南之安居。我河东部队一七九师师长何基沣正在重庆受审查，一八零师师长刘振三奔兄丧请假未归，两师部队无人掌握。三十八师在流水沟附近孤军苦战，敌累施毒气，我军处境危极。

**1940 年 5 月 6 日张自忠写给冯治安临阵遗书**

仰之我弟如晤，因为战区全面战争之关系及本身之责任，均须过河与敌一拼。现已决定于今晚往襄河东岸进发，到河东后，如能与38D（师）、179D取得联络，即率该两部与马师不顾一切向北进之敌死拼，设若与179D、38D取不上联络，即带马之三个团奔着我们最终之目标（死）往北迈进。无论作好作坏，一定求良心得到安慰。以后公私，均得请我弟负责。由现在起，以后或暂别或永离，不得而知，专此布达。

小兄张自忠手启

五·六于快活铺

（选自《尽忠报国——张自忠将军史料专辑》，中国文史出版社1991年版，第224页）

## 有关张自忠殉国前后的密电

### 张自忠致蒋介石密电

（1940年5月15日）

即刻。渝委员长蒋：影密。报告：一、职昨率七十四师、骑九师及总部特务营，亲与南窜之敌约五千余名血战竟日，创敌甚重。晚间敌我相互夜袭，复激战终夜。今晨敌因败羞愤，并因我追击，不得南窜，并调集飞机卅余架，炮廿余门，向我更番轰击，以图泄愤，并夺路南窜。我各部经继续六七次之血战，牺牲均亟〔极〕重大，但士气仍颇旺盛，现仍在方家集附近激战中。二、我三十八师、一七九师昨已将新街敌数百名击溃，当将新街克复，现仍继续向南追击中。三、据报，歼〔残〕敌一部约千余人，因被我各处截击，现企图沿襄河东岸南窜，已饬三十八师、一七九师努力截击中。谨闻。

职张自忠叩。删申。参战。印。〔快活铺〕

（选自中国第二历史档案馆编：《抗日战争正面战场》，江苏古籍出版社1987年版，第951页）

### 冯治安来电一

显堂兄并转仙阁兄：张总司令由方家集率七十四师追击南窜之日，十六日在南瓜店附近与日军激战，日军以步骑三四千人附炮二十余门，向我反攻，异常剧烈。我军伤亡殆尽，日军以大部向我包围，接近总部，总司令抱有日无我之决心，亲率总部官佐及特务营，作最后之苦撑。自辰至未，血战未休，卒因弹尽力孤，总司令竟以身殉。总部官佐及特务营长以下同作壮烈牺牲，生存无几。总司令遗体，现正在寻觅中。弟得恶（噩）耗当即由普门冲驰往快活铺总部，并饬各部队续行原任务，固守河防。谨先电闻。

弟冯治安叩篠秘。

### 冯治安来电二

显堂兄并转仙阁兄：篠电计达，此次荩兄渡河杀日，因长官部一再督催，复以荩兄责任心重，故不顾一切，毅然前进。时黄、刘两师长因病甫及到部，各部队均在中途河东分途战日，力量多未集中。荩兄仅带七十四师之两团及特务营二连之众，深入追日；弟曾竭力善劝，未能阻止，临行之日，曾给我一亲笔手函，大意谓："因战区全面战事关系及本身责任，均须过河与日一拼，如不能与各师取得联络，而奔着最终目标（死），往北迈进。毋论作好作坏，一切求良心得安慰，以后公私，请弟负责。由现在起，或暂别，或永离，不得而知"等语。足见荩兄早抱必死之决心，此函竟成遗嘱，曷胜惨痛。关于荩兄身后一切，正与灿轩兄等详为筹计中。

特闻，弟仰叩巧。

### 李文田来电一

显堂兄并转仙阁兄：前电计达，先总司令遗体，经黄师长维纲亲自率队分途搜寻，将日击散，业已觅得运回总部，正装殓中。据先总司令卫士谷瑞雪负伤回部称，当日人大部向我包围，总司令即登山督战，十六日左肩受伤，我劝回部绑扎，坚不肯回，神色自若，仍大呼向前冲杀；末间，胸部又受重伤，即拔枪自决，为随从副官朱增源所夺，随即倒地，微声曰："你们快走，我自己有办法"；又曰："对国家，对民族，对长官，良心平安，大家要杀日报仇。"遂瞑目。

### 李文田来电二

特急，显堂兄并转仙阁兄：张总司令此次亲率七十四师之两团及特务营，冒险渡河杀日，因河东各部队正分头追日，力量多未集中，嗣又奉命向枣阳方向追敌，与汤集团会师，且追且截，迭获胜利。迨日大部分南退，又奉命向南追截，于十六日在南瓜店附近遇日步骑三四千人，附山炮二十余门，飞机六架，密集轰炸；我军于进行中激战伤亡殆尽。总司令率特务营及总部人员，继续死拼，日渐逼总部，官兵生存无几，仅总司令同弟及卫士数人，奔向山头向日猛冲，在日军四面包围之下，弟奋力冲杀，竟与总司令失去联络；迨至山头，竟跌倒翻滚下山，经卫士搀扶，突过日军火线，周身跌伤甚重。复闻总司令身受重伤，竟慷慨殉职，不胜惨痛。现已间道返部，忍痛念悲，与冯副总司令计划善后，仍督促各部继续杀日，谨先奉闻。

弟李文田叩号秘。

（以上选自《萧振瀛先生纪念文集》，台湾世界书局 1990 年版，第 30—31 页）

## 李宗仁与蒋介石来往密电

(1940 年 5 月 18 日)

(1) 李宗仁致蒋介石密电旬(5 月 18 日)

〔衔略〕顷接冯副总司令治安篠秘电称:张总司令由方家集率 74D 追截南窜之敌,铣日在南瓜店附近与敌军激战。敌以步骑三四千人,附炮廿余门,向我反攻,异常剧烈,我军伤亡殆尽,敌以大部向我包围,接近总部。总司令抱有敌无我之决心,亲率总部官佐及特务营作最后之苦撑,自辰迄未,血战未休。卒因弹尽力孤,总司令竞(竟)以身殉,总部官佐及特务营营长以下,同作壮烈牺牲,生存无几,总司令遗体现正寻觅中。职得耗后,当即由普门冲驰往快活铺总部,并饬各部队续行原任务,固守河防,谨先电闻。等语。同仇未复,丧我股肱,遽闻噩耗,震悼实深。除另电复冯副总司令,转饬所属秉荩臣兄遗志,努力歼灭残敌外,谨电肃闻。

## 军委会综合张自忠殉国经过报告稿

(1940 年 5 月)

张故总司令自忠殉国经过

综据冯治安巧秘即冯治安、李文田皓各电摘列

一、作战经过

张总司令自忠亲率 74D 追截南窜之敌,于十六日在南瓜店(新街西)附近,与约步骑三四千,炮廿余门反攻之敌激战甚烈,我军伤亡殆尽。敌复以大部包围,张总司令抱有敌无我之决心,亲率特务营作最后之苦撑,自辰迄未,血战未停。卒因弹尽力孤,张总司令及总部官佐与特务营长以下,均作壮烈牺牲。

二、殉难情形

据张总司令卫士谷瑞雪负伤回部称:当敌人大部向我包围时,总司令即登山督战。十六日午左肩受伤,请回部绑扎,坚不肯回,仍神色自若,复大呼向前冲杀。未几,胸部又受重伤,即拔枪自决,为随从副官朱增源所夺,随即倒地微呼曰:你们快走,我自己有办法。又曰:对国家、对民族、对长官,良心很平安,大家要杀敌报仇。遂瞑目殉国。

三、预留遗书

未渡河之前,致函冯总司令治安,其大意略谓:因战区全面战事关系及本身责任,须过河与敌一拼。如不能与各师取得联络,即向最终之目标(死)迈进。毋论作好作坏,一求良心能得安慰,以后事请弟负责。由现在起,或暂别,或永别,不得而知。等语。

附记

张故总司令自忠遗体，由黄师长维纲率部寻得，运回总部装殓，运宜转渝。

### 俞飞鹏致何应钦报告

（1940年5月31日）

报告　五月三十一日于后方勤务部

事由：为转报张总司令自忠殉难经过，请发交军令部备作史料由

据第三十三集团军兵战〔站〕分监王锡町辰漾参文电称，此次张总司令渡河东督战，职部派少校科员马孝堂一员随同总部，担任联络。本月铣日，总司令部突陷重围，该员与总司令寸步未离，竟于是日下午亥时在南瓜店附近受伤，计身中两弹，复被倭寇掳去。同时目睹总司令身中七弹，殉难后，敌将尸体抬至三十余里之陈家集附近，将尸体洗净，用布裹好，备棺埋葬，用木牌标志，上书英勇上将张自忠灵等字样，并向灵墓敬礼。嗣将虏获我伤兵数人，用刀砍死，该员头部被砍两刀，脑膜已露，幸未致命。敌又将被砍尸体堆积一处，点火后退去。该员乃逃至民间，由民夫舁送过河。在未渡河之先，我军到达，藉该员之指引，始将张总司令忠骸寻回。该员伤势颇重，刻送院加紧诊治中。情形如何，容再续报，谨电备案。等语。除发给马孝堂五百元，饬令妥为疗养，并分报委座鉴核外，所有张总司令殉难经过，拟请发交军令部参考，备作史料。是否有当，理合报请鉴核示遵。谨呈参谋总长何

职俞飞鹏

（以上选自中国第二历史档案馆编：《抗日战争正面战场》，江苏古籍出版社1987年版，第951—954页）

## 移灵日志

**5月21日**

晨5时自快活铺出发，11时抵荆门，荆门军政各界在北关外路祭。下午3时抵宜昌，宜昌各界自严代主席、郭司令以下机关团体30余郊迎。灵榇当停于东山公园内东山草堂。

**22日**

宜昌各界筹备公祭。

**23日**

晨4时宜昌各界公祭，由严代主席立三、郭司令忏、王委员陆一主祭，

各机关团体代表数百人。5时起灵，宜昌民众路祭送者10万人，夹道香花爆竹不绝。登民风轮。6时半开船。下午2时半过巴东，巴东各界在江岸路祭。6时半泊巫山。

**24日**

晨3时半，巫山县各界代表登轮致祭。4时开船。7时抵奉节，县长易元明及各界代表登轮致祭。12时过云阳，各界在江岸致祭。下午3时半抵万县，专员闵永濂及各界代表登轮致祭。

**25日**

晨3时开船。过忠县，各界路祭。泊阳元石。

**26日**

晨3时半开船。6时过涪陵，各界路祭。下午5时抵唐家沱，改上民生号轮。军事委员会交际科郭副官长沛送来委员长所颁“浩气长存”横额及覆棺党旗。

**27日**

因渝市筹备迎榇祭典，停泊唐家沱。下午民生公司唐家沱兵工厂工人代表致祭。

**28日**

晨8时，抵重庆储奇门。委员长及各院部长亲临迎榇。由委员长主祭。祭毕登轮抚榇。9时启碇入嘉陵江。下午6时抵北碚，北碚各界自18军军长彭善以下迎榇致祭。8时，灵榇运抵北碚镇西8里之双柏树三峡农业推广所，停于所内。

**30日**

晨7时，冯副委员长来祭。8时，北碚各界公祭。

附志

自灵榇移抵双柏树至11月16日权厝梅花山，各方民众团体学者名流暨军政官长陆续来吊，每日络绎不绝，不及一一具载。

原载《张上将自忠纪念集》

（选自《尽忠报国——张自忠将军史料专辑》，中国文史出版社1991年版，第253—254页）

## 二、身后哀荣

**【当事人追述历史】**

### 追念张将军的三句话

伏庆珍

……当张将军初到徐州晋谒第五战区李司令长官，请示机宜出来督师东上的时候，津浦路各阶层的主管和员工二三百人连同成千的民众，都很兴奋地到站欢送。一列待发的专车，早就奉命准备妥当，停在第一月台道上。王站长告诉我说："张将军马上就到。"不久张将军到了，朴素整洁的戎装，严肃坚毅的神情，和蔼庄重的态度，健强耐苦的身躯，早把所有欢送者的精神吸住在一点上。我们的代表要求张将军发表一点对徐州会战的感想，张将军仅仅用极简短、极痛切的三句话答复了欢送者的请求。第一句话是："兄弟无话可说"；第二句话是："大部分国人骂我是汉奸，兄弟认为这是终身最痛心的一个污点"，说话时张将军的眼角上好像饱含了两珠痛泪，这是遭受不白之冤的痛泪，也就是从忠心赤血中拼出来的痛泪；第三句话是："只有事实方可洗雪这个污点，现在无话可说。"

专车开动了，张将军和欢送者摆了摆手暂别了。……

（选自《张上将自忠纪念集》卷十四（悼文），1948年版，第130页）

### 为应故张总司令纪念集征文作

何基沣

张故总司令以方面统兵大员负江河两岸，专阃之，继而竟亲冒弹雨枪林，仅率少数部卒与敌大队主力相搏战，虽为时势使然，但其牺牲决心要非临时仓猝以应变。观致冯总司令遗书有：作好作歹，决奔着最终之目标（死）北进之句，即可了然。其视死如归之精神实乃为预有之拟计也。余因此而有感焉，爰笔于书籍申悼念。

余参加本军垂二十年，在此漫长之时期中得与先总座张公亲近之机会，当以在塞上练军时为最。因余是时承乏教导队事，而张公则负其总责也。时常闻张公训示部众云：人生平均年龄不过五十左右，事业之成就与否亦唯五十左右而定，故吾人应知努力之时机倏忽即逝，倘不急起追求则必贻害终身，永成憾事。即令终老一生，但最后要亦不免一死，与其庸碌而死，当不如轰轰烈烈，建立一番事业，既有裨于国家，复获显贵之令誉，则虽死不死矣。

此我张公对死字之解释，诚可震聋启聩，警惕愚顽也。迨张公出长津市，于集合僚属之际，仍时作此语以为勖勉之主题，于此可见其人生观之不俗，有如是者。至其讲话声调，语句态度之坚决磊落处则一如其人。论者多谓张公系天赋特优也，实则张公早年勤奋学业，对我国旧道德之修养极有基础，中年接受先总理之思想与学说，领悟尤深，故其人生观乃不为短浅理论所蒙蔽，在精神上遂养成光明伟大之人格。自九一八以还，暴日侵逼日紧，凌辱多端。整个华北已成国防第一线时，我张公驻节冀察，身当樽俎之冲，凡所交涉几无役不与。然以寇焰日张，一切谈判已非外交辞令所能了，惟为顾全大局，明知非武力不足以济事者，仍不得不含垢委蛇，期以空闲换时间，俾我得以完成初步国防建设。殆七七变起，大军西进，我先总座张公奉命独膺巨艰，只身留平，以担当保全华北门户之重任，经三周许之周旋，使我张公之心神大感憔悴，卒因奸徒祸国，敌寇逞暴，致使我张公之孤忠莫由展施，言念及此，可胜浩叹！我张公以理想难成事实，平津虽大，已无一可为。遂冒死化装，辗转至鲁，期以武力达成雪耻复仇之目的，但时论仍多不谅，此为我张公莫大之憾痛也。故于晤及旧好，唯哭而已。迨谒委座后，一场公案始大白天下。因委座不但慰勉有加，且令回长五十九军，以是而有临沂之捷，盖我张公已由感激而益增加其勇气与决心，此决心唯何？即雪耻复仇，成功成仁是也。上以答报委座知遇之恩，再可剖白心迹，明告世界，故我张公可谓已备具大仁、大智、大勇之三大德，不愧为先总理之信徒，总裁之部属。综是以观，我张公为国为民成仁取义之奋斗精神要可分为三个阶段：第一阶段为入伍时期，亦即接受——先总理之思想时期；第二阶段为外患日迫，强邻压境时期，使我张公乃更怀于非军人牺牲不足以御侮，非军人牺牲不足以完成国民革命；第三阶段亦即促其成大功、大仁、大勇之阶段，此阶段可由游日殆至战后抵鲁时止也。今张公不幸死矣！但其感人之痛，励人之深，是其精神业已永生，然为部下者，对张公之死终不能辞其责任也。故我等后死者自今以后应继承其遗志，效法其精神，以至大至刚之决心，以千百倍于往昔之努力，为抗战建国复仇雪耻而奋斗。始不负张公多年训育爱护领导之至意，而国人亦应了解张公牺牲精神之伟大，从此互相奋勉，庶国难早除，顽寇就范，是为吾人纪念张公之最大愿望也。

（选自《张上将自忠纪念集》卷十四（悼文），1948 年版，第 7—8 页）

## 纪念荩公先总司令

张克侠

当我初听到荩公总司令殉国的消息，真是万感交集！便想写点纪念文字，使社会上对他有更深刻认识。但是，因为襄西战起，一直不得工夫，过后听到国家褒忠典礼的隆重，社会表彰的热烈，写点颂扬文字连锦上添花的作用都有，加以事忙，又没有文学修养，总觉着无从说起，所以就一直没有执笔。卅年接冯先生由渝寄来征文启，觉着追随荩公八九年，真正在纪念方面没有一点表示，在外人看来，似乎不近人情，但自己既感觉提笔之难，倩人代写一篇应酬文字，更觉内心不安，思维再四，还是自己写几段回忆和对公殉国感想，以充实纪念册之一页，实际上以多年长官、僚友关系，不能于生前有所匡济，更有什么话可以有益于死者呢?

民 14 年，荩公任学兵团团长，余任该团团副。朝夕相处，几及一载。公豪健而余病弱；公精细而踏实，余则疏阔而多空想。钦佩观摩受益良深，每观其日夜勤劳，整日出入于操场、兵舍之间，几不知休息。其习劳耐苦之精神，真有望尘莫及之慨。公严厉而爱人，故军营整肃而一团和气。得暇则讲求学术，不遗余力，团中经常聘有教员数人，以研究中外学术。好问深思，以求实际，往往关于军事及其他学术在吾人以为泛泛而疏忽者必求其究竟，而考其义理，故练兵处事有典有则，步步踏实。此为余一生对公求学行事之印象中最深刻不可磨灭之一幅，迨余调西北边防督办公署任职，遂与公分离。

民 18 年冬，荩公任独立第一师师长（即后之二十八师），余同时受命为该师参谋长，追随左右，情感益深。19 年，中原战役，朝夕与共，又得领略公之战场风度。其决心坚强，临危振奋，每当情况急迫之时，辄镇静自持，神色夷然。尤能严纪律、爱百姓，凡作战不力及扰民者，不稍假借，故所向有功，公刚果自信，勇于负责，尝相谓心粗气躁，一事无成，以自警惕。当时颇不以为然，至今思之抚然。战事既急转直下，中央曾以廿三路总指挥相招，当时又多相劝导者，公从容对余谈及深夜，以往事为戒。彼时虽情况急迫，但终抱不贰过。爱节操精神敛兵北渡，候整个解决，不以个人利害不顾大义，真所谓富贵不淫，威武不屈者矣![①]

民 24 年，余由陆大毕业，再回三十八师。不久，公即兼察省主席，旋改兼天津市长。政务纷繁，在军日少。继余又调军服务，相见益疏，但此时期为公一生盘根错节最重要之一阶段。常人或以为正公得意之时，其实公在此际外受日寇之压迫，舆论之不谅，内受忌嫉者之攻讦，而军事政治责任为环境所迫逐渐加重，其内心艰苦实有不可向人道者。民二十六年，宋故上将退出北平，军部初无所知，当夜奉公召，往其寓所，始悉撤退事，并谓奉命维护现状，继续折冲，冀挽救战祸于万一，命余助彼支持危局。余聆命下泫然流涕，明知事不可为，而木已成舟，遂含痛引退，予于遣送军部后，即辗转

---

① 参考张克侠《在西北军中从事党的地下工作的经历》一文。

南下，竟与公复面；深愧未能如公忍辱负重，临难毋苟免之精神。然公竟因此被不白之冤。设非间闻得脱，及受长官之明知，复得以军功有所表现，则公之凛然大节终不为世人所谅矣！

当公由平津之潜身南下也，时责诟满天下。余一见之于济南，数见之于南京。每晤时极为亲切，但忧感之意溢于言表，惟对支持华北残局责任从不推诿。正如李长官（李宗仁）哭公之电所云：笃于平生，恩义之私，不废于穷末幽忧之际者。民 27 年，公回军即电余前往，会于滕县军次。从此即追随于战阵之间，以迄公战殁于之际，中间公乃尽量发挥其勇武于抗战使命中，其详细战绩，国有专史，毋庸赘述。今略陈战地实际情形一二，以补史之缺漏。

公回军后，急于树功。淮河之役未获与敌周旋，怅然若失。调滕县后，亟思袭取济宁、邹县以自效。正策划间，即奉命速援临沂。时值冰雪载途，公督师赶进，急如星火，盖深以得杀敌为快也。部队驰至临沂，城已垂危，即展开廿余里之正面向敌侧背急袭，立予重创。敌遂移转，正面猛烈反攻，而临沂之围遂解。在虏获敌之文件中，知敌原定是日攻下临沂，急向台儿庄会师（文件当即呈报有档可查）。敌既受创增援，反噬甚急，官兵死伤累累，负伤后运者络绎于途，公屹然无动志。最后敌孤注一掷，在刘家湖突破我阵地。当时预备队均已增加前线，情况至为紧迫。公坚决苦撑，抽调第一线部队反攻，一营牺牲继之一团，再接再厉，卒歼顽敌。造成敌第五师团在临沂第一次之溃败。公决心之坚决，盖如铁石也！

敌既退，奉命出费县援津浦路大军，断敌后继。甫行三日，敌援军大至，反扑临沂，城又垂危。复奉命回援。将至，余与公谋曰：我军伤亡已众，不能再取攻势，当逼敌侧背，建立阵地，敌必回攻，城围自解。而我可凭借工事予敌重创。再转攻势，较为有利。公甚赞同，即依计划部署。公往见守城之庞军长，则行李已束，涕泗交流，自谓已不能支，公良不忍，即决心立取攻势。绝沂水而进，敌势甚锐，我官兵在毫无凭借下，浴敌枪炮火而战，死伤相继，械弹损失甚重。公见余时泫然流涕，痛切于心。此为余与公共历百战中所见唯一之惨泪，足见公急人之急，不知顾身，真大仁大义也！

敌既知我来援，遂舍庞军，全力迂回我军侧背，由西北向我猛攻。我即转面迎敌，血战数日，敌伤亡甚众，卒不得逞。然因此十数日之苦战，使敌迟滞不得西进，遂造成台儿庄之大捷，后敌板垣师团长因羞于屡败，几欲自杀（事载在日本杂志中）。敌既在临沂、台儿庄大败，遂增调大军开始徐州会战。敌又以生力军攻我疲敝之师，血战六七日，死伤既众，又不遑寝食，援兵又未以时至，阵线遂为敌突破。当时本军奉命野战，不任城防，奈守城部队与敌甫接触，城即陷落，人咸愤愤不平，而公不怨不尤，功则归人，过则归已，其雅量尤非人所能及者。

临沂既陷，敌方会攻徐州，本军奉命担任右翼掩护。在郯城、邳县间继续作战。到达之次晨，敌向我侧背进袭，迫近冯家窑军部，公安如泰山。敌疑有备，遽止，军部始得徐徐转移。继敌昼夜猛攻，阵地内村庄树木皮叶被敌弹如剥，而阵地屹然未动。后樊军曾派干部参观，以资借鉴。

继调防徐州西霸王山附近陇海正面。当时本军伤亡过重，三十八师仅编成一残破之旅，黄师长（维纲）率大部干部赴后方接练新兵。一百八十师往援萧县，当敌迂回部队沿路东进时，御之者只一旅及直属部队而已。当时，敌乘虚而来，其势甚锐。其炮兵在观测气球指示下，射击准确。其射程炮且射击徐州城内，敌步骑兵在炮火掩护下，以战车开路，势如潮涌。激战终日，敌未得突破我阵，但各据点均被包围，联络隔断。然终俟撤退命令到达后始百般设法，分别向城南集结。逾日，徐州城陷。当时上午由城中逃难者至犹未敢信。继派人侦察属实，各部均已撤尽。始于昏夜缓缓向西南撤退。次晨，公坐于山巅路旁，目送行军行列，一兵因足疾雇一驴代步，杂队中行，公见而问之。驴主人恐远行失驴，乞放还。公大怒，以为强雇。叱兵下驴，将毙之。驴主及左右均代乞恕。公故大声责斥，使部队咸能闻见，然后毙于路旁。从此无敢复取民间一物及雇用民夫牲畜者。且其作用尚不止此，盖当后退时，人心动摇，赖此一举，军纪肃然。否则，当时沿途溃军，肩摩踵接，零乱无次，时复遇敌截袭，军队将不可维持。公之用意深远，可谓杀一全万矣。

途中奉命开许昌布防并整顿部队，旋又奉命开确山、广水、信阳，奔走不遑。当时，以部队大半新兵又迄未得补整训。曾派余赴武昌谒何总长，报告一切，请予以补训时间，当蒙允诺。余复命未几，因大别山战况紧急，又命开潢川、固始，迎击敌人。当时不惟新兵未训，且值时疫流行，病者枕藉，然奉命即行。与优势之敌战于潢川，据守旬日，为敌包围。军部被敌袭击，弹如雨下，勉强得脱。复奉命防守光山、经扶，参加大别山战斗，以迄武汉失守，奉命转进，始终竭尽其力，不以军力单弱而放弃责任也。

军次礼山，奉命以七十七军、五十九军编为三十三集团军。晋公为总司令，守备荆、钟以及襄河一带。迄廿八年冬季攻势，中间共经大战数次，临时指挥友军甚多。责任虽重，公益谦谨，盖其器量宏达，初不以任重而不胜或位尊而骄矜。指挥军队虽多，而对所亲辖部队则特别严格要求，不稍假借，于友军之使用，则极斟酌审慎。其宽于待人，严于责己，可谓深得统率之要者。

29 年 5 月，随枣襄河战役，公战殁疆场，全国痛悼，钦其壮烈。斯时，本军防线为敌强大兵力所突破，部队尚未集中，一部作战，公固可不必身临前线，且明知敌人强大部队进迫，应暂避其锋，乃公以平日不说难不避险之精神及竭尽其力以争取最后五分钟之决心，终冒险渡河，以身当敌。其忠勇义烈，实足惊天地而泣鬼神也。

公历充要职，而自奉甚俭，如偶有过人享受辄有不安之意。窥其意，殆以为不与人同甘苦，实无以对部下也。公殁后，余回部，过其所居，见报纸糊壁，敝席悬门，其刻苦奉公之状如在目前，不禁泣下。

公每当部下报告情况紧急、伤亡惨重时，辄厉声反问：师长、团长死几员，并谓有一人干一人，不计其他等语，常以为忍。然其本身当危难交迫之际，辄奋不顾身，生死不移，非厚于责人，薄于责己者，殆诚于中而行于外也。故待人虽严，而人皆乐为用命。所谓名将能与将士同甘苦，共患难者，于公见之矣。

然公立身行事，亦非所谓神圣不可企及之人物。惟其平时能刻苦勤奋，遇事能刚毅决断，威武不能屈其志，艰危不能挫其节，凡事力求心之所安，他非所计，有非常人所可及而已。如公之禀赋特厚，若得良好环境，勋业绝不止此。慨自清末以来，环境于人培植之处甚少，而处处抑制之、引诱之、摧残之，使无数人堕落萎靡，以了一生。如公之自修自立成就之大者，能得几人哉？痛公死事之烈，益感社会改造之应积极，今后国家民族之前途实系于此焉。

公已矣，而浩气长存，今为文以纪念公，颂赞悲哀均非所宜。今略记印象数则，以为传公者之参考。

（选自《张上将自忠纪念集》卷十四（悼文），1948 年版，第 197—202 页）

## 挽联四帧

石敬亭

君洒一腔热血，我倾一腔热泪；
为报此次大仇，必成此次大功。

（选自《张上将自忠纪念集》卷十二（挽联），1948 年版，第 32 页）

张知行

平生临阵以身先，试看剩水残山，殉国自嫌时日早；
往昔执鞭随幕下，却忆解衣推食，失声长恸暮云多。

（选自《张上将自忠纪念集》卷十二（挽联），1948 年版，第 35 页）

冯治安

此世永无再见时，回思廿载深情，实逾骨肉；

吾生难辞后死责，痛读一篇遗训，更断肝肠。

（选自《张上将自忠纪念集》卷十二（挽联），1948年版，第52页）

徐惟烈

不轻言战，战则报牺牲决心，谋国知方[①]宁只有勇；

久怀必死，死为张民族正气，攻心致胜岂独成仁。

（选自《张上将自忠纪念集》卷十二（挽联），1948年版，第53页）

## 【相关史料】

### 张自忠将军哀荣 府令褒扬并追晋上将

1940年7月8日星期一重庆《大公报》第二版

国民政府七月七日令：（一）故陆军上将衔陆军中将张自忠，追晋为陆军上将，此令。（二）陆军上将第三十三集团军总司令张自忠，久膺军寄，夙著忠贞，卢沟桥事变后，转战前方，屡建奇勋。方冀于城永寄，诩成复兴大业，乃以鄂中战役亲当前锋，抱成仁取义之决心，奋勇截敌，重创喋血，犹复猛进不已，并以效忠国家民族雪耻复仇勖勉部众，终因伤重殉职，全军感痛。政府追怀壮烈，轸悼良深，应予明令褒扬，交军事委员会从优义恤，生平事迹存备宜付国史馆，以示国家笃念忠勋之至意，此令。……

### 成功成仁的楷模

——谨悼民族英雄张自忠将军

舒宗侨[②]

1940年7月8日重庆《中央日报》第三版

……是前面春天，记者视察淮河沿岸战事。一天，会见了一位身材相当高大、浓眉炯眼、精神抖擞的将领，他像（讲）山东土语，穿棉存军装，显露出现代军人的典型，他操（就）是这次在襄东奋战殉职的张自忠将军！

当天傍晚，记者随着张将军专车于暮色苍茫中向淮河最前线进发，轮声

---

① 疑为方知之误笔。

② 著名摄影家、记者。1935—1937年任上海《立报》记者，抗日战争爆发后任苏联塔斯社记者。1940年任重庆《中央日报》国际新闻编辑、重庆《扫荡报》编辑主任。

辘辘，我们谈话甚多，而有几句给予我极深刻的印象。他说：“现在的军人，很简单的讲句话，就是怎样找个机会去死。因为我们认为中国所以闹到目前这个地步（按指日寇侵略），可以说是军人的罪恶，十几年来要是军人认清国家危机，团结御侮，敌人决不敢来侵犯我们。军人今天要想洗刷他们的罪恶，完成对于国家的任务，也只有一条路——去死！早点死！早点光荣的死！”（按将军作此语时，距今已两年零五个月）……

## 敬悼张故上将

1940 年 7 月 9 日重庆《中央日报》社论

故陆军上将张自忠将军殉国了！这诚然是国家民族不可补偿的损失，但从另一方面讲，却是中国军人稀有的光荣！将军殉国的意义，诚如领袖所昭示：“我三民主义之精神，实由荩忱而发挥之，中华民国历史之荣光，实由荩忱而光大之。”是将军虽死为不死，将军一死所遗留于国家民族者，实至为深远。

**1940 年 7 月 8 日重庆《中央日报》第三版**

我们第一次得到将军的死耗，是由冯治安将军十七日电渝的报告。将军死难时的情形，追随将军作战的李参谋长[①]和卫士谷瑞雪，知道最详细。李参谋长说：“敌渐迫总部，时官兵生存无几，仅总司令和我及卫士数人，奔向山头猛冲，在敌人四面包围之下，竟与总司令失去联络，爬到山巅，我受伤翻滚下山，经卫士扶起，突过敌人火线，已遍体鳞伤，乃闻总司令身受重伤，已经慷慨殉国了！”卫士谷瑞雪，则是始终追随着将军，他的报告一直说到将军最后一刹那：“当敌人大部向我包围，总司令即登山督战，激战至午，总司令左肩受伤，我劝回部

① 李文田将军。

绑扎，坚不肯回，神色自若，仍大呼向前冲杀。未几，胸部又受重伤，即欲拔枪自决，为随从所夺，即倒地微声曰：‘你们快走，我自己有办法。’又说：‘对国家、对民族、对长官，良心平安。’目遂瞑。”我们读到这里，用什么话才能表达我们的哀思？拿什么词句才能显示我们的崇敬？世界上一切文字，一切语言，到此而穷了！将军的人格太精纯了！将军的死是太义烈了！

将军的战功，用不着我们追述。将军勋劳对抗战的重要，敌人的嫉视和敬畏，就是最确切说明。将军在每次战役里，都怀必死之念，将军的信念是："以死报国"！去年随枣之役，将军率部渡河之前，告诉朋友说："这一次，成功，就报国！不成功，就殉国！"将军在这次会战里，渡河以前，也有函致某将军[①]说："因战区全面关系，及本身之责任，均须过河与敌一拼，如不能，即奔赴最后之目标（死）！向此迈进，毋论作好作坏，一切求良心得安慰。以后公私，请弟负责，由现在起，或暂别，或永离，不得而知！"将军现在是如愿以偿了！将军之死，成功成仁，兼而有之。将军虽去，继将军而起的百万袍泽在统帅督率之下，奋勇杀敌，顽寇聚歼之势已成，最后胜利之期愈近，将军当可含笑九泉了！

……中华民族，在历史上有悠久的深厚的文化，中国立教，向以匡扶两间正气为务。抗战军兴，这种深厚的文化资产，在各方面充沛发扬，而以军人表现的正气，尤足动天地，泣鬼神！撇开一切条件不谈，只这就是敌必败我必胜的张本！近几次战役中，每次都有慷慨赴义的高级将领。莲塘阵地殉难的二十九军军长陈安宝，昆仑关鏖战阵亡的第九师师长郑作民，最近枣阳一役，指挥少数部队，与十倍之敌血拼，最后以一弹自饮的第一百七十三师师长钟毅。这几位忠烈，生为名将，死为军神！其功绩之及于全盘者，固不若张故上将之深，而其示范国人，愧死敌寇者，则如出一辙。

宗教家称哲人的死为"永生"！国圣哲贤豪，都有过人的精神力量，所可消逝者肉体，所不可消逝者精神。张故上将永生了！诸殉难将领永生了！将军们的功业虽未竟，全国后死的将士和民众，都会以将军们的意志为意志，效忠党国，复此血仇的。将军们的灵魂安息吧！

编后语：经过对史实的考证，我们了解到张自忠在七七事变前后的所作所为，他留平夺权是上了日本企图分裂二十九军的当，在李文田和其他战友的救助下，他毅然逃出北平，回到抗日队伍，思想升华，英勇抗战。他最大的优点是从来不隐晦自己的缺点和过错，知错而改。在临沂战役中痛击板垣师团，支援了台儿庄战役。1940 年 5 月 16 日，张自忠血洒襄东南瓜店，以自

① 指第三十三集团军副总司令冯治安。

己的鲜血和生命洗去了汉奸之耻，被国民政府谥为上将。日本投降后，档案提前公开，人们发现张自忠、张允荣在 1937 年 7 月 19 日深夜已与日方秘密签订了《香月细目》，因此周总理在位的 27 年期间没给他定烈士。民政部因他死于抗日战场，于 1982 年追认他为烈士。在 2005 年 7 月 26 日的《人民日报》上，新华社公布了张自忠的三点重要史实：（1）自 1938 年开始抗战；（2）打了临沂战役和随枣战役；（3）自戕而死。至今张自忠和二十九军的佟麟阁、赵登禹、宋哲元一块儿并列于台北的忠烈祠。

# 附　　录

## 附 1：第二十九军主要将领一览表

| 将　领 | 字 | 生卒年 | 籍　贯 |
| --- | --- | --- | --- |
| 宋哲元 | 明轩 | 1885—1940 | 山东乐陵 |
| 萧振瀛 | 仙阁 | 1890—1947 | 吉林扶余 |
| 张维藩 | 介人 | 1891—1963 | 河北丰润 |
| 秦德纯 | 绍文 | 1893—1963 | 山东沂水 |
| 佟麟阁 | 捷三 | 1892—1937 | 河北高阳 |
| 赵登禹 | 舜诚 | 1898—1937 | 山东菏泽 |
| 张克侠 | 早年名树棠 | 1900—1984 | 河北献县 |
| 张自忠 | 荩忱 | ？—1940 | 山东临清 |
| 冯治安 | 仰之 | 1896—1954 | 河北故城 |
| 刘汝明 | 子亮 | 1895—1975 | 河北献县 |
| 刘汝珍 | 子瑞 | 1901—2000 | |
| 李文田 | 灿轩 | 1894—1951 | 河南浚县 |
| 何基沣 | 芑荪 | 1898—1980 | 河北藁城 |
| 黄维纲 | 震三 | 1897—1943 | 河南项城 |
| 吉星文 | 绍武 | 1910—1958 | 河南扶沟 |
| 张寿龄 | 鹤舫 | 1898—1999 | 北京良乡 |
| 刘家鸾 | 幼生 | 1894—1982 | 天津东丽区 |
| 金振中 | 幼名霭如 | 1904—1985 | 河南固始 |
| 张俊声 | 子英 | 1893—1979 | 河北景县 |
| 过家芳 | 馨庭 | 1908—1998 | 安徽蒙城 |
| 王锡町 | 雨村 | 1891—1948 | 河北青县 |
| 刘振三 | 育如 | 1903—1971 | 河北故城 |
| 张樾亭 | 祖荫 | 1889—1972 | 河北蓟县 |
| 田春芳 | 冥庭 | 1893—1966 | 河南项城 |

# 附 2：相关人物志

## 张允荣

张允荣（1896—1966），字省三，河北滦县人。1914 年入北洋陆军第五师第四混成旅当兵，1916 年投到冯玉祥第十六混成旅，曾为十六混成旅书记长，擢升副官长。1925 年 6 月 12 日，被冯玉祥任命为西北边防督办公署特派驻外蒙库伦办事处代表，负责国民军及督办公署与外蒙古的外交交涉事务。7 月 18 日被授予陆军少将，次年 4 月 3 日又被授予陆军中将。1926 年 9 月，参加了五原誓师大会，被冯玉祥任命为国民联军总司令部内防处处长。1933 年 6 月，张允荣任察哈尔民众抗日同盟军军事委员会常务委员，27 日，被冯任命为察哈尔省骑兵司令（实际只有一百多人）兼省保安处处长。

1935 年 8 月 5 日，时任沽源警备司令的张允荣在张家口与日本驻张家口特务机关长松井源之助签订秘密协定：口北六县由蒙人担任维持治安工作。开始了其卖国活动。同年底，任国民政府铨叙厅高级参谋。1936 年 1 月 12 日，任河北省保安处司令。5 月 14 日冀察政委会交通委员会成立，任委员。1936 年 6 月，张允荣到天津投靠把兄弟天津市市长张自忠，与日方频繁接触，得以在天津筹办中日合办的惠通航空公司，任副董事长（张自忠任董事长）。1937 年 4 月，张允荣随张自忠赴日访问，任访日代表团副团长，对张自忠的亲日起了极为重要的作用，从此获得了“四大金刚”（亲日派）之一的称号。卢沟桥事变后，加紧与日本接触，主动参与谈判。宋哲元抵津后，会同齐燮元、陈觉生包围宋哲元，7 月 18 日陪同宋哲元、张自忠访问香月清司，19 日深夜与张自忠到天津日本驻屯军司令部拜访参谋长桥本群，并于次日凌晨秘密签订了《香月细目》，出卖了平津和三十七师的弟兄。为执行《香月细目》，张允荣到北平，于 7 月 28 日晨策动沙河保安队附逆，接收了平绥铁路，就任平绥铁路局长，切断了二十九军与后方的联系，使北平成为孤城。29 日，张自忠担任了冀察政务委员会的代委员长，改组冀察领导班子，张允荣趁机混入冀察政务委员会为委员。张自忠由北平逃出后，他也失去了冀察政务委员会委员及平绥铁路局长的职务，也离开了北平。1938 年，戴笠请胡宗南向蒋介石保举张允荣负责在直鲁豫边区组织游击队。后随胡宗南参加陕北剿共。

中华人民共和国成立后，因在察哈尔抗日同盟军时认识几位中共高层领导人，积极向全国政协靠拢，与高树勋、邓哲熙合写《察哈尔民众抗日同盟军始末》一文，不久被全国政协清除。1966 年在“文革”中死去。（薛凤整理）

## 陈中孚

陈中孚（1882—1958），字奇曾，江苏吴县人。早年毕业于日本明治大学，曾追随孙中山参加革命。1928 年任青岛接收专员。1929 年任江苏省政府委员。1931 年陈中孚作为许崇智的代理人，参加反蒋介石派的广州国民政府，任政务委员会委员，是西南派重要成员。1936 年冀察政务委员会外交委员会成立后，被日军提名为外交委员会主任委员，以此胁迫冀察为西南抗拒中央声援，企图推翻南京国民政府。1936 年 4 月，日军向冀察政委会要求赋予华北自由定居的特权，外委会中只有陈中孚一人赞同，此提案被宋哲元否决。此外频频与土肥原贤二为代表的日军接触“商讨在华北进行防共”。当西南事变（两广事件）发生后，陈中孚数次赴日赴粤，跟随土肥原贤二和松井石根“来西南，样样替日本人说话”。当时《国闻周报》评论道：“两广派人对华北鼓动着，陈中孚由北平到广州活动，大可注意。”1937 年 1 月被宋哲元撤外交委员会主任委员职，其职由贾德耀接任。在张自忠率团访日前，陈中孚作为“先行赴日，即系预为布置一切”。1937 年 7 月 17 日，宋哲元派他协助张自忠、张允荣折冲，中日双方在津谈判卢沟桥问题。8 月 3 日，与张允荣、张璧、杨兆庚、潘毓桂、江朝宗、冷家骥、邹泉荪一起，重组冀察政务委员会。8 月 7 日，他从天津赴北平，以“探病”的名义到德国医院劝张自忠“东山再起”，并分访各常委与之商谈。8 月 11 日，他与江朝宗担任冀察政委会常委。1938 年 3 月，任“中华民国维新政府”行政院长梁鸿志的顾问。1941 年任汪伪国民政府委员，后任汪伪中国国民党中央监察委员。汪伪政权倒台后，其去向不明。（陈政祥整理）

## 阮玄武

阮玄武（1894—1986），字又玄，安徽省合肥人。早年毕业于保定陆军军官学校步科第六期，历任西北军、国民革命军、察哈尔抗日同盟军军长等职。他曾是爱国将领方振武的部下。1926年，郓城通电后，脱离张宗昌，随方振武投奔冯玉祥领导的国民军，任国民军第五军第二旅旅长，五原誓师后，任国民革命军联军第一路军第一师师长。1927年参加北伐，任国民革命军第二集团军第三方面军第一军军长。1928年，任国民革命军第一集团第四军团第三十四军军长。1929年春，编遣后任第四十四师师长；同年5月至1930年3月任安徽省政府委员。1930年秋，任第十师师长，代理安徽省主席职。1931年，任第二十九军中将高级军事参赞，暂时指挥鲍刚、张人杰部。1933年，参加察哈尔民众抗日同盟军，任第五军军长；8月，被宋哲元收编后任命为沽源警备司令；10月，任康保警备司令。1934年，任察哈尔整编第一旅中将旅长。1935年，任陆军独立第三十九旅中将旅长；初夏，进驻怀来、延庆、康庄等地。1936年2月，国民政府授予陆军少将，移驻北平北苑。1937年抗日战争爆发，任北平平北地区司令。由于独立第三十九旅的投降，阮玄武失去兵柄，转入后方，担任一些闲职。抗战胜利后闲居南京、上海等地。中华人民共和国成立后，任民革中央顾问及常务委员，上海市民革副主任委员、上海市政协委员等。1986年去世。

# 附 3：汉奸名录

## 江朝宗

江朝宗（1861—1943），字宇澄，安徽省旌德人。早年家贫弃学，1884 年赴台湾，投奔驻守台湾的刘铭传，参与抗击法军的战斗。刘部克复基隆后，被升任海军管带。次年返内地。1894 年甲午战争时，随袁世凯出关，负责前敌饷械及侦探敌情。1895 年跟随袁世凯，参与创办北洋新军。1900 年处理直隶地区义和团和教民之间纠纷案件。1912 年署北京步军统领衙门统领。辛亥革命之后，继续追随袁世凯。1915 年 12 月袁世凯宣布恢复帝制，成立“登极大典筹备处”，江朝宗为该处成员之一。1917 年大总统黎元洪召“辫帅”张勋入京调停府院之争。张勋以解散国会为调停条件。时任内阁总理为伍廷芳拒绝签署解散国会之令而辞职。江朝宗被黎元洪任命为代理国务总理，签署解散国会之令，随后卸任。七七事变后任日伪北平维持治安会会长，中华民国临时政府委员兼北京特别市市长、华北政务委员会委员。1943 年病死于北京。（薛凤整理）

## 潘毓桂

潘毓桂（1884—1961），字燕生，河北省盐山人。1917 年，任陈光远第十二师军法处处长，兼任江西景德镇统税局长。

1935 年 6 月，伙同石友三、白坚武发动“北平自治”。12 月，宋哲元任冀察政务委员会委员长时，任政务处处长，因替日本呈《华北防共自治协定》给宋哲元，被宋撤职，后转投天津市市长张自忠。

1937 年七七事变中，屡次向日军出卖有关二十九军的情报，对我军的抗战起了极大的破坏作用。7 月 28 日，张自忠政变后，任命潘毓桂为北平市警察局长。上台后，潘毓桂做了三件大事：一、上任第一天，就召见新闻媒体，宣布一切抗日、排日言论为非法；二、伙同日本宪兵队查抄了宋哲元、秦德纯、冯治安、陈继淹和雷嗣尚的家，从宋哲元和冯治安家中抄出无线电收发报机及一些重要文件；三、遣送了阮玄武部三十九旅投降后被改编为保安队的官兵。因给北平的王克敏、王揖唐的临时政府让位，1938 年 1 月，日本特务机关将他调任天津市市长，1939 年借赴日参加会议为名给后任伪市长温世珍让位而离任，后投靠汪伪政权。1945 年抗日战争胜利后被捕。1949 年后被继续关押在上海篮桥监狱服刑。1961 年 11 月 12 日在狱中病逝。

留有《卢沟桥事变后北京治安纪要》，为他自己的罪恶留下了铁证。（薛凤整理）

## 陈觉生

陈觉生（1899—1937），广东省中山人。早年留学日本，获得东京帝国大学农学学士和法学学士学位。1925 年起任山西师范学校教员、山西省政府教育厅科长。1928 年任国民革命军第三集团军（阎锡山的晋军）一等秘书。后入国民政府任农矿部视察专员、外交部条约委员会委员、行政院驻北平政务整理委员会顾问兼农村指导员养成所副所长、国民政府中央政治会议民众委员会专门委员、河北省政府顾问、天津特别市政府总参事等职。

1935 年 12 月，被宋哲元聘为二十九军司令部少将顾问、平津卫戍司令部总参事。1936 年任冀察政务委员会委员、北宁铁路（北平至沈阳）管理局局长兼冀察交通委员会主任委员，他利用其铁路局长之权秘密为日本运送军队，直接支持了日本对华北的侵略。

1937 年 7 月 11 日宋哲元抵津后，陈觉生、张允荣、齐燮元等“四大金刚”包围宋哲元，企图逼宋脱离国民政府，实行华北自治，但未能得逞。1937 年宋哲元撤出平津后，冀察政务委员会代理委员长张自忠指定陈觉生、潘毓桂等负责对日交涉。后因掌握太多日本调兵机密，为提高自己的官职而与日军讨价还价，已引起日军对其不满。又因北宁铁路足球队在日大胜日本队，12 月日方以“为北宁队访日祝捷”为名，宴请北宁铁路局局长陈觉生，借机将他毒死。（薛凤整理）

## 齐燮元

齐燮元（1879/1885—1946），字抚万，号耀珊，河北省宁河（今属天津市）人。清末秀才，后入北洋陆军学堂炮科和陆军大学第三期学习。曾任江苏军务督办、苏皖赣巡阅副使，在直系中与吴佩孚齐名。1925 年冬，吴佩孚

再起于湖北，齐燮元自日本归来，任讨贼联军副总司令。

1935年任冀察政务委员，积极向日本靠拢，是华北自治运动的鼓吹者。七七事变后，一步步沦为汉奸。1937年10月，与王克敏、王揖唐等组织伪政府筹备处，策划成立伪华北临时政府。12月4日，日伪临时政府在北京成立，齐燮元为委员，并担任治安部部长，组建并指挥伪治安军充当日本侵略中国的帮凶。1940年1月，齐燮元参加青岛会议，商议建立一个由汪精卫主持的各占领区的中央政府机构，伪临时政府改为区域自治的华北政务委员会。3月，任日伪华北政务委员会委员兼治安总署督办、伪华北绥靖军总司令，指挥伪军在华北推行治安强化运动，残酷杀害爱国人士及无辜平民。1943年2月，曾代行华北政务委员会委员长职务，推荐部下杜锡钧为伪河北省长，田炳文为伪河南省长，此时齐燮元的权力达到顶峰。7月，王克敏重新上台，两人争权，齐燮元被免职。1945年8月，被国民政府逮捕，1946年以投降日本罪被处死。（薛凤整理）

## 王揖唐

王揖唐（1877—1948），原名志洋，又名庚，字什公（一说慎吾），别号揖唐，安徽省合肥人。早年就学日本士官学校，是安福系主将。

1935年任冀察政务委员会委员。七七事变后，王揖唐投敌，频繁与日本侵略者接洽，后任伪华北临时政府常务委员会委员兼赈济部总长。1938年兼任伪内政部总长，兼联合委员会委员。1939年任伪新民会会长，兼中国佛教学院董事长。1940年任伪中央政务委员会委员、伪考试院院长、伪华北政务委员会委员、委员长兼内务署督办，并兼任新民会会长、新民学院院长、伪中央执行委员会委员。1940年春，日本派遣军总参谋长板垣征四郎被调回国，王揖唐设宴欢送，呈递感谢状，并对板垣的离任表示有“离别慈父之感”。10月，应邀去日本访问，参拜靖国神社，还叩谒裕仁天皇。回国后写诗表露被接见的感恩戴德心情，且自称“外臣”，甘心做奴才。1941年，任华北防共委员会委员长，兼剿共委员会委员长，积极宣讲“治安强化运动”，屠杀了无数爱国志士和无辜百姓，抓捕大量平民为日军役使，并开发矿藏、强征粮食为日本侵华服务。1942 年任伪国民政府委员、伪华北综合调查研究所所长，兼华北青少年团统监，利用国学奴化国人。1943 年 1 月，王揖唐发表声明，为配合汪伪政权协助日本进行“大东亚战争”，宣布华北全面开展“东亚解放新国民运动”，并集中华北全部力量完成“大东亚战争”。任伪最高国防委员会委员、伪全国经济委员会副委员长、伪华北政务委员会咨询会议议长。1945 年抗战胜利后，曾暗中活动，企图脱卸汉奸罪责。1946 年被捕入狱，1948 年 9 月 10 日以汉奸罪被处死。（薛凤整理）

## 王克敏

王克敏（1873—1945），字叔鲁，浙江省杭县（今属杭州）人。1901 年中举人后，被派往日本，任留日浙江学生监督，1903 年担任中国驻日公使馆参赞。回国后，在北京政府时期三次出任财政总长，两次出任中国银行总裁并兼盐务署督办，又是中法实业银行总裁。曹锟政府倒台后，居天津，任保高银行总理。1927 年被国民政府通缉，逃亡大连，投靠奉系。1931 年 12 月任北平财务整理委员会副委员长。1933 年任行政院驻平政务整理委员会委员兼财务处主任。

1935 年 6 月出任天津特别市市长（未到职）。1935 年 6—8 月代理行政院驻平政务整理委员会委员长。冀察政务委员会成立后，任经济委员会主任。抗日战争爆发后，对日妥协，积极与日交涉，筹备伪政府的建立，并于 1937 年 12 月 14 日任伪中华民国临时政府行政委员长。伪临时政府声明，坚持“灭党（国民党）反共（共产党）”政策，与防共各国协力，确保“东亚和平”，与日本实现真正的“亲善提携”。伪中华民国新民会成立后，王克敏任第一任会长，宣扬奴化苟安思想，为日本侵略和汉奸卖国行为张目，主张“发扬东亚道义”，与日本“共存共荣”。后将伪行政部实业局扩充为“实业部”，由其亲信王荫泰担任总长，为日本对华经济侵略服务。1938 年 4 月同意日本向临时政府派遣日本顾问，并规定伪临时政府官员须就一切政务事宜，事先与日本顾问“进行无保留的磋商”。4 月下旬，王克敏特地去东京，乞求日本政府对伪政府合并的支持。9 月 22 日，伪中华民国政府联合会在北京成立，王克敏担任“主任委员”。1940 年 4 月任伪华北政务委员会委员长并兼常务委员、内政总署督办。因曾冒犯过新任日本华北联络部部长森冈升，被迫辞职。1943 年 7 月复职，任伪华北政务委员会委员长。1943 年 11 月，展开所谓“东亚解放新国民运动”，企图替日本侵略者稳定华北这个后方兵站基地。因身体羸弱不堪，被迫于1945年2月8日辞职。抗战胜利后在北京被捕入狱，12月25日因病与烟瘾发作死在监狱中。（薛凤整理）

## 张　璧

张璧（1885—1948），字玉衡，亦字君玉，河北省霸县人。保定陆军速成学堂毕业。

清末任新军吴禄贞第六镇参谋。吴被杀后，张赴东北组织光复军。武昌新军起义爆发时，参加胡瑛芝罘独立，响应辛亥革命。1913年孙中山二次革命失败后，逃往云南。护国军反袁起义时，协助唐继尧组织起义，任第三军第一梯团参谋长。后作唐之代表赴南京与冯国璋联系，投靠直系军阀。历任京师警察总监、河东盐运使、税务处会办。1924年10月，冯玉祥等举行北京政变，建立国民军，张归附国民军，任京师警察总监，协助鹿钟麟于11月上旬逐废帝溥仪出宫。后作冯之代表参加反蒋活动。曾作冯之驻东北特使。1930年秋，阎、冯反蒋失败，张即隐居平津。但仍不甘寂寞，为政治上再起，甚至投靠日寇，在天津与日本特务机关勾结，九一八事变后，组织便衣队进行扰乱。七七事变前又在北平组织辛丑学社，从事亲日活动。后与日伪方面主持“安清道义总会”，日寇投降后被捕，押入苏州监狱，被判刑。1948年，瘐死狱中。

（此词条引自王俯民编著：《民国军人志》，中国广播电视出版社1992年版，第359页）

## 周思靖

周思靖（1906—1954），浙江诸暨人。1929年10月至1931年7月在日本陆军士官学校骑科学习，与冯玉祥的长子冯洪国、盛世才的弟弟盛世骐是同期（22期）毕业生。

1937年七七事变前，在国民革命军二十九军任少校参谋，并为二十九军中日军顾问充当翻译。他在南苑军中掌握大量的军事机密，以军官的身份为日本特务提供情报，直接和日本军方通话。

1937年7月26日，在周思靖和熊少豪的带领下，樱井少佐率日军500名及坦克数辆，欲攻入广安门内增兵东交民巷。日军失败后，樱井落荒而逃跌入粪坑，周、熊二人冒险去搭救掉进粪坑的樱井。

7月28日，周思靖利用职务之便（他在南苑军中办公室有电话），将赵登禹将军的进城路线和时间通知日军，以至赵将军遭日本伏击而死。

在北平沦陷后，日军将刘汝珍部留平军队改编为保安队，29 日周思靖跟随日本军官中岛对保安队进行训话，赞成“中日同文同种、提携合作”的谬论。

在潘毓桂任北平警察局局长后，周思靖立刻将南苑二十九军军官的名单和家庭住址都交给了潘毓桂，为潘毓桂逮捕抗日军官提供了线索。

1937 年 12 月成立伪天津特别市公署警察局，1938 年 1 月，潘毓桂任伪天津市长，周思靖随之被任为天津伪警察局局长。3 月份，查禁烧毁抗日爱国图书 6800 余种，逮捕原冀察政府中 100 余人，其中 7 人遭杀害。

因周思靖精通日语，曾担任过日本人的翻译，在心目中只认日本人做自己的主子，经常越过潘毓桂直接向日本特务机关汇报工作，引起潘的强烈不满，两人之间摩擦不断，后借一次狱墙倒塌险些酿成在押犯越狱的事件，于 1939 年 3 月潘迫周思靖辞职。

后周思靖回浙江老家活动，进一步投靠汪伪政权，于 1942 年被任命为伪徐州市市长。1945 年 9 月，日本投降后被国民政府逮捕，1948 年 12 月释放，1950 年镇反运动中又被捕，1954 年 7 月被处决。（陈政祥整理）

## 殷汝耕

殷汝耕（1885—1947），字亦农，曾名井上耕二，浙江平阳金乡（今属苍南）人。曾留学日本，专攻日语，后由早稻田大学政治科毕业。后在各军阀间进行投机活动，后投靠国民党亲日派黄郛。嗣后回国投靠蒋介石，任总司令部驻沪办事处主任，任蒋赴日的翻译。1928 年以后先后任外交部驻日特派员、上海特别市政府秘书、交通部航政司长、任陆海空军总司令部参议等职。

1932 年初，殷汝耕任上海市政府参事，在中日谈判中任翻译，参与签订《淞沪停战协定》。1933 年 3 月，参与签订《塘沽协定》，出卖中国主权。1933 年 11 月被委任为河北冀东非军事区的蓟（县）密（云）区行政公署督察专员。

1935 年 11 月 15 日，殷汝耕为配合日本“华北自治”的阴谋，联合冀东各地一批亲日分子致电宋哲元、韩复榘，攻击南京政府内外政策，要求实现“华北自治”，脱离国民政府中央政权。在日本特务土肥原贤二的指使下制造了所谓的“冀东事变”。25 日，殷汝耕在河北通县成立“冀东防共自治委员会”，自任“委员长”，12 月后改为“冀东防共自治政府”，殷汝耕任政务长、主席。公开打出其叛国“自治”的旗号，声明冀东二十二个县脱离国民政府的统治。殷伪冀东政权全面奉行亲日卖国政策：在政治方面，殷伪政权各部门大批聘请日本顾问，多次派人或考察团赴日本和伪满等地活动；在经济方面，一方面寻求日本和伪满的经济支持，另一方面又大肆出卖华北经济主权，以冀东二十二县为基地协助日货大量走私，使国民政府在财政上蒙受了重大损失；军事方面，与日本及其他伪政权先后签订军事性质的政治同盟，商定冀东海防和长城沿线，由日、伪政权负责，各方实行军事上的共同防共。

1936 年 8 月，殷汝耕拨款 5 万余元，在通州（县）公园建造大规模的“亲善公寓”，专供日本侵略者住宿。

七七事变后因“通州事件”去职而逐渐遭日本冷落，1938 年以后回至北京。

1943 年 2 月，复任汪伪山西煤矿公司董事长，4 月，任汪伪国民政府经济委员会委员特派员。1944 年后，担任伪全国经济委员会特派委员、伪治理运河筹备处主任、伪治理运河工程局局长等职，“献策敌伪，修浚运河以便利运兵”。

抗日战争胜利后被逮捕，于 1947 年 12 月在南京被处决。（陈政祥整理）

## 高凌霨

高凌霨（1889—1947），字泽畬，天津人，清朝甲午科举人。1900 年以捐班知府分发湖北候补，后出任湖北提学使。民国初年，高凌霨任直隶民政司长，嗣又进入北洋政府，担任内务总长、农商总长等职，因与直系曹锟同乡而成为其红人。

在曹锟贿选总统前，当时直系内部分成津、保、洛三派。高凌霨、曹锐、边守靖三人，是津派的中坚人物，坚主急进贿选。在直系醒酿贿选当中，高凌霨曾于 1923 年 6 月至 1924 年 1 月代理国务总理摄行大总统职权。曹锟当选大总统后，高凌霨一度被任为国务总理，后改任税务督办。

在冯玉祥发动北京政变倒直后，曹锟被囚，高凌霨逃到天津，继又潜往上海。1926 年，高凌霨由上海回到天津，寓居日租界，逐渐与亲日派接触，并参加了日本驻军直接控制的“中日同会”。九一八事变以后，日本帝国主义为了继续向华北扩张势力，在天津成立了“中日密教研究会”，推段祺瑞为会长，高凌霨、王揖唐分任副会长，进行阴谋政治活动。

1932 年高凌霨被南京国民政府任命为河北省通志馆馆长。

七七事变后，日本在天津需要一个有相当政治资格的人士出来维持地方，以配合其侵略步伐。其中以高凌霨、齐燮元、钮传善等为争夺未来的天津市长表现得最突出，最终以高凌霨是天津人，曾任过北洋政府高职而被日本人看中。

1937 年 7 月 30 日日寇攻占天津后，高凌霨便出任天津市治安维持会委员长。高主持维持会四个多月，一切听从日寇的摆布。1937 年 12 月，伪中华民国临时政府在北京成立，高继续任政府委员。

1938 年高凌霨的天津市长被潘毓桂取而代之。1938 年 1 月 17 日伪河北省公署在天津成立，高任伪省长，日军为便于对河北省的统治，令伪省署由天津迁往保定，高被迫辞职，以伪保定道尹吴赞周继任省长。后在北平郁郁而死。（陈政祥整理）

# 附 4：日寇名录

## 田代皖一郎

田代皖一郎（1881—1937），佐贺县人，日本陆军中将，是个“中国通”。早年先后就读于陆军熊本幼年学校、中央幼年学校，1903 年 11 月毕业于日本陆军士官学校第 15 期步兵科，翌年被授予步兵少尉军衔。1913 年 11 月毕业于日本陆军大学第 25 期，与冈村宁次、多田骏和南京大屠杀的罪魁中岛今朝吾是同学。后历任参谋本部中国课员、华盛顿会议代表随员、步兵第三十联队长、参谋本部中国课长、步兵第二十七旅团长、驻中国公使馆附武官等职。1932 年上海一·二八事变时担任上海派遣军司令官白川义则大将的参谋长。1933 年任关东宪兵队司令官，1936 年 5 月任日本支那驻屯军司令官。卢沟桥事变后，7 月 11 日日本内阁决定大举派兵中国。当时田代皖一郎患有严重心脏病，被改任参谋本部附，由香月清司中将接任支那驻屯军司令官。7 月 16 日田代皖一郎病死于天津。

## 香月清司

香月清司（1881—1950），佐贺县人，日本陆军中将。日本法西斯军人。陆军士官学校 14 期毕业，研究“步兵战术”，在当时日本颇有名气。之后入读陆军大学 24 期，毕业后历任十二师团长、近卫师团长。1928 年，济南惨案中，提议驻东北的一部分日军，急速调往山东，对北伐军横加阻挡，开了以武力对华进行干涉的先例。1931 年九一八事变前，曾任日本关东军旅团长，率部侵驻铁岭，历时 2 年。卢沟桥事件时，任驻天津日本军司令官，积极参与策划并发动全面侵华战争。1937 年 7 月 11 日，被任命为日本华北驻屯军司令官，7 月 19 日，与张自忠、张允荣秘密谈判，按照香月的要求，签订了《停战协定第三项誓文》（史称《香月细目》）。1937 年 7 月 26 日，香月清司对宋哲元发出最后通牒，从此挑起了全面侵华战争。是侵占平津和屠杀中国人民的直接指挥者。同年 8 月就任华北方面军第一军司令官，负责在河北省作战。1938 年 3 月 29 日，日本华北方面军变

更战斗序列，香月任第一军司令官，同年5月30日由梅津美治郎继任。由于他在侵华战争中有功，不断得到提拔，甚至一度成为日本陆相候选人。

## 一木清直

一木清直（1892—1942），日本静冈县人，原姓加藤。1913年2月，考入日本陆军士官学校，以士官候补生资格进入陆军服役。1916年5月入日本陆军士官学校学习，同年12月毕业授予步兵少尉军衔。历任步兵第五十七联队副，步兵第五十七联队中队长，茂原农学校军事教官，一宫实业学校军事教官，步兵第五十七联队机关枪队长。1933年10月至1934年3月，以甲种学生身份在陆军步兵学校学习。1934年4月，晋升陆军步兵少佐。1936年5月，就任中国驻屯军第一联队第三大队少佐大队长，后挑起七七事变，以“士兵失踪”为借口向中国守军挑衅，向宛平城开炮，攻击卢沟桥守军。1938年3月晋升为步兵中佐，调回国任陆军步兵学校教官兼户山学校教官，获天皇授予的金鹰三级勋章。1941年3月晋升陆军大佐，擢升为关东军第七师团步兵第十四旅团第二十八联队长，调中国东北作战。1942年4月底，参加中途岛作战。后参加支援瓜岛战役，在1942年8月泰纳鲁河口之战惨败，拔出军刀切腹。死后，被追晋为陆军少将。

## 今井武夫

今井武夫（1898—1982），日本长野县人，陆军少将，1918年入伍。1930年任参谋本部中国课参谋。1935年12月，时为陆军少佐的今井武夫赴中国北平，任日本驻华大使馆驻北平的陆军助理武官。后任参谋本部中国班班长、中国课课长，积极从事侵华活动，奔走于南京、上海、香港、东京等地。七七事变爆发后，主张不扩大，就地解决，竭力促成签订停战协定，是日本军国主义侵华期间的高级军事特务。后参加策划建立汪伪政权和对蒋介石的诱降活动。任中国派遣军第二课课长兼第四课课长、报道部部长，1941年7月调任新编步兵第一百四十一联队长。太平洋战争爆发后，率部入侵菲律宾。1942年9月任上海陆军部高级部员，受命建立该部。同年11月任大东亚省参事。1944年9月晋升为陆军少将，10月初任中国派遣军副总参谋长。次年8月日本投降后代表日方

与中国冷欣副参谋长在湖南芷江接洽投降事宜，9月参加在南京举行的日军投降签字仪式。1947年1月4日回国，从陆军退役。1月16日，今井武夫回到家乡安居。20世纪60年代，今井武夫撰写了自己的战争回忆录《今井武夫回忆录》、《支那事变回忆录》、《近代的战争——与中国的斗争》、《昭和阴谋》、《对汪兆铭运动的回忆》，详细地描述了对华侵略战争期间的"和平工作"情况，并附记了自己掌握的第一手文献。1982年6月，今井武夫病死。

## 寺平忠辅

在七七事变时，任日本驻华北特务机关北平陆军部长的辅佐官，大尉军衔。侵华战争失败后，被遣送回国。后著有《卢沟桥事件》一书，1970年由日本读卖新闻社出版，为研究七七事变史提供了珍贵的史料。

# 附 5：名词解释

行政院驻平政务整理委员会：是国民政府行政院于 1933 年 6 月 17 日在北平设立的一委员会，名义上设立的宗旨是“整理北方各省市之政务”，实际上赋予其应付华北的对日交涉问题，有“华北外交”之称。该委员会以河北、察哈尔、山东、山西、绥远及北平、青岛两市为管辖区，该委员会由黄绍竑、李石曾、张继、于学忠、宋哲元、王揖唐、王克敏、殷汝耕、陶尚铭、李择一、殷同等委员组成，黄郛担任委员长。它除了安抚华北各省军政首长及地方人士外，还接受整顿《塘沽协定》停战线与长城之间所谓的“战区”，包括收回各县治权及华北铁路关内段，收编战区中的杂军伪军，组织保安队清剿战区中土匪，及战区中的其他善后事宜。但该委员会软弱无能，对于处理与当地日军（主要是关东军和华北驻屯军）及外交官员之间的悬案毫无进展。1935 年 6 月 28 日派王克敏代理政整会委员长之职，8 月 29 日撤销。

冀察政务委员会：是南京国民政府为满足日本“华北特殊化”要求，于 1935 年 12 月 18 日而设立的行政机关，直属行政院，负责处理河北省、察哈尔省、北平市、天津市一切政务，有很大程度的自治权，在人事、财政、税务等诸方面均有一定的独立性。冀察政务委员会委员长由二十九军军长宋哲元担任，委员十六人，设秘书、政务、财务三处，经济、外交、建设、交通、法制五个委员会。随即，宋哲元一跃而成为华北首屈一指的实力人物，二十九军成为华北最大的地方武装集团。在日本人眼里该政权是华北自治政权，在南京眼里是地方政府，但宋哲元并未被日本诱和，而逐渐走向抗日。在北平沦陷后，该政权于 1937 年 8 月 18 日解散。

华北政务委员会：是抗战时期汉奸机构，1940 年 3 月 30 日原“中华民国临时政府”的名称废止，改称“华北政务委员会”。该政权虽隶属汪伪政权，却拥有直属的“治安军”，并全权处理冀鲁晋三省沦陷区、平津青三个特别市及豫北豫东的政务，承担所谓防共、治安、资源开发及调节物资供求关系等方面的任务。王克敏出任委员长，设齐燮元、江朝宗、王揖唐等 7 人为常务委员，下设内务、财务、治安、教育、实业、建设等总署。其内部诸逆互争献媚，群奸成分复杂，彼此暗斗不已、相互倾轧，王揖唐、朱深、王荫泰相继出任委员长。1945 年 10 月 11 日该政权由重庆国民政府军事委员会委员长北平行营接收。

# 附 6：韵目代日表

| 日　期 | 韵目代日 | 日　期 | 韵目代日 |
|---|---|---|---|
| 1 | 东、先、董、送、屋 | 17 | 篠、霰、洽 |
| 2 | 冬、萧、肿、宋、沃 | 18 | 巧、啸 |
| 3 | 江、肴、讲、绛、觉 | 19 | 晧、效 |
| 4 | 支、豪、纸、寘、质 | 20 | 哿、号 |
| 5 | 微、歌、尾、未、物 | 21 | 马、箇 |
| 6 | 鱼、麻、语、御、月 | 22 | 养、祃 |
| 7 | 虞、阳、麌、遇、谒 | 23 | 梗、漾 |
| 8 | 齐、庚、荠、霁、黠 | 24 | 迥、敬 |
| 9 | 佳、青、蟹、泰、屑 | 25 | 有、径 |
| 10 | 灰、蒸、贿、卦、药 | 26 | 寝、宥 |
| 11 | 真、尤、轸、队、陌 | 27 | 感、沁 |
| 12 | 文、侵、吻、震、锡 | 28 | 俭①、勘 |
| 13 | 元、覃、阮、问、职 | 29 | 豏、艳 |
| 14 | 寒、盐、旱、愿、缉 | 30 | 陷、卅 |
| 15 | 删、咸、潸、翰、合 | 31 | 世、引 |
| 16 | 铣、谏、叶 | | |

① 日本为“琰”，但多以“俭”字代。

## 附7：时辰、小时对照表

| 时　辰 | 子 | 丑 | 寅 | 卯 | 辰 | 巳 |
|---|---|---|---|---|---|---|
| 钟　点 | 23—1 | 1—3 | 3—5 | 5—7 | 7—9 | 9—11 |
| 时　辰 | 午 | 未 | 申 | 酉 | 戌 | 亥 |
| 钟　点 | 11—13 | 13—15 | 15—17 | 17—19 | 19—21 | 21—23 |

# 后　记

国耻民仇，世代不忘，振兴中华，匹夫有责。76年前的七七事变铭记在了每一个中国人心中，回忆那段悲壮的历史时，我们更应追忆那些为民族生存、国家独立而牺牲的先烈们。

作为抗日雄师的国民革命军第二十九军，屡次对日本侵略者予以重创，涌现出了众多抗日民族英雄，为中国抗日战争的胜利作出了巨大的牺牲和贡献。

作为由西北军改编而来的二十九军，既保留了崇尚义气的精神，又将“爱国爱民，吾辈天职”的优良传统继承下来。九一八事变之后，国内形势发生了巨大变化，中国由多国共侵变为日本独霸，所面临的民族矛盾空前尖锐。为了适应这种新形势，军长宋哲元不仅继续对二十九军加强爱国、爱民教育，而且还在1937年初再次强调“枪口不对内，中国人不打中国人”。

二十九军是一支有血性的军队，是一支充满爱国心的军队，是一支民族意识极强的军队，是一支团结抗战的军队，它之所以屡创战功，是由于“宁为战死鬼，不做亡国奴”的爱国家爱民族的信条深深烙印于每一位官兵心中。危难之际，总会有人挺身而出，挽狂澜于既倒，撑大厦于将倾，抛弃个人的恩怨，为整个民族的抗战而牺牲。

李文田三救张自忠：当张自忠因误信和平掉进日军所设陷阱之时，李文田将分驻天津附近8个地区的军队集中指挥，对日作战，免遭日军将其各个击破，为后来该师扩编为五十九军和第三十三集团军保存骨干力量；当1937年8月初张自忠丢盔卸甲、被日军抛弃之后而被迫辞去三个“代理”时，是李文田、刘振三等秘密派人潜回北平，劝陷入绝境而躲入德国医院的张自忠复归军队，转向抗日；当原三十八师扩编为五十九军、张自忠复归军队时，李文田甘居下位而接受张自忠领导，从此团结御侮、并肩作战直至张自忠牺牲。

刘汝珍突围抗日：北平沦陷后，刘汝珍部被迫改编成着黑制服的保安队，但刘汝珍和战友们不甘心沦为汉奸，而毅然率部3000余人突围离平奔往察哈尔，与刘汝明一四三师会合，接受二十九军司令部指挥，为后来的抗日保存了一支重要力量。

秦德纯力挽狂澜：当 1937 年 7 月 28 日张自忠与宋哲元因政见不和而矛盾尖锐时，秦德纯考虑到大敌当前，劝宋主动离平赴保，避免了二十九军领导层间的兄弟阋墙。当蒋介石撤去张自忠三十八师师长后，令秦德纯代张领导这支军队，被秦婉拒。后来张自忠赴南京请罪，秦德纯又专程陪同前往为之求情，帮其撰写报告，力争使张自忠减轻军法处分，给予其改过自新的机会。

冯治安旗帜鲜明：在喜峰口战役时，冯治安积极抗敌；在七七事变爆发后，他率领三十七师在卢沟桥浴血奋战，曾受到共产党的高度赞扬和拥护。当汉奸在二十九军内部百般挑拨离间时，冯却从未动摇。7 月 28 日，随宋退至保定，坚持八年抗战，冯部成为二十九军中的中流砥柱，为击败日寇立下了汗马功劳。

宋哲元深明大义：大敌当前，宋哲元始终以患病之躯亲代五十九军军长，避免了张自忠原部群龙无首、溃散分裂，为抗日保存了一支重要力量。他又不计前嫌主动去南京，替张自忠向蒋介石求情。

蒋介石着眼全局：作为最高统帅的蒋介石得知张自忠在平津的活动后，立刻发表庐山讲话，力挺宋哲元。当张自忠落入陷阱时，蒋介石以军纪国法处分了张自忠。后发现张自忠已悔过自新、决心和二十九军团结御侮时，他接受了宋哲元、秦德纯、李宗仁、冯玉祥等人的请求，让张复归部队，为抗日凝聚了一支重要力量。

张自忠迷途知返：当张自忠觉悟到自己中了日军的奸计后，毅然脱离漩涡，洗心革面，发出“今日回军，除共同杀敌报国外，乃与大家共寻死所”的豪言。在临沂会战中，张自忠火速增援与之有前隙的第三军团的总指挥庞炳勋，共击板垣师团，鏖战七昼夜，卒歼敌师。坚持抗击日寇，身先士卒，转战千里，最后在枣宜会战中壮烈牺牲。

为了驱逐日本侵略者，争取民族生存、国家独立，二十九军中的许多将士血洒战场。他们正值壮年，却抛妻别母奔赴战场，把人生最美好的时光奉献给了危难之中的祖国。39 岁的赵登禹和 45 岁的佟麟阁战死于抗日之始；张自忠历经沙场于 49 岁壮烈牺牲；黄维纲转战各地，46 岁时为国殉职；宋哲元 55 岁时也为抗战燃尽生命之灯。他们把自己献给了祖国，却把尚未成年的儿女留给了家人。

二十九军中其他官兵，如秦德纯、张维藩、张克侠、陈继淹、张樾亭、冯治安、田春芳、陈春荣、何基沣、过家芳、吉星文、金振中、许长林、刘自珍、刘汝明、刘汝珍、李曾志、李文田、王锡町、黄维纲、刘振三等将官，以至普通战士孙敬生、郭孟龙、崔金品、赵金典、杨云峰等，都前仆后继、坚持八年抗战，直到抗日战争取得胜利。

二十九军的主要将领以崇高的民族气节为信仰，上下团结在一起，以挽救民族危亡为己任，共同抗日。他们之间难免有摩擦和矛盾，但是从民族抗战的大局出发，各将领抛弃个人的恩怨，而共御外侮，最后终于取得八年抗战的胜利。特别是日本投降后秦德纯曾代表受凌辱的中华民族赴东京，在国际军事法庭上发表法庭证言，控诉了日本帝国主义的侵华阴谋和滔天罪行，洗刷了中华民族的百年耻辱。

回忆历史，缅怀先烈，我们理应以更豪迈的爱国热情、更强烈的民族责任感，努力奋斗，使我们的国家屹立于世界强国之列，实现中华民族的伟大复兴。

**2007 年 7 月 7 日，二十九军最后一批老兵重聚卢沟桥**